세상을 바꾼 10개의 딜

세상을 바꾼 10개의 딜

THE DEALS
THAT MADE THE WORLD

자크 페레티 지음 ┊ 김현정 옮김

혁신적인 아이디어는 어떻게 우리의 삶을 바꾸는가

문학동네

에스메와 테오에게 이 책을 바칩니다.

들어가며

내가 BBC에서 언론인으로 일하기 시작한 건 1990년대 초였다. 지금과 마찬가지로, 당시에도 미국 의회, 크렘린, 다우닝 스트리트의 조용한 통로에서 정책이 결정되는 방식을 일컫는 '하이 폴리틱스high politics'에 진정한 권력이 숨어 있다는 가정이 팽배했다. 세계 지도자들이 우리 인생에 지대한 영향을 미치는 결정을 내린다고 믿었다.

우리 경제학자들과 언론인들은 이런 결정에서 비롯된 결과를 파헤치고 텔레비전 뉴스 보도나 신문 지면을 통해 그 결과의 면면을 분석한다. 우리는 이처럼 전 세계에 역사적으로 엄청난 영향을 미치는 정치인들의 성격을 파악하고 심지어 그들의 마음을 이해해보려고 애쓴다. 이런 노력이 그들의 동기를 파악하는 데 좀더 커다란 도움이 될지도 모른다는 희망 때문이다.

우리는 정치인들의 아주 사소한 행동에도 커다란 의미를 부여한다. 심지어 기자회견이나 세계 정상회담에서 관찰되는 각국 정상들의 보디랭귀지를 해석하기도 한다. 가령, 악수할 때 지나치게 손을 꽉 쥔다든지 마치 상대를 제압하듯 팔을 어깨 위로 올린다든지 하는 사소한 행동을 두 강대국의 지정학적 권력에 미묘한 변화가 생겼다는 증거로 받아들이는 식이다.

지구상에 존재하는 명망 있는 모든 언론 매체가 매일같이 이런 식으로 정치인들을 분석하며 그들의 행동을 통해 무언가를 예측하려고 한다. 하지만 그 기저에는 정치인들이 진정한 권좌에 앉아 있다는 가정이 깔려 있다.

대개 대통령 취임 후 첫 100일 동안 많은 일이 이뤄진다. 대선 승리를 적극 활용하고 의미 있는 입법 변화를 만들어낼 수 있는 시기이기 때문이다. 하지만 미국 정계에서 활동하는 어느 로비스트는 100에서 0을 하나 떼어낸 좀더 짧은 기간 만에 진실에 더욱 가까이 다가갈 수도 있다고 이야기했다. 미국이 대통령 취임 후 첫 100일 동안 역동적인 정부에 근접했던 시기는 프랭클린 D. 루스벨트 행정부 때가 유일했다. 도널드 트럼프 행정부 때는 트럼프가 대통령으로 취임하고 100일이 지났을 무렵, 백악관은 트럼프가 의회에서 내놓은 13개의 법안에 서명했다는 사실을 강조했다. 하지만 이 법안들은 새로운 법안을 제정하기 위한 것이 아니라 전임자들이 통과시킨 법안들을 철회하기 위한 것이었다.

새로운 법안을 만들어내려면 오랜 시간이 걸리고 여러 이해관계자의 합의를 끌어내야 한다. 하지만 이미 만들어진 법안을 폐지하기 위해 떠들썩하게 만년필을 휘두르는 일은 훨씬 쉽고 빠르다. 법안 폐지는 실제로 역동적인 정부의 모습이라기보다 역동적으로 보이기 위한 미사여구일 뿐이다.

우리는 여전히 정치인들이 권력을 휘두른다고 가정하지만, 시간이 흐르면서 그들이 권력을 엉망으로 활용한다고 믿게 되었다. 사실 그 어느 쪽도 옳지 않다. 정치인들은 우리가 가정하는 것과는 달리 진정으로 권력을 휘두르지 못할 뿐 아니라 우리가 상상하는 것처럼 엉망으로 권력을 행사하지도 않는다. 대신, 권력의 중심이 이동했다. 지난 40년 이상 정부에 대한 대중의 신뢰도를 추적해온 워싱턴 소재 퓨 연구소는 같은 기간 동안 정부의 정치권력이 약화된 현실을 반영하듯 대중의 정부 신뢰도 역시 확실히 꾸준하게 하락해왔다는 사실을 발견했다.

트럼프 대통령의 2016년 대선 승리는 정부의 정치권력이 약화하고 정부 기관에 대한 신뢰가 하락하고 있다는 사실을 대중이 시인한 결과이다. 또한, 트럼프의 당선은 정부가 얼마나 실패했는지 보여주는 방증이기도 했다. 선거에서 트럼프를 찍은 사람 중 상당수는 트럼프가 여느 정치인들과는 정반대되는 인물인 것 같다는 이유로 그를 뽑았다. 사실 트럼프도 자수성가한 사업가는 아니었지만 어쨌든 그는 대다수의 정치인과 달리 '비즈니스' 분야에서 활동하는 사람이었다. 트럼프가 실제로 제대로 된 딜을 성사시킨 적이 있는지는 불분명했지만 여하튼 그는 '딜을 성사시키는 사람'이었다.

한 가지 우리가 확실하게 알고 있었던 것은 그가 '늪'에 반대했다는 것이다. 늪은 2016년 대선에서 트럼프의 반대편에 있었던 세력, 즉 '다국적 기업'들을 위해 일하는 특수 이익 집단과 로비스트들이 활동하는 음지를 일컫는다. 늪에서 활동하는 세력들은 원하는 대로 일을 끌고 가기 위해 막후에서 정치인들을 압박한다. 사실, 늪이란 곧 아득한 옛날부터 모든 정부 주위에서 서로 상충하는 이해관계를 가진 여러 세력이 소용돌이치며 만들어내는 불쾌한 기운을 뜻하는 것으로, 정부가 감수해야 할 어쩔 수 없는 현실이다. 이런 늪을 청소하겠다는 약속의 맹점은 늪을 메운 물을 빼내는 속도만큼이나 늪이 다시 채워지는 속도가 빠르다는 데 있다.

그렇다면 이런 늪은 어떤 식으로 돌아갈까?

늪이 어떤 식으로 돌아가는지 내 두 눈으로 직접 확인한 일이 있었다. BBC에 몸담기 전 나는 의회 연구원으로 일했다. 당시 아주 가까이서 생생하게 지켜본 정치 과정은 내가 상상했던 모습과는 거리가 멀었다. 대다수의 정치인들은 그다지 열심히 일하는 것처럼 보이지 않았다. 정치인들은 연설을 하거나, 점심식사를 하러 가거나, 텔레비전에서 인터뷰를 하거나, 혹은 텔레비전에 출연할 궁리를 하느라 바빴다. 당시 어느 논평가는 영국의 정치를 "추악한 사람들을 위한 쇼 비즈니스"라고 기억하기 쉬운 말로 묘사했다.

의회에서 뉴스 보도 쪽으로 자리를 옮긴 후, 그 권력이 단순히 사라진 것이 아니라 지난 150여 년 동안 점차 실업가와 기업가 쪽으로 옮겨갔다는 사실을 깨달았다. 뉴스 보도 부문으로 옮긴 첫째 주에 접대용 응접실에서 이런 변화를 한순간에 목격했다. 당시 나는 캐나다 해안선을 대거 오염시켰다는 눈총을 받고 있던 석유 회사에 관한 보도 내용을 작성중이었다. 석유 회사 대표와 바로 그 석유 회사를 저지하기 위해 로비중이었던 유명한 환경보호 압력단체에서 일하는 직원이 맹렬히 논쟁을 벌였다. 거의 난투극을 벌이는 수준이었다.

그후 두 사람은 바로 그 응접실에서 술을 한잔했다. 석유 회사 대표가 환경운동가를 향해 몸을 돌렸다. "정말 잘하셨어요. 정말 훌륭했습니다." 환경운동가는 "감사합니다"라고 답했다. 석유 회사 대표가 다시 말을 이어나갔다. "정말 당신 같은 분과 함께하면 뭔가 해낼 수 있을 것 같습니다. 전화 주세요." 두 사람은 서로 명함을 주고받았고, 그로부터 3주가 흐른 후 그 환경운동가는 열띤 논쟁을 벌였던 석유 회사에 취직했다.

그들은 딜을 했고 그들이 합의한 내용은 이랬다. 석유 회사 대표는 그 환경운동가가 심각한 비난의 포화에 휩싸인 자신의 회사에 어떤 도움이 될지 이해했고, 환경운동가는 기회를 포착했다. 하지만 그 기회는 어떤 기회일까? '신념을 버리고' 혼자 호의호식할 기회였을까? 그렇지 않으면, 다국적기업의 내부로 들어가 직접적인 영향을 미쳐 외부에서는 실행하기 힘든 그런 변화를 끌어낼 기회였을까?

실제로 정치가 이뤄지고 있었고, 그 과정도 매우 복잡했다. 환경운동 가와 석유 회사 대표 간의 대화만 듣고 도덕적인 판단을 내리기는 쉽지 않았다. 누가 누구의 머리 꼭대기 위에 올라앉아 있는지, 양측의 진짜 동 기나 전략적으로 얻고자 하는 결과가 무엇인지 전혀 명확하지 않았기 때 문이다. 확실한 것이라고는 그 자리에 정치인이 없었다는 것뿐이었다.

물론 정치인들도 막후에서 딜을 한다. 하지만 지난 30년 동안 정치인 들의 전반적인 모습이 완전히 바뀌었다. 브레턴우즈협정에서 채택한 고 정환율제가 무너진 1971년 이후 각국 정부들은 점차 힘을 잃어갔다. 고 정환율제가 무너지자 기업들은 정부와 거래하려고 애쓰지 않고도 세계 무대에서 한층 강력한 힘을 발휘하기 시작했다. 이제 기업들은 사악한 마키아벨리식 설계가 아니라 지정학적 필연성을 들먹이며 글로벌 쇼를 이끌어나가고 있다.

세계지도를 힐끗 보기만 해도 이 같은 사실이 분명하게 드러난다. 아 이의 눈으로 보면 이 세상이 깔끔하게 정돈된 것처럼 보일 수도 있다. 세 계 각국의 국경선은 예쁜 색깔로 그어져 있다. 어떤 면에서 보면 세계지 도는 정확하다. 각국 정부는 국경이라는 좁은 범위 내에서 수직적으로 나라를 다스린다. 하지만 정부는 하나의 국가를 다스리는 조직이기 때문 에 세계지도에 표시된 알록달록한 선 같은 것은 거의 신경쓰지 않고 지 구 곳곳에서 수평적으로 활동하는 기업보다 지정학적 영향력이 약할 때 도 있다.

후보 시절에 세계화에 반대하는 목소리를 높였던 트럼프가 정작 대통 령이 된 후에는 그런 소리를 하지 않게 된 것 역시 이런 이유에서다. 현실적으로 정부는 늪뿐 아니라 세계화 역시 받아들일 수밖에 없다.

우리는 세계화된 세상에서 살아가고 있다. 하지만 터무니없게도 정치인과 국가를 권력을 가진 유일한 존재로 여기는 등 세계화 이전의 방식으로 이 세상을 이해한다.

이제는 스노글로브를 흔들어 이전과는 다른 시선으로 세상을 바라봐야 한다.

수년간 뉴스 보도 일을 하면서 우리의 일상생활을 근본적으로 바꿔놓는 것이 항상 정치인이나 세계적인 사건은 아니며, 비즈니스 딜이 일상생활을 바꿔놓을 때도 많다는 사실을 깨달았다. 공개적인 기업 인수나 합병 등 일간지 비즈니스 면에 나오는 그런 부류의 비즈니스 딜이 아니라 고층 빌딩 높은 곳에 자리잡은 중역 회의실이나 골프장에서 은밀하게 이뤄지는 딜, 혹은 술집에서 함께 술잔을 기울이는 동안 아무도 모르게 성사되는 그런 딜 말이다. 뉴스 보도 일을 시작한 첫 주에 응접실에서 내가 직접 목격한 것 같은 그런 딜.

이런 딜은 비즈니스 세상 훨씬 너머에까지 영향을 미친다. 우리가 돈을 쓰거나 돈에 대해 생각하는 방식에서부터 일하는 방식, 부와 위험, 세금과 불평등을 개념화하는 방식에 이르기까지 모든 것을 바꿔놓았다. 그리고 소비자 업그레이드라는 개념을 만들어낸 다음 우리에게 이런 개념을 받아들여야 한다고 가르쳤다. 심지어 우리 몸의 생김새까지 변하게 한다.

이 책에서 현대사회에, 특히 중대한 영향을 미친 10개의 딜을 살펴볼 생각이다. 이 책에서 살펴볼 모든 딜은 단 하나의 아이디어, 즉 소비자들의 전반적인 사고방식을 통째로 변화시켜 이전과는 다른 새로운 방식으로 생각하도록 우리 사회 전체를 재부팅하는 아이디어에서 비롯된다. 가령, 소비자들이 끊임없이 업그레이드를 갈구하도록 애당초 구매하는 순간부터 '불만족을 설계'해두거나, 실제로 비만 문제가 대두되기 훨씬 전부터 보험을 팔아먹을 작정으로 '비만'이라는 개념을 만들어내거나, 온갖 불안과 증후군을 질병의 정의에 포함시켜 현대사회를 약물에 중독된 사회로 만들어버리거나, 자동화 때문에 많은 노동자가 설 자리를 잃고 있음에도 불구하고 우리 주머니 속에 들어 있는 기술을 적극 활용해 인간의 삶을 로봇화하는 식이다.

　이런 딜이 수상쩍은 음모였다고 볼 수는 없다. 오히려 훌륭한 비즈니스 아이디어였다. 물론 맨 처음에 의도했던 단순한 비즈니스 혁신을 훨씬 넘어서서 우리 삶에 지대한 영향을 미치는 경우가 많은 것은 사실이지만. 내가 직접 인터뷰했던 사람 중 자신이 제안한 아이디어가 세상에 어떤 영향을 미칠지 상상해본 사람은 거의 없었다. 모두가 어느 정도 엄청난 깨달음의 순간을 맞았다. 다시 말해서, 어떻게 하면 이전과 다른 방식으로 비즈니스를 할 수 있을지에 대한 놀라운 통찰을 얻었다. 하지만 그 통찰이 우리의 삶을 얼마나 심오하게 바꿔놓을지 제대로 예측한 사람은 거의 없었다.

1

THE
UPGRADE

1장

업그레이드

설계된 불만족

딜	제너럴 일렉트릭, 필립스, 오스람 등 전구 제조업체들로 구성된 피버스 카르텔이 한자리에 모여 전구 수명을 제한하기로 합의했다.
목적	출시 단계에서부터 일정한 기간 후에 제품이 노후되도록 설계해 소비자들이 업그레이드를 택할 수밖에 없도록 만드는 것.
장소	스위스, 레만호수
때	1932년

샌프란시스코에서 40마일쯤 달리면 리버모어라는 마을이 나온다. 커피 숍과 골동품 가게가 즐비한 중심가를 따라 걷다보면 소방서가 하나 나오고, 흰 턱수염이 난 은퇴 자원봉사자들이 매일 광을 내는 덕에 반짝반짝 빛나는 유서 깊은 소방차 뒤쪽 천장에는 리버모어의 자랑거리가 매달려 있다. 낮게 웅웅거리는 소리를 내며 으스스한 노란 불빛을 내는 전구. 하지만 지구상에 존재하는 다른 전구들과 달리 리버모어 소방서의 이 전구는 117년 동안 쉬지 않고 빛을 내고 있다.[1]

100년 넘게 빛을 내는 센테니얼 라이트는 1901년에 셸비 전기 회사가 생산했다. 수작업으로 제작된 이 탄소 필라멘트 전구는 한때 30와트의 밝은 빛을 냈으나 이제 4와트 정도의 빛을 낼 뿐이다. 아이들 방에 있는 취침등 정도의 밝기지만 여전히 빛을 내고 있는 것은 사실이다. 리버모어 소방서에 있는 전구는 100년 넘게 빛을 내는데 왜 이 세상에 존재하는 나머지 전구들은 6개월만 지나면 수명이 다할까?

이제 업그레이드는 하나의 생활방식이 되었다. 우리는 11개월에 한번씩 휴대전화를 바꾼다. 우리 모두가 제품 디자이너들이 '무한 뉴이즘 infinite newism'이라고 부르는 세계적인 현상, 즉 무엇이든 '구형'을 불신하는 세태의 일부가 되어버렸다. 불과 몇 주밖에 안 된 것이라 하더라도 구형이라고 하면 사람들은 무조건 진저리를 낸다. 셸비 전구는 끝없는 업그레이드가 어떻게 현대 소비문화의 중심이 되었는지 보여주는 첫번째 단서를 제공한다.

두번째 단서는 5600마일 떨어진 독일에서 확인할 수 있었다. 공산주의가 무너지고 사람들이 베를린장벽을 기어올랐던 1989년, 헬무트 허거라는 역사학자가 아무도 모르게 동베를린에 있는 어느 건물로 들어갔다. 바로 오스람의 본사였다.

건물 안은 바닥에 나뒹구는 서류 캐비닛과 각종 서류로 가득했고, 무언가가 서류를 뒤지던 허거의 시선을 사로잡았다. 오스람의 두 고위급 중역과 지구상에서 가장 큰 5대 전기 회사의 중역들이 한자리에 모였던 1932년 제네바 회의의 내용이 담긴 기밀 회의록이었다. 그로부터 20년이 흐른 후, 베를린의 어느 카페에서 허거를 만나 그 서류가 그토록 특별한 이유가 무엇인지 묻자 그는 서류 가방을 열어젖혔다.

지구상에서 가장 큰 규모를 자랑하는 5개의 전구 제조업체가 한자리에 모여 피버스라는 이름의 은밀한 카르텔을 형성했다. 카르텔의 목적은 단 하나, 이 세상 그 누구도 6개월 이상 가는 전구를 만들지 못하도록 저지하는 것이었다.[2] 허거가 찾아낸 서류는 이상하리만치 6개월만 되면 멈춰버리는 전구를 보며 우리가 어렴풋이 그러리라 생각했지만 확신하지는 못했던 무언가, 하지만 결국 실제로 존재하는 것으로 밝혀진 무언가, 바로 계획된 노후화를 증명해 보이는 단서였다.

허거는 피버스 창립총회 서명인들이 누구인지 보여주었다. 오스람 CEO 윌리엄 마인하르트, 지금은 필립스 전자라고 불리는 네덜란드의 초대형 전기 회사 설립자 안톤 필립스가 바로 그들이었다. 이들은 지구상에 존재하는 가장 큰 전기 회사 수장들과 손을 잡고, 제품 생산 단계에서부터 노후화를 제품의 일부로 체계화하고자 했다. 이를 위해 전구 수명에 관한 세계적인 정책을 도입하고 자신들이 정한 규칙을 따르지 않는 다른 기업을 몰아내기로 마음먹었다.

그 외에 피버스 카르텔 설립에 참여한 기업으로는 미국의 GE, 영국의 AE, 프랑스의 콤파니 드 람, 브라질의 GE 소시에다드 아나니마, 중국 최대 전기 제품 생산업체 에디슨 제너럴, 멕시코의 람파라스 일렉트리카스, 일본의 도쿄 전력이 있었다. 이들은 단순히 전구를 생산하는 회사가 아니었다. 이 기업들은 전구 외에도 가로등 조명, 전화선에 사용되는 구리 배선, 선박이나 교량, 열차, 전차 궤도에 필요한 케이블 등 현대사회의 기반이 되는 인프라를 제공했다. 뿐만 아니라 냉장고나 오븐 같은 소비재를 생산하고 자동차나 가정, 사무실에서 사용하는 각종 전자 제품을 공급했다.

내구재 제조 분야에서 독창성을 발전시켜온 2000년의 역사가 멈춰버렸다. 그후, 기업들은 대량생산을 할 때 제품이 망가져야 할 시점에서부터 거꾸로 설계하는 역설계를 하게 됐다. 각 제품은 스프레드시트에 그려진 대로 각기 다른 수명을 갖게 되었다. 허거는 노후화 정도를 보여주는 눈금자 위에 꼼꼼하게 표시된 범주를 보여주었다. 종이에 그려진 여러 네모 칸 속에 가늘고 길게 휘갈겨진 글씨가 각 제품의 수명을 규정하는 것이었다.

피버스 카르텔이 잘못된 일을 한 것일까? 1932년 당시 자유 진영은 경제 침체와 회복 사이에서 아슬아슬하게 균형을 잡고 있었고, 독일에서는 히틀러가 곧 권력을 차지할 상황이었다. 제품 개발 단계에서부터 노후화를 제품이 가진 하나의 특징으로 만들어버린 피버스 카르텔의 계획은 전구 판매량을 늘리는 데 도움이 되었을 뿐 아니라 자본주의를 구원했으며, 위험천만한 위협 앞에 놓여 있었던 민주주의도 구해냈다. 피버스 카르텔의 계획 덕에 사람들이 계속해서 물건을 구매했기 때문이다.

피버스 카르텔이 갑자기 멈춰버리는 전구를 만들어냈다는 이유로 소비자들이 반발할 수도 있었다. 사실 피버스 카르텔의 계획 속에는 단순한 돈벌이를 넘어선 좀더 큰 그림이 있었다. 하지만 소비자들의 반발은 전혀 없었다. 아직까지는 그렇다.

신제품 중의 신제품

리젠트 스트리트 애플 매장 밖에서 2000명에 달하는 사람들이 아이폰 신제품을 기다린다. 사람들은 10분 후면 구식이 되어버릴 애플의 최신 아이폰을 만지작거리며 인내심 있게 줄을 서서 기다린다. 늘어선 사람들을 관리하는 경찰들 역시 휴대전화 화면을 만지작거린다. 애플 매장이 있는 건물을 감싸고 길게 늘어선 줄은 다음 블록까지 넘어가 근처 공원으로 이어진다.

신제품 출시를 고대하며 제일 앞에 자리를 잡은 사람들은 줄을 선 지 거의 48시간이 다 돼간다. 줄 맨 앞에서 낚시 의자에 앉아 있는 남자 곁에는 접이식 매트리스와 비를 막아줄 방수포까지 놓여 있다. 남자는 수프를 데우기 위한 작은 가스버너까지 챙겨왔다. 지금 시간은 월요일 오전이지만, 남자는 토요일 오후부터 줄을 서기 시작했다.

궁금한 마음에 남자에게 말을 건넨다. "아이폰 신제품에는 지금 쓰시는 기존 아이폰에 없는 어떤 새로운 기능이 있나요?" 말도 안 되는 질문을 받아서 짜증이 난 듯 남자는 얼굴을 찌푸린다. "그게 무슨 소리예요?" "그러니까 날씨가 이렇게 추운데도 거의 48시간 동안 줄을 서 계시잖아요. 그래서 최신 아이폰이 뭐가 그렇게 특별한 건지 궁금해서 여쭤봤어요."[3] 남자는 한숨을 쉬며 몸을 앞으로 숙인다. "신상이잖아요."

이제 9시까지 겨우 4분이 남았다. 매장 문이 열리고 파란색 티셔츠를 입은 애플 직원들은 소리를 지르며 밀려드는 인파를 막으려고 안간힘을 쓴다. 나의 새 친구는 잠시 후에 최신 아이폰을 손에 쥐는 최초의 인물이 될 것이다. 하지만 2분 후면 아이폰을 가장 먼저 구매한 사람들이 최신 아이폰을 이베이에 내다팔 테고 최신 아이폰은 금세 구형이 돼버린다.

노후화는 새로움의 일부가 되어버렸다. 노후화는 우리가 구매하는 모든 제품의 중심에 위치한 결함이기도 하다. 세계에서 가장 오래된 전구가 있는 리버모어 소방서에서 멀지 않은 곳에 휴대전화, 태블릿, 노트북, 프린터, 전자레인지, 내비게이션, 헤드폰, 드론 등 한 번도 사용되지 않은 온갖 새로운 기술 제품들이 가득 들어찬 창고가 있다. 창고에 쌓여 있는 제품들은 개봉도 되지 않은 채 상자 속에 들어 있다. 대량으로 기기를 사들인 다음 개봉조차 하기 전에 다른 제품으로 업그레이드를 해버린 기업들이 쓸모없어진 구형 기기를 자선단체에 기부한 것이다.

창고 관리자에게 물었다. "이것들은 모두 어디로 가나요?" 관리자는 볼티모어건 방글라데시건 원하는 사람이 있는 곳으로 간다며 설명을 덧붙였다. "하지만 문제는 사람들이 이런 제품을 원하지 않는다는 겁니다. 부자들이 그렇듯 부를 기준으로 하위 50퍼센트에 속하는 사람들 역시 시대에 뒤떨어진 기술을 그다지 좋아하지 않기 때문입니다."[4] 우리는 모두 신제품 중에서도 가장 최근에 나온 최신 제품을 원한다.

피버스 카르텔은 계획된 노후화와 기업들이 따라야 할 규칙을 만들어냈다. 전구가 됐건 아이폰이 됐건 업그레이드를 제한하는 강압적인 규정을 만들어낸 것이다. 하지만 제품이 고장나기도 전에 소비자들이 직접 업그레이드를 선택하고 갈망하도록 만들기 위해서는 새로운 아이디어, 인간의 심리를 잘 활용한 아이디어가 필요했다.

제품의 일부가 되어버린 불만족

우리는 거드름을 피우면서 1950년대를 얼마든지 대중의 눈을 속일 수 있는 시절이었다고 생각한다. 하지만 전혀 말도 안 되는 생각이다. 당시는 전쟁이 대중을 계몽하고 정치적으로 바꿔놓았던 시절이다. 사람들은 공장과 생산 라인에서 일하면서 제품이 어떻게 생산되는지, 각 제품에 얼마만큼의 가치가 있는지 알게 되었다. 다시 말해서, 그동안 속아왔다는 사실을 깨달았다.

일링 스튜디오가 1951년에 선보인 코미디 영화 〈흰 양복의 사나이〉에서 알렉 기네스는 절대로 닳지도 않고 더러워지지도 않는 기적의 신소재를 우연히 발명한 과학자를 연기한다. 하지만 노조 간부들과 기업가들은 과학자를 천재라며 환영하는 대신 그를 망가뜨리려고 힘을 모은다. 이 영화는 계획된 노후화를 폭로하고 업계 전체와 노조가 서로 공모해 대중을 속이는 실상을 알리기 위한 풍자 영화였다. 기네스가 분한 반영웅적인 인물은 여러 세력이 이익을 위해 결탁하는 혼탁한 세상에서 진실성과 정직성을 잃지 않는 대중을 상징하는 흰 양복을 입는다.

하지만 로저 맥두걸, 존 다이튼, 알렉산더 맥켄드릭이 집필한 대본은 반자본주의와는 거리가 멀었다. 영화는 노동자와 감독관 모두를 향해 경멸의 눈초리를 보낸다. 이전에는 없었던, 어쩌면 위험할 수도 있는 환멸, 다시 말해서 소비자의 환멸을 담고 있었다. 소비주의에 대한 환멸은 서구 정부들이 대중의 구매를 필요로 했던 중요한 시기에 경제성장을 위협했다.

〈흰 양복의 사나이〉가 출시됐던 1951년은 한국전쟁이 발발한 다음해이기도 했다. 당시, 전 세계는 서로 대립중인 '공산주의'와 '자본주의' 중 하나를 택해야 하는 냉혹한 선택의 기로에 서 있었다. 트루먼 대통령이 지지하는 자본주의가 승리하기 위해서는 소비자들이 영국과 미국에서 값비싼 물품들을 사들여야만 했다. 소비자들이 제 역할을 해줘야 소비가 살아나고 경제 회복이 뒤따를 터였다. 소비주의는 단순히 물건을 사들이는 행위가 아니라 냉전에 맞서기 위한 이데올로기적인 무기였다.

하지만 한 가지 문제가 있었다. 계획된 노후화는 맡은 역할을 충실히 해내는 소비자들을 놀림감으로 만들었다. 자신들이 구매하는 제품이 애당초 얼마간 시간이 흐르면 고장나도록 설계돼 있다는 사실을 알게 되면 소비자들이 더이상 물건을 구매하지 않을 위험이 있었다. 따라서 제조업체들은 소비자들의 머릿속에서 소비주의에 대한 신뢰를 되살리고 싶어했다. 소비자들을 매혹시킬 새로운 비법이 필요했다.

제너럴 모터스General Moters, GM CEO 앨프리드 P. 슬론 주니어는 30년 동안 합리적으로 회사를 운영한 능수능란한 리더였다. 하지만 슬론은 수십 년 동안 경쟁 회사 포드 모터스의 설립자인 자동차 왕 헨리 포드의 그림자에 가려져 있었다.

포드가 천재성을 발휘할 수 있었던 것은 하나의 단순한 발견 때문이었다. 그는 1880~1890년대에 시카고의 정육업자들에게 매료됐다. 그들은 컨베이어 벨트를 이용해 효율적으로 동물 사체를 부위별로 분해하는 방법을 찾아냈다. 사실 그들이 세계 최초로 현대식 생산 라인을 고안해낸 셈이었다. 포드는 그 과정을 뒤집으면 어떻게 될지 생각해보았다. 컨베이어 벨트를 이용해 소를 해체하는 대신 자동차를 만들면 어떨까?

헨리 포드는 1908년에 포드 모델 T를 생산하는 조립라인을 이용해 대량생산 시대를 개척했다. 포드가 세상을 떠나고 9년이 흐른 1956년, 슬론은 자동차 산업을 혁신하고 계획된 노후화를 변신시킬 아이디어를 떠올렸다.

밀워키 출신 산업 디자이너 브룩 스티븐스는 1954년에 열린 광고 콘퍼런스에서 청중에게 전후 산업이 맞닥뜨린 최대의 과제가 무엇인지 설명했다. 그는 "소비자에게 수요보다 좀더 빨리, 좀더 새롭고, 좀더 나은 것을 갖고 싶다는 열망을 불어넣는 것"이 전쟁에서 갓 벗어난 당시의 산업이 해결해야 할 가장 시급한 숙제라고 이야기했다.[5] 슬론은 이를 가능케 할 방법을 깨달았다. 소비자의 신뢰를 잃어버린 계획된 노후화 원칙에 다시 활력을 불어넣으려면 소비자들에게 새로운 생각을 주입할 필요가 있었다. 소비자 스스로 자신의 제품이 노후됐다고 여기도록 만들어야 했다. 일정한 시간이 지나면 자동차가 고장나도록 GM이 직접 설계할 필요가 없었다. 대신, 소비자들이 기존 제품에 만족하지 못하도록 만들면 충분했다. 슬론은 "설계된 불만족"이라는 으스스한 두 단어로 이 모든 과정을 묘사했다.

슬론은 자서전『나의 GM 시절』에서 이 이론을 좀더 자세하게 설명한다. "새로운 자동차 모델은 수요를 창출할 만큼 신기하고 매력적이어야 하며 (…) 새로운 모델에 비해 과거의 모델에는 어느 정도의 불만족 요인이 내재해 있어야 한다."[6] 미국인들은 신분 상승을 꿈꾸며 업그레이드된 신형 자동차를 통해 이웃에게 지난해보다 경제 상황이 좋아졌다는 신호를 보내고 싶어한다. 자동차업계는 이런 미국인들의 마음을 사로잡을 만한 신제품을 매년 만들어내야만 했다. 슬론은 경제 사다리 위에 올라서 있는 각 단계의 사람들을 개별적으로 사로잡을 수 있을 만한 자동차를 만들어내는 방법을 통해 지금 우리가 시장 세분화라 부르는 전략을 개척했다. 슬론은 이 전략을 "모든 지갑과 목적에 걸맞은 자동차"라고 불렀다. 구매욕을 부추기는 좀더 비싼 자동차가 있으면 소비자는 그 차로 업그레이드하기 위해 애쓴다. 슬론은 단계식 업그레이드 전략을 고안해 소비자의 마음속에 '설계된 불만족'의 씨앗을 심어두었다.

슬론이 진행한 프로젝트에서 핵심적인 역할을 한 톰 마타노를 샌프란시스코에서 만났다. 마타노는 1940년대에 도쿄에서 성장기를 보내며 파커 펜, 코카콜라 병, 제너럴 일렉트릭 냉장고 같은 미국 제품 디자인에 경외심을 갖게 되었다. 첫번째 기회가 찾아왔을 때, 마타노는 미국으로 건너가 GM의 수습 디자이너가 되었다.[7]

마타노가 맡은 첫 임무 중 하나가 '불만족 설계'를 위해 생산된 최초의 자동차인 1956년형 쉐보레 벨에어 프로젝트였다. 어느 아름다운 봄날, 마타노는 벨에어 오리지널 모델에 나를 태우고 금문교를 건넜다. "계기판이 반짝이는 거 보이시죠?" 마타노는 하늘색을 닮은 눈부신 파란빛을 가리킨다. "저 색깔은 매니큐어에서 추출한 겁니다. 이 차는 새 코트나 핸드백에 어울리는 액세서리였거든요."

GM은 쉐보레 벨에어를 판매할 때 고객들에게 불과 6개월 후에 나올 업그레이드 모델이 어떤 모습일지 알려주는 카탈로그도 함께 제공했다. 카탈로그는 슬론의 생각을 이해하는 데 매우 커다란 도움이 된다. 카탈로그에는 성능이 약간 더 우수한 라디오, 이전과는 다른 좌석 패턴, 좀더 고급스러워 보이는 핸들과 변속기어 등 기존 차에는 없지만 머지않아 출시될 차에는 있는 업그레이드 기능들이 담겨 있었다. 카탈로그의 목표는 누군가가 쉐보레를 구매하는 바로 그 순간에 머지않아 그들이 갓 구매한 제품을 구형으로 만들어버릴 좀더 나은 제품이 출시된다는 사실을 알리는 것이었다.

마타노는 이런 식으로 일하는 것을 어떻게 생각했을까? "우리는 자동차 디자이너가 아니라 패션 디자이너였습니다. 보닛 밑에 있는 자동차 자체는 전혀 바뀐 게 없었습니다. 하지만 우리는 좌석 시트, 자동차 후미 장식 부분, 눈부신 새로운 색상 등 부수적인 것들을 개선하는 작업을 해야만 했습니다." 슬론은 모든 것을 뒤집어버렸다. 이제 안전성과 성능은 자동차 판매에 있어서 부수적인 것이 되어버렸고, 외관 변화가 가장 중요하게 여겨졌다.

GM에서의 수습 경력은 마타노에게 커다란 도움이 되었고, 그는 토요타의 수석 디자이너가 되었다. GM의 전략이 음흉하다고 느끼지는 않았는지 물었다. "설마요. 보닛 아래쪽은 사실상 똑같이 내버려두고서 신차로 판매하는 것은 슬론의 천재적인 아이디어였습니다. 정말 훌륭하죠."

슬론은 노후화를 우리가 방금 구매한 신제품의 수명을 알리는 시계가 항상 째깍거린다는 성가신 의심의 씨앗으로 바꾸어 노후화 문제에 새롭게 시동을 걸었다. 그러나 찰나에 불과하긴 하지만 우리가 만끽할 수 있는 기쁨의 순간이 있다. 갓 구매한 제품을 손에 쥐고 이런 의심을 떨쳐버리는 순간. 애플 매장 앞에 줄 서 있었던 나의 새 친구가 새로운 아이폰을 손에 쥐고 잠깐이나마 느끼고 싶어했던 바로 그 순간 말이다. 노후화가 임박했다는 오명으로부터 자유로운 최신 신제품.

마약과 순환 고리: 결정, 보상, 엔도르핀 분출

게이브 지커만은 금문교 바로 옆에 산다. 번쩍이는 대머리에 덩치는 산만 하며 쩌렁쩌렁하게 큰소리로 말을 하는 지커만은 명상 공간과 대나무 정원으로 꽉 차 있는 아주 작은 아시아식 주택에 살기에는 몸집이 너무 커 보인다. 지커만은 우리가 무언가를 구매하는 바로 그 순간에 우리의 뇌 속에서 구매욕을 자극하는 것이 무엇인지 연구하는 판매 신경 과학 분야의 중요한 선지자다.[8]

지커만은 우리가 제품을 구매하는 순간에 어떤 일이 벌어지는지 에너지 넘치는 목소리로 이야기했다. "옛날에는 담배 브랜드나 합성세제에 평생 브랜드 충성도를 보였습니다. 하지만 이제는 업그레이드를 통해서 충성심이 유지됩니다." 다시 말해서, 이제 우리에게는 선택지가 너무도 많아졌다. 단순히 브랜드 평판 때문에 특정한 브랜드를 고집하지 않는다. 이제 그것만으로는 충분하지 않다. 오늘날, 애플이나 랜드로버 같은 브랜드는 1년 후에 새로운 업그레이드 제품을 선보이겠다는 약속을 통해 장기적인 관계를 구축하고, 브랜드 충성도를 복구한다.

지커만은 이렇게 이야기한다. "이런 과정을 통해 우리가 같은 자동차 브랜드나 휴대전화 브랜드를 계속 사용하게 되는 겁니다. 이제 해당 제품이 항상 개선된다는 믿음을 우리 스스로 되뇌기 때문입니다."

게다가 이런 업그레이드는 물건에서 끝나지 않는다. 우리는 우리의 삶이 끝없이 앞으로 나아가야 한다고 믿는다. 더 나은 일자리나 더 나은 집, 더 나은 파트너를 꿈꾸고, 좀더 느긋하고 편안한 휴가, 헬스장에서 다듬은 좀더 그럴듯한 몸, 좀더 건강한 식단 등 우리 삶의 모든 측면에서 업그레이드를 추구한다.

하지만 지커만을 매료시키는 무언가, 우리 머릿속을 제대로 파헤치고 싶어하는 대기업들이 줄지어 지커만을 찾는 이유는 구매가 이뤄지는 찰나의 순간에 벌어지는 일이다. "새로운 것을 구매할 때 우리 뇌는 이런 결정을 보상으로 받아들입니다. 소량의 엔도르핀이 분비되고 우리는 그 순간을 즐깁니다. 엔도르핀이 분비되면 황홀감이 들기 때문입니다. 마약이나 다름없죠. 그렇게 결정과 보상, 엔도르핀 분비 사이에서 순환 고리가 생겨납니다. 이 고리에 중독되는 겁니다."

미국의 심리학 저널 『사이콜로지 투데이』는 구매를 예상하는 것만으로도 뇌에 도파민이 분비되며 온라인 쇼핑을 할 때 도파민 분비량이 늘어난다고 발표했다.[9]『사이콜로지 투데이』는 1680명의 미국인들을 대상으로 설문조사를 진행했고, 그중 76퍼센트가 매장에서 제품을 구매할 때보다 제품이 택배로 배송될 때 더욱 흥분된다고 답했다. 또한 택배가 도착하기를 기다릴 때 도파민이 가장 많이 분비되는 것으로 드러났다. 도착한 상자를 열고 나면 다시 도파민 분비를 기대하게 되고, 또다시 무언가를 구매하게 된다.

우리는 '쇼핑 치료'라거나 '쇼핑 중독'이라는 표현을 예사로 사용한다. 하지만 이런 표현은 실제로 존재하는 복잡한 신경학적인 과정을 일컫는 조잡한 표현에 불과하다. 사람들이 갈망하는 것은 물건 자체가 아니라 무언가를 구매할 때 분비되는 엔도르핀이다. 엔도르핀은 너무도 빨리 사라진다. 사람들이 매장을 떠나기도 전에 엔도르핀 분비는 끝나버리고 또다시 무언가를 구매해야만 다시 엔도르핀이 분비된다. 엔드로핀 분비와 설계된 불만족 사이에 존재하는 이 강렬한 관계는 아이폰을 구매할 때보다 아무것도 구매하지 않을 때 더욱 강해진다.

이해되십니까?

2007년, 검은색 터틀넥 셔츠를 입은 키 큰 한 남자가 고요한 강의실로 들어왔다. 남자의 뒤쪽에서는 커다란 은빛 애플 로고가 어둠 속에서 빛을 냈다. 남자는 멈춰서서 청중을 바라봤다. "오늘은 제가 고대해왔던 날입니다. 이따금 모든 걸 바꿔놓는 혁명적인 제품이 등장합니다. 그런 제품 중 하나를 만들어내는 일에 동참할 수 있다면 매우 운이 좋은 사람입니다."

객석에서는 숨소리도 들리지 않았다. 남자는 말을 멈추고 주위를 둘러본 다음 다시 입을 열었다.

"1984년, 애플은 매킨토시를 선보였습니다. 매킨토시는 애플만 변화시킨 게 아니었습니다. 매킨토시는 컴퓨터 산업 전체를 바꿔놓았습니다. 2001년, 우리는 첫번째 아이팟을 선보였습니다. 아이팟은 우리가 음악을 듣는 방식을 바꿔놓았을 뿐 아니라 음악 산업 전체를 바꿔놓았습니다." 청중은 조용히 박수를 치기 시작했다.

"자, 오늘 우리는 세 가지 혁명적인 제품을 소개하려 합니다." 남자가 뒤편에 있는 거대한 스크린을 향해 몸을 돌리자 아이콘이 등장했다. "첫번째는 터치패드가 있는 와이드스크린 아이팟입니다." 갈채 소리가 커지기 시작했다.

"두번째는 혁명적인 휴대전화입니다." 초록색 정사각형 안에서 하얀색 수화기 하나가 마법처럼 등장했다. 청중은 함성을 지르기 시작했고 몇몇 사람들은 자리에서 일어섰다. "세번째는 혁명적인 인터넷 통신기기입니다." 객석은 난리가 났다.

"이 세 가지입니다. 아이팟, 휴대전화, 인터넷 통신기기." 남자는 주문을 외듯 이 단어를 천천히 신중하게 반복했다. "아이팟, 휴대전화, 인터넷 통신기기." 아이콘이 빙글빙글 돌기 시작했고, 점점 도는 속도가 빨라지더니 3개의 아이콘이 하나로 더해졌다. "이해되십니까? 이해가 되시냐고요? 각기 다른 3개의 기기가 아닙니다. 하나의 기기에 모든 것이 담겨 있습니다. 우리는 이 기기를 아이폰이라고 이름 붙였습니다."[10]

발표를 마친 남자, 스티브 잡스가 갑자기 휙 몸을 돌리자 이 세상은 이전과는 전혀 다른 곳이 되었다. 당시만 해도 아이폰이 '혁명적'이라는 잡스의 묘사가 약간 과장된 마케팅으로 느껴졌을 수도 있다. 하지만 실제로는 '혁명적'이라는 단어조차도 그가 이뤄낸 성과를 표현하기에 부족했다. 아이폰이 미래의 일부였던 것이 아니라 아이폰이 미래를 선도하고 있었다. 애플이 선보인 첫번째 아이폰 모델은 아폴로 11호보다 연산력이 뛰어났다. 하지만 아이폰의 진정한 위력은 그 누구도, 심지어 잡스조차도 예측하지 못한 데 있었다.

아이폰은 우리가 실제로 생활하는 물리적 세상과 디지털 세상을 이어주는 단순한 디지털 도구 역할을 위해 생겨난 것이 아니었다. 아이폰은 우리가 살고 있는 실제 세계를 아이폰의 디지털 설계에 맞도록 탈바꿈시킬 작정이었다. 크리스토퍼 콜럼버스가 515년 전에 아메리카 대륙을 찾기 위해 사용했던 나침반과 크기가 비슷한 물건으로 이 세상을 바꿀 참이었다. 콜럼버스가 그랬듯 잡스도 실제 규모를 상상하기조차 힘든 새로운 세상에 첫번째로 발을 내디뎠다.

기린을 새로운 색깔로 칠하거나 아예 새로운 종을 만들거나

댄 크로는 아이폰 개발을 위해 스티브 잡스가 영입한 디자이너 중 한 사람이었다. 나와 크로는 쇼디치 실리콘 라운드어바웃(런던 동부에 위치한 기술 중심지-옮긴이)에 위치한 크로의 사무실에서 만났다. 아이폰은 비범한 발명품임에 틀림이 없었다. 하지만 나는 슬론의 '설계된 불만족' 이론이 아이폰5, 아이폰6, 아이폰7 플러스, 아이폰10, 아이폰X 같이 이전 버전과 거의 비슷하지만 약간만 업그레이드된 제품을 내놓는 애플의 전략에 얼마나 커다란 영향을 미쳤는지 궁금했다. 애플은 아이폰을 개발할 당시 끝없는 업그레이드가 필요하다는 사실을 얼마나 의식하고 있었을까?

크로는 물을 한 모금 마시고 이렇게 답했다. "애플은 1970년대부터 비슷한 제품을 조금씩 바꿔서 내놓았습니다. 시간이 흐르면서 그 솜씨가 점점 더 좋아졌습니다. 지금 상황을 생각해보면 업그레이드는 어느 정도 영향을 미치고 있습니다. 그렇지 않습니까? 참 재미있지요. 하지만 문제는 모두 기술에서 비롯됐다는 겁니다. 결국 기술혁신은 둔화할 수밖에 없으니까요."

잡스는 설계된 불만족에 관한 한 가지 문제를 발견했다. 아이폰6, 아이폰7, 아이폰8, 아이폰X를 잇달아 출시하면 어느 순간 대중이 상황을 간파하기 시작한다. "센서를 달 수도 있고, 더 나은 카메라를 추가할 수도 있고, 금색 휴대전화를 내놓을 수도 있지만 결국은 제품이 정체기에 접어들 수밖에 없습니다. 더이상 개선될 수 없는 지점이 있습니다."

불가피하게 혁신 속도가 느려지면 새로운 무언가를 발명해야 한다. 바로 이런 이유로 애플은 1970년대에 매킨토시가 성공을 거둔 후 오직 컴퓨터에만 집중하지 않았다. 잡스의 천재성은 기린을 만들어낸 다음, 그 기린 스케치들을 저 멀리 던져버리고서 코뿔소를 만들고, 그다음에는 사자를 만들고, 그런 다음에는 상어를 만들어내는 데 있었다. 잡스는 애플이 얼마나 많이 다른 색깔로 기린을 다시 칠하건 대중이 계속 기린을 사는 일은 없을 거라는 사실을 잘 알고 있었다.

크로는 색깔은 무언가가 끝났을 때 사용하는 최후의 수단이라고 이야기한다. 어떤 회사가 제품의 색깔을 바꾼다는 것은 이제 색깔을 바꾸는 것 외에 다른 방법이 별로 없다는 뜻이다. 눈부시게 빛나는 새로운 색깔의 제품을 내놓는 것은 해당 제품의 진정한 개선이 끝났다는 신호를 의도치 않게 대중에게 보내는 것이나 다름없다. 쉐보레 벨에어도 그랬고, 아이폰도 지금 그런 상황을 겪고 있다. 바로 이런 이유로 애플은 지금 새로운 코끼리를 만들어내는 데 혈안이 돼 있다.

잡스는 슬론과 GM을 지켜보면서 업그레이드만으로는 버티는 데 한계가 있음을 알게 됐다. 하지만 슬론이 잡스에게 준 진정한 교훈은 결국은 새로운 종이 필요하다는 사실이었다.

다음은 무엇인가?

2009년, 애플은 차량용 카메라 기술 특허를 신청했다. 기술 전문가들은 애플이 특허 신청한 기술이 손의 움직임을 포착해 자동차의 움직임을 제어하거나, 증강현실 경험을 제공하는 데 사용될 수 있다고 예측했다. 2011년, 애플은 또다시 특허를 신청했다. 기존 아이폰을 약간, 하지만 결정적으로 변형시킨 이 기술은 사용자들이 휴대전화를 이용해 자동차 문을 열고, 시동을 걸 수 있도록 지원한다.

애플은 지금껏 존재하지 않았던 새로운 종을 설계하고 있었다. 테슬라나 구글, 우버 같은 회사들처럼 그저 자율주행 기술 개발에만 열을 올리는 수준을 넘어서 좀더 극적인 무언가를 만들어내기 위해 노력중이다. 애플 CEO 팀 쿡은 수수께끼 같은 말로 주주들의 애를 태웠다. "어렸을 때 크리스마스이브에 마구 들떴던 마음을 기억하십니까? 1층에 있는 크리스마스트리 밑에 어떤 선물이 놓여 있을지 궁금해하던 마음 말입니다.

그렇습니다. 한동안은 크리스마스이브 같은 날일 겁니다."

하지만 애플이 무엇을 개발중인지 짐작하게 하는 실마리가 속속 모이고 있다. 영국 신문 가디언의 보도에 의하면 일반 도로에서 자율주행 자동차를 테스트해온 구글이나 테슬라와 달리 애플의 엔지니어들은 제2차세계대전 당시 해군기지로 사용되었던 샌프란시스코 외곽의 폐군사 시설을 이용해왔다.[11] 기지 소유주 고멘텀은 "이 기지는 세계 최대 규모의 안전한 테스트 시설"이라고 설명했다.

자동차 시장에 대한 애플의 야심을 파헤치던 월스트리트 저널은 애플이 2015년 2월 이후 피아트의 더그 베츠와 자율주차 자동차 개발을 위한 고속 충전 프로젝트를 이끈 스위스 연구원 폴 퍼게일을 영입했다는 사실을 알아냈다. 뿐만 아니라 애플은 테슬라에서 일하던 최우수 엔지니어 50명, 삼성과 전기차 배터리 제조업체 A123 시스템즈에서 근무했던 배터리 수명 기술 전문가들도 영입했다.[12]

애플이 다음으로 진행중인 대형 프로젝트의 이름은 '프로젝트 타이탄'이다. 프로젝트 타이탄은 자율주행 자동차 개발보다는 전반적인 운송 체계와 관련된 것으로 이 시스템 속에서 자동차가 어떤 모습일지, 어떤 역할을 할지, 자동차가 필요한 이유가 무엇일지 전반적으로 다시 상상하는 것을 목표로 한다.

2017년 8월, 기술 전문가 스티븐 밀루노비치는 베를린에 있는 애플의 비밀 사무실을 찾아냈다. 그는 애플의 베를린 극비 사무소가 이 같은 새로운 운송 시스템을 만들어내는 데 전념하고 있다고 설명했다. "프로젝트 타이탄은 운송 플랫폼이 될 가능성이 높습니다. 자동차가 아니라 전반적인 경험을 제공하는 플랫폼 말입니다."

2017년 6월, 팀 쿡은 블룸버그와의 인터뷰에서 "애플이 자율 시스템에 주목하고 있다"는 대답으로 항간의 소문을 인정했다. 그는 "자율 시스템은 애플이 아주 중요하게 여기는 핵심 기술"이라며 "애플은 이 시스템을 모든 인공지능 프로젝트의 근원으로 여긴다"라고 덧붙였다.

자율주행이 가능해지면 운송 시스템 조율은 어느 자동차 한 대의 문제가 아니라 인공지능이 해결해야 할 도전 과제가 되어버린다. 애플은 이미 의료와 IT 부문에서 인공지능에 투자하고 있다. 하지만 잘 조화된 인공지능 운송 시스템을 만들어내는 것은 의료나 IT 부문에서 인공지능을 활용하는 것과는 비교가 되지 않을 정도로 힘든 일이다.

하지만 여기서 끝이 아니다. 2017년 9월, 팀 쿡은 미국 아침 방송 〈굿모닝 아메리카〉와의 인터뷰에서 애플이 증강현실 기술을 개발하고 있다며 "증강현실 기술을 활용하면 편안하게 앉아서 다른 공간에 있는 사람과 대화를 나눌 수 있을 뿐 아니라 두 사람 모두가 무언가를 눈으로 직접 볼 수 있게 된다"라고 설명했다.

증강현실 기술을 자율주행 차량에 적용하면 자동차 내부는 인공지능이 지원하는 운송 시스템 내에서 움직이는 증강현실 여가 공간이 되고, 애플은 프로젝트 타이탄 산하에서 두 가지 모두를 운영하게 된다. 2024년이 되면 증강현실 기술 시장 규모가 1650억 달러에 달할 것으로 예상되며, 자율주행 자동차는 2021년에 시장에 나올 것으로 예측된다(2022년 현재 자율주행 기술을 일부 탑재한 여러 자동차 모델이 시판중이다. 원서는 2017년 출간-옮긴이).

현재의 목표를 이뤄내면 애플은 아이폰 발명은 별것 아닌 것처럼 보일 정도로 엄청난 도약을 이뤄내게 된다. 가장 중요한 사실은 내비게이션

그래픽에서부터 자동차 내에서 흘러나오는 안내용 목소리의 발음에 이르기까지 iOS 소프트웨어에 포함된 온갖 사소한 부분 모두 업그레이드가 가능해진다는 것이다. 애플이 이 모든 것의 시발점이 된 자동차, 1956년형 쉐보레 벨에어에 의도치 않게 경의를 표하게 될 것이라고 설명하면 딱 맞을 듯하다.

2

FOOD

2장

식품

비만의 역설

딜	미국 전역의 의사와 약사들이 메트라이프생명 통계학자 루이스 더블린이 다시 설정한 BMI 지수를 받아들였다.
목적	과학적인 비만 측정법을 만들어내는 것. 그 과정에서 진정한 비만 문제가 대두되기도 전에 건강에 대한 공포심을 조장하고 다이어트 산업을 위한 새로운 시장을 만들어냈다.
장소	뉴욕, 메트라이프생명 본사
때	1945년

슈퍼마켓을 걸어다니다보면 무엇이 보이는가? '식감'과 '반복 욕구(식품학자들이 중독성을 가리킬 때 사용하는 표현)' 극대화를 위해 화학물질이 잔뜩 첨가된 고칼로리 가공식품들로 그득한 선반들이 줄지어 서 있다. 순수 과학의 결정체나 다름없다. 그 옆에는 무엇이 있을까? 이전 통로에 진열된 음식을 잔뜩 먹고 살이 쪄 이제는 절실하게 살을 빼고자 하는 사람들을 겨냥한 '저지방, 라이트, 기름기 쫙 뺀, 다이어트, 제로, 저탄수화물, 저칼로리, 무가당' 등의 문구를 앞세운 온갖 '건강' 식품들이 줄지어 진열돼 있다.

다이어트 산업과 식품 산업 사이에는 긴밀한 공생 관계가 있다. 미국의 다이어트 전문 업체 웨이트워처스는 1978년에 하인즈에 매각되었고, 하인즈는 다시 1999년에 7억 3500만 달러를 받고 투자회사 아르탈에 웨이트워처스를 매각했다. 미국의 또다른 다이어트 식품 회사 슬림패스트는 2000년에 아이스크림 브랜드 벤앤제리스와 육류 브랜드 월스를 소유한 유니레버에 매각되었다. 또다른 다이어트 브랜드 제니 크레이그 역시 초콜릿과 아이스크림도 판매하는 스위스 다국적기업 네슬레에 매각되었다. 2011년, 네슬레는 미국 경제지 『포천』이 선정한 세계 500대 기업 가운데 가장 수익성이 높은 기업으로 뽑혔다.

식품과 다이어트를 둘러싼 비즈니스 이야기는 경쟁업체 간의 격렬한 다툼과 이상한 실험, 편향된 데이터, 추잡한 전술로 점철된 낯설고 놀라운 이야기이다. 이 모든 이야기의 한가운데 서 있는 것이 바로 우리가 먹는 음식의 본질을 바꿔버린 과학자와 사업가들이다. 그들은 우리가 먹는 방식을 완전히 바꾸는 딜을 했다.

비만의 기원

비만이 진정한 사회문제로 대두되기 전이었던 1945년 어느 날, 뉴욕에 있는 메트라이프생명 본사에서 근무하는 통계학자 루이스 더블린에게 점심시간이 찾아왔다. 실적이 좋지 않았던 그는 상사들에게 좋은 인상을 남길 방법을 고민했다. 더블린은 고객들이 지불하는 건강보험료를 살펴보기 시작했고, 고객들의 체중이 보험료에 커다란 영향을 미친다는 사실을 발견했다. 그리고 한 가지 아이디어를 떠올렸다.

더블린은 피보험자를 '과체중'과 좀더 건강 상태가 심각한 '비만'으로 분류하는 기준을 낮추면 하룻밤 새 수만 명에 달하는 고객의 보험료를 인상할 수 있다는 사실을 깨달았다. 체중과 관련된 건강상의 위험이 좀더 커진 것처럼 보이기 때문이다. 하지만 이런 변화를 정당화하려면 과학적인 지표가 필요했고, 더블린은 벨기에 과학자 아돌프 케틀레가 19세기에 처음 개발한 체질량 지수body mass index, BMI를 우연히 발견했다. BMI는 신장과 체중의 비율을 이용한 단순한 측정법으로, 파운드 단위로 측정한 체중을 인치로 측정한 신장으로 나눈 다음 703kg/m의 변환 계수를 곱해서 구한다. 당시, BMI는 과학적 타당성이라는 후광을 톡톡히 누렸지만 차차 BMI의 문제점이 명확하게 드러났다. 그중에서도 가장 큰 문제점은 BMI가 근밀도와 지방을 혼동한다는 것이다. 세계에서 가장 빠른 사나이로 알려진 우사인 볼트 역시 BMI 기준으로 보면 비만이다.

더블린이 개발한 새로운 기준을 적용하자 미국인 절반이 과체중이나 비만으로 분류되었다. 더블린의 방법을 분석한 탐사 보도 전문가 조엘 게린은 "BMI에는 그 어떤 과학적인 근거도 없다"라고 이야기한다. "더블린은 그냥 자신이 가진 데이터를 보고서 자기가 생각하기에 25세에 해당하는 사람들에게 적당할 것으로 보이는 몸무게를 임의로 정한 다음 모든 사람에게 그 몸무게를 적용한 겁니다."

25세의 남녀에게 가장 바람직할 것 같은 몸무게를 모두에게 가장 이상적인 몸무게로 꼽는 방식은 사실 임의로 결정된 것과는 거리가 멀다. 나이가 들수록 25세 때의 이상적인 체중을 유지할 가능성은 줄어들고 결국 지불해야 할 보험료는 늘어난다.

메트라이프생명이 정한 BMI 기준이 중요한 이유는 비만에 관한 건강 기준을 제시했기 때문이다. 더블린과 메트라이프생명의 의도가 고객에게서 뽑아내는 수익을 극대화하는 것이었건 건강 상태를 표준화하는 것이었건, 그 결과 미국의 대중은 불안감을 느끼게 되었다.

메트라이프생명은 이와 같은 새로운 건강 위기에 대처하는 임무를 믿고 맡길 만한 브랜드로 자사를 홍보하기 시작했다. 미국 전역의 식료품 가게와 병원, 슈퍼마켓에 메트라이프생명의 로고가 새겨진 체중계가 설치됐다. 직접 체중을 재보고 자신이 과체중이라는 사실을 알게 된 주부와 사업가들이 걱정에 빠져 병원을 찾아가면, 의사들이 그들의 BMI 수치에 문제가 있다고 확인해주었다. 의사들은 이렇게 기준치를 웃도는 체중은 시한폭탄이라고 이야기했다.

각종 신문들은 미국 전역에서 지방에 대한 공포가 일고 있다며 떠들어 댔다. 특히 BMI 수치가 높은 사람들은 심장마비나 뇌졸중이 찾아올 위험이 크다는 경고를 들었다. 하지만 도움의 손길이 가까이에 있었다.

1960년, 뉴욕 타임스가 처음으로 미국을 휩쓸고 있는 이상한 현상에 관해 보도했다. 유동식이 체중 감량에 도움이 된다는 사실을 발견한 엄마들은 어린 자녀들이 마시는 분유를 제조해 직접 들이켰다. 화학업계 대기업 미드 존슨 앤드 컴퍼니는 틈새시장을 발견한 후 세계 최초로 물에 녹여 마시는 가루형 다이어트 음료 메트리칼을 선보였다. 존슨의 마케팅 책임자 C. 조지프 겐스터는 '미터'와 '칼로리'라는 두 단어를 섞어서 메트리칼이라는 이름을 만들어냈다. 그런 다음, 텔레비전에 나오는 유명한 영양 전문가 실비아 셔를 고용해 메트리칼을 홍보했다.

더블린이 새롭게 제시한 BMI 기준으로 인해 얼떨결에 세계 최초로 일반 대중을 대상으로 하는 다이어트 산업이 생겨났다. 미드 존슨 같은 기업들이 엄청난 규모의 잠재 시장을 가장 먼저 장악하기 위해 애를 쓰면서 다이어트는 더이상 유행으로 치부되지 않고, 하나의 과학이 되어버렸다. BMI와 마찬가지로 메트리칼 역시 과학적으로 들렸다. 새로 생겨난 다이어트 산업은 진정한 과학을 경험하고 있었지만, 그런 정보를 대중과 공유할 생각은 없었다.

미네소타 실험

미네소타 골든 고퍼스 풋볼 경기장 미드필드 6피트 아래에는 지하 감옥과 터널들이 자리를 잡고 있다. 유럽이 영양실조로 고통받고 있던 1944년, 미국 정부는 똑같은 식의 만성적인 식량 부족 사태가 미국에 닥친다면 어떤 일이 벌어질지 알아내고자 했다.

존경받는 영양학자 앤설 키스 박사가 계속해서 음식이 충분히 공급되지 않으면 어떤 영향이 있을지 확인하기 위해 36명의 양심적 병역 거부자를 모집했다. 키스는 제2차세계대전이 한창이었을 때 병사들에게 지급할 전투식량 개발을 진두지휘했던 인물이다. 당시, 키스가 개발한 전투식량은 칼로리가 매우 높은 에너지 공급용 스낵으로 사실상 세계 최초의 에너지바였다고 볼 수 있다. 1960년대가 되자 그는 '지중해식 식단'을 앞세워 세계적인 명성을 얻었다. 『타임』표지에 등장했고 영양학계의 새로운 구루로 이름을 떨쳤다. 하지만 1944년에 그는 미국 정부를 위해 비밀 임무를 수행중이었다.

키스는 1년 동안 피험자들을 미네소타 풋볼 경기장 아래에 있는 지하 감옥에 가둬두고 요즘 미국에서 다이어트중인 여성들의 평균 칼로리 섭취량보다 300칼로리 높은 1500칼로리로 일일 섭취량을 제한했다. 키스는 피험자들에게 힘든 운동을 시켰고, 주기적으로 차가운 물탱크에 피험자들을 집어넣었으며, 음식에 대한 반응을 확인하기 위해 가만히 음식을 바라보도록 강요했다.

피험자들은 한마디로 말해서 미쳐버렸다. 그들이 써내려간 일기를 보면, 피험자들은 음식 생각에 사로잡혀 자유의 몸이 되었을 때 먹게 될 음식에 대한 공상을 키워나갔다. 지하 감옥 위에 있는 운동장에 나갈 기회가 생기자 어떤 피험자들은 잔디를 뜯어먹으려 했고, 한 피험자는 실험진 중 한 사람을 물어뜯었으며, 또다른 사람은 도끼로 자신의 손가락 3개를 잘라버렸다.

하지만 실험중 키스를 가장 놀라게 한 부분은 다시 그들에게 음식을 제공했을 때 벌어진 일이었다. 피험자들은 빠른 속도로 다시 살이 쪘다. 그동안 빠진 몸무게가 원상 복구되는 수준에서 끝나지 않고 원래의 몸무게를 넘어서 계속 살이 붙었다. 이 실험을 통해 키스는 다이어트가 인간의 신진대사를 변화시켜 우리 몸이 지방이 없었던 곳을 지방으로 채우려 한다는 사실을 깨달았다.

트레이시 만 박사는 키스가 실험을 진행한 곳에서 얼마 떨어지지 않은 미네소타대학에서 나사를 위한 연구를 진행중이었다. 그는 다이어트가 인간의 신체에 어떤 생리학적인 영향을 미치는지 파헤치고 있었다. "키스가 찾아낸 연구 결과를 살펴볼수록 놀랍다는 생각이 듭니다." 만 박사는 사람들이 대개 그렇게 생각하듯 다이어트는 효과가 없다는 설득력 있는 근거를 키스가 제시했다고 이야기한다. 키스는 다이어트를 끝낸 후 요요 주기를 겪을 때마다 체중이 늘어나 결국 시간이 흐르면서 점차 살이 찐다는 사실을 알아냈다. 하지만 사람들은 다이어트를 한 결과로 체중이 증가했다고 생각하지 않기 때문에 또다시 똑같은 다이어트로 되돌아간다.

키스가 발견한 과학적 근거 때문에 다이어트 산업은 제대로 꽃을 피우기도 전에 종말을 맞이할 수도 있었다. 하지만 키스가 내놓은 과학은 다이어트 산업의 종말을 초래하기는커녕 잠재력 있는 비즈니스 모델의 토대가 되었다. 제2차세계대전 전에도 다이어트는 존재했다. 하지만 당시의 다이어트는 제대로 조직된 수십억 달러짜리 비즈니스가 아니라 그저 유행에 불과했다. 키스는 다이어트 산업을 장기적인 비즈니스로 키워낼 수 있다는 과학적인 증거를 제시해 이 모든 것을 변화시켰다.

만 박사의 이야기를 들어보자. "자동차를 샀는데 문제가 있으면 딜러한테 갖고 가서 새 자동차를 받아 옵니다. 하지만 다이어트가 실패하면 사람들은 그건 자신의 문제라고 이야기하며 다시 이전과 같은 다이어트로 되돌아갑니다."

머릿속에 떠오른 두 단어: '슬림'과 '패스트'

메트리칼은 열렬한 환영을 받지 못했다. 하지만 뉴욕에서 활동하는 화학자 대니 에이브러햄 덕에 가루로 된 다이어트 식품이라는 아이디어 자체는 대성공을 거뒀다. 에이브러햄은 아버지가 운영하는 약국 위층에서 자랐다. 어린 시절부터 소독약 냄새를 맡고 자란 그는 화학자가 되었다. 그는 이십대 초반이 되자 신제품을 연구하고 출시하는 데 매진하는 화학 기업 톰슨 메디컬을 설립해 여러 개의 신제품 개발을 시도했지만 기대한 성과로 이어진 제품은 없었다. 그러던 어느 아침, 그의 머릿속에 '슬림'과 '패스트'라는 단 두 단어가 불쑥 떠올랐다. 차후에 유니레버에 21억 불에 매각된 다이어트 제국 슬림패스트의 토대가 된 두 단어가 바로 이것이었다.

엄청난 규모를 자랑하는 윌리엄 랜돌프 허스트 스타일의 성처럼 보이는 에이브러햄의 플로리다 집에서 그를 만났다. 집 앞 석호에는 그의 슈퍼 요트 네타냐 8이 정박해 있었다. "저는 어렸을 때 항상 배를 한 척 갖고 싶었어요. 이제 드디어 갖게 되었습니다."

에이브러햄은 어떻게 슬림패스트를 떠올렸을까? "그냥 그 두 단어가 떠올랐습니다. 어떤 제품이 떠올랐던 건 아닙니다. 하지만 슬림패스트('단기간 내에 날씬해진다'라는 의미-옮긴이)라는 이름을 붙이면 잘 팔릴 거라는 생각이 들었습니다." 에이브러햄은 메트리칼과 비슷한 음료를 만들어볼 작정으로 실험을 진행했지만, 걸쭉한 약 같은 맛이 나곤 했다. 그래서 그는 접근 방법을 바꿔 밀크셰이크 형태의 제품을 시도했다. 에이브러햄은 소비자들이 원하는 맛을 내면서 동시에 칼로리는 걱정할 필요가 없는 그런 미국적인 제품을 개발하고자 했다.

그는 구십대의 노인이지만 아주 건강해 보였다. 나를 개인 헬스장으로 데려간 그는 벤치프레스를 여전히 얼마나 잘할 수 있는지 보여주었다. 그런 다음 마치 연극을 하듯 냉장고에서 슬림패스트 밀크셰이크를 하나 꺼내 흔들어댔다. "이런, 맨 처음 만들어냈던 날만큼 맛이 좋은데요?"

에이브러햄은 슬림패스트를 중심으로 하는 식이요법을 활용하면 체중 감량이라는 목표를 달성할 수 있다고 주장한다. 그는 나를 향해 몸을 돌리며 질문을 던진다. "당신을 책임지는 사람이 누구입니까? 누구냐고요? 바로 당신입니다. 다른 누구도 아닙니다. 체중 감량에 실패한 원인을 다른 데서 찾으려 한다면 그건 잘못된 겁니다. 체중계에 올라가세요. 헬스장에 가세요. 다른 누구도 아닌 당신한테 모든 게 달린 겁니다."

에이브러햄은 차를 타고 떠나는 내게 손을 흔들며 소리친다. "잭, 기억하세요. 당신을 책임지는 사람은 바로 당신입니다."

에이브러햄의 말을 다이어트에 적용해도 아무런 문제가 없는 것일까? '우리를 책임지는 사람이' 바로 우리 자신일까? 당시만 하더라도 실체가 없던 건강에 대한 공포를 이용한 의도적인 비즈니스 결정으로 인해 탄생한 것이 바로 다이어트 산업이다. 하지만 비만은 건강을 위협하는 실질적인 위기가 되어버렸고 다이어트업계는 이를 해결하기 위해 고군분투하고 있다. 체중 감량을 시도하는 사람들은 대부분 매우 의욕적이다. 하지만 다이어트에 성공하는 사람은 소수에 불과하고 대다수는 실패한다. 다이어트를 시도하는 사람 95퍼센트는 이미 다이어트를 해본 전적이 있다. 이런 사람들이 단순히 의지가 약한 것일까, 그렇지 않으면 다른 일이 벌어지고 있는 것일까?

켈리 브로넬은 듀크대학교 샌퍼드 공공정책학부 학장이자 비만 분야에서 활동하는 세계 최고의 전염병학자 중 한 명이다. 에이브러햄의 의견을 전달하자 브로넬은 이렇게 이야기한다. "물론 우리를 책임지는 사람은 우리 자신입니다. 하지만 체중 감량은 그렇게 간단하지 않습니다." 브로넬은 개개인의 유전적 구성이 다르다고 이야기한다. 쉽게 살이 찌는 유전자를 가진 사람은 다이어트가 힘들 수밖에 없고, 다이어트를 하면 할수록 몸이 점점 무거워지고 다이어트 자체가 점점 힘들어진다.

브로넬은 다른 것도 지적한다. 그는 인체에는 자체적인 조절 장치가 있다고 설명한다. 특정한 체중을 넘어서면 조절 장치 프로그램이 수정된다. 이 지점을 넘어서면 살을 빼기가 두 배로 힘들어진다. 우리 몸의 조절 장치가 다이어트에 맞서 더욱 거칠게 저항하면서 우리 몸은 새로 설정된 좀더 무거운 체중에 맞추려고 애쓴다. 결국, "모든 살찐 사람의 몸속에는 거기에서 빠져나오려고 애쓰는 날씬한 사람이 있다"라고들 하지만 생물학적인 진실은 정반대다.

전례없이 빠른 속도로 비만이 되어가고 있는 이 행성에서 전통적인 다이어트 제품은 해결책이 될 수 없다. 하지만 에이브러햄이 내게 외친 "당신은 할 수 있다"처럼 자기 역량 강화를 전달하는 메시지는 다이어트 산업을 비난으로부터 보호하는 중요한 역할을 한다. 당신의 다이어트가 실패한다면 다시 시도해야 한다. 모두 애당초 충분히 열심히 하지 않은 당신 탓이기 때문이다.

웨이트워처스 모델

뉴욕에서 웨이트워처스 재무 담당 이사를 지낸 리처드 삼바를 만났다. 삼바는 몹시 쾌활하며 머리숱이 많고 여유롭게 으스대며 걷는 칠십대 남자다. 그는 1968년에 웨이트워처스에 합류해 1983년에 회사를 떠날 때까지 연매출 800만 달러 규모의 프랜차이즈에 불과했던 웨이트워처스를 연매출 3억 달러 규모의 세계적인 브랜드로 변신시켰다.

웨이트워처스는 1963년에 뉴저지 어느 가정집 식탁에서 시작됐다. 웨이트워처스의 창시자인 진 니데치는 오랫동안 초콜릿이 발린 마시멜로와 달콤한 스낵을 폭식해온 가정주부였다. 니데치는 다이어트 약도 먹어

보고, 최면도 시도해보고, 유행하는 다이어트도 시도했지만 어떤 방법도 효과가 없었다. 어느 날, 보건복지부에서 운영하는 동네 병원을 방문한 니데치는 벽에 붙어 있는 다이어트 관련 포스터를 보았다. 포스터에는 탄수화물 섭취를 줄이고, 운동하고, 동기를 잃지 않도록 지지 그룹을 만들라는 상식적인 조언이 담겨 있었다.

니데치는 먼저 탄수화물 섭취를 줄이고 운동하라는 조언부터 따르기 시작했다. 하지만 효과가 없었다. 마지막으로, 세번째 조언을 따르기로 마음먹은 니데치는 체중이 많이 나가는 6명의 친구를 집으로 초대해 과식 습관과 각종 문제에 대해 허심탄회한 대화를 나눴다. 친구들이 또다른 친구들을 초대했고 두 달 새 모임 참석 인원이 40명으로 늘어났다. 니데치와 같은 동네에 살면서 함께 다이어트를 하던 앨 리퍼트는 니데치의 연설을 보고서 사람들에게 동기를 부여하는 니데치의 역량을 잘 활용하면 훌륭한 비즈니스 모델이 될 것이라고 확신했다. 머지않아 니데치는 사람들에게 영감을 불어넣는 한층 세련된 연사로 거듭났고 마침내 사업을 시작해도 좋을 때가 되었다.

1963년, 니데치는 수천 명으로 늘어난 추종자들을 발판 삼아 미국 전역에서 프랜차이즈 방식으로 비즈니스를 시작했다. 니데치와 같은 역할을 하는 수많은 추종자들이 프랜차이즈를 통해 각자 체중 감량 프로그램을 운영할 수 있었다. 그동안 니데치가 운영하는 모임에 참석해 실제로 체중을 감량한 그녀의 남편 모티머 니데치, 리퍼트와 그의 아내 펠리체 리퍼트가 니데치와 함께 회사의 설립자가 되었고, 그들은 웨이트워처스라는 브랜드를 만들어냈다. 실질적인 운영은 리퍼트가 담당했고 니데치는 회사를 대표하는 얼굴 역할을 맡았다. 많은 사람들에게 영감을 불어넣는 니데치의 메시지를 미국 전역에서 활약하는 수천 명의 다른 니데치에게 전수해 프랜차이즈 비즈니스를 시작했다. 사람들 앞에서 연설할 수 있는 특권을 주는 대신 프랜차이즈 비용을 청구하는 방식이었다. 니데치의 재능을 전국에서 활용하는 매우 훌륭한 아이디어였다.

리퍼트와 니데치는 각 웨이트워처스 그룹의 성공에 무엇보다 중요한 요소가 회원 간의 상호 지지와 격려라는 사실을 알아챘다. 웨이트워처스는 각 그룹을 구성원들끼리 서로 조언을 주고받는 자조 그룹으로 만들어 소박하고 친밀한 느낌을 이어갈 수 있었다. 웨이트워처스 그룹은 인간미 없는 기업처럼 느껴지기보다는 참석자들이 각 그룹에 영향을 미치는 듯한 느낌을 주었다.

웨이트워처스는 순식간에 대성공을 거뒀다. 1968년까지 500만 명의 사람들이 웨이트워처스에 가입했다. 삼바는 같은 해에 재무 이사로 웨이트워처스에 합류했으며 1983년에 회사를 떠났다. 삼바가 입사했을 무렵, 웨이트워처스는 이미 미국 제일의 체중 감량 브랜드로 자리매김한 상태였으며 비단 다이어트뿐 아니라 그룹 지원, 체중 감량 기록 등 전반적인 생활양식을 지원했다. 삼바는 이런 것들을 "평생 웨이트워처스에 충성하게 만드는" 활동이라고 묘사했다. 이 수십억 달러 규모의 비즈니스는 이제 미국과 유럽뿐 아니라 중국과 인도에서도 1위 다이어트 브랜드로 자리매김했다. 오래전 앤설 키스가 미네소타에서 밝혀낸 확률적으로 몹시 높은 실패 가능성을 완전히 딛고 말이다. 웨이트워처스는 어떻게 이토록 엄청난 성공을 이뤄낼 수 있었을까?

삼바는 미소를 지으며 고개를 저었다. "그게 말입니다. 우리도 가끔 같은 질문을 던져보곤 했습니다." 삼바는 어머니가 딸을 데리고 오고, 성인

이 되어 다시 엄마가 된 딸이 자신의 딸을 데려오는 모습을 보곤 했다고 이야기한다. 평생 요요를 겪었던 어머니들이 대대로 웨이트워처스를 전수했다.

옥스퍼드대학교 통계연구팀에 의하면 웨이트워처스에서 5년 동안 활동한 후 목표 체중에 도달한 참가자는 16퍼센트도 채 되지 않았다. 다시 말해서 84퍼센트가 목표 체중 도달에 실패했다. 그럼에도 불구하고 사람들은 더 많은 것을 얻기 위해 되돌아온다. 삼바는 "물론 그들은 되돌아온다"라고 이야기하며 설명을 덧붙인다. "다이어트에 실패하는 바로 그 84퍼센트 때문에 비즈니스를 할 수 있는 겁니다."

비만을 초래하는 설탕

1971년, 리처드 닉슨은 재선을 앞두고 있었다. 당시, 베트남전쟁으로 그의 인기가 위협받고 있었던데다 식품 가격 급등 문제가 닉슨의 캠페인을 방해하는 또다른 중요한 문제로 부상했다. 사람들은 현수막을 들고 슈퍼마켓 밖에서 시위를 벌였다. 식품 가격 인하를 위해 닉슨은 막강한 힘을 지닌 영농 로비 단체의 협조가 필요했다. 닉슨은 농업의 중심지인 인디애나에서 활동하는 교수이자 농부들이 믿고 의지하는 친구인 얼 버츠에게 절충안을 찾아올 것을 지시했다.

버츠는 농장주들에게 산업형 농업을 권하며, 울타리 한쪽 끝에서 다른 쪽 끝까지 농작물을 심되 특히 옥수수를 많이 심을 것을 촉구했다. 잉여 옥수수는 소를 위한 사료가 됐고, 옥수수 생산이 엄청나게 늘어난 덕에 소도 살이 찌게 되었다. 햄버거는 더욱 커졌고 옥수수유로 튀긴 감자

튀김도 점차 기름기가 많아졌다. 옥수수는 이제 모든 곳에서 사용되었고 미국 슈퍼마켓에 저렴한 식품을 대량 공급하는 엔진이 되었다.

버츠의 전략은 두 부분으로 나뉘었다. 그중 첫번째는 식품 생산업자들에게 슈퍼마켓에서 판매되는 각종 제품의 원료가 될 옥수수를 저렴하게 공급하는 것이었고, 두번째는 이와 같은 값싼 식품에 대한 소비자들의 수요를 증진하는 것이었다. 핵심은 생산이었다. 국내에서 옥수수를 전부 소비할 수 없다면 수출하면 그만이었다.

버츠가 장관으로 재직중이었던 1973년, 미국 농무부는 소련에 3000만 톤의 곡물을 수출하는 것을 골자로 하는 7억 달러 규모의 계약을 체결했다. 이 거래를 위해 수출 차관이 제공되었다는 점을 고려하면, 사실상 닉슨 정부가 소련의 옥수수 구매에 보조금을 지급한 셈이었다.

하지만 이유가 있었다. 버츠는 해외에서 미국 옥수수 시장을 공격적으로 확대하기로 마음먹었고, 시장 확대를 위해 보조금을 지급해야 한다면 그 역시 마다하지 않았다. 보조금은 미국의 옥수수 농부들이 많은 양의 옥수수를 생산하는 데 도움이 될 뿐 아니라 수출에도 도움이 됐다. 버츠의 개혁으로 인해 미국 농부들은 거의 하룻밤 새 소규모 소작농에서 세계시장을 공략하는 사업가로 변신했다.[1]

1970년대 중반, 버츠는 옥수수를 가공하고 남은 폐기물을 활용하는 이상하고 새로운 과학 혁신에 대해 알아보기 위해 일본으로 날아갔다. 흔히 액상과당이라고 불리는 고과당 옥수수 시럽high fructose corn syrup, HFCS은 몹시 달콤하고 쩐득거리는 시럽으로 생산 비용이 믿기 힘들 정도로 저렴했다. 액상과당은 1950년대에 아이오와주에 있는 클린턴 옥수수 가공 회사가 처음 발견했다. 하지만 1960년대 중반이 돼서야 활용 가능한 수준으로 대량생산하는 공정이 생겨났다. 이 같은 혁신을 이뤄낸 인물은 일본 산업기술종합연구소의 요시유키 타카사키였다. 1967년에 타카사키는 제분한 옥수수에서 뽑아낸 옥수수 녹말 추출물에 접목할 산화효소 공정을 만들어내 세계 최초로 액상과당의 상업적 활용 가능성을 제시했다.

타카사키 덕에 아침식사용 시리얼에 사용되는 HFCS 42(과당 함량이 42퍼센트인 고과당 옥수수 시럽-옮긴이)에서부터 팬케이크 시럽에 사용되는 HFCS 90에 이르는 온갖 액상과당 제품이 대량생산돼 금세 피자나 대량생산된 제과 제빵 제품 등 우리가 상상할 수 있는 모든 음식에 첨가되었다. 심지어 육류에도 액상과당이 들어갈 정도였다. 액상과당을 넣으면 빵과 케이크가 '갓 구워낸' 듯 반짝였고, 고작 며칠에 불과했던 유통기한은 몇 년으로 늘어났다. 하지만 액상과당 역시 설탕으로 가득했다. 액상과당이 가장 큰 변화를 초래한 것은 슈퍼마켓에서 판매되는 제품 중 설탕 함량이 가장 높은 청량음료였다.

행크 카델로는 키가 크고 쭈뼛거리며 움직이는 사내다. 맨해튼 시내에 있는 식당에서 카델로는 사무적인 악수로 나를 맞았다. 코카콜라가 설탕 대신 액상과당을 사용하겠다는 중대한 결정을 내렸던 1984년, 카델로는 코카콜라의 글로벌 마케팅 책임자였다.

코카콜라는 HFCS 42와 그보다 훨씬 달콤한 HFCS 90의 혼합물인 HFCS 55를 사용할 계획이었다. 액상과당 공급업체는 코카콜라 보틀러 유한회사로 코카콜라가 직접 설립하고, 인가한 회사이자 코카콜라 소유의 회사였다. 액상과당은 콜라 자체의 핵심 재료만큼이나 중요했기에 외부 공급업체에 맡길 수 없었다.

음료업계 선두 주자인 코카콜라의 액상과당 사용 결정은 음료업계 전체에 명확한 메시지를 보냈고, 음료업계는 재빨리 코카콜라의 선례를 뒤따랐다. 음료 제조업체들이 간절하게 필요로 했던 허가의 손짓을 교황이 보여준 것이나 다름없었다.

카델로는 코카콜라의 상징적인 맛이 바뀌어버릴 가능성을 감안하더라도 당시로서는 그런 위험을 감수할 만했다고 이야기한다. 액상과당 가격이 설탕의 2/3에 불과했기 때문에 수익성에 도움이 되는 것은 두말할 나위 없었다. 코카콜라가 맨 처음 액상과당이 함유된 콜라를 출시했을 때 첫번째로 제조한 시험용 음료에서 약간 톡 쏘는 듯한 쇠 맛이 난다는 제보가 있었다. 일부 미국 소비자들은 그동안 마셨던 익숙한 콜라맛과 더욱 비슷하다는 이유로 멕시코산 콜라(멕시코크)를 구매하기 시작했다. 하지만 어쨌건 그들은 계속 콜라를 사들였다. 카델로는 1984년에는 "사람들이 비만에는 관심조차 없었다"라고 이야기한다.

하지만 심장병이라는 또다른 건강 문제가 대두됐다. 1970년대 중반부터 의학계에서 심장병을 유발하는 원인을 놓고 열띤 논쟁이 벌어졌다. 심장병을 둘러싼 논쟁 때문에 의료계가 분열되었고 머지않아 전선이 그어졌다. 한쪽 진영을 대표하는 가장 유명한 인사는 유니버시티 칼리지 런던에서 연구하며 설탕이 심장병의 원인이라고 지목한 존 유드킨 교수였다. 한편, 미네소타에서 기아 실험을 진행한 키스는 정반대되는 의견을 알리는 데 앞장섰으며 심장병을 초래하는 가장 주된 원인은 지방이라고 주장했다. 키스는 세계적으로 명성을 날리는 영양학자이자 자신이 활동하는 분야의 거물이었던 반면 유드킨은 상대적으로 덜 알려진 인물이었던데다 학계 내에서 거의 지지를 받지 못하고 비정통으로 여겨지는 관점, 즉 설탕이 유해할 뿐 아니라 치명적일 수도 있다는 주장을 앞세우는 아웃사이더였다.

당시 유드킨의 동료였던 리처드 브룩도퍼 박사는 '업계에서, 특히 설탕 관련 업계에서' 유드킨의 연구에 반대하는 '엄청난 로비가 있었던' 것을 기억했다. 마찬가지로 샌프란시스코병원에 근무하는 내분비학자 로버트 러스티그도 유드킨의 연구 결과에 조직적으로 의구심을 제기하는 학계 논문이 발표되는 등 유드킨의 평판을 떨어뜨리기 위한 노력이 다각적으로 진행되었다고 설명했다.

하지만 유드킨은 학계 밖에서 대중의 지지를 받기 시작했다. 1972년, 유드킨은 설탕이 건강에 미치는 유해성을 논리정연하게 증명해 보이는 『설탕의 독』을 출판했다.[2] 유드킨의 책은 금세 베스트셀러로 부상했고 1970년대에 나날이 확대되었던 건강식품운동을 뒷받침하는 핵심 문서가 되었지만 학계에서는 비난이 쏟아졌다. 유드킨을 음해하기 위한 키스의 공세는 성공적이었다. 유드킨은 결국 버림받고, 외면당하고, 잊혔다. 하지만 러스티그는 설탕이 심장병과 관련있을 뿐 아니라 사회 전반적인 비만 문제를 초래할 가능성이 있다는 사실을 찾아내는 등 설탕의 위험성을 발견한 유드킨이 이미 이런 미래를 예상했었다고 설명한다.

식품업자들은 유드킨이 위험을 발견한 대목에서 기회를 포착했다. 대중은 유드킨이 예측한 바로 그 비만 문제와 맞서 싸우기 위해 새로운 제품을 받아들일 준비가 되어 있었다. 그 무렵 식품업계가 준비해두었던 것이 바로 '저지방'이라는 완전히 새로운 개념이었다.

설탕 중독

저지방 제품은 식품업계의 희망이자 심장병에 대한 공포 속에서 탄생한 새로운 음식이었다. 이제 코앞으로 다가온 비만이라는 대참사에 대응하는 데 도움이 될 만한 것이기도 했다. 하지만 한 가지 문제가 있었다. 내분비학자 러스티그 박사의 이야기를 들어보자. "지방을 없애면 음식에서 종이 같은 맛이 납니다. 그래서 지방 대신 무언가를 넣어야 해요. 그 무언가가 바로 설탕입니다."

1983년에 발표된 심장혈관계 질환에 대한 프레이밍햄 심장 연구 보고서에는 고지방 식단과 심장병 사이에 분명한 연관성이 보인다고 명시돼 있다. 해당 보고서는 모든 사람에게 심장질환 예방을 위한 저지방 식단을 제안했다. 믿어지지 않을 정도로 훌륭한 신제품들이 시기적절하게 슈퍼마켓 선반에 등장했다. 저지방 요구르트, 저지방 스프레드, 심지어 저지방 디저트까지 등장했다. 많은 사람을 공포로 몰아넣은 에이즈AIDS가 한창이었던 1980년대에는 에이즈Ayds라는 이상한 이름의 저지방 사탕이 등장해 커다란 인기를 누렸다. 에이즈 사탕은 저지방 사탕인데도 불구하고 지방 함량을 줄이지 않은 사탕보다 훨씬 달콤했다. 저지방 제품이 일반 제품보다 더욱 달콤할 수 있었던 이유는 지방을 뺀 대신 설탕을 넣었기 때문이었다.

식품 역사학자 게리 톱스가 '저지방 도그마'라 칭하는 현상이 1980년대의 영양 상식에 지대한 영향을 미쳤다. 당시, 이 놀랍고 경이로운 제품들의 판매가 전 세계에서 급증했을 정도였다. 저지방 제품이 인기를 끌자, 비만도 급증했다. 1980년대 중반이 되자, 의사들은 그 어느 때보다 많은 비만 환자를 만나게 됐다. 식품업체들은 칼로리 섭취를 책임지는 것은 각 개인이라며 소비자 개개인의 책임을 강조했지만 꾸준히 운동하며 저지방 식품을 섭취한 사람들조차도 몸무게 증가를 피할 수 없었다.

1966년에는 BMI 지수가 30을 넘어 비만으로 분류되는 사람이 전체 남성의 1.2퍼센트, 전체 여성의 1.8퍼센트에 불과했다. 하지만 1989년이 되자 전체 남성의 10.6퍼센트, 전체 여성의 14퍼센트가 비만으로 분류됐다. 설탕 섭취가 늘어날수록 더 많은 설탕을 원하게 됐고, 그 과정에서 점점 더 극심한 허기를 느끼게 됐다. 설탕이 새로운 중독 물질이 되어버린 듯했다.

앤서니 스클래파니 뉴욕대학교 교수가 조사를 시작했다. 스클래파니는 식욕과 체중 증가 간의 관계에 흥미를 느꼈고, 자신이 시험중이던 실험용 쥐들에게서 무언가 이상한 점을 발견하기 시작했다. 사료를 먹는 동안 쥐들은 건강한 정상 체중을 유지했다. 하지만 설탕이 들어간 시리얼이나 과자 등 슈퍼마켓에서 판매하는 가공식품을 먹이자 단 며칠 사이에 체중이 대폭 늘어났다. 설탕이 들어간 달콤한 음식을 향한 쥐의 식욕은 채워지지 않았다. 쥐들은 말 그대로 배가 가득찬 후에도 오랫동안 계속 음식을 먹어치웠다. 스클래파니는 더 많은 음식을 먹을수록 더 배가 고파지는 비만의 역설을 찾아냈다.

스클래파니는 설탕이 이전까지 인간의 몸을 괴롭혔던 그 어떤 영양학적인 공격과도 다르다고 믿었다. 그는 마치 설탕이 삼지창으로 신진대사를 공격해, 신진대사 자체를 완전히 바꿔놓는다고 생각했다. 스클래파니는 실험용 쥐들이 설탕뿐 아니라 저지방 제품까지 게걸스럽게 먹어대는 모습을 지켜보았다. 뿐만 아니라 키스가 미네소타 풋볼 경기장 아래에 있는 지하 감옥에서 확인했듯이 실험용 쥐들에게 다이어트를 시키면 다이어트를 멈췄을 때 더욱 살이 찌는 악순환이 반복됐다. 스클래파니는 비만인 사람이 정상 체중으로 돌아올 수 없는 선, 즉 우리 몸에 있는 신진대사 조절 장치 프로그램이 체중 감소를 거의 극복 불가능한 도전 과제로 받아들이게 수정되는 지점을 넘어서는 일이 벌어질 수도 있다고 결론 내렸다.

장-마르크 슈워츠 교수는 비만의 생리학을 이해하기 위해 노력중이다. 주요 장기의 설탕 신진대사가 정확히 어떤 식으로 진행되는지 연구하는 슈워츠는 설탕이 체내에 쌓이는 가속도를 '쓰나미'에 비유했다.

설탕이 주요 장기에 미치는 영향은 이제야 제대로 이해되기 시작했다. 먼저, 설탕은 간 주위에서 서로 엉겨붙으며 지방을 형성해 제2형 당뇨를 초래한다. 설탕은 심지어 정액을 뒤덮어 비만 남성의 생식능력을 떨어뜨린다. 하지만 가장 눈여겨봐야 할 장기는 장이다. 슈워츠는 장이 '제2의 뇌'라고 불러도 손색이 없을 정도로 매우 복잡한 신경계이며, 장이 좀더 많은 설탕을 원하는 상태가 되어버리면 우리의 첫번째 뇌에 거의 저항이 불가능할 정도로 강렬한 메시지를 보낸다고 설명한다. 과당이 간독성 및 그 외의 온갖 만성질환의 발병을 유발한다는 과학적 증거가 늘어나고 있다. 슈워츠는 설탕이 우리 몸에 가하는 공격은 너무도 광범위해서 신경계를 공격하는 것이나 다름없다고 설명한다.

런던에 있는 해머스미스병원의 토니 골드스톤 박사는 설탕이 우리 뇌의 어떤 부분과 어떤 신경 통로를 자극하는지 연구중이다. 비만이 되면 렙틴이라는 호르몬이 제대로 작용하지 않게 된다. 보통 인체는 포만감을 느꼈을 때 렙틴을 분비한다. 하지만 살이 많이 찌면 렙틴 분비가 심각하게 줄어든다. 다량의 설탕 섭취도 렙틴 부족을 초래하는 원인 중 하나다.

렙틴이 원활하게 분비되지 않으면 스클래파니의 실험용 쥐들이 달콤한 과자를 계속 게걸스럽게 먹었듯이 우리 인체 역시 음식물 섭취를 멈춰야 한다는 사실을 깨닫지 못한다.

　과학자들은 각각 비만의 원인을 파헤치기 위해 노력한다. 하지만 비만이 급격하게 퍼져나가는 데 있어서 식품업계가 어떤 역할을 했는지 파헤치려는 시도는 모두 넘기 어려운 난관에 봉착한다. 워싱턴에서 활동하는 어느 로비스트가 내게 이야기했듯이, 식품업계는 석유업계나 군수업계와 함께 백악관에 접근할 수 있는 막강한 영향력을 갖고 있다. "5분 이내에 미국 대통령과 통화할 수 있다면 저 같은 로비스트는 필요 없습니다." 식품업계는 진정으로 막강한 힘을 갖고 있다.

　로비스트는 1990년대 말에 워싱턴 정가에서 유행했던 우스갯소리를 들려주었다. "클린턴 대통령과 모니카 르윈스키의 구강성교를 멈추게 하려면 어떻게 하면 될까요? 클린턴 대통령에게 몬산토(당시에 세계 최대 규모를 자랑하던 다국적 식량기업-옮긴이)가 전화를 걸었다고 이야기하면 됩니다."

　식품업계가 그토록 막강한 힘을 자랑하는 이유는 간단하다. 식품은 필수불가결하지만 이제는 사악한 존재가 되어버렸다. 설탕은 장과 뇌를 잇는 깨뜨릴 수 없는 연결 고리를 만들어 식품을 악으로 바꿔버렸다. 설탕은 담배나 술만큼 중독성이 강하다. 하지만 담배나 술과 달리 설탕은 아무런 규제도 받지 않고 십 미터에 한 번씩 우리에게 유혹의 손길을 보낸다. 설탕 소비를 부추기는 속삭임은 끝없이 계속된다. 자판기와 커피숍, 패스트푸드 매장, 슈퍼마켓뿐 아니라 심지어 헬스장, 도서관, 수영장, 기차역에서도 설탕의 유혹은 계속된다. 거의 모든 곳에서 설탕이 우리를 유혹한다.

실패로 끝나버린 특효약

하지만 지방 대신 설탕을 첨가하는 방식의 식품 조작과 사회적인 비만 문제 간의 과학적인 인과관계는 의료계로부터 별다른 관심을 받지 못했다. 그 이유가 무엇일까? 사실 그 원인은 과학과는 별다른 관계가 없다. 그보다는 식품업계가 비만 문제를 초래하는 데 어떤 역할을 해왔는지 연구중인 바로 그 과학자들이 식품업계로부터 연구 자금을 지원받는다는 사실과 관련이 있다. 독립 연구에 할당된 자금 자체가 얼마 되지 않는데다 그마저도 삭감되고 있는 탓에 식품업계는 식품 연구에 있어서 무엇보다 중요한 자금 공급원이 되었다.

2016년 4월 21일, 영국의 의학 저널『브리티시 메디컬 저널』은 리버풀대학교의 사이먼 케이프웰과 애나 길모어가 동료들에게 보내는 공개서한을 공개했다. 두 사람은 동료들에게 식품업계가 비만 연구에 쏟아붓는 정확한 금액을 솔직하게 털어놓으라고 강권했다. "이와 같은 식품업계의 자금 지원은 연구를 왜곡시키고 사회에 만연한 비만 문제에 맞서는 역량을 심각하게 저해한다. 공공 보건 부문 연구진이 이처럼 과도하게 식품을 가공하는 업계의 돈을 받지 않겠다고 거부하기 전까지는 변화가 일어나지 않을 것이다."

하지만 이 분야에서 활동하는 다른 전문가들은 이들의 의견에 동의하지 않는다. 옥스퍼드대학 행동의학 교수 폴 에이브야드와 세계보건기구 및 펩시에서 일한 전력이 있으며 현재는 뉴욕 활력 연구소의 전무로 활동중인 데릭 야흐는 이렇게 주장한다. "물론 식품업계가 대중의 건강을 저해하는 상품을 홍보하긴 하지만 대부분의 경우 식품업계와 국민 건강 목표가 명확하게 일치하며 식품업계의 공동 자금 지원이나 직접 지불 방식은 문제될 게 없습니다." 두 사람 모두 공공 보건과 식품업계 간의 대립은 한마디로 비현실적이라고 주장한다. "기존 방식의 대안은 건강에 관한 연구를 아예 하지 않거나, 다시 말해서 기업이 직접 연구하거나, 혹은 공공자금으로 연구하는 겁니다."

세상이 점점 뚱뚱해지자 식품업계뿐 아니라 제약업계까지도 나날이 심각해지는 비만 위기를 바라보며 이 위기를 잘 활용하면 엄청난 돈을 벌 수 있다는 사실을 깨달았다. 저지방 식품뿐 아니라 다이어트 약, 홈트레이닝, 최신 유행 다이어트, 속성 다이어트, 식단과 레시피를 알려주는 앱 등 수십억 달러 규모의 캐시카우가 등장했다. 이런 제품들은 모두 하나같이 날씬한 몸매를 되찾은 유명 인사들을 앞세워 단 3주면 '완전히 새로운 모습'을 찾게 될 것이라고 약속한다. 이윤 창출의 관점에서 보면, 가장 수익성이 높은 시장은 의학적으로 진짜 살찐 사람들이 아니라 약간 과체중이면서 이를 심각한 건강 문제로 받아들이지 않는 수십억 명에 달하는 전 세계의 평범한 사람들이었다.

이 시장을 활용하려면 그들이 위험에 처했다는 과학적인 근거가 필요했다. 단 하나의 딜 때문에 이 모든 것이 가능해졌다. 1997년 6월 3일, 세계보건기구는 제네바에서 전문가 협의회를 소집했다. 그날의 협의회는 비만을 '전염병'으로 정의한 보고서의 토대가 되었다. '전염병'이라는 단어에는 중요한 의미가 있다. 이 단어로 인해 비만이 '치료약'이 필요한 의학적인 재앙으로 규정되었기 때문이다.

이 보고서의 주요 저자는 세계에서 가장 저명한 비만 전문가 중 한 사람인 필립 제임스[3] 교수였다. 의사였던 제임스는 1980년대에 전 세계에서 비만이 늘어난다는 사실을 가장 먼저 알아챈 인물 중 하나였다. 1995년, 제임스는 국제 비만 태스크포스International Obesity Task Force, IOTF를 설립했다. IOTF는 전 세계에서 비만 인구가 급증하는 현상과 문제 해결을 위한 보건 정책 제안을 담은 보고서를 내놓았다. 제임스가 비만 문제를 처음 공론화한 인물이라는 것은 널리 알려진 사실이다. 그러니 IOTF가 세계적인 비만 문제를 정의하며 1990년대 말에 WHO의 보고서를 작성한 것은 너무도 적절한 일이었다. 해당 보고서는 전 세계에서 비만이 급증하는 종말론적인 상황을 묘사했다.

그러나 세부적인 사항에 문제가 있었다. '정상'과 '과체중'을 나누는 기준을 둘러싼 세부적인 내용이 문제였다. 여러 전문가가 '과체중'과 '정상'을 가르는 기준점을 BMI 27에서 25로 낮추는 데 의문을 제기했다. 하룻밤 새 전 세계 수백만 명의 체중이 '정상'에서 '과체중'으로 바뀌었다. 루이스 더블린이 1940년대에 맨 처음 BMI 기준치를 낮췄을 때와 같은 일이 벌어졌다.

미국 비만협회 부회장을 맡고 있는 주디스 스턴 교수는 이 같은 결정을 비판적인 시각으로 바라보며 의구심을 드러냈다. "비만과 관련된 몇 가지 위험이 있습니다. 하지만 BMI가 25에서 27에 해당하는 사람들은 위험이 낮은 편입니다. BMI가 27을 넘으면 위험이 커집니다. 왜 카테고리 전체를 떼어내서 실제로는 그렇지 않은데도 위험과 연관 짓는 겁니까?"

제임스 교수의 런던 아파트에서 스턴이 의문을 제기한 바로 그 결정,

즉 과체중과 정상을 가르는 기준을 BMI 25로 낮추는 결정이 어디에서 비롯되었는지 물었다. 제임스 교수는 확신에 찬 목소리로 철저하게 의학적 근거를 기준으로 결정을 내렸다고 답했다. "미국에서 BMI가 25를 넘어가는 지점에서 사망률이 올라갔습니다. 영국에서도 BMI가 25가 되는 지점에서 사망률이 올라갔습니다. 전 세계에서 BMI 25가 합리적이고 실용적인 기준점이 된다는 주장에 다 들어맞습니다. 그래서 비만에 대한 글로벌 정책을 바꿨습니다."

제임스의 결정은 합리적인 것처럼 보였다. 그렇다면 스턴 같은 다른 건강 전문가들은 왜 그의 결정에 의문을 제기했을까?

보고서 작성에 필요한 자금을 지원해준 곳이 어디인지 묻자 제임스는 이렇게 답했다. "오, 그건 매우 중요한 문제입니다. IOTF에 자금을 지원해주는 곳은 바로 제약 회사들입니다." 얼마를 받았냐는 질문에 대한 그의 대답은 이랬다. "한 번에 20만 달러 정도 수표를 주곤 했습니다. 모두 더하면 100만 달러, 혹은 그 이상쯤 되겠네요." 그렇다면 제약 회사들이 특정한 의제를 밀어붙일 것을 요구한 적이 있었을까? "그런 적은 전혀 없습니다."

제임스는 연구 자금을 지원한 제약 회사들이 자신에게 그 어떤 영향도 미치지 않았다고 이야기한다. 하지만 그의 보고서가 하룻밤 새 수백만 명의 사람들을 과체중으로 재분류했으며, 제약업계의 고객층을 대폭 늘렸다는 데에는 이견이 없다. 1940년대에 더블린은 실제로는 존재하지도 않는 비만 전염병을 서류상으로 만들어냈고, 그로부터 50년이 지난 후 제임스는 비만이 진정한 문제로 대두된 상황에서 비만의 범주를 넓혔다.

스턴을 비롯해 제임스를 비난하는 사람들은 그의 보고서가 제약 회사에 이익을 안겨주기 위해 불필요한 우려를 자아낸다고 주장했지만, 제임스는 점점 심각해지는 비만 위기의 긴급성을 제대로 알리기 위해서 제약회사의 영향력이 필요했다고 반박했다. 하지만 치료제를 손쉽게 찾을 수 없다는 것이 문제였다. 1950년대 이후 제약업계가 활용할 수 있는 최고의 체중 감량 방안은 암페타민이었다. 당시 체중 감량을 원하는 수백만 명의 가정주부들에게 암페타민이 처방되었다. 하지만 1970년대가 되자 중독성이 지나치게 강하고 심장병과 뇌졸중을 일으킬 위험이 있다는 이유로 암페타민 사용이 금지되었다.

이제 비만 치료제로 쓰이는 약물이 관심사로 떠올랐다. 제약업계는 단 한 가지 부문, 펜플루라민이라는 식욕억제제에 주목했다. 유럽에서 실험을 끝낸 미국의 대형 제약업체 와이어스는 리덕스[4]라는 식욕억제제를 개발했다. 당시, 리덕스를 복용한 여성들에게서 폐고혈압이 나타난다는 증거가 나왔지만 미국 식품의약국US Food and Drug Administration, FDA은 리덕스 시판을 승인했다. 이후, 시카고의 의사 프랭크 리치가 미국 텔레비전 방송에서 리덕스의 효능에 이의를 제기하면서 리덕스는 시장에서 사라졌다.

효과가 뛰어난 체중 감량제를 찾기 위한 연구가 계속됐다. 영국의 대형 제약 회사 글락소스미스클라인GlaxoSmithKline, GSK은 자사가 판매하는 항우울제 웰부트린에 체중 감소라는 유용한 부작용이 있다는 사실을 발견했다. 당시 미국에서 GSK 영업 사원으로 일하고 있었던 블레어 햄릭은 의사들이 우울증뿐 아니라 체중 감량을 위해서도 웰부트린을 처방하도록 권유하는 일을 했다. 웰부트린의 시장성과 수익성을 대폭 확대하는 데 도움이 될 만한 조치였다. 업계에서는 이런 방식을 '오프라벨offlabeling(제약 회사가 판매량을 늘리기 위해 허가 내용과는 다른 용도로 약을 사용하도록 권유하는 마케팅 방식-옮긴이)'이라고 부른다.

햄릭은 이렇게 이야기한다. "의사가 처방전을 쓴다면, 그건 의사의 특권입니다. 하지만 제가 가서 허가받은 것과는 다른 용도인 체중 감량을 위해 약을 판매한다고 생각해보세요. 그건 부적절한 일입니다. 부적절하다는 말로는 충분하지 않습니다. 사람들의 목숨이 위태로우니까요."

GSK는 웰부트린을 다이어트 약으로 처방하도록 의사들을 설득하기 위해 수백만 달러를 사용했다. 하지만 햄릭이 GSK에서 자신이 했던 일을 밝힐 때까지 오프라벨 관행은 사법 당국의 감시망에 포착되지 않았다. 햄릭이 웰부트린과 그 외의 다른 두 종류의 약과 관련해 어떤 일이 있었는지 폭로한 결과, GSK는 미국에서 기소되었고 결국 30억 달러의 벌금을 내기로 합의했다. 제약업체에 부과된 부당 판촉 과징금 규모로는 미국 역사상 최대 금액이었다.

아직까지 제약 회사들은 비만을 치료할 '특효약'은 찾아내지 못했다. 하지만 약물을 제공해 비만 위기를 관리하는 것이 한 번에 비만을 치료하는 것보다 수익성은 더 클 수도 있다. 비만의 부산물이자 제약업계에게 가장 수익성이 좋은 시장을 제공하는 제2형 당뇨병을 생각해보면 이해하기 쉬울 것이다.

가능한 해결책

1945년에 메트라이프생명 사무실에 앉아 있었던 더블린은 비만이 세계적인 건강 위기가 되어버린 오늘날을 상상할 수 없었을 것이다. 다이어트업계는 지금 같은 비만 사태가 실제로 발생하기도 전부터 존재했지만 40년이 넘는 세월 동안 이 위기를 해결할 유의미한 해결책을 내놓을 수 있다는 근거는 거의 제시하지 못했다. 더블린이 그런 다이어트업계를 위한 과학적인 근거를 마련했다고 볼 수 있다.

모든 문제를 한 방에 해결해주는 특효약이 있을 것이라는 상상은 너무 순진한 생각이다. 하지만 최근 한 연구 분야가 비만 문제 해결에 도움이 되는 것으로 밝혀졌다. 인지행동치료 분야가 발달함에 따라 일상적인 음식 섭취 방식에 대해 이전과는 다르게 생각하도록 뇌 프로그램을 수정할 수 있게 되었고 이는 비만 치료에 장기적으로 도움이 될 가능성이 있다. 이 모든 것은 결국 자제력의 문제다.

거식증 환자와 폭식증 환자들은 건강에 유해한 방식으로 칼로리 섭취를 통제하는 능력을 갖고 있다. 흔히들 살찐 사람은 자제력이 부족하다고 생각하지만 거식증 환자가 의식적으로 음식을 거부하듯 폭식 역시 일종의 잘 관리된 루틴이다. 다만, 그들이 택한 방식이 유해하고 생명을 위협할 가능성이 있다는 차이가 있을 뿐이다.

하지만 이 같은 역기능적인 루틴을 건강한 식사와 운동으로 구성된 건강한 루틴으로 바꿀 수 있다면, 비만 환자에게 체중 감량에 도움이 되는 루틴을 제시할 수 있다. 심리학자 지안루카 카스텔누오보, 자다 피에트라비사, 엔리코 몰리나리는 2017년에 미국 국립보건원에 제출한 논문 「비만 환자들의 체중 감량을 돕기 위한 인지행동치료: 현재의 관점」에서 인지행동치료의 효과를 분석했다.[5] 그들은 "비만의 심리사회학적인 측면에 관한 문헌에는 오랜 역사가 있다"라고 적었다. "미국에서 심리학 박사 학위를 딴 첫번째 인물인 그랜빌 스탠리 홀은 19세기에 식사 행동 및 비만을 연구하기 시작했으며, 인지행동치료는 전통적으로 폭식 장애 치료를 위해 가장 널리 사용되는 방식이자 비만 문제 해결을 위해 가장 선호되는 개입 방식으로 인정받아왔다." 하지만 이 보고서는 인지행동치료를 비만 치료를 위한 새로운 특효약으로 바라보는 시선을 경계했다.

"인지행동치료 접근 방법의 종합적인 성질과 실용적인 본질은 긍정적이지만 이 같은 정신 치료가 반드시 성공적인 체중 감량으로 이어지지는 않는다."

이 저자들은 비만 환자에게 적용할 수 있는 다양한 인지행동치료 기법과 이런 기법들의 장기적인 효능을 평가하며 좀더 지속해서 체중을 감량하는 데 도움이 되는 심리치료 접근 방법이 여러 가지 전도유망한 방식으로 발달해왔다는 점에 주목했다.

2015년에는 팔라브라스, 헤이, 토우이즈 등 세 교수가 HAPIFED Healthy Approach to Weight Management and Food in Eating Disorders(건강한 체중 관리 접근 방법과 식이장애에서 음식의 역할-옮긴이) 프로그램을 선보였다. 세 교수는 이 프로그램을 통해 '치료 교육'과 인지행동치료를 제공하며 체중 감량 여정을 진행하는 동안 흔들림 없는 정서적 지지와 함께 환자들과 동행할 것을 강조한다(흥미롭게도, 정서적 지지는 웨이트워처스 접근 방법에서 가장 핵심적인 부분 중 하나이다).

카스텔누오보, 피에트라비사, 몰리나리 역시 "수용 전념 치료 같은 제3의 물결 인지행동치료 기법들이 환자들의 관심과 의료진의 지지를 얻고 있다"고 설명한다. 이런 기법 가운데는 마음챙김이 있으며 심지어 음식의 매력을 떨어뜨리고 음식을 단조롭게 만드는 '순차적인 폭식 접근 방법'도 있다. 이들의 결론은 다이어트업계를 보면서 내가 찾아낸 결론과 크게 다르지 않다. 그 결론은 바로 다이어트는 효과가 있지만, 잠깐 동안 효과가 있을 뿐 그 효과가 영원하지 않다는 사실이다. 많은 요인이 비만에 영향을 미치지만 해결책은 그리 가까이에 있지 않기 때문에 적절하긴 해도 너무 뻔한 질문을 떠올리지 않을 수 없다. 누군가가 체중을 감량한 후 유지한다면, 그것은 적절한 치료 방법 때문일까 혹은, 그들이 다양한 외적 요인에도 불구하고 결국 성공할 사람들이었기 때문일까? 만약 후자라면 극소수의 사람들이 갖고 있는 정신력과 의욕을 다른 모든 사람에게 어떻게 넘겨줄 수 있을까?

이제 다른 사람들을 돕기 위한 바통은 의학 기술 분야로 넘어간 듯하다. 의학 기술 분야는 의료 앱뿐 아니라 가상현실까지 동원해 반세기가 넘는 오랜 세월 동안 다이어트업계가 꿈꿔왔으나 결국 찾아내지 못한 해결책에 도달하기 위해 애쓰고 있다.

3

DRUGS

(3장)
제약

약물의 노예

딜	머크 CEO 헨리 개즈든이 자사에서 판매하던 블록버스터 약물의 특허가 만료된 후에 맞닥뜨릴 위기에 대응할 방안을 제약업계에 제안했다.
목적	처방약을 처방할 환자 수를 늘리는 것
장소	뉴욕, 『포천』과의 인터뷰
때	1980년

2008년 10월 14일 오전 10시 15분, 런던에서 회의에 참석중이었던 내게 매우 이상한 일이 벌어지기 시작했다. 내 발밑에서 바닥이 들썩거리기 시작했다. 사방의 벽이 점점 나를 향해 다가오더니 다시 뒤로 물러났다. 마치 폭풍 속에서 배를 타는 듯한 기분이었다.

나는 화장실을 찾아가 얼굴에 물을 끼얹었다. 내 손의 물방울들이 흔들렸다. 거울에 비친 내 모습도 휘어지고 있었다. 그러더니 손가락이 저려오기 시작했다. 저린 느낌이 손가락을 지나 팔로, 그다음에는 어깨까지 올라왔다. 병원으로 향할 무렵에는 마치 하늘에서 거인이 내려와 내

몸을 구급차 한쪽 구석으로 마구 짓이겨넣는 듯한 기분이 들었다.

뇌졸중이었다. 하지만 나는 운이 좋은 편이었다. 말도 할 수 있었고, 내가 누구인지도 알았다. 내 주위 병상에는 25~40세 사이의 건강하고 튼튼해 보이는 사내들이 누워 있었다. 우리 병실에는 거의 매일 미니 마라톤을 하는 수준으로 몸을 움직이는 쓰레기 수거인, 일주일에 세 번씩 헬스장에 가는 상인, 시간이 날 때마다 살사 춤을 추는 바텐더, 포도를 든 두 경찰관이 병문안을 왔던 경찰 정보원, 그리고 내가 있었다.

우리는 모두 뇌졸중이 찾아와도 그럴 수 있다며 수긍할 수 있을 무렵보다 훨씬 젊은 나이에 뇌졸중을 경험했다. 그 이유가 무엇일까? 스트레스? 세상에 스트레스가 없는 사람은 없다. 하지만 모두가 뇌졸중을 겪지는 않는다. 감각이 약간 사라지긴 했지만 몇 분 만에 되돌아왔다. 뇌졸중을 겪은 일부 환자들과 달리 눈이 안 보이지도 않았고 서 있기 힘들었던 것도 아니었다. 내 옆 병상에 누워 있는 사내가 이렇게 말했다. "뇌졸중이 찾아오는 건 해머로 한 대 얻어맞는 것이나 다름없습니다. 하지만 당신은 잘 피하신 겁니다."

나는 약이 가득 든 쇼핑백을 들고 병원 문을 나섰다. 집에 돌아온 나는 약을 하나하나 살펴보았다. 모두 '심바스타틴'이라는 글씨가 적힌 분필 질감의 적갈색 알약이었다. 나는 알약 하나를 입에 집어넣었다.

회색지대

미국 인구는 3억 2000만 명이다. 미국 질병예방통제센터의 발표에 의하면, 전체 성인 인구 중 약 절반이 매일 아침 처방약을 복용한다.[1] 처방약을 복용하는 것이 점차 평범한 일이 되어간다. 2000년에는 5개 이상의 처방약을 복용하는 성인 인구가 8퍼센트에 불과했다. 하지만 불과 20년도 채 되지 않는 기간 동안 그 숫자가 무려 두 배 이상 증가했다.

갑자기 누군가가 마법이라도 부린 듯 50년 전보다 더 많은 병에 걸릴 수는 없다. 물론 2000년 이후 사회 전체가 좀더 고령화되고 비만 인구가 늘어나긴 했지만 처방약을 필요로 하는 인구 증가 추세와 비교했을 때 처방약 사용은 훨씬 급격하게 증가했다. 미국의 모든 사회경제 집단이 약을 복용하지만 특히 부유한 비라틴아메리카계 백인이 상대적으로 가난한 멕시코계 미국인보다 약 두 배가량 많은 처방약을 복용한다. 하지만 대개 좀더 가난한 사회경제 집단에 속하는 사람이 의료 서비스를 필요로 하는 경우가 많다는 점을 고려해보면 정반대가 되어야 마땅하다. 전염병학자들은 이런 현상을 '히스패닉 패러독스'라고 부른다.[2]

소위 'Big 3D'로 불리는 우울증Depression, 당뇨Diabetes, 치매Dementia가 제약업계를 떠받치고 있다. 하지만 지구상에서 가장 빠른 속도로 성장중인 약물은 콜레스테롤 억제를 위해 사용되는 스타틴이다. 퇴원하는 내게 병원에서 처방해준 바로 그 약 말이다.

처방약 증가 현상을 제대로 이해하는 데 있어서 스타틴은 무엇보다 중요하다. 뇌졸중이 나를 찾아온 순간 나는 건강이라는 햇살 가득한 고원 지대와 건강 문제라는 깊은 계곡 사이에 있는 회색지대로 들어섰다. 이 회색지대가 제약업계의 돈벌이에서 차지하는 비중이 점점 커지고 있다. 제약업계는 가능한 많은 사람들을 이 회색지대로 끌어들이기 위해 사소한 불편이 질병이 될 가능성을 극대화했다. 제약업계는 현대 생활의 막연한 불안감과 노이로제를 치료 가능한 증후군으로 포장할 수 있다는 사실을 깨달았다. 거기에다가, 실제로 우리 인간은 50년 전보다 더 많은 질병을 갖게 되었다.

뇌졸중을 겪은 탓에 나는 약물이 '합리적인 예방책'으로 여겨지는 회색지대의 낮은 언덕으로 발을 내디뎠다. 하지만 전 세계에서 뇌졸중을 겪은 적도 없는데 심바스타틴을 복용하는 사람들이 수백만 명에 달한다. 그렇다면 그들은 왜 스타틴을 처방받는 것일까?

퇴원 며칠 후, 나를 돌봐주었던 컨설턴트에게 이런 질문을 던졌다. 그는 내게 "공식적인 답변이 궁금하신 겁니까, 제 생각이 궁금하신 겁니까?"라고 물었다. 내가 둘 다라고 말하자 그는 다시 답을 이어갔다. "알겠습니다. 공식적인 답변은 당신이 또다시 뇌졸중을 겪을 가능성이 0.05퍼센트라 하더라도 평생 스타틴을 복용하셔야 한다는 겁니다."

그렇다면 다른 사람들은 어떨까?

"약 10년 전, 제약업체들은 비단 뇌졸중뿐 아니라 모든 질병을 치료하기 위해 의사들에게 스타틴을 마구잡이로 나눠줄 수 있는 '전권'을 갖고 있었습니다. 그래서 이제 우리는 마흔이 넘은 사람이라면 누구에게나 예방을 위해 사탕을 나눠주듯 마구 스타틴을 처방합니다. 자동차에 제빙제를 넣어두거나 홈통에 쌓인 나뭇잎을 제거하듯이 환자들에게 마구 스타틴을 팔아대는 겁니다."

"하지만 우리는 누구한테 그 약이 효과가 있을지 모릅니다. 이 약이 효과 있는 사람은 5퍼센트가 채 되지 않을 수도 있습니다. 나머지 95퍼센트는 아무런 이유도 없이 먹는 겁니다. 하지만 한 가지 분명한 게 있습니다. 여기에도 분명히 승자가 있고, 그건 바로 제약업계입니다."

나는 제약업계에 반대하는 사람이 아니다. 사실 정반대다. 오히려 나는 제약업계가 하는 일은 무엇이든 나쁘다며 무턱대고 비난하는 사람들에게 화가 나는 부류다. 처방약 덕에 내 조부모님이 건강하게 지내실 수 있었고, 아버지 역시 약물 덕에 40년 동안 고혈압을 잘 관리하실 수 있었다. 제약업계는 수명 연장을 가능케 했으며 매일 수십억 명의 사람들을 괴롭히는 통증을 완화해주었다.

제약업계가 하는 모든 일을 무턱대고 반대하는 사람이 아닌데도 불구하고 나는 나의 목숨을 보장해주는 약을 먹어야 한다는 사실에 의구심을 품었다. 왜 그랬을까? 문제는 건강과 질병 사이에 놓인 새로운 회색지대에 서 있는 사람이 나 혼자가 아니라는 사실이었다. 세상 모든 사람이 바로 그 회색지대에 서 있다.

위글리 껌 한 통

그렇다면 회색지대는 어떻게 탄생한 것일까? 한 남자가 상상해낸 딜에 그 답이 있다. 1980년, 머크 제약 회사 CEO 헨리 개즈든이 『포천』과 인터뷰를 했다.[3] 당시 6개의 대형 제약업체들이 150년 제약업계 역사상 처음으로 곤경에 빠졌다. 전후 시기였던 1960년대에는 발륨 덕에 처방약 판매가 정점에 이르렀으며 1980년 무렵에는 제약업계 전체가 위협을 받았다. 머지않아 수십 년 동안 제약업계에 많은 수익을 안겨주었던 블록버스터 약품들의 특허가 만료되고 복제약이 등장해 고객들이 얼마든지 좀더 저렴한 대체 약물을 선택할 수 있는 시기가 코앞으로 다가왔다. 돈벌이에 도움이 되었던 블록버스터 약에 대한 독점 판매 권한이 곧 사라질 상황이었다.

개즈든이 인터뷰에서 언급한 내용은 해치왁스만법이 통과되기도 전에 미리 법안 통과를 경고한 것이나 다름없었다. 1984년에 통과된 해치왁스만법은 복제약 제조업체가 복제약이 브랜드약과 동일한 유효 성분과 함량, 약물 동력(약물이 체내에서 흡수, 분포, 조직되는 방식-옮긴이) 혹은 생물학적 등가성을 갖고 있다는 사실을 증명하기만 하면 얼마든지 복제약을 판매할 수 있도록 허가했다. 사실상 현대적인 복제약 시장을 만들어낸 법이다. 해치왁스만법은 제약업계의 보장된 수입원을 영원히 위협하기에 충분했다. 하지만 개즈든에게는 한 가지 해결책이 있었다.

『포천』과의 인터뷰에서 개즈든은 이렇게 이야기했다. "우리의 문제는 약의 잠재력을 아픈 사람에게 국한한다는 데 있습니다. 우리는 오히려 위글리 껌 같은 존재가 될 수 있습니다. (…) 건강한 사람을 위한 약을 만드는 것이 나의 오랜 꿈이었습니다. 모든 사람에게 약을 파는 거지요."[4]

개즈든이 찾아낸 해결 방안은 천재적인 것이었다. 약물 남용 및 정신건강 서비스 관리국에 의하면, 어떤 해건 전체 미국인 중 18.2퍼센트는 정신질환이 있다는 진단을 받는다. 성인 인구 95퍼센트는 가장 흔한 질병인 감기나 요통부터 심각한 생리 전 불쾌 장애, 편두통, 천식에 이르기까지 무엇이 됐건 어딘가는 아프다고 이야기한다. 개즈든은 모든 사람이 질병을 예방하기 위해 약을 먹거나 조금이라도 의심되는 질병을 치유하기 위해 껌을 씹듯 약을 복용하면 제약업계가 계속해서 돈을 벌 수 있을 것이라고 생각했다. 이를 위해서는 온갖 새로운 질병과 증후군을 찾아내고 진단해야만 했다.

현대 생활은 당신을 병들게 한다

개즈든에게는 뜻밖의 지지자가 있었다. 1960년, 정신과 의사 로널드 랭은 『분열된 자기: 온전한 정신과 광기에 대한 연구』를 출판했다.[5] 랭의 명성은 삽시간에 널리 퍼져나갔다. 랭은 '반정신의학'의 선봉에 서서 정신질환이 있는 환자에게 '낙인'을 찍는 기존의 방식을 더이상 용인해서는 안 된다고 주장했다. 랭은 광기가 여러 상황으로 인해 생겨난다고 여겼으며, 베트남전쟁 시기에 랭의 인기가 대거 높아졌다. 랭은 베트남전에서 융단폭격을 장려하고, 대학 캠퍼스 내에서 대학생들의 총격을 권장하는 사회에서는 정신질환자들이 사회 자체보다 문제가 있다고 보기가 힘들다고 이야기했다. 사실, 반대 목소리를 내는 사람에게 "미쳤다"라는 낙인을 찍는 일은 상대의 입을 틀어막는 행위나 다름없다.

이 책은 반체제적인 사람들을 위한 바이블이 되었고 히피족, 비트족 시인, 반전 시위자들은 다들 랭의 책을 들고 다니며 "광기란 광기어린 세상에 대한 완벽하게 합리적인 대답"이라는 랭의 유명한 격언을 인용하곤 했다.

광인은 진실을 보는 유일한 인물이라는 셰익스피어의 주장이 반권위주의를 지지하는 좌파들의 핵심 교리가 되어버렸다. 반이상주의 공상과학소설가 필립 K. 딕은 "광기란 현실에 대한 적절한 반응"이라고 요약했다.[6] 하지만 랭은 그 정도에서 그치지 않고 셰익스피어의 주장에 의학적 신빙성을 더했다. 랭은 정신질환자들을 정신병원에 가둬 넣고 강제로 진정제를 먹이는 조치는 정치 탄압이라고 이야기했다. 반면 LSD 같은 환각제는 대중이 현대 생활의 가식을 꿰뚫어보는 데 도움이 된다고 주장했다.

랭은 가장 먼저 1965년에 이스트런던에 있는 주민센터 킹슬리홀에서 정신병 환자들을 감금하는 관행에 대한 아이디어를 직접 행동으로 옮겼다. 랭은 치료 담당자들과 조현병 환자들이 킹슬리홀에서 함께 거주하며 대체 치료법을 탐구하도록 격려했다. 랭이 그곳에서 앞장서서 알렸던 '반정신의학운동'은 프랑스 철학자 자크 라캉과 1961년에 『정신질환이라는 신화』를 집필한 헝가리 정신과 의사 토마스 사스 등 전 세계의 전문가와 유명 인사들로부터 많은 지지를 받았다.

사실 랭은 당시 10년이 넘는 세월 동안 자신의 생각을 실험해오고 있었다. 그리고 마침내 그의 주장은 베트남전쟁과 워터게이트 사건으로 대중의 신뢰가 무너져내린 이후부터 커다란 인기를 끌기 시작했다. 랭은 대중에게 커다란 영향을 미치는 유명 텔레비전 토론 프로그램에 출연했으며 미국 전역의 많은 대학에서 천재로 환영받았다. 대학 캠퍼스를 찾은 랭은 스스로의 품위를 떨어뜨려 소비주의에 젖어들고 회사 업무에 파묻힐 것을 강요하는 자본주의사회에 대한 비판의 목소리를 높였다. 랭은 우리 사회가 그런 방식에서 벗어난 모든 사람에게 정신이 이상하다는 낙인을 찍는다고 이야기했다. 하지만 1970년대 중반이 되자 랭이 주장했던 'LSD 마르크스주의'가 도처에 널려 있었음에도 반체제 문화가 사라지고 뉴라이트 개념이 부상했다. 랭은 갑자기 유행에서 뒤떨어진 구식이 되어버렸다.

그러던 중 놀라운 일이 벌어졌다. 1980년에 헨리 개즈든이 『포천』과 인터뷰를 했던 것이다. 당시 미국을 지배했던 키워드는 여피족, 월스트리트, 점심식사를 곁들인 회의였다. 제약업계는 대중의 지지를 잃어버린 랭의 이론을 곱씹어보며 여태 그 누구도 이해하지 못한 무언가를 찾아냈다.

랭이 말했듯 사람이 아픈 것이 아니라 자본주의가 사람을 병들게 한 것이라면 제약업계에 매우 도움이 될 터였다. 직업 때문에 병이 생길 수도 있고 가정, 친구, 자녀 때문에 병이 생길 수도 있었다. 청결에 대한 불안감이나 이웃 때문에 병이 생길 수도 있을 터였다. 성관계, 음식, 애완동물, 군중, 쇼핑, 넓은 공간, 좁은 공간, 조용한 공간, 시끄러운 공간, 파트너, 자동차, 햇빛, 어둠 등 거의 모든 것이 질병을 초래하는 원인이 될 수 있었다. 질병은 식은땀의 형태로 나타날 수도 있고, 두근거림, 비이성적인 공포감, 현기증, 메스꺼움, 강박적인 행동 등의 형태로 나타날 수도 있으며, 심지어 텔레비전을 시청하는 내내 쉴 새 없이 다리를 떠는 행동도 질병이 될 수도 있었다. 이 모든 것이 '질병'으로 새롭게 정의될 수 있었다.

앞장서서 반자본주의 목소리를 높였던 랭은 자신도 모르는 새 제약업계의 구원자가 되었다. 현대의 삶이 우리를 아프게 하는 것처럼 보일 수도 있었겠지만 이제 그런 질병을 고칠 처방약이 있었으니 말이다. 이런 약을 시장에 출시하기 위해서는 미국 정부 최고의 규제 기관 FDA의 승인을 받는 것이 무엇보다 중요했다.

FDA

식품업계와 제약업계, 두 업계를 규제하는 기관들의 관계는 항상 얽히고 설켜 있었다. FDA가 신설된 것은 1862년으로, 당시 화학자 하비 워싱턴 와일리가 설립한 이 기관은 원래 미국 정부 조직인 농무부였다. 19세기 말이 가까워질 무렵 식품업체와 제약업체들이 비누에서부터 시리얼, 진통제에 이르기까지 대중에게 친숙한 브랜드를 구축해갔다. 이에 따라 아무런 규제도 받지 않는 신제품의 위험성을 폭로하는 전문 저널리즘이 등장했다. 요즘은 '폭로 보도'라는 말이 조잡한 타블로이드 저널리즘이나 과격하고 요란하게 기사를 써내려가는 행태를 일컫는 경멸적인 표현으로 사용된다. 하지만 폭로 보도라는 말은 19세기 말에 월간지 『맥클루어스』 같은 정기간행물에 글을 기고했던 업튼 싱클레어 같은 작가들이 개척한 탐사 보도 방식을 묘사하기 위해 처음 사용되었다. 싱클레어를 비롯해 폭로 보도를 하는 언론인들은 대중의 인식을 높이겠다는 구체적인 목표를 갖고 소비자를 기만하는 사건을 폭로하고 고발했다. 이들은 지면을 통해 연방정부가 직접 의약품과 식품을 좀더 강력하게 규제해줄 것을 촉구했다.

1902년에 기폭제가 된 사건이 있었다. 미주리주 세인트루이스에서 13명의 아이들이 디프테리아 항독소 혈청에서 추출한 오염된 면역 혈청이 들어간 백신주사를 맞고 사망했다. 이후 생물학적제제 통제법이 통과되었다. 그로부터 4년 후, 시어도어 루스벨트 대통령은 오염 가능성이 있는 제품을 다른 주로 운송하는 행위를 범죄로 간주한다는 조항을 담은 순수 식품의약품법을 통과시켰다. 좀더 강력한 규제를 요구했던 1910~1920년대의 사회 분위기는 평판 있고 신뢰받는 브랜드를 구축하기 위해서는 좀더 강력한 규제와 표준화가 필요하다고 생각했던 대형 식품업체와 제약업체들의 목표와도 딱 맞아떨어졌다.

1930년이 되자, 화학부의 이름이 식품의약국FDA으로 바뀌었고, 그로부터 8년 후에 식품의약화장품법이 통과되면서 FDA는 효율적인 규제를 위한 법적 권한을 갖게 되었다. 이전에는 의약품이나 음식에 문제가 있을 시 FDA가 직접 섭취하기에 적절치 않다는 것을 증명해야 했지만 이제 섭취 안정성을 증명하는 일은 제조업체의 몫이 되었다. FDA는 지구상에서 가장 엄격한 규제 기관이라는 명성을 얻기 시작했다. 1950년대 말, 유럽에서는 메스꺼움으로 힘들어하는 임산부들에게 신생아의 심각한 기형을 유발할 가능성이 있는 탈리도마이드를 처방했다. 하지만 유럽에서 문제가 터지기도 전에 FDA의 프랜시스 올덤 켈시 박사는 이미 미국 내에서 탈리도마이드 처방을 허가해달라는 요청을 거부했었다. 1962년에는 1938년 법안을 개정한 케파우버-해리스 수정안이 통과되었고, 유럽에서 발생한 탈리도마이드 비극 같은 사건이 벌어지지 않도록 FDA의 규제 권한이 한층 강화되었다. 수정안이 통과된 이후부터 FDA는 제약업체에 약의 효능과 약물이 의학적 가치를 추가하는 방식에 관한 '상당한 근거'를 요구하게 되었다.

이런 조치는 소비자 대다수에게 커다란 도움이 되었지만, 제약업계에는 골치 아픈 일이었다. FDA로부터 신약 승인을 받는 데 너무 오랜 기간이 걸리는 탓에 제약업계 중역들이 '신약 승인 지연drug lag'이라고 부르는 현상이 생겨났다. 의사 겸 제약업계 전문가인 존 라마티나는 2013년에 『포브스』와의 인터뷰에서 이렇게 이야기했다. "1980년대 말에는 미국의 신약 승인 속도가 유럽보다 훨씬 느렸습니다. 미국에서 승인된 모든 약의 절반 이상이 유럽에서는 그보다 1년 이상 앞서 승인되었을 정도였습니다. 그래서 환자들과 의사, 협력 단체, 제약업체들은 하나같이 미국인들이 중요한 신약을 사용할 수 없게 될까 걱정했습니다."[7]

헨리 개즈든이 1980년에 『포천』과의 인터뷰에서 묘사했던 바로 그 위기가 현실이 될 것 같은 상황이었다. 미국 제약 회사들은 더 많은 약을 팔기를 원했다. 약을 이용해 치료할 수 있는 질병을 더 많이 더욱 빠르게 진단하는 것이 매출을 늘리는 방법 중 하나였다. 이를 위해서는 새롭고 신비한 질병들을 진단하고, 진짜 질병으로 만들어야 했을 뿐 아니라 질병을 치료하기 위한 약물을 훨씬 질서정연한 방식으로 승인받아야만 했다. 이제 FDA가 걸림돌이 되었다.

그러던 중 예상치 못했던 곳에서 도움이 손길이 나타났다. 1980년, 바이-돌법 통과로 대학들은 직접 개발한 신약에 대해 특허를 신청하고 시장에 선보일 수 있는 수단을 갖게 되었다. 바이-돌법의 의도는 특정한 혁신이나 발명을 위해 연방정부로부터 자금을 지원받는 대학, 비영리단체, 중소기업 들이 특허를 신청하고 해당 특허를 상업적으로 활용할 수 있게 하는 것이었다. 이론적으로는 대학이 직접 신약을 개발해 제약업체와 경쟁할 수 있게 되었지만 실상은 달랐다.

상원의원 밥 돌은 레이건 대통령의 친구이자 워싱턴 정계에서 가장 영향력 있는 인물 중 하나였다. 1996년에는 공화당 대통령 후보가 됐을 정도였다. 하지만 1980년에 그는 제약업체 화이자의 소송을 담당했던 로펌 버너, 리퍼트, 버나드에 재직했다. 돌은 바이-돌법을 발의했다. 이 법의 즉각적인 효과는 역사상 처음으로 대학에 직접 개발한 약품에 관한 특허를 신청할 기회를 주는 것이었다. 대학이 특허를 신청한 다음 제약업계에 라이선스를 줄 수도 있었다. 상원의원 버치 바이와 밥 돌은 이 법의 의도가 연방정부의 자금이 들어간 공공 기관의 연구 결과를 상업화하고 제약업계가 대학과 상업적인 관계를 맺을 수 있도록 지원하는 것이라는 점을 분명하게 밝혔다. 대학이 특허를 통해 얻을 수 있는 수익을 극대화하는 등 지적재산을 효율적으로 활용할 수 있게 하는 것 역시 두 상원의원의 의도에 포함돼 있었다고 주장할 수도 있다. 공공자금 지원이 줄어드는 시기였던 만큼 대학 입장에서는 수익을 극대화하는 일이 특히 중요하기도 했다.

2016년에 바이-돌법이 대학에 어떤 영향을 미치는지 연구한 맥네어 센터의 캐서린 커비는 바이-돌법이 통과되기 전에도 이미 대학들이 부족한 재원을 충당하고 연구 결과를 활용해 돈을 벌기 위해 직접 찾아낸 혁신에 대한 특허를 신청하곤 했으며, 바이-돌법 자체는 이런 추세에 거의 영향을 미치지 못했다는 사실을 발견했다. 커비는 그럼에도 불구하고 이 법이 초래한 한 가지 명확한 결과가 있다고 주장했다. 바로 대학과 제약업계 간의 재정 관계가 더욱 공고해졌다는 사실이다. 바이-돌법 덕에 대학은 제약 회사로부터 자금 지원을 받게 되었으며 제약 회사는 그 대가로 대학으로부터 연구 내용을 제공받아 FDA의 승인을 기다리는 신약의 효능과 안전성에 관한 주장을 한층 강화할 수 있었다.

피터 로스트는 제약 회사 파마시아의 약품 마케팅 책임자였다. 로스트는 제약 회사와 대학 부서가 서로 협력하는 새로운 방식의 '파트너 관계' 덕에 FDA가 금지하는 검증되지 않은 약물에 대한 보호 장치를 우회할 수 있게 됐다고 설명한다. 핑퐁 게임이 시작되었다. 제약 회사가 새로운 약을 개발하면, 대학이 제약 회사와는 아무런 관계가 없는 '독립' 기관의 자격으로 제약 회사를 위해 약을 테스트한 다음 FDA가 우려할 만한 문제를 발견하면 즉시 제약 회사측에 경고하곤 했다.[8]

좀더 근본적으로, FDA가 제약업계에 얼마나 신세를 지게 되었는가를 두고 의료계 내에서 열띤 논쟁이 벌어졌다. 펜실베이니아대학교 페럴만 의과대학 도널드 라이트 교수는 2013년에 『법률, 의학, 윤리 저널』에 기고한 「위험한 약물: 왜 FDA를 신뢰할 수 없는가」에서 FDA가 새로울 것 하나 없이 뻔한 '검증된' 효능을 일상적으로 승인했다고 주장한다. 라이트는 바이-돌법 통과 이후에 FDA가 승인한 제품 중 90퍼센트 정도는 기존 약물보다 효과가 뛰어나지 않은 것으로 추정한다. "거기에다가, 제약업계는 새로 나온 의약품을 검토해주는 대가로 FDA에 큰 액수의 '기부금'을 내놓기 시작했을 뿐 아니라 정부 재정을 토대로 하는 규제 대신 이런 식으로 규제하는 방안을 지지하는 의원들에게도 아낌없이 기부금을 제공했기 때문에, FDA의 승인 속도를 높일 수 있었다."[9]

라이트는 FDA가 '심각한 손상, 입원, 사망 등의 피해를 초래할 가능성이 훨씬 큰 약물'을 승인할 뿐 아니라 다발성경화증이나 암같이 병세가 쉽게 나빠지는 질병을 치료하기 위한 실험적인 약물 승인은 더디게 진행한다고 주장한다.

2013년 8월, 제약업계 분석가 존 라마티나는 라이트가 제약업계와 FDA 간의 공모 혐의를 제기한 것과 관련해 『포브스』에 이런 글을 기고했다. "안타깝게도, 하버드대학교 사프라 윤리 센터의 지원을 받는 학자인 라이트의 말은 엄청나게 커다란 영향을 미친다. 그의 말에는 FDA와 제약업계가 불경스러운 동맹, 환자의 건강을 위협하는 동맹을 맺고 있다는 의혹이 담겨 있다. 할리우드 영화 줄거리에나 어울릴 법한 이야기다. 솔직히 말해서, 이런 음모는 존재하지 않는다."

대형 제약업체와 FDA 간의 재정 관계를 좀더 구체적으로 살펴보면 다음과 같다. 1992년, 미국 의회는 전문의약품 허가 신청자 비용 부담법 Prescription Drug User Fee Act, PDUFA을 제정했다. 이 법은 신약 허가를 신청할 때마다 제약업계에 세금을 부과할 수 있는 메커니즘을 제공했다. 라마티나의 설명을 들어보자. "이런 식으로 징수된 '신청자 비용'을 통해 확보한 수입은 600명에 달하는 신약 검토 담당자와 지원 담당 직원을 채용하는 데 사용되었다. 새로 고용된 의료 담당자와 화학자, 약리학자, 그외의 전문가들은 오래 누적돼 승인을 기다리는 신약 승인 신청new drug application, NDA 업무를 처리하는 일을 맡게 되었다. 결국, FDA는 일반적인 신약 승인 신청 검토 기간은 12개월로, 기존 치료법을 상당히 발전시키는 급행 신청 검토 기간은 6개월로 줄일 수 있었다."[10]

제약업계 내부자들은 제약업계가 FDA와 순탄한 관계를 맺고 있다고 이야기하면 웃음을 터뜨린다. 신약 승인 신청을 할 때마다 번번이 FDA는 승인을 거부한다. FDA가 대형 제약업체들에게 빚을 지고 있다며 도널드 라이트가 FDA를 비난했던 바로 그 해에 머크는 불면증 약을, 엘러간은 편두통 치료제를, 아베오는 암 치료에 도움이 될 것으로 보이는 약을 개발했다. 하지만 모두 승인이 거부되었다. 모두 수십억 달러의 매출을 올리는 블록버스터 약이 될 잠재력을 가진 것들이었다.

하지만 경제적인 측면을 살펴보면 FDA가 PDUFA를 통한 재정 확보에 지나치게 의존한다는 사실을 알 수 있으며, 이런 현실이 이해관계 충돌을 초래하는가가 논란의 중심에 서 있다. 첫번째 안이 통과된 지 9년 만인 2012년에 이 법의 다섯번째 개정안이 통과되었다. 1995년에는 약 하나당 20만 8000달러의 '신청자 비용'이 부과되었다. 2014년에는 '신청자 비용'이 무려 216만 9000달러로 치솟았다. 매년 FDA에 접수되는 신약 승인 신청이 약 50건 정도라는 점을 감안하면, 의회가 대형 제약업체들로부터 1억 달러가 넘는 보조금을 받아서 FDA에 지원하는 셈이다. 이

비용은 여권 신청 처리 비용처럼 정부 기관에 정례적으로 지불하는 행정 비용과는 다르다. 신청자 비용은 FDA의 원활한 운영에 매우 중요한 역할을 한다. 제약업계가 지원하는 자금이 없으면 FDA는 제 역할을 해낼 수가 없다. 결국, 신청자 비용은 재정적으로 커다란 도움이 되지만, FDA를 비판하는 세력의 입장에서 보면 이해관계 충돌의 가능성이 있다.

2016년, 의약 부문 오픈 액세스 출판사 퍼블릭 라이브러리 오브 사이언스의 제시카 와프너는 PDUFA 통과 이후 제약업계가 FDA에 76억 7000만 달러를 신청자 비용으로 지불했다는 내용의 글을 비즈니스 인사이더에 기고했다. 신청자 비용은 이제 FDA의 의약품 검토 예산의 68퍼센트, 복제약 검토 예산의 58퍼센트를 차지한다. FDA가 이 정도로 제약업계의 자본에 의존하는 현실을 어느 쪽에 서서 바라보느냐에 따라 남부끄러운 일이라고 여길 수도 있고 무척 돈이 많이 드는 의약품 허가 과정을 둘러싼 경제학적인 문제일 뿐이라고 여길 수도 있다.

질병의 탄생

1980년에 바이-돌법이 통과된 후 승인 절차가 상당히 간소화되자 제약회사들은 등식의 또다른 쪽, 즉 잠재 고객 기반을 확대하는 일에 관심을 쏟았다. 제약 회사 로슈에서 일하는 빈스 패리라는 중역이 바로 이런 일을 맡고 있었다. 패리는 이 과정을 '질환 브랜딩'이라고 설명했다. 제약업계에서 쌓은 오랜 경험을 살려 직접 브랜딩 회사를 운영하는 패리의 뉴욕 사무실에서 그를 만났다. 패리는 질환 브랜딩이 어떻게 진행되는지 설명하며 이해를 돕기 위해 구체적인 사례도 들려주었다. 그는 광고 회사 사치에서 일할 당시 속쓰림을 좀더 심각하게 들리는 위식도 역류질환gastroesophageal reflux disease, GERD으로 새롭게 브랜딩해 속쓰림 치료제인 잔탁의 미래를 바꿔놓았다.

패리는 이렇게 설명한다. "사람들이 약국에 들러 롤레이드(미국의 유명한 제산제-옮긴이)를 달라고 하는 대신 병원으로 가 만성질환 치료를 위한 처방전을 받게 하는 겁니다. 이전과는 매우 다른 행동 변화를 요구하는 겁니다."

그렇다면 패리는 잔탁을 만들어내는 회사를 위해 어떻게 이 일을 해냈을까?

"이런 복잡한 행동 변화를 정당화시키기 위해 먼저 해당 질환에 이름을 붙이고 그 질환이 심각한 이유를 만들어내야 합니다. 다시 말해서, 우리가 나서서 이런 치료 방식의 장점을 과장하면서 떠들어대야 합니다. 하지만 사람들은 아직 자신이 그런 치료를 받아야 한다는 사실조차 알지 못합니다."

속쓰림을 위식도 역류질환이라는 좀더 심각한 질병으로 바꾸고, 오직 처방약(잔탁)으로만 치료하는 방식을 대중적인 현상으로 만들기 위해서는 정상 상태를 향한 고객의 뿌리깊은 갈망을 활용해야만 했다.

패리의 이야기를 들어보자. "사람들은 정상이 아닌 상태를 두려워합니다. 기준 미달 상태가 되는 것을 걱정하는 겁니다. 의사를 찾아가 자신이 가진 질환의 이름을 알아낼 수 있다는 소식을 들으면 정상이 아닐 수도 있다는 공포가 사라집니다."

속쓰림을 위식도 역류질환으로 새롭게 브랜딩하는 전략은 대성공이었다. 글락소스미스클라인의 잔탁 특허가 끝날 무렵이었던 1997년, 전 세계 2억 4000만 명의 사람들이 위식도 역류질환 치료를 위해 잔탁을 처방받고 있었다. 게다가, 난데없이 나타나 대중을 괴롭히는 것처럼 보이는 질환은 위식도 역류질환만이 아니었다.

자, 한번 살펴보자. 주의력 결핍증, 만성피로 증후군, 양극성 정동장애, 강박장애, 부갑상선 기능 저하·발달 지연·형태 이상 증후군, 외상 후 스트레스 장애, 과민성 대장 증후군, 대사 증후군, 생리 전 불쾌 장애, 사회불안 장애 및 계절성 정동장애 등 수많은 증후군이 새로 생겨났고, 많은 사람들에게 알려졌으며, 일상생활의 많은 부분에 영향을 미칠 정도로 정의가 확대되었다. 마치 암호처럼 두문자어로 된 질환 외에도 반짝이는 표면에 대한 공포에서부터 할인 판매를 놓칠지 모른다는 불안감에 이르기까지 온갖 애매모호한 공포증과 중독증이 등장했다.

이제 종류를 막론한 모든 모호한 기분이나 불안감이 대학 연구를 통해 입증된 질병으로 탈바꿈할 수 있는 시대가 되었다. 물론 이런 연구를 통해 완전히 거짓된 무언가를 만들어낸 것은 아니었다. 많은 질환이 수십 년 동안 존재해왔으며 실제로 이런 증상 때문에 큰 고통을 받는 사람들도 있었다. 그런 사람들에게는 진단과 약물치료가 커다란 도움이 될 것이 틀림없었다. 하지만 회색지대에 서 있는 그렇지 않은 수백만 명의 사람들에게까지 이런 진단을 확대하는 데 비즈니스 기회가 있었다.

비즈니스 기회를 붙들기 위해서는 의사를 건너뛰고 환자를 직접 공략하는 DTCdirect-to-consumer 광고를 진행하는 일이 무엇보다 중요했다. 1981년, 로널드 레이건 대통령은 아서 헐 헤이즈 주니어 박사를 FDA의 새로운 수장으로 임명했다. 그때까지는 대중을 대상으로 의약품을 광고할 때 FDA의 엄격한 규제를 준수해야 한다는 1969년 법안을 따랐다. 기존 법령하에서는 광고를 할 때 주로 의사를 겨냥했다. 의사들은 약을 팔기 위한 제약업체들의 그럴듯한 말속에 숨겨진 행간의 뜻을 이론적으로 읽어낸 다음 환자에게 가장 도움이 되는 방안을 추천할 수 있었다.

하지만 1970년대에 환자 권리 보호 단체가 등장하면서, 대중은 자신들을 단순한 환자가 아닌 자신의 건강을 위해서 무엇이 가장 좋은지 스스로 결정할 수 있는 권리를 가진 소비자로 여기기 시작했다. 제약업계나 환자 권리 보호 단체에서 활동하는 환자 권리 옹호론자들은 환자에게 의약품 광고를 직접 노출해 여러 대체 약물 중 원하는 약을 선택할 기회를 주어야 한다고 믿었다. 헤이즈 박사는 이런 분위기 속에서 제약업계가 오랫동안 기다려온 기회를 포착했다.

1980년대 초, 화이자는 당뇨, 협심증, 관절염, 고혈압 등 실제보다 진단이 적게 내려지는 질환을 알리기 위해 '의료 서비스 파트너'라는 대중 홍보 캠페인을 진행했다. 화이자는 환자 권리 보호 단체가 의사들을 찾아가 신약을 처방하도록 로비할 것이라고 확신했다. 의료 서비스 파트너 캠페인을 적극적으로 진행한 덕에 화이자는 의료계와 환자 사이에 놓여 있던 담을 넘어 환자 '쪽'에 서서 전문가와 의사라는 의료계의 '기성세력'에 대항하는 태도를 보이게 되었다.

1982년, 규제 완화를 지지하는 헤이즈가 FDA 국장이 되자 머크는 65세 이상을 위한 폐렴 백신 뉴모백스를 앞세워 소비자를 직접 공략하는 DTC 의약품 광고를 시작했다. 또다른 대형 제약 회사 일라이 릴리는 같은 해에 관절염 치료제 오라플렉스를 출시했다. 오라플렉스 광고는 실제로 승인받은 제품 설명표보다 한층 과장된 내용을 담고 있었고 일라이 릴리는 결국 출시 다섯 달 후 오라플렉스를 시장에서 철수시킬 수밖에 없었다.

같은 해, 뉴욕 타임스는 "제출 서류량을 무려 70퍼센트나 줄이고 상당수의 의약품을 시장에 좀더 빨리 선보일 수 있을 것이라는 기대를 품고 신약 승인 신청 검토 과정의 변화를 제안했던 FDA의 입장에서는 최악의 순간에 오라플렉스 사건이 터졌다"라고 보도했다. 규제 완화 바람이 불었던 1980년대 초에는 FDA의 엄격한 임상 요구가 신약 출시 과정을 지연시키는 쩨쩨하고 관료주의적인 트집 잡기로 여겨졌었다. 반면, 이같이 진행 속도가 더딘 시스템을 개혁하기 위해서는 DTC 광고가 무엇보다 중요하다는 인식이 팽배했다.

일단 DTC 광고가 도입되자 수많은 의약품 광고에 이야기와 미적 요소가 추가되었다. 햇살 쏟아지는 아침, 사십대 중반의 부부가 미소를 지으며 애완견과 함께 들판을 걷는 장면이 광고에 등장했고, 부드러운 목소리가 등장해 마법 같은 신약을 한 알만 먹으면 참기 힘든 요통, 생리통, 편두통이 사라진다고 설명했다. 그러고 나면, FDA가 등장한다. 법적인 내용을 알리는 목소리가 30초 정도 등장해 심장마비, 뇌졸중 등의 부작용이 나타날 수 있으며, 그 외의 마흔일곱 가지 다른 방식으로 갑자기 사망할 위험이 있다고 경고하는 식이다. 이런 식의 DTC 광고를 미국 텔레비전에서 흔히 볼 수 있게 되자 처음에는 DTC 광고를 지지했던 환자 권리 보호 단체들이 DTC 광고에 반대하고 나섰다.

이유는 단순했다. 전 세계에서 미국 외에 DTC 광고를 허용하는 유일한 국가인 뉴질랜드에 있는 크라이스트처치 의과대학 부교수 디 맨진 박사는 "DTC 광고는 환자에게 정보를 제공하기보다 선택을 몰아붙이기 위해 사용된다"라고 설명한다.[11] 의사들에게 좀더 많은 정보를 제공해줄 것을 요구하며 처음에는 의료 정보를 제공하는 DTC 광고를 지지했던 환자 권리 보호 단체가 이제는 DTC 광고가 서로 얼마든지 대체 가능한 하나의 약 대신 다른 약을 선택하도록 밀어붙인다고 여기게 되었다. 두 약 모두 결국 효능은 같은데 판매를 위해 특정한 정보를 감추거나 과장하는 일이 벌어지곤 했다.

1997년, FDA는 DTC 광고를 할 때 어떤 부작용이 생길 수 있는지 세부적인 목록을 제공하는 것을 의무화하는 규정을 완화해 환자 권리 보호 단체의 우려를 더욱 악화시켰다. 맨진 박사는 규정 완화의 결과로 대중에게 허위 정보를 제공하기보다는 그저 무수히 많은 브랜드를 소개하게 되었다고 설명한다. 맨진 박사는 환자들이 약에 대해 반드시 알아야 할 정보는 무시한 채 의사에게 광고에 나오는 특정한 약을 달라고 요구한다고 이야기한다. "환자와 의사가 의사 결정을 공유하는 시대에는 의사가 그저 환자의 요구를 들어주고 환자가 원하는 약을 처방해줄 가능성이 훨씬 큽니다."

미국에서는 그 결과로 의약품 비용이 증가했다. WHO에서 합리적인 약물 사용 및 미국에서의 약물 접근성에 대해 연구중인 과학자 수잰 힐은 DTC 광고를 이용해 특정한 고가 브랜드를 홍보하려는 제약업계의 욕구로 인해 미국에서 의료비가 감당하기 어려운 수준으로 치솟는 현상이 더욱 심각해졌다고 말한다. "이런 식의 광고는 미국에서 의약품 가격이 통제 불가능한 수준으로 치솟은 이유 중 하나다."[12]

제약업계가 WHO의 비난에 부딪힌 2009년 5월, 미국의 제약업계를 대변하는 미국제약협회는 DTC 광고가 의약품 가격을 높여 미국의 건강 비용 부담 위기를 더욱 악화시켰다는 주장에 반박했다. 미국제약협회가 반박한 내용을 일부 살펴보면 다음과 같다. "DTC 광고는 환자들에게 치료를 받고, 질환을 관리하고, 불필요한 입원이나 수술을 피하도록 권장해 미국의 전반적인 의료 시스템에 기여한다."

하지만 DTC 광고에 포함된 정보만으로는 약에 대한 정확한 이해를 바탕으로 제대로 된 결정을 내리는 일이 불가능하다고 생각하는 소비자가 75퍼센트에 달한다. 뿐만 아니라 63퍼센트의 소비자들은 처방약 광고에 오해의 소지가 있는지 구분할 수 없다고 답한다.[13]

하지만 제약업계의 입장에서 보면 DTC 광고는 매우 성공적이었다. 1998년부터 1999년까지 단 1년 만에 DTC 광고를 활용한 약의 처방률이 무려 34.2퍼센트나 증가했다. 같은 기간 동안 소비자에게 직접 광고하는 방식을 택하지 않은 약의 처방률은 겨우 5.1퍼센트 늘어났을 뿐이다. DTC 광고를 가장 먼저 지지한 것이 소비자단체이긴 했지만, DTC 광고는 어쨌든 맡은 바 임무를 제대로 해냈고, 소비자들은 전혀 여과되지 않은 제약 회사의 장삿속에 그대로 노출되고 말았다.

"더 나은 남편을 처방할 수는 없습니다"

치료할 질병이 없으면 약은 팔리지 않으며, 서구에서 가장 많은 약이 투여되는 질환은 우울증이다. 마리 윌리엄스 박사는 영국에서 우울증 처방이 가장 많은 도시인 블랙풀에서 활동하는 의사다. "더 나은 일자리나 더 나은 남편, 더 나은 집을 얻는 데 도움이 되는 약을 처방할 수는 없습니다. 가난과 나쁜 건강 상태 간에는 직접적인 상관관계가 있습니다. 하지만 근본적인 원인을 치료하는 것은 제 일이 아닙니다. 그건 제 소관을 벗어난 겁니다."

윌리엄스 박사에게 진료받는 환자들을 만나는 데 며칠의 시간을 할애했다. 스물네 살의 존(가명)은 수없이 자살을 꿈꿨다. 하지만 직접 실행에 옮긴 적은 없다. 항상 자살 시도 끝에 결국 살아남는 자신의 모습이 떠올랐기 때문이다. "줄이 목을 파고드는 기분을 느끼고 싶지 않아요." 우울증 증상이 시작되면 존은 구렁텅이에서 벗어나기 위해 항우울제가 필요하다. 하지만 약효가 나타날 때까지 여러 주가 걸리는 경우도 있기 때문에 존은 대화 치료에 의존한다.

블랙풀에서 존과 마찬가지로 임상 우울증을 앓으며 자살 충동을 느끼는 사람들을 여럿 만났다. 그들은 자신들을 계속 살아갈 수 있게 해주는 것은 약물이 아니라 대화 치료, 즉 자신의 이야기에 공감해주는 사람과 지속적인 관계를 유지하는 일이라고 입을 모아 이야기했다. 대화 치료 비용은 나날이 커져만 가는 항우울제 비용보다 훨씬 적다. 잉글랜드 북서부에서 일하는 정신과 상담사 스티브는 환자들을 평범한 일상으로 되돌아가게 도와주는 최고의 장기적인 해결책은 대화 치료라고 이야기한다.

존도 스티브의 의견에 동의한다며 블랙풀에서는 항우울제가 불법 마약처럼 여겨진다고 덧붙인다. "다만 마약처럼 기분을 좋게 만들어주지는 못합니다." 블랙풀에서는 항우울제를 불법 마약과 교환할 수도 있다. 항우울제는 그저 화학적으로 기분을 무감각하게 만드는 용도로 사용될 뿐이며, 신경안정제나 헤로인과 함께 사용되는 경우도 많다.

과도하게 약물에 의존하는 사회가 내놓은 자기 충족 예언 중 하나는 일단 약이 만들어지면 우리가 그 약을 요구하게 된다는 것이다. 윌리엄스 박사는 애완동물이 죽어서 항우울제를 처방받으러 오는 환자들이 있다고 이야기한다. 박사는 그 사람들은 우울한 게 아니라 슬픈 것이며, 인간이기에 슬픔을 느끼는 것이라고 이야기한다. "사람들은 영구적인 정상 상태가 되어야 행복할 것이라고 기대합니다. 실제로는 그렇지 않은데 우리가 비현실적인 기대치를 만들어낸 겁니다."

항우울제 마케팅이 진화해온 과정은 놀랍다. 빈스 패리가 미국에서 일라이 릴리와 함께 항우울제 프로작 프로젝트를 진행했을 당시, 프로작은 원래 다이어트 약으로 개발되었다. 다이어트에는 특별히 효과가 없었지만 일라이 릴리는 프로작이 우울증을 완화하는 역할도 한다는 사실을 깨달았다. 다이어트 보조제보다는 항우울제로 마케팅하면 프로작을 팔아 훨씬 많은 돈을 벌 수 있을 터였다.[14] 프로작을 잘 활용하면 우울증도 치료하고 행복 산업도 활성화할 수 있을 것이 틀림없었다.

항우울제 시장의 경쟁이 치열했던 탓에 새로운 항우울제를 출시하기란 쉽지 않았다. 프로작이 다른 항우울제들을 제치고 두각을 나타내기 위해서는 프로작만의 독특한 매력이 필요했다. 패리와 일라이 릴리가 생각해낸 방안은 "프로작은 우울증 하면 흔히 떠오르는 수치심과 낙인을 없애고 우울증 치료를 위한 약 복용을 하나의 긍정적인 생활방식으로 만들겠다"라는 것이었다. 사람들이 프로작 복용 사실을 고백하고 싶어 안달하도록 만들 작정이었다.

세계 최고의 조현병 전문가 중 한 사람으로 꼽히는 로렌 모셔가 이런 말을 한 적이 있다. "우울증의 문제는 우울하다는 겁니다." 일라이 릴리가 사용자들이 프로작을 복용한다는 사실을 떠벌리게 만들어 프로작의 장점이 입소문을 타고 퍼져나가게 만들려면 공전의 히트를 기록해야만 했다. 프로작은 복용중이라는 사실을 다른 사람들에게 기쁘게 알릴 수 있는 첫번째 항우울증제가 되고자 했다.

프로작은 원래 과학자 브라이언 몰리와 로버트 래스번이 1971년에 항히스타민제로 개발한 약물이었다. 처음에는 화합물의 이름을 따 LY-110141이라고 알려졌지만 머지않아 플루옥세틴이라는 진짜 이름을 갖게 되었다. 플루옥세틴은 식이장애 치료, 다이어트, 혈압 감소, 공황장애 외에 강박장애 치료에도 효과를 보이는 등 무수히 많은 상업적 잠재력을 갖고 있었다. 플루옥세틴을 활용할 방법은 얼마든지 있었지만 당시로서는 우울증이 가장 수익성이 떨어질 것처럼 보였다.[15]

일라이 릴리가 우울증 약으로 마케팅했을 때 수익성이 가장 떨어질 것으로 판단한 이유는 1970년대 중반에는 항우울제가 대개 정신병동에서만 사용되었기 때문이다. 정신병동 밖에서 좀더 흔히 진단되는 질환은 우울증이 아니라 '불안'과 신경성 질환이었고, 이런 장애를 치료하기 위해 흔히 사용되는 약은 발륨이었다.

하지만 일라이 릴리가 플루옥세틴 시험에 돌입할 무렵 연구진은 플루옥세틴이 세로토닌 수치를 농축시켜 중추신경계에 있는 신경전달물질 파괴 역량을 강화할 수 있으며, 이런 특징을 고려했을 때 플루옥세틴이 우울증 치료를 위한 최고의 후보 약물이라는 사실을 깨달았다.

프로작은 선택적 세로토닌 재흡수 억제제로 마케팅되고 있으며, 일라이 릴리가 프로작의 놀라운 우울증 치료 잠재력에 처음 관심을 가진 이유는 프로작의 우수한 세로토닌 농축 성능 때문이었다. 1974년, 과학자 데이비드 T. 웡은 플루옥세틴의 선택적 세로토닌 재흡수 억제 성능에 관한 논문을 발표했다. 하지만 발륨이 여전히 항우울제 시장을 꽉 쥐고 있는 상태였기 때문에 일라이 릴리는 때를 기다렸다. 1974년에 플루옥세틴은 여전히 시대를 앞선 약이었다. 아직 세상이 받아들일 준비가 되지 않은 치료제였다.

1975년, 일라이 릴리는 플루옥세틴에 프로작이라는 상표를 붙였다. 일라이 릴리는 1977년에 신약 승인 신청을 했지만 프로작이 FDA로부터 승인을 받기까지는 무려 10년이 걸렸다. 1987년 12월, 프로작은 마침내 미국에서 공개 출시되었다. 프로작이 출시 후 단기간 내에 성공할 수 있었던 것은 일라이 릴리가 소니, 마이크로소프트, 니콘, 닌텐도 등 세계 최대 규모 다국적기업들의 브랜드 이미지 개선 작업을 진행해온 전력이 있는 인터브랜드라는 회사에 마케팅을 맡겼기 때문이다.

인터브랜드의 전략은 누구든지 복용하고 싶어하고 간편하게 사용할 수 있는 약이라는 점에 초점을 맞추는 것이었다. 프로작이라는 이름도 멋있었다. 안나 무어는 가디언에 실린 기사에서 "프로작은 이제 그럴 만한 분위기가 조성된 사회에 도달했다"라고 이야기했다. 우울증은 더이상 소수의 사람만이 겪는 질병이 아니라 중산층 부부들이 저녁 파티 자리에서 흔히들 주고받는 대화 주제가 되었다. 1980년대 중반쯤 되자 중산층 부부들은 언제든 필요할 때 치료 전문가를 찾고 커튼 색깔 바꾸는 이야기를 하듯 우울증 치료에 대해서도 공개적으로 대화를 나누곤 했다. 이제 프로작을 받아들일 수 있는 문화가 형성되었다. 무어의 이야기를 들어보자. "일라이 릴리가 지원하는 국가적 캠페인으로 인해 의사와 대중이 우울증의 위험을 깨달았습니다. 일라이 릴리는「우울증: 당신이 알아야 할 것」이라는 브로슈어 제작에 자금을 지원했으며 우울증에 대한 인식 개선을 위해 20만 부의 포스터를 배부했습니다. 과거의 항우울제는 매우 독성이 강했습니다. 필요 이상으로 많이 복용할 경우 치명적일 정도였습니다. (…) 프로작은 누구든지 걱정없이 나눠줄 수 있는 완전히 안전한 약으로 홍보되었습니다. 특효약, 신경학 분야의 엘도라도나 다름 없었습니다. 출시일에 동이 트자 환자들은 이미 프로작의 이름을 말하며 약을 달라고 얘기했습니다."[16]

출시 1년 만에 미국 내 매출이 3억 5000만 달러에 달했다. 프로작은 경쟁중인 다른 항우울제들을 훨씬 뛰어넘는 엄청난 성과를 냈고 전 세계에서 26억 달러의 매출을 달성하는 등 머지않아 1960년대의 발륨 못지않은 인기를 누리는 약으로 거듭났다.

하지만 일라이 릴리는 상업적인 용도로 개발된 대다수의 다른 약과 마찬가지로 특허가 만료되면 몇 년 사이에 프로작의 복제약이 생길 수밖에 없다는 사실을 잊지 않았다. 특허가 만료되면 다른 회사들 역시 상업적인 용도로 프로작을 활용할 것이 틀림없었다(2001년, 수백만 달러를 쏟아부으며 무려 5년을 끌었던 경쟁 제약 회사 애벗 래버러토리스와의 법정 다툼이 일라이 릴리의 패소로 끝나면서 결국 프로작 특허 보호가 종료되었고 프로작 복제약이 등장하고 말았다). 프로작이 특허 보호를 받았던 15년 동안 일라이 릴리는 프로작을 통해 대체 수익을 낼 방법을 끈질기게 연구했다.

예를 들면, 사라펨은 프로작의 이름만 바꾼 생리 전 불쾌 장애 치료약으로 2000년에 FDA의 승인을 받았다. 본질을 따져보면 생리 전에 느끼는 통증에 불과한 증상을 생리 전 불쾌 장애로 진단한다는 논란에도 불구하고 제약업체들은 생리 전 불쾌 장애를 하나의 질병으로 만들기 위해 열심히 로비했다.

일라이 릴리는 프로작이 오랫동안 승승장구하기를 바랐었다. 하지만 프로작이 항우울제로 성공을 거둔 것은 전례 없는 일이었다. 프로작이 출시되기도 전에 일라이 릴리는 우울증에 대한 분위기 변화를 감지하고 새롭게 떠오르는 기회를 발견한 후 아예 우울증 약을 대하는 문화 자체를 바꿔버린 새로운 약을 시장에 선보였다. 사실, 일라이 릴리의 전략이 그리 대단한 것은 아니었다. 하지만 프로작은 대중과 언론이 우울증에 대해 새롭고 좀더 개방적인 태도를 갖도록 만드는 데 앞장섰다.

블랙풀에서 활동하는 마리 윌리엄스 박사는 프로작으로 인해 문제가 생겨났다고 이야기한다. 그녀는 행복은 보편적인 인간의 욕구지만 우리가 끝없이 즐거워야 한다는 기대는 우리를 더욱 우울하게 만들며, 이런 생각 때문에 자신들이 기대에 부응하지 못한다는 환자들의 고민이 더욱 깊어진다고 설명한다. 우리는 끝없는 행복을 위해 약을 요구한다.

뿐만 아니라 이와 같이 지극히 행복한 상태에 해당하지 않는 미묘한 기분 변화를 진단하는 각종 증후군과 우리를 행복하게 해줄 각종 약들이 있다. 처방약은 미친 듯한 행복감, 안절부절못하는 상태, 지루함, 우울증, 과도한 성취와 번아웃, 빈곤, 그 사이에 존재하는 모든 것 등 사람들이 경험하는 모든 상태를 정상화하는 진정제가 되어버렸다. 개즈든이 꿈꿨던 것처럼 현대의 삶에 대처하기 위한 약, 무엇이 됐건 인간이 느끼는 감각을 누그러뜨리고 무감각하게 만드는 알약이 생겨난 것이다. 약을 이용해 이런 식으로 낙인을 찍고 무감각하게 만드는 방식이 가장 흔히 적용되는 대상이 바로 '다루기 힘든' 아이들이며, 이런 아이 중 수백만 명이 주의력 결핍 및 과잉 행동 장애attention deficit hyperactivity disorder, ADHD 진단을 받는다.

ADHD를 향한 여정과 약 먹는 어린이들

사회 전체를 약에 찌들게 만든 몇몇 변화를 반영하듯 아이들에게 약을 먹이기 위한 여정은 1970년대 초에 결정적인 변화를 맞닥뜨렸다. 당시, 정신의학 분야 종사자들의 평판은 좋지 않았다. 소련에서는 정신의학을 동원해 반체제 인사들에게 조현병이라는 낙인을 찍어 그들의 입을 틀어막았다. 서양의 정신과 의사들은 자신들이 사용하는 진단 방식에 얼마만큼의 신뢰성이 있는지 검토하기 시작했다. 그들이 발견한 결과를 토대로 제안한 내용이 우리가 '정상'적인 상태를 정의하는 방식을 바꿔놓았다.

스탠퍼드대학 심리학 교수인 사회심리학자 데이비드 로젠한은 정신의학의 진단 방식을 시험해보고 싶었다. 학생이던 시절, 로젠한은 스탠포드에서 랭의 강의를 들었다. 랭은 강의중 조현병은 '사실이 아닌 이론'이라고 주장하며 '정신병이라는 의료 모델'에 반대하는 논거를 제시했다. 랭은 마치 넋을 잃고 귀를 기울이는 열성 신도들 앞에서 자신의 의견을 천명하는 광신도적인 종교 집단의 리더 같았고, 로젠한도 다른 사람들처럼 랭의 이야기에 마음을 빼앗겼다.

1973년, 로젠한은 조현병 진단의 의학적 근거가 적절한지 확인하기 위해 가짜 환자들을 모집했다. 환자들을 모집할 때 이전에 정신질환을 앓은 적이 있는 사람은 제외했다. 로젠한은 그들에게 동네에 있는 정신병원을 찾아가 머릿속에서 '쿵' 하는 소리가 들린다고 이야기하라고 지시했다. 그런 증상을 호소하는 것 외에는 정상적으로 행동하도록 했다.[17]

그 결과는 로젠한을 깜짝 놀라게 했다. 로젠한이 모집한 가짜 환자들은 모두 곧장 정신병원에 입원해 조현병 진단을 받았다. '쿵' 소리가 들린다는 환자의 말 하나로 이런 진단이 내려졌다. 병원에 입원해 있던 진짜 환자들은 그들이 가짜라는 사실을 알아차렸지만 의사들은 그렇지 않았다. 더이상 정신병 증상을 보이지 않아 집으로 가게 됐을 때도 가짜 환자 상당수는 '조현병에 차도가 있어' 퇴원시킨다는 낙인이 찍힌 채 퇴원했다. 하지만 가짜 환자 중 한 사람은 퇴원 요청을 거절당했고 몇 주 동안 병원에 감금돼 있다가 로젠한의 도움으로 병원에서 나올 수 있었다.

로젠한의 실험이 끝나고 2년이 흐른 후, 켄 시시의 책 『뻐꾸기 둥지 위로 날아간 새』가 영화로 출시되었다. 잭 니콜슨이 자신이 감금돼 있었던 정신병원의 굴욕적인 체제를 파괴하려고 마음먹은 반항적인 환자 맥머피로 분했다. 랭과 로젠한이 지지하는 반정신의학은 이제 주류가 되었다. 반정신의학은 워터게이트 사건 이후 미국에서 권력자들을 향한 불신이 커지는 분위기와 맞물려 반체제적인 메시지를 전달했다. 대중의 마음속에서 정치인과 정신과 의사들은 똑같이 믿기 힘들고 거짓으로 가득한 위선적인 문화에 찌든 사람일 뿐이었다.

미국 정신의학협회 의학 책임자 멜빈 샙신은 심리학이 이런 분위기와 맞서 싸워야 한다고 생각했다. 그는 심리학의 명성 회복을 위해 컬럼비아대학 교수 로버트 스피처에게 모든 정신질환을 아우르는 '신뢰할 수 있는' 과학적인 기준, 즉 빠뜨리거나 정의되지 않은 정신질환 없이 모든 정신질환을 포함하며 세월이 흘러도 변치 않을 진단 바이블을 만들어낼 것을 요청했다.[18] 샙신의 목표는 머릿속에서 '쿵'이라는 소리가 들린다며 병원으로 걸어들어온 모든 환자에게 적용할 공통된 병명을 만들어내는 것이었다.

그전까지만 하더라도 정신병은 주관적으로 판단할 수밖에 없는 것으로 여겨졌지만 3년도 채 되지 않아 겉으로 드러나는 측정 가능한 증상들을 토대로 질병을 진단하는 절대적인 모델이 자리잡았다. 이렇게 탄생한 '바이블'에는 결국 『정신장애 진단 및 통계 편람』The Diagnostic and Statistical Manual of Mental Disorders, DSM』이라는 이름이 붙었다.

DSM 제1판과 제2판은 기본적인 정신질환에 관한 '임상 진단' 자료를 만들어냈다. 하지만 스피처의 지휘 아래 DSM 제3판 원고를 작성한 임상의들은 새롭게 확인된 정신병의 수를 대거 늘렸다. DSM 제1판과 제2판에 비해 진단 가능한 질환의 범위가 대폭 확대됐다. DSM 제3판은 증상 확인을 위해 '해당하는 칸에 표시하는' 접근 방법을 채택했다. 예를 들면, 총 10개의 증상이 적힌 목록에서 무엇이 됐건 6개의 증상에 해당되면 조현병을 진단하는 식이었다.

1980년 이후 DSM 신판이 두 차례 더 발행되었다. 신판이 새로 나올 때마다 새로운 정신질환이 추가되었고 이전 판보다 책이 더 두꺼워졌다. 1984년에 DSM 제4판 제작 과정을 감독한 인물은 앨런 프랜시스 박사였다. 샌디에이고에 있는 자택으로 방문한 나는 박사에게 DSM 제4판을 위한 구체적인 계획이 무엇이었는지 물었다.

프랜시스는 자신이 DSM 집필에 참여한 이유는 "모든 상황이 감당할 수 없는 지경이 되어버린 것처럼 보였기 때문"이었다고 이야기한다. 프랜시스가 맡은 역할은 '진단되는 질환의 숫자를 제한하는 것'이었다. 하지만 그 자신도 본인이 맡은 바 임무를 제대로 해냈는지 확신하지 못했다. 그는 차후에 스스로를 탓하며 DSM 제4판이 발행된 후 자폐나 ADHD, 우울증이라고 새롭게 진단받는 사람이 급증한 까닭이 대체로 의사들의 탓이었음을 시사했다. 다시 말해서, 좋은 의도에서 비롯된 일련의 실수로 인해 이런 결과가 생겨났다는 것이었다.[19] 프랜시스는 DSM

집필 당시 과잉 진단 및 과잉 진찰을 밀어붙인 대다수의 의사들 역시 같은 후회를 하고 있다고 믿는다.

DSM 제5판은 2013년에 출간되었다. 프랜시스의 이야기를 들어보자. "DSM 제5판에서 수정된 내용은 대부분 제한적인 데이터를 토대로 합니다. 무언가를 수정하기에는 그 근거가 놀라울 정도로 약합니다. DSM 제5판으로 인해 현재 정상으로 간주되는 수많은 사람이 정신장애를 진단받고, 필요치도 않은 약을 먹고, 괜히 낙인찍힐 가능성이 생긴 겁니다."

DSM 제3판은 명확하고 표준화된 정신 병리학적인 범주를 만들어냈으며, 이런 변화로 인해 제약 회사들은 의욕을 갖고 DSM 제3판에 새롭게 등장한 구체적인 질병들을 치료할 목적으로 새로 개발된 정신 약리학적인 약들을 시험하기 위한 무작위 대조군 연구를 진행했다. FDA의 승인을 받기 위해서는 특정한 질병을 치료하는 데 효과적이라는 점을 증명해야만 했고, DSM 제3판 덕에 이전보다 치료할 질병이 훨씬 많아졌다.

DSM 제3판이 발행된 이후, 정부와 제약 회사들은 정신 약리학적 연구에 수십억 달러를 쏟아부었다. 1980년대 내내 연방정부가 미국 국립 정신보건원에 할당하는 예산이 84퍼센트 증가해 국립보건원의 예산 규모가 연간 4억 8400만 달러에 이르렀다.[20]

정신병의 정의가 나날이 확대되고 DSM 신판이 나올 때마다 의학적 사실이 더해지면서 매년 수백만 명의 새로운 미국인들이 새롭게 생겨난 질환을 치료하기 위해 약을 먹었다.

제약 회사들과 정신과 의사들이 홀로 이런 상황을 만들어낸 것은 아니었다. 현대 생활이 실제로 스트레스로 가득하건 그렇지 않건 성인들은 자신의 삶이 예전보다 좀더 스트레스로 가득해졌다고 느꼈으며 기꺼이 정신질환 진단을 받아들이려는 태도로 인해 약물이 매력적인 해결 방안으로 부상했다.

하지만 스트레스를 받고, 우울증을 앓고, 역기능적인 태도를 보이는 사람이 어른만은 아니었다. 아이들도 마찬가지였다. 미국의 전체 아동 중 11퍼센트가 ADHD 진단을 받는다. 지난 10년 동안 이 수치가 두 배로 증가했으며, 매년 수치가 꾸준히 늘어난다. 심지어 나이가 겨우 두세 살에 불과한 어린아이들이 ADHD 치료를 위해 애더럴과 바이반스를 처방받는 경우도 가끔 있었다.

ADHD 이전에도 '과잉 행동'은 있었다. 과잉 행동이 처음 언급된 시기는 1798년으로, 알렉산더 크라이튼 경이 정신장애에 관한 논문 「정신 착란의 본질과 기원에 관한 탐구」에서 과잉 행동을 '안절부절못하는 상태'가 미묘하게 발현된 것이라고 묘사했다.

하지만 제2차세계대전이 끝난 후, 정신의학 분야의 직업이 전문화되고 DSM에 기술된 정신질환들이 표준화되면서 모든 것이 달라졌다. 미국정신의학회가 DSM 신판을 내놓을 때마다 이처럼 어린 시절에 나타나는 '안절부절못하는 상태'의 범위와 깊이가 더욱 넓어지고 깊어졌다. 1952년에 발행된 DSM 제1판에서는 이런 상태가 '미세 뇌기능 장애'로, 1968년에 발행된 DSM 제2판에서는 '과잉 행동 반응'으로 명명되었다. 1980년이 되자 이런 증상은 단순한 과잉 행동에서 '주의력 결핍증' 혹은 '주의력 결핍 및 과잉 행동 장애' 등 완전한 장애로 이름이 변경되었다. 1987년에 발행된 DSM 제3판 수정판과 1994년에 발행된 DSM 제4판은 주의력 결핍 및 과잉 행동 장애를 주의력 결핍형 ADHD, 과잉 행동 충동형 ADHD, 복합형 ADHD 등 3개의 하위 유형으로 리브랜딩해 과잉 행동을 공식적으로 질병 목록에 추가했다.

이런 진단이 처음 내려지기 시작했을 무렵에는 각성제가 치료제로 사용되었다. 맨 처음 마약에 중독된 때가 언제냐는 질문에 커트 코베인은 유년기에 ADD 치료를 위해 리탈린을 처음 처방받았을 때라고 답했다.

리탈린에 들어 있는 유효 화합물은 지금은 노바티스로 이름을 바꾼 제약 회사 시바가 1955년에 특허를 얻은 각성 물질 메틸페니데이트다. 1990년대에 ADD나 ADHD라는 진단을 받는 어린이들이 대폭 증가하면서 리탈린은 블록버스터 치료제가 되었다. 수십 개의 경쟁업체가 재빨리 시장에 뛰어들었다. 리치우드 파마슈티컬은 1996년에 여러 종류의 암페타민염을 섞어서 '입에서 즉각' 녹는 알약 애더럴을 출시했다. 그 외에 아토목세틴 성분의 스트라테라, 클로니딘 성분의 캡베이, 구안파신 성분의 인투니브 등 각성 물질이 들어 있지 않은 약은 말할 것도 없고 데속신 같이 메스암페타민이 들어 있는 약, 리탈린, 데이트라나, 앱텐시오, 퀼리반트 등 메틸페니데이트가 들어 있는 약도 등장했다.

ADHD 시장의 엄청난 규모를 깨닫자 이런 약들이 정확히 누구를 대상으로 하는지 궁금해졌다.

캘리포니아 샌버너디노에서 정신과 의사와 ADHD 진단을 받은 9세 남아 사이에 자리를 잡고 앉았다. 아이가 처음 ADHD 진단을 받은 때는 다섯 살 때였다. 치료사는 ADHD 진단을 받은 최연소 아동은 세 살이라고 했다. 남자아이는 진료실에서 내내 초조한 듯 꼼지락거렸다. 왜 상담을 받는지 묻자 아이는 자신도 모른다고 중얼거렸다. 기분이 어떠냐고 묻자 아이는 사납게 손을 비틀었다. 아이의 부모에게 아이가 왜 그렇게 행동하는지 물었다. "약을 먹어서 그런 거예요." 약이 아이에게 도움이 된다고 생각하는지 묻자 부모는 이렇게 답했다. "그럼요. 학교에서 집중력이 훨씬 좋아졌어요." 아이가 어떻게 ADHD 진단을 받게 되었는지 궁금해졌다. "처음에는 문제가 있다고 생각하지 않았습니다. 하지만 학교에 다니기 시작하자 선생님이 아이가 ADHD 같다고 말씀하셨죠. 그래서 ADHD 진단을 받게 되었습니다." 그렇다면, 그전에는 문제가 있다고 생각하지 않았던 걸까? "네." 같은 반 친구 중 비슷한 아이들이 얼마나 될까? "약 30퍼센트가 ADHD입니다."

수반되는 증상과 진단받는 아동의 숫자가 꾸준히 증가함에 따라 질환을 치료하기 위해 약을 먹는 아이가 무려 30퍼센트라고 했다. ADHD는 약 30년 전에 개즈든이 제시한 비전, 끝없이 고객층이 확대되고 매일 껌을 씹듯 약을 먹어 치료할 수 있는 질환에 대한 비전이 실현됐음을 증명해 보였다.

세상 누구도 면역력이 없는 질병

개즈든이 『포천』과 인터뷰를 하고 7년이 지난 1987년, 마지막 변화가 어렴풋이 모습을 드러냈다. 누구도 면역력이 없는 질병을 찾아냈던 것이다. 바로 이 대목에서 내가 처방받았던 뇌졸중 약이 화려하게 등장한다. 암보다 치명적이고, 심장병보다 심각하며, 누구든지 걸릴 수 있는 질병이 발견되었다. 그 질병의 이름은 바로 '위험'이었다.

의료진이 실제로 아픈 사람들을 치료할 때는 그들이 치료하는 환자가 전체 인구에서 차지하는 비중은 얼마 되지 않는다. 하지만 병에 걸릴 위험이 있는 사람을 치료하면 약을 먹는 환자 수가 기하급수적으로 늘어난

다. 가능한 범위가 가장 넓은 매개 변수로 위험을 정의하면 게임의 판도
가 완전히 바뀌어버린다.

위험에 대한 비슷한 개념은 월스트리트를 이전과는 다른 모습으로 바
꿔놓았다. 이런 개념이 질병에 적용되면 의료 분야에서도 위험의 개념을
받아들여야 한다고 앞장서서 목소리를 높였던 사람들마저 상상하기 힘
들 정도의 보상이 뒤따를 수도 있을 터였다. 위험은 지난 20년 동안 의학
계가 강조하는 가장 중요한 개념이 되었다. 여러모로 스피처와 DSM이
정신병을 확실하게 진단하기 위해 기울여왔던 노력과는 정반대되는 개
념이었다. 명확하고 진단 가능한 질병에 위험이라는 개념이 더해지면 미
래에 질병이 발생할 가능성을 모호하게 정의하는 데 그치게 된다.

1987년, 머크는 콜레스테롤 치료를 위한 스타틴 계열 악물 메바코를 선
보였다. 콜레스테롤은 항상 심장병을 유발하는 요인 중 하나로 여겨졌었
다. 하지만 이제 콜레스테롤이 심장병의 주요 요인으로 여겨졌다. 1995년,
미국 국립보건원은 미국인 1300만 명이 높은 콜레스테롤 수치 때문에
'위험한 상태'라고 발표했다. 위험이 새로운 개념은 아니었다. 하지만 위
험에 처한 상태로 정의되는 사람의 수가 극적으로 늘어나려 했다.

의학 저널 플로스 메디신의 레이먼드 모이니한과 동료들은 2000년부
터 2013년까지 위험이 얼마나 커졌고 전문가와 제약 회사 간의 관계가
어떻게 바뀌었는지 단면 연구를 진행했다. 흔히 진단되는 14개 질환에
대한 16개 출판물 중 10개는 정의 확대를 제안한 반면 정의 축소를 제안
한 출판물은 1개에 불과했다. 14개의 공개 자문단에서 활동하는 사람 중
75퍼센트는 제약업계와 관련이 있었다.[21]

사람들은 대개 자문단이라고 하면 국립보건원이나 FDA같이 독립적

인 기구를 상상하는 경향이 있다. 하지만 독립 자문단에서 활동하는 다수의 자문 위원이 6대 대형 제약업체 중 이런저런 기업들과 직접적인 관계를 갖는 것이 보편적인 관행이다. 대형 제약업체들은 끊임없는 테스트와 재평가가 필요한 약을 개발한다. 따라서 어떤 약의 승인 여부를 결정하는 사람들과 협의하는 일은 불가피하면서 동시에 적절한 일이다. 문제는 '이런 친밀함이 언제 선을 넘는가'이다.

어느 쪽이든, 2001년에는 높은 콜레스테롤 수치 때문에 위험에 처한 상태로 정의되는 미국인의 숫자가 하룻밤 새 1300만 명에서 3600만 명으로 거의 3배 가까이 증가했다. 2004년에는 그 숫자가 다시 4000만 명으로 늘어났다. '대상을 확대'하는 전형적인 상황이 벌어져 이전에는 안전한 쪽에 속했던 수백만 명의 사람들이 이제 '위험한 상태'라고 표시된 구역으로 옮겨가게 되었다.

그리고 2001년이 출발점이었다. 2001년 5월 16일, 미국 조지아주 일간지 오거스타 크로니클은 국립보건원이 갑자기 "높은 콜레스테롤 수치를 좀더 공격적으로 치료할 것을 요구하고 있다"라고 보도했다. 미국 국립 심장·폐·혈액 연구소의 클로드 랑팡 박사는 "우리는 이제 높은 콜레스테롤 수치를 낮추면 개개인의 위험을 극적으로 줄일 수 있다고 확신한다"라고 이야기했다. 국립 콜레스테롤 교육 프로그램의 제임스 클리먼 박사는 콜레스테롤 수치를 낮춰야 하는 인구를 전체 미국인 중 33퍼센트로 추산했다.

그전에 국립보건원은 혈액 1데시리터당 200밀리그램의 콜레스테롤은 '바람직한' 수준이며 콜레스테롤 240밀리그램은 지나치게 높은 수준이라고 공표했었다. 하지만 2001년이 되자 국립보건원은 갑자기 위험

여부를 판가름 짓는 콜레스테롤 수치를 절반으로 뚝 잘라 혈액 1데시리터당 100밀리그램의 콜레스테롤은 '바람직'하고, 130에서 159밀리그램은 '경계성', 160밀리그램은 '높은' 수준, 190밀리그램은 '매우 높은' 수준이라고 발표했다.

1948년에 시작된 프래밍햄 심장 조사 프로젝트는 심혈관계 질환에 걸릴 위험을 분석해왔다. 그러던 와중 역사적인 1961년 보고서가 분별 있게도 고혈압, 당뇨, 콜레스테롤을 위험 요인으로 언급했고, 이 보고서로 인해 이런 위험 요인들이 대중의 입에 흔히 오르내리게 되었다. 곧이어 위험을 점수화하는 시스템이 등장했고, 이 방식은 쉽게 알아보고 이해할 수 있는 점수를 산출하는 간단하고 편리한 방법으로 전 세계에서 인정받았다.

하지만 위험을 구성하는 요소는 해석하기 나름이었다. 위험 기준을 낮춰 '위험에 처한' 사람 수를 늘리는 것은 발전이라고 알렸다. 진단이 한층 복잡해진다는 것은 곧 질환에 대한 이해도가 높아진다는 의미여야 한다. 하지만 정반대일 수도 있다. 좀더 많은 잠재 환자를 만들어내기 위해, 다시 말해서 약을 먹는 환자를 늘리기 위해 이전에는 명확했던 의학 용어를 모호하게 만든다는 뜻일 수도 있다.

병에 걸릴 위험이 있는 더 많은 사람들을 찾는 것이 비단 FDA뿐만은 아니었다. 일부 제약업계 관련자들은 당시 제약업체들 역시 교묘하게 부풀려서 이야기할 수 있는 질환을 적극적으로 찾고 있었다고 이야기한다.

로스트 박사가 화이자에서 맡은 일은 '꾸며낼 수 있는' 병, 즉 제약 회사가 은밀하게 지원한 돈으로 가짜 풀뿌리 캠페인을 조직하거나 여론을 선동할 수 있는 질병을 찾아내는 일이었다. 2004년에는 오십대 베이비붐 세대의 건강 요구를 강조하는 환자 권리 보호 단체 베이비붐 세대 연합이 난데없이 등장했다. 시트콤 〈해피 데이즈〉의 폰즈 역으로 잘 알려진 헨리 윙클러와 원조 원더우먼 린다 카터가 캠페인의 전면에 등장했다. 중년층에게 건강을 위해 팔 벌려 뛰기를 좀더 많이 할 것을 권하는 이 캠페인은 언뜻 보기에는 아무런 문제가 없어 보였다. 하지만 이 캠페인 이면에는 '자신의 콜레스테롤 수치를 확인할 것'을 촉구하는 메시지가 숨겨져 있었다. 결국 혈관 내 콜레스테롤 억제제인 리피토를 판매하는 화이자가 고용한 홍보 회사가 이 풀뿌리 캠페인을 조직한 것으로 드러났다.[22, 23]

환자 수를 늘리기 위한 관행이 두 가지 방식으로 진행됐다고 설명하는 MIT 인류학·과학기술 부교수 조 더밋은 이런 관행에 관한 연구를 진행해왔다. 그는 높은 콜레스테롤 수치나 골다공증처럼 이미 자리를 잡은 진짜 질환들을 발판삼아 똑같은 근거를 이용해 훨씬 상태가 나은 수백만 명의 환자를 새로 만들어낸다고 이야기한다. 하지만 그는 "만들어진 질병과 진짜 질병을 분명하게 가를 수는 없다"라고 이야기한다. 이런 모호성이 돈벌이에 도움이 된다. 수많은 파생물과 하위 범주가 있는 무한히 확장 가능한 질병을 만들어내면 그동안 등장한 많은 진단 범주 중 하나와 약이 연결될 가능성이 대폭 커진다.

많은 사람이 처방약을 먹을 수밖에 없도록 질병과 질환을 만들어내고 그 범주를 더욱 늘렸다며 오직 제약업계에만 비난의 화살을 돌리는 태도는 지나치게 단순하며 옳지도 않다. 현대사회가 약물치료에 의존하게 된 데는 우리의 역할도 있었다.

조 더밋이 만들어진 질병과 진짜 질병을 명확하게 가를 수 없다고 이야기한 이유는 환자들 역시 일상적으로 경험하는 무수히 많은 미묘한 불안, 감정, 병적 측면들에 대해 의학적 진단을 갈구함으로써 그 선을 모호하게 만들었기 때문이다. 옛날 같았으면 이런 것들이 단순히 참아야 하는 일쯤으로 여겨졌을 수도 있고, 늘 정신을 딴 데 팔고 다닌다거나 스트레스가 쌓여 있다거나 쉽게 흥분한다거나 하는 특징들이 친구나 가족이 평가하는 성격적인 특성으로 여겨졌을 수도 있다. 하지만 이제 이런 특징들은 모두 두문자어로 불리는 질환, 혹은 ADHD나 '자폐 스펙트럼' 같이 여러 하위 범주 질환을 가진 상위 질환의 한 부분으로 여겨진다.

역설적이게도 이런 식의 과잉 진단과 주관적인 심리학적 특징에 질병명을 붙이는 관행 중 상당 부분은 1960~1970년대에 의사들과 좀더 많은 대화를 하고 의사들로부터 좀더 정확한 진단을 받고자 했던 환자 권리 보호 단체의 열망에서 비롯되었다. 하지만 이제 인터넷 덕에 우리의 자가 진단 능력이 그 어느 때보다 커졌다. 예를 들면, 정기 검진을 위해 의사를 만난 자리에서 만성피로 때문에 힘들 뿐 아니라 어쩌면 글루텐 과민증과 셀리악병을 앓고 있을지도 모른다고 이야기하는 식이다.

이런 현상이 좋은지 나쁜지 여기에서 논할 생각은 없다. 우리는 우리 자신이 역사상 그 어느 때보다 많은 고통을 받고 있다고 믿으며, 이는 우리가 옛날보다 좀더 많은 의학 지식을 갖고 있을 뿐 아니라 건강하게 장수할 것이라는 기대가 그 어느 때보다 커졌기 때문이다. 예전에는 기대수명이 짧고 행복에 대한 기대가 제한적이었기 때문에 병에 걸려도 그저 참곤 했다. 신교도적인 노동관과 하느님 앞에서 인간의 욕구를 앞세우지 말아야 한다는 칼뱅주의가 몰락하고 계몽운동이 등장하면서, 그리고 잘 알려진 대로 알렉산더 포프가 "오, 행복이여! 우리 인간의 목표이자 목적이여!"라며 시민을 위한 새로운 우선순위를 선언하면서 상대적으로 최근에 생겨난 서구적인 개념이 바로 행복이다.

이제 우리는 영원한 건강을 꿈꾸며, 우리를 불행하고 피곤하게 만들거나 우리에게서 야망을 빼앗아가는 등 우리를 부족하게 만드는 것은 무엇이든 그 근원에 의학적이거나 식이적인 원인이 있다고 이야기할 수 있게 되었다. 어쩌면 온전한 건강을 향한 이 같은 염원이 우리가 벗어날 수도 없고 아직 치료약도 없는 단 하나의 진짜 질병일지도 모른다.

4
CASH

4장

화폐

실물화폐 죽이기 대작전

딜	피터 틸, 일론 머스크, 맥스 레브친이 15억 달러를 받고 피에르 오미디아에 페이팔을 매각했다.
목적	온라인 거래 활성화를 위해 세계 최초로 10억 달러 규모의 플랫폼을 만드는 것.
장소	캘리포니아 새너제이, 이베이 본사
때	2002년 8월 12일 월요일

2014년, 우리는 새로운 세상에 발을 디뎠다. 화려한 팡파르도, 텔레비전 방송도, 월가의 주가 폭등도 없이 그런 일이 벌어졌다. 심지어 트위터 트렌드에도 그런 소식은 언급되지 않았다. 하지만 역사상 처음으로 카드와 언택트 결제가 현금 거래를 앞질렀다.

2025년이 되면 마약상들조차 현금을 받지 않게 될 것이다. 유럽에서 가장 먼저 현금 없는 나라로 변신중인 스웨덴에서는 길거리 공연자들도 이미 언택트 기기를 이용한다. 미국 시민들은 버스크라는 앱을 이용해 길거리 공연자들에게 언택트로 관람료를 낸다. 네덜란드는 시민들이 노

숙자들의 겉옷 소매에 카드를 갖다대 돈을 적선할 수 있도록 노숙자들에게 특수 제작된 겉옷을 제공한다.[1]

기원전 600년에 시작된 실물화폐를 들고 다니는 결제 방식이 종말을 맞이할 수도 있다. 애플의 CEO 팀 쿡은 "다음 세대는 돈이 어떤 것이었는지 아예 알지도 못할 것"이라고 이야기한다.

아이폰보다 한층 더 혁신적인 기술인 주화는 기원전 6세기에 3개 대륙에서 유통되기 시작했다. 주화는 인간의 신뢰를 눈에 보이는 구체적인 형태로 구현해냈다. 또한, 작은 금속판에 불과한 주화는 상호 합의된 가치를 만들어내는, 믿기 어려울 정도로 복잡한 일을 가능케 하는 단순한 수단이기도 했다. 주화가 생겨난 덕에 인도 남부의 옷감 제조업자들은 비단 운송 거래를 할 수 있었다. 다시 말해서 현금은 세계화라는 말이 생겨나기 2000년 전에 이미 '세계화'를 가능케 했다.

1860년대에는 미국에서만 무려 8000종류가 넘는 통화가 사용되었다. 은행, 철도 회사, 소매업체들은 채권, 자체적인 교환 시스템, 다양한 형태의 신용 등 각기 다른 형태의 화폐를 사용했다. 미국 정부는 이처럼 통화 체계가 분열돼 있는 혼란스러운 상황에 종지부를 찍고, 달러라는 하나의 통화로 미국을 통합하기 위해 1863년 국립은행법을 통과시켰다.[2]

이제 8000종류의 통화가 통용되던 세상이 다시 돌아오고 있다. 모바일 머니, 비트코인, 디지털 바우처, 애플페이, 안드로이드페이, 아이튠즈, 각 매장에서 교환 가능한 포인트 등 온갖 통화가 유통되고 있으며 디지털 블록체인만 있으면 해외 송금에서부터 수십억 달러 규모의 거래에 이르기까지 불가능한 것이 없다.

하지만 현금의 종말은 단순히 지불 과정을 좀더 매끄럽고 소비자 친화적으로 변모시키는 자연적인 진화 과정의 일부라고 볼 수 없다. 실제로 현금이 사라져버린다면, 지금까지도 서로 상대의 비즈니스에 투자하며 가깝게 지내는 몇 안 되는 기술 분야의 선지자들이 20년 전에 선견지명을 갖고 체결한 비즈니스 딜의 결과로 그런 일이 벌어졌다고 봐야 한다. 이런 비즈니스 딜을 추진한 인물들은 맨 처음부터 자신들이 하는 일에 혁명에 가까운 잠재력이 숨어 있다는 사실을 알고 있었다. 다시 말해서, 현금이 사라지면 은행, 그리고 심지어 정부로부터 돈에 대한 통제권을 빼앗아 기술 기업이라는 새로운 세력의 손아귀에 그 권력을 쥐여줄 수 있다는 사실을 알고 있었다.

현금을 사용해본 적이 있는 사람이라면 누구든 아주 당연하게 여기는 현상일 뿐 아니라 과학적으로 관찰 가능한 신경 작용이기도 한 현상, 즉 현금을 내는 행위가 실질적인 고통을 유발한다는 사실을 증명하는 실험이 진행된 바로 그 순간에 이 딜이 만들어졌다.

딜과 실험

대가를 지불하기 위해 현금을 사용하면 크리스마스트리에 불이 켜지듯 신경이 지나가는 경로를 따라 불이 들어온다. 이것이 바로 손에 쥔 현금을 건넬 수밖에 없는 상황이 되었을 때 우리가 움찔하는 순간이다. 움찔하는 순간, 뇌는 손에게 돈을 내놓지 말라는 신호를 보낸다. 우리는 원하는 물건을 사고 싶은 욕구와 고통을 피하고 싶은 갈망 사이에서 괴로워하게 되고, 이런 내적 갈등으로 인해 움찔한다.

모두가 짐작하겠지만 손에 현금을 쥐고 있다고 해서 누구나 무책임하게 돈을 쓰는 것은 아니다. 사실 현금은 정반대의 역할을 한다. 현금은 오히려 지출을 막아준다. 현금이 필요 없는 결제 시스템을 만들면 인간의 뇌가 고통을 느끼는 순간, 즉 움찔하는 순간을 없애고 기꺼이 지출하도록 뇌를 자극할 수 있다. 1998년에 두 남자가 해보려고 마음먹은 일이 바로 이것이었다.

맥스 레브친과 피터 틸은 텅 빈 스탠퍼드대학교 강당에서 만났다. 두 사람의 만남은 우연이 아니었다. 레브친의 이야기를 들어보자. "저는 사실 틸을 만나려고 그곳에 갔습니다. 당시 틸이 그곳에서 통화 시장에 대한 무료 강연을 하고 있었습니다. 강당이 꽉 찰 거라고 생각했었는데, 막상 강연을 듣는 사람은 여섯뿐이었죠. 그래서 강연이 끝난 후 말을 걸기가 꽤 수월했습니다. (…) 제가 먼저 다가가서 이렇게 이야기했습니다. '안녕하세요. 저는 맥스라는 사람입니다. 저는 지난 닷새 동안 실리콘밸리에서 일했고, 이제 새로운 사업을 시작해보려는 참입니다. 그쪽은 어떠십니까?'"[3]

레브친은 엉뚱하고 활력이 넘치며 어디로 튈지 모르는 사람이었다. 당시 레브친은 이미 '다소 파멸적인 방식으로 갑작스레 시작된' 몇몇 스타트업을 운영한 이력이 있었다. 레브친의 방식은 '뭐랄까 라스베이거스에 있는 슬롯머신 앞에서 처음 만난 사람과 결혼하는 식'이었다. "이런 방식으로는 대박을 터뜨릴 수도 있지만 실제로는 그냥 일을 그르치게 될 가능성이 더 큽니다."

틸은 달랐다. 이제 실리콘밸리의 거물이 된 틸은 미래에 대한 흔들림 없는 비전을 가진 사람으로 잘 알려져 있다. 틸이 가진 비전이란 인간은 언젠가 죽는다는 사실이 과거에 국한된 명제라는 것이다. 틸은 죽음을 있는 그대로 받아들이는 것은 '현재에 안주'하는 서구식 사고의 징후라고 믿으며 매머드를 발굴해 다시 생명을 불어넣는 프로젝트에 10만 달러를 투자한 일을 비롯해 불멸 프로젝트에 많은 투자를 했다. 틸은 이렇게 이야기했다. "지금껏 지구상에서 살았던 거의 모든 인간은 죽었습니다. 이 문제를 푸는 것이 우리가 할 수 있는 가장 중요한 일입니다."

뿐만 아니라, 틸은 젊어 보이려고 18세 소녀들의 혈액을 수혈받는 것으로 알려졌다(하지만 그는 전혀 젊어 보이지 않는다). 1998년, 틸은 실리콘밸리에서 다른 이유로 이미 전설이 되어 있었다. 틸은 어떻게 해야 할지 구체적인 방법은 알지 못했지만 자신이 미래를 만들어낼 것이라고 확신했다. 레브친은 틸과 함께 비즈니스를 하고 싶어했다. 틸이 자신처럼 무엇이든 가능하게 만들겠다는 야망을 가진 지구상에서 몇 안 되는 사람 중 하나였기 때문이다.

틸은 기독교 근본주의와 복음주의를 따르는 독실한 기독교 가정에서 성장했다. 틸은 여전히 자신을 기독교도라고 여기지만 "기독교가 옳다고 다른 사람들을 납득시켜야 한다고 믿지는 않는다"고 이야기한다. 틸은 어린 나이에도 전략적인 지적 능력이 매우 뛰어났다. 고작 여섯 살에 불과한 나이에 체스판을 갖고 놀았으며, 열두 살이 되던 해인 1979년에는 미국의 13세 이하 아동 중 무려 7위를 차지했을 정도로 뛰어난 체스 실력을 자랑했다.

하지만 틸은 힘든 유년기를 보냈다. 틸의 아버지 클라우스가 광산업계에서 일하는 화학공학 기술자였기 때문에 틸과 남동생은 여러 대륙으로 이사를 다녀야만 했다. 틸은 여러 차례 전학을 했고 남아프리카공화국에서는 조금만 규칙을 어겨도 학생을 체벌하는 엄격한 기술학교에 다녔다.

그곳에서의 불쾌한 경험은 틸이 아무 생각 없는 순응을 깊이 증오하게 만들었다.

틸은 스탠퍼드에서 철학을 공부했으며, 프랑스 철학자 르네 지라르의 연설을 들은 이후 그가 제안한 미메시스 이론, 즉 모방이 진정한 혁신을 파괴한다는 주장을 신봉하게 되었다. 지라르는 다른 사람과 같아지려는 미메시스의 구속에서 벗어나야만 진정한 성공을 이룰 수 있다고 주장한다. 그는 다른 사람에게 얼마나 이상하게 보이건 진정한 자신의 모습을 찾아야 한다고 조언한다.

지라르의 강의를 듣고서 틸은 불현듯 모든 것을 이해했다. 틸은 『스탠퍼드 리뷰』를 창간해 정치적으로 옳긴 하지만 미국의 대학 캠퍼스에서 토론을 억압하는 것처럼 보이는 통설에 이의를 제기했다. 『스탠퍼드 리뷰』는 대성공을 거뒀고 틸은 그 어떤 꼬리표도 싫어하는 사람이었음에도 불구하고 자유주의 뉴라이트 진영의 저명한 사상가로 명성을 얻었다. 당시는 틸이 비즈니스를 시작하기도 전이었지만 그는 이미 무시할 수 없는 존재가 되어버렸다.

1998년에 그 텅 빈 강의실에서 레브친이 틸에게 다가갔을 당시, 틸은 전 세계를 장악하겠다는 미메시스적 사고방식을 갖고 있었지만 그에게는 꿈을 실현하기 위한 수단이 없었다. 스탠퍼드를 졸업한 틸은 크레디트 스위스에서 파생상품 트레이더로 일했으며 미국 교육부 장관 윌리엄 버네트의 연설문을 작성하는 일도 했다. 하지만 그는 스스로 멋진 일을 해내고 싶어했다.

1996년에 실리콘밸리로 돌아간 틸은 닷컴 버블이 만들어지고 있다는 사실을 깨닫고 닷컴 붐에 합류할 작정으로 100만 달러의 자금을 조성해 틸 캐피털을 설립했다. 하지만 시작은 순조롭지 않았다. 틸은 몇 년 후 비즈니스 파트너가 된 인물인 루크 노섹이 생각해낸 웹 기반 캘린더 프로젝트에 10만 달러를 쏟아부었다. 하지만 프로젝트는 실패로 돌아가고 말았다.

틸은 홈런이 필요했다. 틸이 레브친을 만났던 1998년은 인터넷이 갓 도입된 무렵이었다. 인터넷을 이용해 돈을 벌 방법을 제대로 알아낸 사람은 아무도 없었다. 실리콘밸리의 성배는 안전한 온라인 결제 시스템을 찾아내는 것이었다.

당시 인터넷은 사실 20여 년 전부터 이런저런 형태로 존재했으며, 보안은 항상 인터넷의 문젯거리였다. 맨 처음에는 인터넷이 군대, 그리고 인터넷을 다루는 컴퓨터 전문가들만 접근 가능한 폐쇄형 시스템이었다. 1969년 10월 29일 밤 10시 30분, 미국 국방부 산하 고등연구국이 UCLA 연구소에서 네트워킹 분야의 선구자 레너드 클라인록에게 인터넷을 이용한 최초의 메시지를 발송했다.

당시 미국 국방부는 폐색망을 통해 '패킷'이라 불리는 작은 정보 조각들을 전송하는 소위 패킷 교환망을 이용했다. 이 시스템이 바로 인터넷의 모태가 된 아르파넷이었다. 하지만 아르파넷은 해킹당할 우려가 있었다. 1973년, 로버트 멧커프라는 엔지니어가 한 무리의 고등학생들이 아르파넷에 접근할 방법을 찾아냈다는 사실을 발견했다. 곧이어 컴퓨터 과학자 빈트 서프와 로버트 칸이 암호화 기술 개발 임무를 맡았고, 그 결과로 1976년에 전송 제어 프로토콜/인터넷 프로토콜Transmission Control Protocol/Internet Protocol, TCP/IP이 탄생했다. TCP/IP는 차후에 인터넷으로 발전한 연결망의 통신 규약이 되었으며, 1981년 11월에 미국 국방부가 처음으로 이 기술을 성공리에 채택했다.

혼히 플래그 데이라 불리는 1983년 1월 1일, TCP/IP를 채택한 아르파넷의 접근 권한이 미국국립과학재단과 시에스넷으로 확대되면서 인터넷이 공식적으로 탄생했고, 뒤이어 대학에도 네트워크 접근 권한이 부여되었다.

네트워크가 점차 확장되자 기존의 보안 시스템만으로는 인터넷 트래픽을 감당할 수 없다는 두려움도 커졌다. 1986년이 되자 의회는 컴퓨터 사기 및 남용방지법을 통과시켜 데이터 절도, 비인가 네트워크 접근, '컴퓨터 범죄'를 관리하는 명확한 법적 제도를 마련했다.

하지만 컴퓨터 사기 및 남용방지법은 1988년에 등장한 첫번째 바이러스를 막지 못했다. 당시 로버트 타판 모리스라는 코넬대학 대학원생이 단 열두 줄의 코드를 이용해 만들어낸 모리스 웜은 전 세계 수천 대의 컴퓨터를 감염시켰다. 워싱턴 포스트는 전 세계에서 인터넷에 연결돼 있었던 6만 대의 컴퓨터 중 약 10퍼센트가 모리스 웜의 영향을 받았다고 설명했다.

군과 학계가 독점했던 인터넷이 민주화되어 일반 대중에게도 공개되자 보안에 대한 우려가 커졌다. 1993년에는 누구든 팀 버너스-리가 혁신을 통해 글로벌 네트워크로 발전시킨 월드 와이드 웹에 접근할 수 있도록 지원하는 최초의 브라우저 모자이크가 등장했다. 버너스-리는 1989년 11월에 세계 최초로 인터넷을 이용해 하이퍼텍스트 전송 프로토콜Hypertext Transfer Protocol, HTTP 클라이언트와 서버 간의 통신을 성공적으로 마무리했다. 우리가 지금 아는 인터넷이 이렇게 탄생했다.

1990년대 말이 되자 매크로미디어의 플래시 같은 애니메이션 도구들이 등장했고 인터넷의 역동적인 잠재력 또한 엄청난 변화를 맞았다. 하지만 그와 함께 해커들 역시 인터넷을 이용해 원격으로 컴퓨터를 조종할 수 있게 되었다. 레브친이 틸을 만났던 1998년에는 이처럼 다재다능한 인터넷을 거대한 글로벌 상거래 플랫폼으로 변신시킬 수 있는 너무도 매혹적인 기회가 있었다. 실리콘밸리는 온라인 쇼핑에 활용할 수 있는 안전한 암호화 지불 시스템을 만들어내기 위해 혈안이 돼 있었다.

레브친은 암호화의 천재였지만 금융에 빠삭한 사람은 틸이었다. 틸이 강의를 끝낸 후 두 사람이 단둘이서 조용히 대화를 나눈 시간은 10분도 채 되지 않았다. 하지만 그 정도면 충분했다. 두 사람은 차후에 컨피니티라고 이름 붙인 비즈니스를 시작하기로 결정했다. 둘 모두 틈새를 찾아냈다는 사실을 깨달았다. 다시 말해서, 두 사람 모두 온라인 지불을 가능케 하는 소프트웨어를 개발할 기회를 포착했다. 두 사람은 바로 다음날 다시 만나 아침식사를 하며 함께 프로젝트에 돌입했다.

틸은 이렇게 설명한다. "맥스와 저는 다양한 유형의 시장에 대한 다양한 아이디어를 브레인스토밍하는 데 많은 시간을 할애했습니다. 우리는 최종적으로 PDA 팜 파일럿에서 암호화 화폐를 이용한 무언가를 시도해보기로 결정했습니다. 우리는 이것이 이 세상의 미래가 될 것이라고 생각했습니다."[4]

하지만 이 같은 야망에도 불구하고 틸과 레브친 역시 캘리포니아 곳곳의 커피숍 앞에 줄지어 서 있는 수천 명의 다른 기술 기업가들, 즉 엄청난 인터넷 골드러시가 한창인 가운데 금을 찾으려고 혈안이 돼 있는 다른 금 시굴자들과 다를 게 없었다. 이들이 가장 먼저 성공할 수밖에 없는 특별한 이유는 없었다. 하지만 한 가지 차이가 있었다. 두 사람은 팜 파일럿에서 다른 누구도 보지 못한 것을 찾아냈다. 그들은 아이폰의 원조 격인 팜 파일럿을 활용해 무언가를 사고팔 수 있다는 사실을 깨달았다.

당시, 캘리포니아에서 3000마일 떨어진 MIT에서 세르비아 신경심리학자가 지불 방식에 따라 인간의 뇌 활동이 어떻게 달라지는지 알아내기 위해 실험을 진행하고 있었다. 드라젠 프렐렉은 돈과 관련된 인간의 비합리적인 행동에 매료되었다. 우리는 왜 복권을 사면서 동시에 보험을 들까? 프렐렉은 우리가 인생을 살아가며 돈과 관련된 무작위적인 규칙과 아이디어를 받아들이고, 누적된 규칙과 아이디어들이 우리의 머릿속에 비이성적으로 공존한다고 설명한다. 가령, 슈퍼마켓에서 가장 값이 싼 브랜드를 구매해놓고 버스가 싫다는 이유로 집에 갈 때는 택시를 고집하는 식이다. 혹은 화장품은 싸구려를 이용하면서 매달 스파 마사지 회원권을 구입하는 식이다.

프렐렉은 우리가 현금과 신용카드를 쓸 때 돈에 대한 비이성적인 태도가 어떻게 달라지는지 궁금했다. 프렐렉은 MIT에 다니는 500명의 학생을 대상으로 매진된 농구 경기 티켓을 걸고 봉함 입찰식 경매 실험을 진행했다. 참가자 절반은 현금을, 나머지 절반은 카드를 사용했다. 프렐렉은 실험 진행 전부터 신용카드를 사용하는 입찰자가 더 높은 금액을 적어낼 것으로 예상했지만 얼마나 높을지는 감을 잡을 수 없었다. 실험 결과, 신용카드 입찰가가 현금 입찰가보다 평균 두 배 높았다. 현금 입찰가보다 무려 여섯 배나 높은 가격을 적어낸 신용카드 입찰자도 있었다.

프렐렉은 어안이 벙벙해졌다. "말도 안 되잖아요. 실험 결과가 뜻하는 바는 신용카드로 1달러를 쓸 때 발생하는 심리 비용이 겨우 50센트라는 겁니다." 이런 현상이 벌어지는 것은 신용카드를 사용하면 그 어떤 고통도 없이 구매의 즐거움을 느낄 수 있기 때문이다. "신용카드를 사용하면 도덕적 책임이 모호해집니다. 소비할 때 지불에 대해 생각하지 않게 되고, 돈을 내는 순간에는 무엇을 위해 돈을 내는지 기억하지 못하거든요."

신용카드의 매력은 분명하다. 하지만 프렐렉은 우리가 현금으로 지불하는 일을 그토록 힘들어하는 이유가 무엇인지 알고 싶어했다. 인간의 뇌가 애당초 현금 지불을 꺼리도록 만들어진 것일까? 프렐렉은 현금을 이용해 입찰에 참여한 학생들을 MRI로 관찰했고, 이 실험을 통해 프렐렉이 찾아낸 결과가 돈의 미래를 바꿔놓았다.

프렐렉은 우리가 무언가를 구매하는 대가로 현금을 낼 때 특정한 신경 경로에 불이 들어온다는 사실을 깨달았다. 프렐렉은 손에서 돈이 사라진다는 사실을 뇌가 인식할 때 우리의 신경이 측정 가능한 고통을 느끼는 찰나의 순간, 즉 '움찔하는 순간'이 존재한다는 사실을 발견했다. 우리가 말 그대로 상실의 고통을 느끼는 순간 말이다. 입찰 실험에서 신용카드를 사용한 학생들은 이런 고통을 느끼지 않았다. 신용카드 입찰자들에게는 오직 쇼핑의 기쁨뿐이었다. 프렐렉이 연구를 통해 발견한 내용에는 광범위한 의미가 담겨 있었다. 그는 현금이 소비를 조장하지 않으며 적극적으로 소비를 저지한다고 결론 내렸다. 신용카드를 사용하면 현금을 쓰지 않게 되고 즉각적으로 결제 과정이 진행되기 때문에 뇌가 고통을 인지할 시간이 없다.

틸과 레브친은 암호화된 결제 시스템이라는 실리콘밸리의 성배를 찾기 위해 노력했다. 하지만 프렐렉은 진정한 성배, 즉 소비자들이 고통 없이 쇼핑을 즐기도록 만들 방법을 발견했다. 그 방법을 세상에 선보이면 인터넷의 주인이 될 것이 틀림없었다.

아이언맨의 등장

2000년, 레브친과 틸의 컨피니티 사무실 가까이에는 또다른 기업가 일론 머스크의 사무실이 있었다. 그로부터 20년이 흐른 지금, 머스크는 전기차를 이용해 전 세계에 혁신의 바람을 불어넣고 화성 식민지화에 열을 올리고 있다. 하지만 2000년에는 머스크 역시 틸과 레브친처럼 원대한 아이디어를 찾고 있었으며, 그들과 마찬가지로 새로운 지불 방법을 찾아내면 돈이 될 거라고 확신했다.

머스크는 틸과 마찬가지로 남아프리카공화국에서 자랐으며, 어린 시절에 겪었던 트라우마 때문에 권위주의에 대한 반발심과 뜨거운 야망을 갖게 되었다. 머스크는 학창시절에 구타로 의식을 잃고 병원에 입원한 적이 있을 정도로 친구들로부터 심한 따돌림을 당했다.[5]

머스크는 첫 회사 집투를 설립해 돈을 좀 번 후 엑스닷컴이라는 다음 회사를 운영하기 시작했다. 하지만 가까운 곳에서 사무실을 운영하던 틸과 레브친을 지켜보던 머스크는 서로 힘을 모으면 실리콘밸리에서 더 빨리 성공하고, 더 멀리 나아갈 수 있다는 사실을 깨달았다. 머스크는 틸과 레브친이 운영하던 컨피니티와의 합병을 제안했다. 틸과 레브친 역시 머스크와 손을 잡는 것이 좋다는 사실을 깨달았다. 온라인 결제 시스템을 만들기 위한 경쟁은 실리콘밸리에 있는 다른 모든 사람과의 경쟁이나 다름없었다. 그보다 더욱 중요한 사실은 돈이 부족했으며, 재원을 한데 모아야 경쟁에서 이길 수 있다는 것이었다. 각자 따로 비즈니스를 꾸려나가면 셋 다 경쟁에서 질 수밖에 없는 상황이었다.

머스크는 안전한 암호화 결제 기술을 함께 개발한다면 무제한 지출이라는 왕국으로 들어가는 열쇠를 손에 넣을 수 있다고 이야기했다. 하지만 소비자들에게 고통 없는 결제 수단을 선보이기 위해서는 특별한 것이 필요했다. 다시 말해서 기발하지만 규모가 작은 탓에 다른 실리콘밸리의 기술 회사에 빼앗길 수도 있는 기술을 세계적으로 인정받는 브랜드로 바꿔놓기 위해서는 매우 중요한 일을 해야만 했다. 그 중요한 일이란 다름 아닌 '단 한 번의 클릭만으로' 순식간에 결제를 가능케 하겠다는 약속이었다.

틸은 월가에서 잭 셀비라는 똑똑한 인물을 영입했다. 내가 셀비를 만난 곳은 샌프란시스코에 있는 틸 코퍼레이션 사무실이었다. 조지 루카스 사무실 옆에 위치한 틸 코퍼레이션 사무실은 20세기 중반 스칸디나비아풍 가구로 꾸며져 있었으며, 키르케고르, 아인 랜드, 마르크스 같은 철학 서적들과 도널드 트럼프 전집 등이 들어찬 책장이 줄지어 늘어서 있었다. 깔끔하게 머리를 뒤로 빗어넘긴 채 엉망이 된 보트 신발을 신고 나타난 잭은 마치 『위대한 개츠비』의 주인공 같은 모습이었다. 그의 소매끝 커프 링크스에는 그의 이니셜이 새겨져 있었다.

잭은 이렇게 이야기한다. "그 모든 일이 실제로 벌어지려고 했던 것처럼 이야기하시는군요. 마치 기정사실인 것처럼요. 하지만 이런 이야기들은 모두 꾸며진 것들입니다. 진실은 우리가 가까스로 살아남긴 했지만 아주 아슬아슬한 상황이었다는 겁니다. 엄청나게 위험한 상황이었지요. 한 달에 100만 달러가 넘는 돈을 썼습니다."

"죄송합니다만, 다시 한번 말씀해주실 수 있으실까요? 당신이 자금을 담당하고 있었던 거지요?"

잭은 웃는다. "네. 좀 스릴 있었습니다."

사실 그들은 수십억 달러 규모의 비즈니스는 고사하고 월말에 살아남을 수 있을지 확신할 수도 없는 상황이었다. 닷컴 버블은 계속 커지고 있었지만 머지않아 터질 상황이었다. 잭은 바로 이 대목에서 틸의 비범한 총기가 진가를 발휘했다고 이야기한다.

"틸은 닷컴 버블이 완전히 터지기 전에 비즈니스에 뛰어들어야 한다는 사실을 깨달았습니다. 닷컴 버블이 터지자 별 볼 일 없는 회사들은 사라져버렸고 틸은 살아남은 사람들이 엄청난 성공을 거머쥐게 될 거라고 확신했습니다. 우리가 바로 그런 존재가 되도록 노력해야만 했습니다."
틸은 잠재 시장에 관한 아주 단순한 사실을 발견했다. 팜 파일럿 사용자는 얼마 안 되지만 그보다 훨씬 많은 사람들이 이메일 주소를 갖고 있다는 사실 말이다. 틸은 이메일 주소를 활용할 방법을 찾아내면 이 세상을 손아귀에 쥘 수 있다는 깨달음을 얻었다.

그들은 새로운 회사에 페이팔이라는 이름을 붙이고 '단 한 번의 클릭만으로' 결제가 끝나도록 만들겠다고 약속했다. 페이팔은 이제 인터넷의 문을 열 열쇠를 얻었다. 나는 페이팔의 마케팅 부책임자로 고용된 에릭 M. 잭슨을 만났다. "정말 재미있는 곳이었습니다. 일단 회사에 도착하면 이런 임무를 줍니다. 말 그대로 아무것도 없는 상태에서 책상을 만들어낼 것을 요구하는 겁니다. 일종의 독창성 테스트 같은 거였지요."

하지만 겉으로 보이는 기이한 임시 사무실 이면에서 그 누구도, 특히 페이팔에서 일하는 직원이라면 믿기 어려울 정도로 놀라운 일이 벌어졌다. 에릭은 "정말 경이로웠다"라며 "일주일에 100만 달러이던 매출이 하루에 100만 달러, 한 시간에 100만 달러, 이런 식으로 늘어났다"라고 이야기한다.

페이팔이 눈부시게 성장하며 성공 가도를 달리자 그동안 돈을 주물러

온 두 거대 집단, 즉 은행 및 규제 기관과 부딪혔다. 잭은 페이팔이 등장하자 오랫동안 돈을 관리해온 기성 집단들이 당황했다고 회상한다. "우리가 은행이었을까요, 결제 시스템이었을까요? 그들은 우리의 정체가 무엇인지 알지 못했습니다. 우리는 어떤 규제 기준에도 딱 맞아들어가지 않았습니다. 우리가 빨리 성장하긴 했지만 여전히 은행에 비해서는 상대적으로 덩치가 작았기 때문에 말하자면 은행 주위를 쏜살같이 휘젓고 다니며 그들보다 훨씬 빠른 속도로 움직이는 작은 쾌속정 같았던 겁니다."

틸은 페이팔은 은행이 아니었다며, 부분지급준비제(고객이 예치한 예금의 일부만 현금으로 보관하는 방식-옮긴이)에 참여하지 않았다는 것을 그 이유로 꼽았다. 잭은 그럼에도 불구하고 은행들이 페이팔을 위협으로 여겼으며 페이팔을 공격하기 위한 정보를 갖고 있었다고 설명한다. 당시 페이팔은 신뢰할 수 있는 주류 결제 시스템이라는 명성이 나날이 커지고 있었지만 다른 한편으로는 온라인 도박계에서 페이팔을 적극적으로 받아들이고 있었다. 그런 탓에 페이팔을 적대시하는 세력들은 페이팔이 수상적은 세력과 결탁한 부정한 결제 수단이라는 오명을 뒤집어씌워 페이팔의 명성에 먹칠을 했다.

지금 생각하면 터무니없지만 당시 페이팔은 재빨리 한몫 잡을 생각에 사로잡힌 악의 화신이라는 비난을 받았다. 뿐만 아니라 금융 규제에 대처하는 것도 쉬운 일이 아니었으며 각 주의 금융법이 매우 달라 페이팔은 커다란 어려움을 겪었다. 예를 들면, 애리조나에서 허용되는 것이 캘리포니아에서는 반드시 허용되지 않을 수도 있는 식이었다. 페이팔은 은행이 아니었기 때문에 미국 전역에서 각 주별로 협정을 체결해야 했을 뿐 아니라 유럽을 비롯해 세계 어디에서건 새로 서비스를 제공하기 위해서는 각 지역 정부와 별도로 협정을 체결해야만 했다.

　페이팔은 맹렬한 속도로 비즈니스를 키워나갔으며, 비즈니스 규모가 커질수록 문제도 커져만 갔다. 한마디로 악몽 같은 상황이었다. 셸비는 페이팔을 싫어하는 많은 사람 중에서 특히 페이팔에 앙심을 품고서 사사건건 페이팔을 힘들게 하는 데 사활을 걸었던 한 정치인을 언급했다. 페이팔은 은행처럼 영향력을 발휘할 수 있는 입장이 아니었기 때문에 의회에 인맥이 많은 사람의 눈 밖에 나면 쉽게 무너져버릴 수도 있었다. 차후에 페이팔 마피아라는 별칭을 얻게 된 그들도 그때까지는 의회에 제대로 된 인맥이 없었다.

　그 정도로는 충분하지 않기라도 하듯 페이팔은 온라인 사기 때문에 매달 수백만 달러의 돈을 잃었다. 페이팔의 실체가 무엇인지 여전히 명확하지 않았기 때문에 은행 사기나 신용카드 사기 사건을 처리할 때와 달리 FBI가 곧장 뛰어들어 문제를 해결할 수도 없었다. 범죄라는 사실 자체는 명확했지만 도대체 어떤 종류의 범죄인지 명확하게 정의할 수가 없었다. 페이팔은 직접 사기 사건에 대처하기 위한 위험 관리 방안을 찾아내야만 했다. 엄청난 스트레스를 감당하며 어마어마한 현금을 쏟아넣을 수밖에 없었다.

　성장은 차치하고 생존을 위해서라도 막강한 힘을 지닌 파트너가 필요했다.

　2002년, 페이팔은 15억 달러를 받고 이베이와 거래를 했다. 셸비는 "오늘날의 기준으로 보면 보잘것없는 금액"이었다고 이야기한다. 괴롭기도 하고 즐겁기도 한 거래였다. 한편으로는 그 거래 덕에 페이팔의 미래를 보장받게 됐을 뿐 아니라 이베이의 영향력을 등에 업고 그동안 페이팔을 괴롭혔던 규제 지옥에서 벗어날 수 있었다. 하지만 다른 한편으로는 페이팔의 가치를 제대로 평가받지 못한 거래이기도 했다. 셸비에게 "그냥 붙들고 계실 수도 있었을 텐데요. 꾹 참고 붙들고 있었으면 구글이 될 수도 있지 않았을까요?"라고 이야기하자, 그는 이렇게 답했다. "사람들은 그렇게 이야기합니다. 하지만 우리가 얼마나 엄청난 압박감에 짓눌리고 있었는지 사람들은 모릅니다. 우리가 어떤 상황에 놓여 있었는지 알게 된다면 그게 제법 훌륭한 거래였다고 생각할 겁니다."

이제 인터넷 세상에 페이팔을 통해 거래하는 시장이 생겨났고, 이베이 경매 중 70퍼센트가 넘는 거래가 페이팔을 통해 이뤄진다. 페이팔 설립자들은 실리콘밸리에서 전설적인 존재가 되었다. 페이팔 마피아는 그렇게 합법적인 존재가 되었다.

다시 MIT로 돌아가 현금을 낼 때 뇌가 고통을 느낀다는 사실을 처음 발견한 프렐렉 이야기를 해보자. 프렐렉은 좀더 빠르게 고통 없이 진행되는 이와 같은 새로운 온라인 결제 방식이 우리의 소비 성향에 어떤 영향을 미친다고 생각했을까? "거대한 사회적 실험이었습니다. 사회적 실험이 으레 그렇듯 어떤 일이 벌어질지 알기는 힘듭니다." 하지만 한 가지는 분명해 보였다. 현금이 점차 사라질 것은 너무도 분명했다. 프렐렉은 현금의 종말이 결코 좋은 결과로 이어지지 않을 것이라고 생각했다. 프렐렉은 현금이 감당할 수 있는 범위 내에서만 소비하도록 우리를 속박한다고 이야기한다. 나를 만난 자리에서 프렐렉은 이렇게 이야기했다. "우리의 소비 상태가 얼마나 비정상적인지 궁금하신가요? 일주일 동안 현금만 사용해보세요. 모든 걸 현금으로 사보세요. 현금으로 담보대출을 갚아보세요. 1000달러의 현금이 산더미처럼 쌓인 모습을 지켜보세요.

다시는 예전과 같은 방식으로 돈을 대하지 못할 겁니다."[6]

지출의 매력

여러 측면에서 페이팔은 혁명적이었다. 하지만 페이팔과 관련된 가장 흥미로운 점 가운데 하나는 페이팔이 결제에 미치는 문화적인 영향이었다. 사람들은 최신 앱을 이용해 결제하려고 기를 쓴다. 최신 앱은 거의 핸드백이나 신발과 다름없는 패션 액세서리다. 이제 속도는 당연한 것이 되어버렸지만 페이팔이 처음 등장했을 무렵에는 빠른 속도가 커다란 장점이었다.

페이팔이 새로웠던 이유는 속도와 안정성 때문이었다. 하지만 속도와 편의성, 현대성을 장점으로 내세운 최초의 결제 시스템은 페이팔이 아니었다. 1950년대가 되자 이전에는 비즈니스 영역에 머물러 있었던 신용카드가 일반 대중에게 보급되기 시작했다. 신용카드는 현금보다 거래 속도와 효율성이 뛰어나다고 홍보됐다. 신용카드의 진정한 매력은 부라는 환상을 심어줘 소파가 됐건, 모피 코트가 됐건, 자동차가 됐건 원하는 것은 무엇이든 마법처럼 갖게 해준다는 데 있다. 다만, 신용카드를 사용할 때는 연기와 함께 지니가 등장하는 것이 아니라 그저 서명만 하면 된다는 차이가 있을 뿐이다. 아메리칸 익스프레스 초창기 광고에는 점잖은 비즈니스맨이 주머니에서 근사하게 신용카드를 꺼내 마치 VIP 신분증을 내밀 듯 숨죽인 채 서 있는 승무원에게 멋지게 휙 건네는 장면이 등장했다. 신용카드는 별 볼 일 없는 중간급 관리자들을 제임스 본드로 변신시켜주었다.

머지않아 정부 최고위층에서 우려를 제기했다. 존슨 행정부 소비자 문제 특별 보좌관 베티 퍼니스는 신용카드가 제공하는 열망 가득한 꿈은 신기루에 불과하다고 믿었다. 1967년, 퍼니스는 '강박적인 채무자인' 대중에게 신용카드를 들이미는 행동은 '당뇨 환자에게 설탕을 주는 일'과 다르지 않다고 지적했다.

하지만 대중이 '강박적인 채무자'였을까? 대중, 그중에서도 특히 가난한 사람들에 대한 근거 없는 믿음 중 하나는 그들이 스스로 돈이나 예산을 관리할 수 없기 때문에 그들의 위태로운 삶을 좀더 '관리하기 쉽게 도와주는' 새로운 기술이 필요하다는 것이다.

진실은 정반대다. 가난한 사람들은 그 누구보다 엄격하게 지출을 통제한다. 하지만 신용카드의 등장 이후 우리는 그 어느 때보다 많은 부채에 길들었다. 2016년, 평균적인 미국 가정이 신용카드 회사에 상환해야 할 금액은 1만 6061달러였다.[7] 미국인 70퍼센트는 신용카드를 1장 이상 갖고 있지만, 그중 50퍼센트는 2장, 10퍼센트는 3장 이상의 신용카드를 갖고 있으며, 미국의 평균 가정은 4만 달러의 빚을 지고 있다.

경제가 호황을 누렸던 1950년대에는 빚을 부추겼다. 하지만 반드시 빚을 갚아야 한다는 조건이 붙었다. 1980년 중반에는 신용카드가 할부 구매를 대신했고, 1990년대에는 누구에게나 신용카드가 발급되었다. 신용을 얻기가 쉬워지고 신용을 얻는 속도가 빨라질 때마다 우리는 그 어느 때보다 높은 수준의 부채를 정상적인 상태로 받아들였다. 뿐만 아니라, 1980년대 초, 1990년대 초, 2007년 금융 위기 이후의 기간 등 경제가 불황에 접어들 때마다 신용카드는 사람들의 생존을 돕는 새로운 역할을 맡았다.

신용카드는 생존을 위한 도구가 되어버렸다. 사람들은 이제 난방비를 내고, 식료품을 사고, 매달 담보대출을 상환하기 위해서 신용카드를 쓴다. 뿐만 아니라 부채는 신용 기반 소비자 지출을 GDP에 포함해 '성장'을 주장하는 각국 정부에게도 이제 없어서는 안 될 '업무 수단'이 되어버렸다. 부채는 정치적으로도 매우 쓸모 있는 역할을 한다. 대차대조표가 건전해 보이도록 위장해 침체된 경제가 그럴듯해 보이도록 날조하기 때문이다.[8]

웹을 판매 기계로 변신시킨 이베이

페이팔이 이베이와 인수 거래를 체결했던 2002년, 페이팔은 인터넷의 역할에 대한 개념 자체를 확대하겠다는 상당히 단순한 목표를 갖고 있었다. 그때까지만 하더라도 웹 1.0은 학계, 정부, 군대에서 아이디어를 나누기 위해 존재하는 정지 상태의 웹페이지로 구성된 포럼에 불과했다. 웹 2.0으로 거듭난 인터넷은 인터넷에 연결된 모든 인간이 먹이고, 가르치고, 키워나가는 살아 있는 생명체가 되었다.

새롭게 거듭난 살아 있는 인터넷이 '권한 부여', '분권화', '연결성', 심지어 새로운 부류의 '민주주의'를 가능케 한다는 원대한 약속 아래에는 경제적인 현실이 숨겨져 있었다. 그 현실이란 바로 인터넷을 쉴새없이 구매 기회를 제공하는 거대한 슬롯머신으로 변화시킬 웹 2.0의 잠재력이었다.

웹 2.0이 탄생시킨 최초의 공룡 기업 이베이와 페이팔의 딜이 마무리되자, 인터넷은 많은 인기를 얻었다. 은둔적인 성향의 소유자인 이베이 설립자 피에르 오미디아는 요즘 탐사 보도를 전문으로 하는 온라인 신문 호놀룰루 시빌 비트에 자금을 지원하며 호놀룰루해변에서 시간을 보낸다. 1998년에 이베이를 설립했을 당시 오미디아는 서른한 살이었다. 오미디아가 사탕이 담긴 캐릭터 용기를 거래하는 투기성 짙은 비즈니스로 시작한 것이 이베이라는 소문도 있다. 하지만 그는 그보다 훨씬 뛰어난 예지력을 갖고 있었다. 오미디아는 이베이를 발판삼아 2000년 전 주화가 처음 거래되었던 북적이는 시장을 재현해냈다. 모든 것이 물물교환의 대상이 되며 거래 대상의 가치가 한없이 유동적이고 시장 중심적인 공간이 생겨났다.

이제 모든 기술 플랫폼이 시장이다. 구글은 정보 시장이고, 우버는 택시 시장이며, 에어비앤비는 공간 시장이며, 심리스는 음식 시장이다. 하지만 이런 거대 디지털 시장 중 가장 먼저 생겨난 것이 바로 이베이였다. 신발, 가구, 콘서트 티켓, 진공청소기, 휴가, 섹스, 오래된 카메라, 여분의 인간 장기, 원치 않는 남편 등 지구라는 행성에서 생겨난 온갖 폐기물들로 가득차게 될 텅 빈 공간이 만들어졌다.

이베이는 가장 순수한 형태의 자본주의다. 하나의 거대한 P2P 시장인 이베이에서는 누군가가 기꺼이 내려는 값에 따라 가치가 전적으로 결정된다. 교황의 모자를 닮은 도리토스 한 조각이 1209달러에 판매되었는가 하면 (성모 마리아의 얼굴 모양으로 구워진 그릴드 치즈 샌드위치를 구매한 사람이 도리토스를 구매했다) 커트 코베인의 의자, 브리트니 스피어스가 씹던 껌도 거래되었고, 병에 담긴 유령은 5만 5000달러에 거래되었고, 누군가의 이마를 광고판으로 쓸 수 있는 이용권도 거래되었다. 어쩌면 가장 가슴 아픈 거래 품목이었다고 볼 수 있는 이 삶의 의미는 고작

3.26달러에 거래되었다.

　이베이는 현금과는 다른 무언가를 제공했다. 온라인 경매 방식이 제공하는 중독성 강한 흥분감, 도박을 할 때 우리 몸속에서 치솟는 엔도르핀이 바로 그것이었다. 반대로, 현금은 지루했다. 온라인 쇼핑은 온라인 도박이 급증했던 2000년대 초에 폭발적인 증가세를 보였다. 이제 쇼핑과 도박 모두 아무도 모르게 은밀히 즐길 수 있는 활동이 되었고, 둘 다 사용자를 아무런 제약 없이 중독 상태에 빠뜨렸다.

　사회인류학자 벤자민 바버는 "온라인 쇼핑이 즉각적인 만족으로 가득한 사탕 가게의 문을 열었다"고 표현했다. 온라인 쇼핑은 성인 소비자를 돈 걱정 없이 필요한 것을 모두 갖는 어린이로 바꿔놓는다.[9] 현금을 사용할 때 찾아오는 신경 고통이 사라져버렸기 때문에 이제 우리는 심리적 제약 없이 쇼핑할 수 있다. 부모 역할을 하는 인물이 사라져버린 셈이다.

새로운 통화

만약 내가 당신에게 10파운드짜리 지폐나 1달러짜리 지폐를 준다면 그 거래를 통해 돈을 벌 수 있는 제3자는 없다. 그저 한 사람에게서 다른 사람에게로 현금이 옮겨갔을 뿐이다. 하지만 디지털 결제를 택하면 누군가는 그 결제를 가능케 해야 한다. 즉, 당신과 나 사이에 있는 공간이 돈을 벌 수 있는 장소가 된다. 이곳이 바로 페이스북, 애플, 구글, 아마존, 마이크로소프트 같은 모든 거대한 빅테크 기업들이 차지하고 싶어하는 공간이다. 바로 여기에서 돈 자체를 차지하고 돈의 의미를 재정의하기 위한 경쟁이 벌어진다.

그 공간의 가치를 결정하는 것은 거래 요금이 아니다. 사실, 이런 거래 자체는 공짜다. 적어도 소비자의 입장에서는 그렇다. 기업들이 추출할 수 있는 것은 사용자 데이터. 우리가 어떤 거래를 하건 그 거래에는 데이터라는 숨겨진 가격표가 붙는다. 이 숨겨진 가격은 우리가 기꺼이 지불하려는 가격이기도 하다. 우리가 가진 현금을 주지 않아도 되기 때문이다. 그 대신 우리는 즐겁거나 슬플 때 어떤 노래를 듣는지에서부터 인도 음식보다 중국 음식을 좋아하는지, 이성애자인지 동성애자인지 모르몬교도인지, 서핑을 좋아하는지 뜨개질을 좋아하는지, 주의력 결핍 장애를 갖고 있는지, 휴가 때 카리브해를 찾는지 플로리다를 찾는지에 이르기까지 우리의 삶에 대한 온갖 정보를 넘겨준다.

2016년에는 미국 대통령 선거에서 잠재적인 부동층을 찾아내기 위해 데이터가 사용되었다. 비평가들은 이와 같은 기업들의 데이터 마이닝 활동을 개인 정보 문제로 설명하지만, 대중은 그다지 경각심을 느끼지 않는다. 경영 잡지 『하버드 비즈니스 리뷰』는 2015년에 다음과 같이 지적했다. "연구를 통해 자신들이 감시받고 있다는 사실을 소비자들이 잘 알고 있다는 것을 확인했다. (…) 하지만 소비자들은 데이터를 공유하는 대가로 자신의 삶을 좀더 수월하고 재미있게 만들어주며, 자신들에게 무언가를 가르쳐주고, 돈을 아끼는 데 도움이 되는 제품과 서비스를 이용할 수 있다는 사실을 감사하게 여긴다."[10] 하지만 우리는 데이터 마이닝이 건강 분야로 확대되는 현실에 대해서는 좀더 걱정을 하는 편이다.

이런 변화가 확고해진 2007년은 새로운 세상의 원년이 되었다. 바로 그해, 은행 시스템의 붕괴가 시작되었으며 아이폰이 세상에 등장했다. 서브프라임 대출은 수 세기 동안 돈의 흐름을 통제해왔으나 이제는 마치 쓸모없는 고층 건물같이 저절로 무너져내릴 때가 된 은행 아래에 설치된 폭발물처럼 은행 시스템의 붕괴를 촉발했다.

이런 금융 기관들은 한 세기가 넘는 세월 동안 검은 목요일(1929년 10월 24일에 미국 주식 시장에서 다우지수가 폭락한 사건-옮긴이), 금융겸업 금지법과 규제, 레이건과 규제 완화, 1990년대의 불황, 역사상 가장 오래 지속되었던 호황, 서브프라임 대출이라는 숨겨진 시한폭탄 등 불황과 호황 주기를 넘나들었다. 은행들은 금세 취약한 상태가 되었고 빅테크 기업들이 그 자리를 차지할 채비를 했다.

빅테크 기업들은 스스로를 '기술' 기업이라 부르지만 기술은 무수히 많은 앱을 이용해 우리 인간이 일상생활을 영위하는 데 있어서 없어서는 안 될 필수불가결한 존재가 되기 위한 디딤돌에 불과하다. 그들이 택한 너무도 뻔한 출발점 중 하나가 바로 기존의 은행을 몰아내고 그 자리를 차지하는 것이다.

2008년, 아이폰은 노트북 대신 휴대전화로 쇼핑하는 시대를 열었다. 돈에 대한 통제력이 은행의 품을 떠나 기술 기업으로 넘어가는 과정의 첫 단계였다. 하지만 1루는 쇼핑이었고, 기술 기업들에게는 1루를 차지하기 위한 앱이라는 새로운 무기가 있었다.

스티브 잡스도 처음에는 앱의 잠재력을 이해하지 못했다. 잡스는 존 도어라는 벤처 캐피털리스트와 '탈옥jail-break'이라는 해커 그룹 덕에 아이폰의 잠재력을 깨달았다. 당시, 해커들의 아이폰 해킹 솜씨를 확인한 잡스는 제3자 앱에 관심을 기울이고 이런 앱들이 아이폰의 잠재력에 어떤 영향을 미칠지 이해했다. 잡스는 흔들림 없이 웹앱을 지지하는 사람이었지만 아이폰 출시 1년 후 특별 아이폰 로드맵 행사에서 이전과는

180도 달라진 내용을 발표했다. 당시, 잡스는 개발자들이 아이폰용 앱을 개발하고 앱스토어를 통해 앱을 판매할 수 있도록 하겠다고 선언했다.[11]

제3자 앱은 이따금 "기술 발전이 모든 것을 변화시킨다"는 잡스의 주장이 옳다는 것을 증명해 보였다. 아이폰이 단순히 경이로운 성공을 거두는 데 머물지 않고 이 시대를 정의하는 대표적인 발명품으로 발돋움하는 데 그 무엇보다 중요한 역할을 한 것이 바로 제3자 앱이다.

애플은 새로운 달, 즉 거래가 이뤄지는 과정 한가운데 위치한 공간에 가장 먼저 깃발을 꽂았다. 이 공간으로 들어가는 문을 열면 끝없어 펼쳐진 정보의 평원을 걸을 수 있다. 다시 말해서, 거미줄처럼 섬세한 디지털 스레드에 의해 당신과 당신의 가족, 당신이 아는 모든 사람이 진행한 수백만 건의 구매와 연결돼 있는 단 한 건의 특정한 구매에 대한 데이터를 얻게 된다. 또한 알고리즘을 통해 새로운 구매 제안이 이뤄지기도 한다. 즉, 당신과 당신의 가족, 당신이 아는 모든 사람이 미래에 구매하게 될지도 모를 것들을 제안한다. 이 공간을 차지하기 위한 경쟁이 시작됐고, 기술 기업들은 맹렬하게 경쟁에 돌입했다.

2013년 여름, 애플은 차후에 우리의 결제 방식에 중대한 영향을 미칠 새로운 프로젝트를 극비리에 시작했다. 애플이 돈의 미래를 홀로 차지하고 싶었을지도 모른다. 하지만 애플은 금융업계에서 활약해온 기성 업체들과 협력해야만 목표를 이룰 수 있다는 사실을 잘 알고 있었다. 애플은 아메리칸 익스프레스, 마스터카드, 비자 같은 카드회사들과 5개의 대형 은행에 접근했다. 애플의 계획은 오랫동안 금융업계를 장악해온 조직들로 이뤄진 인프라로부터 애플페이에 대한 광범위하고 포괄적인 지원을 이끌어내는 것이었다.

양측의 합의가 이뤄졌을 당시, 너새니얼 포퍼 뉴욕 타임스 기자는 애플과 각 금융 조직이 협력을 원하는 이유를 분석했다. "애플이 금융에 뛰어들면 초대형 기술 기업인 애플이 금융업계에서 좀더 중심적인 역할을 하게 되는 만큼 은행과 신용카드 회사의 입장에서 보면 애플페이가 그들의 수입원을 위협하는 존재가 될 수도 있다. 그럼에도 불구하고 은행과 신용카드 회사들이 적극적으로 참여한다는 것은 곧 애플의 영향력이 엄청나다는 의미이기도 하며, 금융 시장에 뛰어들고자 하는 신생 기술 기업들의 움직임이 거세지고 있으며 이들 중 상당수는 애플과 달리 기존의 금융업계와 협력하고자 하는 열망이나 의지를 갖고 있지 않다는 현실을 금융 기관이 깨닫고 있다는 뜻이기도 하다."

장기적으로는 기존 금융업계가 애플을 경쟁 상대로 여길 수도 있지만, 우선은 애플이 협력 상대일 수도 있다. 2010년에 스웨덴에서 등장한 모바일 언택트 결제 시스템 아이제틀이나 심지어 비트코인 같은 새로운 기술혁신에 대항해 금융업계의 입지를 강화하는 데 도움이 될 수도 있다.

출시 직후부터 애플페이가 어디에서나 널리 사용될 수 있도록 애플은 금융업계의 모든 주요 업체들과 협력했지만, 애플페이 프로젝트에 대해 제대로 알고 있는 사람은 각 조직의 최고위급 중에서도 소수에 불과했다.

막후에서 벌어진 일을 두고 뉴욕 타임스는 이렇게 보도했다. "맨 처음부터 프로젝트는 극비로 진행됐다. 프로젝트에 참여한 어떤 인물은 '암호명 광란'이라고 불렀다."[12] 런던에서 이 프로젝트에 참여한 주요 인사 중 한 사람인 마스터카드 부사장 제임스 앤더슨에게 어떤 암호명이 있었는지 물었다.

"슈퍼히어로나 금속 종류를 암호명으로 사용했습니다. 제가 크립톤이 되고, 당신은 자이곤이 되고, 그런 식으로 정하는 겁니다." 뉴욕 타임스는 프로젝트에 참여한 또다른 주요 금융업체인 JP모건이 얼마나 철저하게 비밀 유지를 위해 노력했는지 설명했다. "JP모건은 샌프란시스코에서 창문이 아예 없는 콘퍼런스장에 전략 회의실을 마련했다. 이 프로젝트에 참여한 JP모건 직원 300명 중 애플과의 공동 프로젝트라는 사실을 알고 있는 사람은 백여 명에 불과했다."

제임스 앤더슨에게 비밀을 엄수하며 애플페이 출시라는 단 하나의 목표를 가진 여러 참여자들을 조직적으로 관리하는 일이 얼마나 힘들었는지 물었다. "정말 엄청난 실행 과제였습니다. 모든 배가, 그러니까 프로젝트에 참여한 각기 다른 모든 조직이 동시에 수평선을 지나도록 만들어야 했습니다. 매우 힘든 일이었습니다."

뉴욕 타임스의 기사에 의하면, 애플페이 출시일인 2014년 9월 9일에 애플과 JP모건은 미국 서부 해안과 동부 해안에서 동시에 협공 작전을 순조롭게 진행했다. 애플 CEO 팀 쿡은 캘리포니아에서 애플페이 출시를 발표했고 JP모건 체이스 CFO 마리안 레이크는 뉴욕에서 대언론 발표를 했다. "애플 CEO 팀 쿡이 마침내 캘리포니아에서 애플페이 출시를 발표하자 (…) 뉴욕에 있던 레이크의 부하 직원 중 한 사람이 초록색 사과 하나를 가방에서 꺼내 테이블 위에 올려두었다. 레이크에게 애플페이 서비스에 관한 이야기를 해도 좋다는 신호를 보낸 것이었다."

그 당시 발표 현장에 있었던 제임스 앤더슨에게 책상 위에 사과를 올려놓은 일화에 대해 물었더니 그는 미소를 지으며 말했다. "뭐라고요? 그런 일이 있었는지 몰랐군요." 아무도 그에게 사과 이야기를 해준 적이 없었던 것이다.

이것은 '파괴'가 아니었다. 이것은 한 세기 동안 돈을 굴려온 기업들을 뿌리째 뒤흔드는 지진이었다. 앤더슨은 체이스와 애플페이의 딜이 "기존의 결제 네트워크를 전적으로 인정하고 존중한 것은 아니었다"라고 지적했다. 앤더슨은 핵심 관계자 중 하나였지만 그 딜은 마스터카드에 유리한 것이 아니었다. 여러 대형 금융 회사들과의 딜 한가운데 위치한 것은 애플이었으며, 그 외의 모든 관계자들, 심지어 프로젝트에 참여한 최고위급 인사조차도 애플의 결정에 따를 수밖에 없었다.

앤더슨과 인터뷰를 하던 중 이런 부분을 언급하자 그는 해줄 수 있는 말은 그게 전부라는 듯한 얼굴로 미소를 지었다. 하지만 나는 집요하게 말을 이어나갔다. "애플이 말입니다. 물론 애플뿐 아니라 다른 빅테크 기업들도 마찬가지입니다만, 다들 지금 당장은 필요에 의해서 은행이나 신용카드 회사와 손을 잡고 있지만 언젠가는 더이상 금융 회사들이 필요하지 않을 겁니다."

앤더슨이 홀짝이며 물을 마셨다. "미래는 미래라고 생각합니다. 어떤 미래가 펼쳐질지 누가 장담할 수 있겠습니까. 하지만 저는 은행과 카드 회사가 계속 중요한 역할을 할 거라고 생각합니다."

어색한 침묵이 흘렀다.

"지금 제게 말씀해주신 것보다 훨씬 많은 걸 알고 계시는 것 같네요."

"제가 페레티 씨에게 모든 걸 말씀드릴 순 없으니까요. 만약 제가 모든 걸 말씀드리면 그건 비윤리적인 일이 될 겁니다."

애플페이 딜은 은행 및 신용카드 회사와 합의된 것이었다. 하지만 그 딜의 실상은 애플과 체이스가 미국에서 가장 오래된 금융 기관이 쥐고 있는 금싸라기 땅 한가운데 탱크를 세워놓았지만, 정작 금융 기관들은 그 꼴을 보고도 어찌할 수가 없었다는 것이다.

그보다 더욱 중요한 사실은 애플이 무료로 서비스를 제공할 계획이었다는 것이다. 예전에는 거래가 이뤄지는 과정 한가운데 있는 공간을 돈이 차지하고 있었으나 이제 더이상 돈이 그곳에 머무를 수 없게 되었다. 애플은 의도적으로 그 공간을 텅 비게 만드는 전략으로 경쟁 기업들보다 앞서나갔다. 그 이유가 무엇일까? 구글이나 아마존, 페이스북과 달리, 애플은 사용자의 데이터를 수집하는 데 관심이 없다. 애플은 사용자들이 애플 제품을 사용하고 다양한 애플 기기를 이용해 거래하도록 만드는 데 관심을 기울인다. 하지만 사용자 데이터 수집에 혈안이 돼 있는 기업들에게는 데이터가 그 무엇보다 중요하다. 파이낸셜 타임스 이자벨라 카민스카 기자가 지적하듯이, "데이터는 새로운 석유이며 소비 데이터는 최고 등급의 석유"다.

2012년, 화가 난 남자가 미니애폴리스에 위치한 타깃 매장으로 씩씩대며 걸어들어와 아직 십대인 자신의 딸에게 출산 관련 제품을 추천하는 이유가 무엇인지 따져 물었다. "내 딸은 아직 고등학생이에요. 그런데 도대체 왜 내 딸한테 아기 옷이랑 아기 침대 쿠폰을 보내는 겁니까?" 타깃에서 일하는 통계 전문가 앤드루 폴은 통계 분석을 통해 특정한 제품 25종을 함께 구매하거나 검색할 경우 해당 여성이 임신했을 가능성이 높다는 사실을 발견했다. 타깃은 쇼핑 데이터를 수집해 아버지가 딸의 임신 사실을 미처 알아차리기도 전에 그 여성 고객이 임신했다는 사실을 알아냈다.

소비자를 정확하게 공략하기 위해서는 데이터가 그 무엇보다 중요하다. 지출과 지출 데이터를 한데 모아 하나의 완전체를 만들어낼 방법을 찾기 위해 노력중인 어느 대형 기술 기업은 사람들이 쉽게 떠올리지 못하는 장소에서 영감을 얻었다.

진정한 가치는 실리콘밸리가 아닌 아프리카에

2016년 12월, 페이스북 CEO 마크 저커버그의 전용 비행기가 케냐에 착륙했다. 저커버그는 거래 서비스를 제공하는 대가로 비용을 받는 것이 아니라 지출 패턴을 통해 데이터를 수집하는 데 미래가 달려 있다고 생각했다. 게다가 그는 실리콘밸리나 월가가 아닌 중앙아프리카의 드넓은 초원에 이 경쟁에서 승리를 거머쥐기 위한 열쇠가 있을지도 모른다는 사실도 잘 알고 있었다.

2007년, 케냐 전역에서 휴대전화를 이용해 돈을 송금할 수 있도록 지원하는 모바일 송금 시스템 엠페사가 출시됐다. 엠페사는 앱이나 복잡한 암호화 결제 시스템이 아니라 문자메시지를 이용해 돈을 송금하는 방식을 채택했다.

엠페사는 하나의 국가 전체를 실험실 삼아 돈의 민주화를 추진한 혁명적인 실험이었다. 엠페사는 송금 수수료를 없앴을 뿐 아니라 은행과 현금을 멸종시켰다. 거래를 위해 아이폰이나 은행 계좌가 필요하지도 않았다. 20년 된 노키아 휴대전화만 있으면 얼마든지 거래가 가능했다. 출시 1년 만에 케냐에서 엠페사 사용자가 1700만 명을 넘어섰다. 케냐 전체 인구의 40퍼센트에 달하는 숫자였다. 2010년이 되자 엠페사 사용자 수가 은행 계좌 보유자 수를 능가했다. 케냐인들은 은행 계좌가 필요하지 않다는 것이 증명되었다.

저커버그가 다녀간 지 몇 달 후 나이로비 외곽의 바나나 저장 창고 트위가 푸드를 직접 방문해봤다. 트위가는 엠페사를 발판 삼아 케냐에서 가장 빠른 성장세를 자랑하는 기업 중 하나로 발돋움했고 저커버그는 그 비결을 알아내고 싶었다. 저커버그는 트위가를 찾아가 인사 책임자 에드나 크윙가와 COO 킬콘드 무아트웰라를 만났다.

크윙가는 내게 이렇게 이야기했다. "저커버그가 도착하기 10분 전까지만 해도 그를 만나게 될 줄은 몰랐습니다. 페이스북 지역 총책임자가 온다고 들었는데 정작 찾아온 사람은 마크 저커버그였죠." 저커버그는 무엇이 알고 싶었던 것일까? "우리가 성장을 위해 엠페사를 어떻게 활용했는지 매우 커다란 관심을 보였습니다. 정말 좋은 사람이었어요. 그 전날에는 서아프리카에 있었고 저녁에는 남아프리카로 떠났죠."

무아트웰라는 빅테크 기업들이 엠페사가 이뤄낸 혁신에 끼어들어 엄청난 기회를 잡아보려 한다는 착각에 빠져 있지 않았다. "실리콘밸리는 주로 어디에서 돈을 벌 수 있는지 알아내기 위해 피라미드의 꼭대기를 바라보곤 합니다. 하지만 저커버그는 놀랍도록 똑똑한 사람입니다." 저커버그는 남들과 다른 곳, 꼭대기보다 훨씬 많은 돈을 만질 수 있는 경제 피라미드의 아랫부분을 바라보고 있다.

트위가는 누구에게든 돈을 지불할 때 엠페사를 이용한다. 케냐산 근처에 있는 바나나 농장을 둘러보면, 농부들은 일꾼들에게 현금으로 인건비를 지불하지 않고 휴대전화를 이용해 임금을 준다. 휴대전화가 없는 일꾼들은 책임자로부터 휴대전화 사용법을 교육받는다. 그는 언제쯤 되면 현금이 필요 없어질 것이라고 생각했을까? "뭐라고요? 우리는 이제 현금을 사용하지 않아요. 아무도 사용하지 않아요. 들고 다니려면 무겁고 번거롭잖아요. 안전하지도 않고요. 언제든 강도당하거나 갈취당할 수 있는 걸요. 현금은 이제 사라졌어요. 어쩌면 차를 한잔하고 싶을 때 현금을 쓸 수도 있겠네요."

엠페사로 인해 케냐는 인프라와 은행이라는 20세기의 전형적인 발전 단계를 뛰어넘게 되었다. 물론 비즈니스를 시작하기 위해 은행 계좌가 필요했던 때도 있었지만 이제 더이상 은행 계좌가 필요치 않다. 엠페사는 사람들에게 대출도 해준다.[13] 엠페사는 진정으로 돈을 파괴하고 있으며 널리 사용되는 가장 흔한 기술만 갖고 이런 성과를 이뤄냈다.

엠페사는 세계 최대 규모를 자랑하는 통신업체 중 하나인 보다폰이 만들어냈다. 엉뚱하게도 보다폰은 영국 정부의 해외 개발 프로그램의 일환으로 영국 해외 개발부가 추진한 케냐 빈민층을 위한 포괄적이고 안전한 결제 시스템 개발 입찰 경쟁을 따낸 후 엠페사를 개발했다. 보다폰의 엠페사 개발 책임자는 닉 휴스였다. "그때는 모든 것을 포괄하는 것이 아주 매력적이었습니다. 당시 우리는 100만 파운드의 개발 자금을 확보했습니다. 이렇게 확실성이 떨어지는 프로젝트를 추진하기 위해 보다폰 사내에서 이만한 금액을 조달하기는 매우 힘들었을 겁니다. 맨 처음에는 거의 과설계하는 수준이었습니다. 그러다가 좀더 단순하게 만들어야 한다는 사실을 깨달았습니다. 15달러짜리 전화기에서도 얼마든지 사용 가능한 그런 게 필요했으니까요."

엠페사는 문자 전송만큼 단순했다. 엠페사는 순식간에 엄청난 인기를 얻었고 근본적으로 케냐 경제를 뒤흔드는 새로운 통화, 즉 보다폰 단위를 만들어냈다. 이자벨라 카민스카는 보다폰이 케냐 전역에서 돈을 독점

할 수 있었던 이유는 케냐의 은행들이 '충분히 주의를 기울이고 있지 않았기' 때문이라고 설명한다. 케냐 은행들은 현실에 안주했고 엠페사는 금융 쿠데타를 일으켰다.

하지만 저커버그는 엠페사를 한 단계 높은 수준으로 끌어올릴 수 있다. 엠페사와 같은 방식의 결제 시스템을 페이스북에 적용해 전 세계의 절반에 해당하는 빈곤층에게 돈의 혁명을 경험케 할 수 있기 때문이다. 케냐에서 이 방법이 통했다면 전 세계 어디에서건 이 방법이 통할 것이다. 엠페사가 디지털 소비주의로 이어지는 길을 제시하는 모습을 상상하기는 어렵지 않다. 엠페사는 거액 대출에서부터 소액 대출에 이르기까지 은행이 제공하는 모든 서비스를 지원하는 데 그치지 않고 음식, 자동차, 휴가 외에도 술, 온라인 도박까지 지원한다. 한마디로 논스톱 쇼핑을 가능케 한다.

하지만 엠페사가 개척한 문자 기반 송금 역시 온라인 쇼핑 못지않게 사용자에 관한 많은 양의 디지털 발자국을 생성한다. 2016년, 한 무리의 케냐 경찰관들이 엠파사를 이용해 거액의 돈을 송금한 혐의로 체포됐다. 이들은 마약 카르텔처럼 비트코인을 사용하지도 않았고 돈세탁을 위해 은행을 이용하지도 않았다. 이들은 그저 문자메시지를 이용했을 뿐이다. 저커버그는 엠페사를 이용하면 페이스북과 상당히 유사한 방식으로 거래 데이터를 감시할 수 있다는 사실을 깨달았다. 뿐만 아니라 엠페사를 이용하면 현재로서는 페이스북이 접근할 수 없는 수십억 명의 사용자에게도 접근이 가능할 터였다.

디지털 화폐가 등장한 2000년에는 세계적인 불평등이 더욱 심각해지는 시나리오가 가장 실현 가능성이 큰 것처럼 보였다. 전 세계 인구 중 상위 50퍼센트는 디지털 화폐와 모바일 화폐를 사용하고 나머지 절반은 계속 현금을 사용할 것으로 예상되었다. 하지만 엠페사는 현실은 정반대라는 사실을 증명해 보였다.

정말 현금과는 무관한 일일까?

현금을 죽이려는 노력 뒤에 숨겨진 의도(그리고 많은 경우에는 이런 노력을 정당화하는 메시지)는 지하경제를 뿌리 뽑는 것이다. 국제통화기금International Monetary Fund, IMF 수석 경제학자였던 케네스 로고프는 전 세계에서 현금이 종말을 맞는 현상은 불가피한 일인 동시에 좋은 일이라고 이야기한다.

우리는 하버드에 있는 로고프의 사무실에서 만났다. 로고프는 지난 200년 동안 서구 자본주의가 호황과 불황 주기를 어떻게 거쳐왔는지 자세히 알려주는 놀라운 그래프를 내게 보여주었다. 그는 세수가 확보되고 현금을 바탕으로 돌아가는 지하경제가 몰락하면 현금 없는 세상이 등장할 거라며, 이런 변화는 고정환율 시대의 종말 이후 재정 관리 분야에서 나타난 최대의 약진이 될 것이라고 설명했다. 게다가, 현금 없는 세상이 장벽 건설보다 훨씬 효과적인 이민 관리 정책이 될 것이라는 설명도 덧붙였다. 하지만 로고프는 무언가 당혹스러운 일이 벌어지고 있다고 지적했다. 그는 양손을 들어올려 공중에서 교차시키며 설명했다. "각국 정부가 현금 이용도를 낮춰 시장에서 현금을 단계적으로 몰아내려고 노력하고 있지만 그 어느 때보다 많은 양의 현금이 유통되고 있습니다. 사람들은 그냥 계속 현금을 씁니다. 누가, 무엇을 위해서 현금을 쓰는지는 확실하지 않습니다."

　현금 경제나 그림자 경제, 검은 경제라고도 불리는 지하경제는 사실 가난한 사람들의 생계를 뜻하는 완곡한 표현이다. 경제학자 제훈 엘긴과 오구즈 오즈투날리는 1950년부터 2009년 사이에 161개국에서 수집한 데이터 세트를 이용해 전 세계 GDP에서 지하경제가 차지하는 비중이 22퍼센트가 넘는 것으로 추산했다.[14]

　지구상에 존재하는 전체 부의 약 1/4이 현금이다. 범죄자들도 지하경제를 활용하지만 사무실 청소부, 공사 현장에서 일하는 인부, 대금이 입금되기를 기다리며 간신히 사업을 유지하고 있는 사람들도 마찬가지다. 로고프에게 범죄자들과 반대되는 사람들, 즉 법을 준수하는 사람들이 현금을 더이상 사용하지 않을 가능성이 얼마나 되는지 물었다. 그는 어깨를 으쓱하며 이야기했다. "현금이 누군가가 원하는 만큼 빨리 사라지지는 않을 겁니다. 그래야 한다고 이야기하는 것도 아닙니다. 현금에도 분명히 용도가 있습니다."

　2016년, 인도 정부는 갑작스레, 예고도 없이 500루피(약 7달러 정도) 지폐와 1000루피(약 15달러 정도) 지폐를 회수했다. 정부의 공식적인 설명은 인도의 거대한 지하경제를 무력화시키겠다는 것이었다. 하지만 그 결과는 처참했다. 두 종류의 지폐가 사라지자 현금 부족 사태가 몇 주 동안 지속됐다. 은행 밖에서 몇 시간씩 줄을 서느라 25명이 쓰러져 목숨을 잃었다. 주식 시장이 폭락했고, 농업 위기가 찾아왔으며 대형 트럭 운송이 중단됐다. 하지만 정작 인도 정부가 겨냥했던 지하경제는 아무런 영향도 받지 않았다.

블록체인 – 핵열쇠

2014년 4월, 전 세계에서 수백만 개의 기업이 사용하며, 매초 실행되는 수백만 건의 온라인 거래를 빈틈없이 보호하는 보안소켓계층Secure Sockets Layer, SSL 암호화 프로토콜이 해킹당했다. 그동안 보안 전문가들은 SSL이 지금껏 개발된 가장 안전한 결제 시스템이라고 여겼었다.

이제는 훨씬 더 안전한 것으로 알려진 결제 시스템이 SSL을 대체하고 있다. 블록체인은 원래 거대 기업이 수십억 달러 규모의 거래를 안전하게 진행할 수 있도록 지원하기 위해 개발됐다. 핵열쇠 원리를 기반으로 하는 블록체인은 이제 일반인들이 진행하는 일상적인 거래에서도 널리 사용된다.

대륙 하나를 통째로 파괴할 수 있는 미사일 전력을 보유한 핵잠수함에서는 한 사람이 아닌 여러 사람에게 통제권이 주어지며, 통제권을 가진 각 개인은 별도의 열쇠를 보관한다. 미사일을 발사하려면 이들이 가진 열쇠를 정확한 시간에 정확한 순서로 제어판에 꽂아야 한다. 승무원들은 누가 열쇠를 갖고 있는지 모르기 때문에 이론적으로는 시스템을 중단시킬 방법이 없다.

블록체인을 이용해 금융거래를 하면 컴퓨터가 승무원의 역할을 한다. 각 알고리즘은 정확한 타이밍에 암호를 넣는 역할을 하도록 설계돼 있다. 거래 당사자 중 어느 쪽도 시스템을 중단시킬 수 없다. 여러 겹의 보안장치가 서로 맞물려 있는 과정이라고 볼 수 있다. 난공불락처럼 보인다. 블록체인은 매우 신뢰받는 방식이어서 미국 국방부가 핵무기 암호화를 위해 블록체인 활용 방법을 연구할 정도다.[15]

보안은 무엇보다 중요하다. 2014년, 전 세계는 SSL이 얼마나 쉽게 해킹될 수 있는지, 좀더 빈틈없는 보안 방식이 필요한 이유가 무엇인지 생생하게 지켜보았다. 해킹 사건이 벌어진 후 수백만 명이 비밀번호를 바꿨지만, 머지않아 미국의 월마트와 중국 식당 체인 피에프창이 또다시 보안 문제가 발생했다고 신고했다. 비밀번호를 변경하는 행위가 시스템 해킹을 어렵게 만들기는커녕 오히려 해킹을 더욱 쉽게 만들었다.

그로부터 1년이 흐른 2015년, 영국 통신사 톡톡의 모바일 네트워크 전체가 작동을 멈췄다. 북아일랜드에 사는 어느 십대 청소년이 자신의 방에 앉아 톡톡의 핵심 비밀번호를 알아낸 탓에 이런 일이 벌어졌다. 해킹 사건으로 톡톡에 대한 신뢰도가 무너졌고, 결국 수천 명에 달하는 고객의 서비스 해지와 주가 폭락이 뒤따랐다. 페이팔이 안전한 온라인 결제 시스템을 선보이겠다며 세상에 모습을 드러냈을 때 보안은 온라인 결제의 전제 조건이었다. 하지만 그로부터 20년이 흐른 지금은 보안 시스템의 취약성은 어쩔 수 없는 것으로 여겨진다.

2000년 전에 주화가 처음 생겨났을 때, 주화의 가치를 결정한 것은 거래에 참여하는 두 당사자, 즉 구매자와 판매자 간의 상호 신뢰였다. 지금은 그 신뢰가 상호적이지 않고 일방적이다. 하지만 그렇다고 해서 범죄자들보다 한발 앞서나가기 위한 노력을 과소평가해서는 안 된다.

테러와도 비슷한 점이 있다. 테러의 경우를 생각해보면, 우리가 대규모 테러 사건에 관한 뉴스를 한 건 접할 때마다 실패로 끝나버린 탓에 널리 알려지지 않은 테러 시도는 수백 차례가 있었을 것이다. 이렇게 생각해보면 사기와의 전쟁에 잘 대처하고 있다고 주장할 수도 있다. 사기당한 금액을 탕감하는 데 들어간 비용은 한마디로 불가피한 부수적 비용인 셈이다.

텅 빈 은행 금고

5년 후에 현금이 사라질 것으로 예상되는 스웨덴에서는 현금이 사라지면 어떤 점이 좋을지 열띤 논쟁이 벌어지고 있다. 이런 논쟁이 공개적으로 이뤄지는 나라는 스웨덴이 유일하다.

2016년, 스웨덴에서 이뤄진 전체 결제에서 현금이 차지하는 비중은 2퍼센트도 채 되지 않았다. 스웨덴에서 주로 이용되는 지불 수단은 카드로, 스웨덴 사람들은 연평균 207번 카드를 긁는다. 다른 유럽 국가들의 3배에 달하는 수치다. 휴대전화 앱, 그중에서도 특히 스웨덴의 4대 은행들이 개발한 스위시가 빠른 속도로 카드 사용을 잠식하고 있다.

스웨덴의 1600개 은행 중 900개 은행은 아예 현금을 갖고 있지 않거나 현금 예금을 받지 않는다. 2013년 4월, 한 은행 강도가 고생 끝에 이 같은 사실을 알아냈다. 어느 월요일 아침 10시 32분, 경찰이 '총처럼 보이는 물체를 들고 스톡홀름 중심부 외스테르말름스토리에 있는 은행에 들어간 한 명의 남성 범인'이라고 묘사한 사람이 CCTV에 잡혔다. 강도가 직원에게 금고를 열라고 요구하자, 칸막이 뒤에 있는 한 여성이 강도에게 은행에 현금이 없다고 이야기했다. 금고는 텅 비어 있었다. CCTV에는 강도가 들어간 지 2분이 채 못 되어 돈 한푼 없이 은행을 나오는 모습이 잡혔다.

2012년에 스웨덴에서 발생한 은행 강도 사건은 21건에 불과했다. 2011년에 신고된 은행 강도 사건의 절반에 불과한 숫자이자 역사상 가장 낮은 수치였다.[16] 하지만 직접 은행을 찾아가 강도짓을 하는 사건은 거의 사라지다시피한 반면 스웨덴의 온라인 사기는 최고치를 기록중이다.

인터폴 총재를 지낸 비욘 에릭손은 현재 사기 근절을 위해 현금의 지속적인 유통을 로비하는 압력단체 캐시 업라이징을 운영하고 있다. 에릭손은 은행과 신용카드 회사가 사기 문제에 얼마나 부실하게 대응해왔건 마스터카드나 비자 같은 뛰어난 보안 대책을 갖고 있지 않은 수천 개의 신기술 결제 시스템상에서 사이버 범죄가 발생하면 오히려 이들이 기술 기업들에 비해 매우 모범적으로 경계 태세를 갖춰왔다는 사실이 드러날 것이라고 믿고 있다. 에릭손은 자신이 하는 말의 의미가 무엇인지 잘 알고 있다. 유럽 최대 규모의 사기 방지 경찰 조직을 이끈 경험이 있기 때문이다.

현금에 대한 태도는 세대에 따라 다르다. 구세대는 현금을 신뢰하며 젊은 세대는 디지털 화폐를 신뢰한다. 스웨덴에서는 소상공인들을 위한 앱 아이제틀을 사용하는 젊은 기업가들이 커피숍 같은 '현금 없는' 사업장을 운영한다. 스웨덴에서 구세대와 젊은 세대를 가르는 분수령이 된 사건은 2008년의 은행 붕괴였다. 구세대는 금융 위기 발생 전 은행을 신뢰할 수 있었던 시절을 기억한다. 젊은 세대는 금융 위기가 어땠는지, 금융 위기가 어떻게 은행을 망가뜨렸는지 어렴풋이 기억한다. 젊은 세대는 언택트 방식과 디지털 머니를 기꺼이 신뢰한다. 소셜 미디어와 기술을 이용해 모든 것을 관리하는 등 인생의 모든 측면에서 디지털 방식을 택하고 있기 때문이다. 그들에게 현금은 중세시대의 유물일 뿐이다.

2007년에 은행이 관리했던 위험은 스프레드 베팅이었지만 블록체인에 문제가 생기면 단 한 번 버튼을 누르는 것만으로도 지구상에서 디지털 화폐가 완전히 사라질 수 있다. 우리는 리먼 브라더스가 없는 세상에서도 얼마든지 살 수 있었다. 하지만 애플, 구글, 페이스북이 없는 세상에서는 살 수 없다. 이들이 곧 인프라이기 때문이다.

전염

디지털 혁명이 한창 진행중이었던 10년 전, 월가의 거래 속도를 0.001초로 줄여줄 초고속 인터넷망을 연결하기 위해 산 하나를 뚫었다. 거래 속도가 0.001초로 빨라지면 매시간 월가를 통해 거래되는 금액이 십억 달러만큼 늘어난다. 하지만 속도가 디지털 화폐의 신이 되어버리자 인간이 더이상 위험을 통제할 수 없게 되었다. 예를 들어 불량 알고리즘이 매수 대신 매도를 결정한 탓에 디지털 경제 전체가 파괴될 위험이 발생해도 인간의 힘으로는 어떻게 할 수가 없게 되어버렸다. 그야말로 인간이 따라가기에는 속도가 지나치게 빨라졌다.

일전에 프레 타 망제에 샌드위치를 사러 간 적이 있었다. 특별한 이유도 없이 카드 기계가 작동을 멈췄고 가게에서는 현금만 받고 있었다. 직원들은 손님들에게 옆 가게에 있는 ATM 기계에서 현금을 찾아오라고 공손하게 부탁했다. 하지만 현금을 찾으러 가는 사람은 아무도 없었다. 대신 사람들은 카드기가 다시 정상적으로 작동하기를 기다렸다. 직원들이 최대 30분이 걸릴 수도 있다고 설명했지만 사람들은 이미 새로운 결제 방식에 길들여져버렸다.

프레 타 망제에서 내가 겪었던 일은 프렐렉이 MIT에서 진행한 연구를 통해 발견된 지불과 관련된 인간의 비합리적인 행동이 어떤 것인지 완벽하게 보여준다.

마침내 현금이 영원히 사라지면, 이 모든 일은 돈을 근본적으로 변화시켜 지불의 고통을 없애고자 했던, 그리고 그런 시도를 끝내 성공시킨 두 남자 틸과 레브친이 20년 전에 텅 빈 강의실에서 만남을 가진 결과일 것이다. 디지털 화폐 거래가 전통적인 은행을 대신하게 만들겠다는 그들의 계획은 대담하고, 거의 제정신이라고 보기 힘든 것이었다. 하지만 지금은 디지털 화폐 거래가 너무도 흔해서 이런 방식에 대해서 별다른 생각조차 하지 않는다.

하지만 프렐렉은 좀더 뛰어난 편의성과 빠른 속도가 우리에게 자유를 주긴 했지만, 함께 나타난 역설적인 자유의 상실로 인해 우리가 얻은 자유가 약화되고 있다고 이야기한다. "중세에는 모든 사람들이 작은 동전 주머니를 짊어지고 다녔습니다. 지금은 휴대전화 속에 동전 주머니가 있지만 우리는 동전을 보지 못합니다." 우리는 더이상 우리가 힘겹게 얻은 자주권에 대한 권리를 행사하지 못한다. 좋은 일일까, 나쁜 일일까? 그냥 그런 일이다. 모든 상황이 정상적이고 휴대전화를 한 손에 들고 백화점 사이트에 접속해 아무런 문제 없이 남편이나 아내에게 줄 선물을 고를 때는 이런 변화의 실체를 제대로 확인할 수 없다. 그러나 휴대전화 화면이 갑자기 검게 변한 다음 계속 그런 상태로 남아 있고 그 누구도 원인을 알지 못할 때, 특히 휴대전화 통신망 공급업체가 그 이유를 전혀 알지 못하는 그런 때가 돼야 이런 변화의 의미를 제대로 파악할 수 있을 것이다.

5
WORK

(5장)

인사

**'내가 무슨 일을 하는가'에서
'나는 누구인가'로**

딜	지멘스, 펩시코가 맥킨지의 7S 모델을 채택했다.
목적	맥킨지 분석 전문가 톰 피터스와 로버트 워터먼이 기업들을 체계화하고 직원들의 근로 의욕을 고취하는 완전히 새로운 시스템을 고안한 것.
장소	뮌헨에 있는 지멘스 본사와 뉴욕 퍼처스에 위치한 펩시콘 글로벌 본사.
때	1979년 11월

매일 밤, 성인 인구 약 10명 중 1명은 잠에서 깨어나 이메일을 확인한다. 밤새 잠에서 깨는 일 없이 아침까지 푹 자고 난 사람 중 절반은 아침식사보다 업무용 이메일을 확인하는 데 더 많은 시간을 할애한다. 그러니 하루종일 한 시간에 한 번씩 이메일을 확인하는 사람이 70퍼센트, 10분에 한 번씩 이메일을 확인하는 사람이 10퍼센트라는 사실은 별로 놀랍지도 않다.[1] 우리가 이런 통계 수치에도 놀라지 않는다는 사실 자체가 일이 우리의 삶에 얼마나 깊숙이 파고들었는지 알려주는 증거이다.

일과 개인 시간 간의 경계가 점점 사라지고 있다. 뉴욕대 스턴경영대학원 교수이자 『멈추지 못하는 사람들』의 저자인 애덤 알터는 주말이나 휴가, 자녀의 운동회 날에도 이메일을 확인하는 등 업무에서 벗어나지 못하는 태도가 역설적이게도 우리의 업무 생산성을 떨어뜨린다고 설명한다. 알터는 미국의 비즈니스 전문 온라인 매체 비즈니스 인사이더와의 인터뷰에서 "우리는 이메일이 도착한 지 6초 만에 이메일을 확인한다"라며 "정말 충격적인 숫자"라고 덧붙였다.

이 같은 숫자가 충격적인 이유는 이메일이 우리의 두뇌를 혼란스럽게 만들고 이메일을 수신하기 전에 하고 있던 업무에 집중하지 못하게 만들기 때문이다. 그는 "이메일을 확인하기 이전과 같은 생산성의 상태로 되돌아가려면 25분이 걸린다"라고 이야기한다.[2]

일이 소중한 수면 시간을 방해하도록 내버려두면 우리의 건강이 장기적으로 영향을 받을 수밖에 없다. 휴대전화에서 뿜어져나오는 푸른색 불빛은 수면 호르몬인 멜라닌의 작용을 방해해 우리 뇌가 밤을 낮으로 착각하게 만든다. 침대에 누워 휴대전화를 만지작거리고 이메일을 사용하면 업무 기억이 활성화돼 '적극적으로' 얕은 잠을 자는 상태가 되어버린다. 기술로 인해 뇌가 경계성 불안의 상태에 빠져 언제든 깨어날 태세를 갖추는 셈이다. 이는 곧 잠들었을 때조차 우리가 진정으로 일에서 벗어나지 못한다는 뜻이다. 전체 성인 인구 중 75퍼센트가 밤에 충분한 휴식을 취하지 못하며, 그런 탓에 우리는 지칠 대로 지친 상태로 잠에서 깨어난다. 수면 부족이 계속되면 고혈압, 심장병 및 당뇨 발생 위험 증가, 불안, 우울증 등 좀더 심각한 결과가 뒤따를 수 있으며, 심지어 생식력이 약해질 수도 있다.

일은 행복을 결정짓는 핵심 요소이다. 로마 철학자 세네카는 행복의 기반이 되는 세 가지 요소로 일, 가정, 사랑을 꼽았다. 세네카는 조금이라도 행복하려면 이중에서 적어도 두 가지를 갖고 있어야 한다고 이야기했다. 하지만 많은 사람들의 삶을 떠올려보면 일은 이 세 가지 모두와 연결돼 있다. 일은 우리에게 살아가기 위한 돈을 제공하며 진짜 가정과는 다른 또하나의 집을 만들어낸다. 우리는 그곳에서 진짜 가족과 함께 보내는 것보다 더 오랜 시간을 동료들과 함께 보내기도 한다. 또한 일은 성취감과 목적의식을 갖게 해준다. 산업화 이전에는 사람을 정의하는 것이 출신지였지만 이제는 일이 그 역할을 대신하고 있다.

그렇다면 일은 어떻게 우리를 정의하게 되었을까?

효율성의 발명

1888년, 뉴욕 어번에서 귀금속 상인 윌러드 르그랑드 번디가 시간기록계를 발명했다. 번디 시계는 단순히 시간을 알려주는 장치가 아니라 직원들이 정확한 출퇴근 시간을 입력할 수 있도록, 다시 말해서 들어오고 나가는 시간을 '기록'할 수 있도록 해주는 장치였다.

이전의 시간기록계와 달리 번디가 선보인 시간기록계는 각 직원에게 개별 키를 할당해 한 사람이 여러 장의 카드를 찍어 시스템을 조작하지 못하도록 원천 봉쇄했다. 하지만 이런 것이 필요한 이유를 이해하려면, 다시 말해서 고용주들이 메우고 싶어한 틈새를 선지자가 아닌 귀금속 판매상 번디가 메우게 된 이유를 이해하려면 10년을 거슬러올라가 프레더릭 윈즐로 테일러에 대해서 알아봐야 한다.

1878년, 부유한 가문에서 태어나 하버드대학 법학과에 입학한 테일러는 학교를 자퇴하고 필라델피아에 위치한 미드베일 제철소의 기계공이 되었다. 그의 열의 덕에 (그리고 그의 가문이 제철소 소유주와 긴밀한 관계를 맺고 있었던 덕에) 테일러는 짧은 시간 안에 기계공에서 중간급 관리자로 승진했다. 그러던 어느 날 테일러는 한 가지 계획을 세워서 상사들을 찾아갔다.[3]

동료들이 기대만큼 열심히 일하지 않는다는 사실을 깨달은 테일러는 효율성을 극대화하기 위해, 작업량을 '과학적으로 평가'하는 방법을 제안했다. 이를 통해 게으름뱅이를 걸러낼 수 있었다. 테일러는 이후 6개월 동안 클립보드를 하나 들고 눈썹이 휘날리게 강철 작업대를 이리저리 오가며 필요한 내용을 기록하고 스톱워치를 이용해 근로자들의 생산성을 측정했다. 미드베일 경영진은 테일러가 찾아낸 결과에 깊이 감명받았다. 테일러는 이후에 '시간 동작 연구'로 명칭이 바뀐 '시간 연구', 즉 최적의 교대 시간과 휴식 시간을 정확하게 산출한 결과를 제공했다. 테일러는 심지어 가장 효율적인 삽 사용법도 분석했다. 그는 화장실 이용 시간의 효율성을 평가하는 등 근로자들의 모든 업무를 법의학적으로 상세한 수준까지 분석했다. 그러나 테일러의 방식에는 단 하나의 문제가 있었다. 바로 그가 데이터를 위조했다는 사실이었다. 테일러는 자신이 찾아낸 결과에 '과학적인' 신빙성을 부여하기 위해 밤이 늦도록 차트를 작성했다.[4]

테일러는 현재 '과학적 관리법'을 개발한 공로를 널리 인정받고 있다. 하지만 미드베일 제철소에서 그는 "고객이 듣고 싶어하는 이야기를 하라"라는 경영컨설팅 첫번째 원칙을 이미 적용했었다. 테일러는 미드베일 경영진이 비용 효율성을 높이는 데 관심이 많다는 사실을 잘 알고 있었다. 그것이 애당초 미드베일이 테일러를 고용한 진짜 이유이기도 했다. 테일러는 몇 달간 '과학적인' 평가를 진행한 후 미드베일 경영진에게 그들이 바랐던 효율성을 내놓았다. 그들의 목표와 다른 결론을 내놓았다면, 미드베일 경영진은 과연 그의 이야기에 귀를 기울였을까? 테일러의 이야기가 지금껏 사람들의 입에 오르내릴까?

테일러의 진정한 재능은 과학을 이용해 이미 실행중인 계획을 정당화하는 데 있었다. 하지만 무엇보다 중요한 점은 연구를 통해 도출해낸 결론이 과학적이라고 주장함으로써 경영진이 근로자가 반박할 수 없는 근거를 갖게 되었다는 사실이다. 경영진이 전문가를 비난하면, 전문가는 다시 과학을 근거로 내밀 수 있었다. 더이상 인간이 아닌 신처럼 객관적이고 절대적인 데이터가 결정을 내리는 것처럼 보여졌다.

데이터 위조에도 불구하고 그는 여전히 과학 경영의 초석을 마련한 사람으로 널리 여겨진다. 그가 고안한 혁명적인 접근 방법은 무작위적이고 서로 다른 형태처럼 보이는 여러 업무에서 패턴을 찾아내 하나의 상위 '시스템' 아래에 놓아둔 것이었다. 일을 바라보는 완전히 새롭고 혁신적인 방식이었다. 물론 좀더 효율적인 경영 방법을 찾는 기업에게도 매우 솔깃한 방식이기도 했다.

미드베일 제철소에서 대성공을 거둔 테일러는 천재로 여겨졌으며 세계 최초의 경영 구루가 되었다. 보스턴의 저명한 변호사 루이스 브랜다이스와의 우정 역시 테일러가 이 같은 명성을 얻는 데 한몫했다. 테일러의 저서 『과학적 관리법』[5]은 베스트셀러가 되었고, 그는 1911년에 미국 전역을 돌며 강연장을 꽉 메운 청중 앞에서 자신이 찾아낸 효율성의 과학을 소개하고 이 발견이 세상을 어떻게 바꿔놓을지 설명했다.

사람들은 테일러의 주장을 열렬히 환영했다. 과학은 무엇이든 해결할 수 있는 것처럼 보였다. 1886년, 찰스 다윈은 과학을 이용해 진화를 설명했고, 프로이트는 과학을 이용해 인간의 무의식을 설명했다. 테일러도 그들의 선례를 좇았다.[6] 석탄, 은행, 철도 등 미국의 모든 산업이 그의 전문적인 조언을 구하기 위해 그의 집 앞에 줄을 섰다. 그는 미국에서 가장 부유한 백만장자 중 한 사람이 되었다.

1913년, 테일러는 미국 정부의 요청으로 미국의 국익에 도움이 되는 방식으로 자신의 아이디어를 실행할 방법을 소개했다. 사실 시어도어 루스벨트 대통령은 1908년에 백악관에서 열린 첫번째 주지사 회의 연설에서 "천연자원 보존은 국가적인 효율성이라는 좀더 커다란 문제의 예비 단계일 뿐"이라고 명명했을 때부터 이미 테일러에게 많은 관심을 갖고 있었다.[7] 정부와 컨설팅 딜을 맺었더라면 테일러는 권력의 정점에 올라서서 훨씬 많은 돈을 벌어들일 수 있었을 테다. 하지만 1915년, 테일러는 갑작스레 죽음을 맞이했다. 그는 자신의 원대한 '과학적 관리법'이 세계를 장악하는 모습을 보지 못했다. 실제로 그런 일이 벌어졌지만 말이다.

피터 드러커: 보살피는 기업

1950년대에 오스트리아 사회학자 피터 드러커는 미국으로 이주해 경영 컨설턴트로 변신했다. 드러커는 대기업의 사고방식을 변화시키고자 했다. 19세기 이후 대다수의 기업들은 사회학자 막스 베버가 설계한 기업 모델을 채택했다. 막스 베버는 기업을 일종의 프로이센 군대처럼 여겼고, 그의 기업 모델에서는 CEO가 장군처럼 행동하며 조직 전체가 계급과 규율에 따라 움직여야 했다.[8]

드러커는 새로운 부류의 리더가 필요하며, 좀더 친절하고 온정주의적인 리더가 회사를 운영해야 생산성이 높아진다고 믿었다. 직원들의 장기적인 직업적 관심사에 신경을 쓰고, 토요일마다 직원들과 함께 골프를 치며, 동료들보다 우위에 설 수 있도록 도와주는 그런 아버지 같은 인물 말이다.

1950년대 말에 나의 아버지가 발을 내디뎠던 사회가 바로 이랬다. 그의 아버지이자 나의 할아버지는 1930년대에 임시 일자리를 찾아 런던으로 온 코르시카 출신 이민자였다. 첼로를 연주할 줄 알았던 할아버지는 카페에서 연주하는 일을 시작했다. 매일 밤 다른 카페에서 연주했던 할아버지는 현금으로 급료를 받았다. 하지만 다음날에도 일거리가 있을지 장담할 수 없었다. 그의 삶은 칼날 위에 서 있는 듯 아슬아슬했고, 그의 가족의 삶 역시 다르지 않았다.

아버지가 사회생활을 시작했던 1950년대에는 노동의 세계가 이전과는 달라져 있었다. 할아버지와 달리 내 아버지는 풀타임 일자리를 얻을 수 있었다. 아버지는 30년 동안 오직 한 곳, 런던 의회에서 일했다. 할아버지와 달리 내 아버지는 매달 말에 정해진 금액의 월급을 받았다. 아버지는 첼로를 들고 다니며 푼돈을 벌러 다닐 필요가 없었다. 아버지의 눈앞에는 앞으로 따라갈 진로가 펼쳐져 있었고, 그 끝에는 연금도 준비돼 있었다.

하지만 테일러가 고안한 과학적 효율성이 그랬듯 내 아버지가 누렸던 안정성 역시 경영 개념에서 비롯되었다. '보살피는 기업'이라는 말이 기업이 금전적인 목표 달성에 그만큼 관심을 덜 갖는다는 의미는 아니었다. 온정주의적인 태도가 금전적인 목표 달성에 더욱 도움이 될 수도 있었다. 드러커는 직장을 둘러싼 새로운 '과학', 즉 관리자는 여전히 신과 같은 힘을 갖고 있지만 효율성이라는 채찍 대신 심리적인 강압을 이용해 결과를 얻어내는 방식을 지지했다.

기업들은 드러커가 제안한 심리적 강압 전략을 활용해 남자 직원들의 아내들에게 편지를 쓰곤 했다. 예를 들면, 스탠리라는 직원의 아내에게 스탠리가 충분히 열심히 일하지 않은 탓에 올해는 보너스를 받지 못하게 되었다고 알려주는 것이다. 편지를 받은 스탠리의 아내는 자신 역시 새로운 모피 코트를 얻을 수 없다는 사실을 깨닫는다. 드러커는 이런 식으로 통제되는 환경 속에서 남자 직원의 아내가 회사의 첩보원 역할을 하는 모습을 상상했다. 드러커는 직원이 상사의 요구보다는 아내가 하는 말에 훨씬 더 귀를 기울일 것으로 판단했다.

이런 온정주의적인 기업은 직원을 전혀 보살피지 않았다. 사실 온정주의적인 기업은 하나의 종합 시스템이었다. 회사는 만물을 꿰뚫어보며 회사에서 어떤 일이 벌어질지 결정할 뿐 아니라 더욱 열심히 일하도록 직원을 부추기기 위해 가족도 이용했다. 회사는 가정생활 속으로 서서히 파고들었다. 스탠리의 아내가 퇴근한 남편에게 술을 한잔 따라주면서 자신이 왜 남편의 상사로부터 그런 힐난조의 편지를 받게 되었는지 묻는다면 스탠리는 계속해서 압박감을 느낄 수밖에 없다.

그러던 중 드러커의 세상을 무너뜨리고 효율성에 첨예한 관심이 쏟아지게 만든 사건이 벌어졌다. 1973년, 석유수출국기구의 유가 인상에서 비롯된 석유파동으로 인해 세계경제가 불황에 빠졌다. 갑자기 기업들이 신규 사업 진출이 아닌 내부 비용 감축을 통한 이윤 창출을 추구하기 시작했다. 수백만 명의 사람들에게 안정성과 번영이라는 역사적인 순간을 안겨주었던 전후 호황기가 끝나고 말았다. 내 할아버지가 견뎌냈던 불안정하고 위태로운 세상이 다시 극적으로 되살아나 머지않아 내 아버지의 직장을 집어삼키고 언젠가 내가 동참해야 할 노동 세상을 정의하기 직전이었다.

머지않아 기폭제가 나타났다. 1980년 어느 날 아침, 아버지는 출근하자마자 이상한 광경을 목격했다. 한 번도 본 적 없는 사내들이 아버지가 '윌러비 정장'이라고 묘사한 옷을 입고 한 층을 통째로 점령한 채 메모지를 들고 각 부서를 돌아다니며 사람들에게 어떤 일을 하는지 물었다. 그로부터 3개월이 지나자 정리해고가 시작됐다.

윌러비 정장을 입고 나타난 사내들은 '경영컨설턴트'였으며 어느 모로 보나 테일러만큼 설득력 있는 새로운 효율성의 '과학'을 이용해 노동 세상을 능률화할 참이었다. 당시 이들이 추종하던 두 구루는 톰 피터스와 로버트 워터먼이었다. 피터스와 워터먼은 세상에서 가장 독창적이고 영향력 있는 경영컨설팅 회사 맥킨지의 떠오르는 스타였다. 회사에 출근해 낯선 사내들과 마주쳤던 1980년 그날, 아버지는 메모지를 들고 다니는 그 사내들이 피터스와 워터먼이 개발한 새로운 비즈니스 모델을 따르고 있다는 사실을 알 리 없었다.

그 비즈니스 모델은 바로 7S 모델이었다. 7S 모델은 놀랄 만한 작품이었다. 피터스와 워터먼은 미래의 성공적인 비즈니스 모델은 유연성 없고 계급을 강조하는 피라미드식 관리 체계가 아니라 복합 분자의 형태를 띨 것이라고 주장했다.[9] 분자구조로 이루어진 비즈니스는 하나의 별자리를 이루는 별처럼 '모두 완벽하게 맞물리는 7개의 요소'를 갖고 있어야 한다는 것이 그들의 주장이었다. 7S 모델을 구성하는 7개의 핵심 요소는 '전략strategy, 스킬skill, 조직 구조structure, 시스템system, 스타일style, 구성원staff, 그리고 그 중심에 위치한 상위 목표superordinate goal(혹은 공유 가치shared value)'로 모두 영어 알파벳 s로 시작한다. 상사의 역할은 '직접 발로 뛰며walk around' 사소한 부분까지 챙기고 확인하는 것이었다. 7S모델의 현장 경영은 '직접 발로 뛰어다니며 관리한다'라는 뜻의 영어 표현 'Management by Walking Around'의 머리글자를 따 MBWA라고 불렀다.[10]

부드러운 카펫이 깔린 팬옵티콘(18세기에 영국 철학자 벤담이 제안한 죄수 감시에 효과적인 원형 감옥-옮긴이)은 새로운 것이 아니었다. 드러커가 제안한 기업 모델 역시 직원들의 일거수일투족을 감시했다. 하지만 피터스와 워터먼의 접근 방법은 직원들의 사고방식 자체를 바꿔놓는 이전에 없던 방식이었다. 그들은 앞으로 펼쳐질 격동의 시대에는 생산적이지 못한 직원은 회사를 나가야 한다고 주장했다.

피터스와 워터먼: 7S 모델과 초우량 기업의 조건

맥킨지는 영감을 얻기 위해 일본에 관심을 기울였다. 토요타나 도시바의 일본 직원들은 매일 아침 구내식당이 위치한 층에서 무릎을 꿇고 앉아 수익성을 높여달라고 기도한다. 일본의 직장 숭배는 극단적이었다. 직원들이 책상 앞에서 탈진해서 사망하는 경우가 자주 있었다. 너무도 흔해서 일본인들이 '과로사'라는 단어를 만들어냈을 정도였다. 도쿄 외곽에는 스트레스에 지칠 대로 지친 직원들이 목을 매러 가는 '자살의 숲'이 있다.

1970년대 말, 일본은 경제 기적을 이뤘고 세계는 일본으로부터 교훈을 얻으려고 혈안이 돼 있었다. 피터스와 워터먼도 다른 사람들처럼 일본의 성공에 경외심을 느꼈으며 일본의 성공 공식을 모방하려고 애썼다. 그들은 일본의 조직 문화를 통째로 서구 기업에 옮겨놓을 수 없다는 사실을 잘 알고 있었지만 일부라도 모방할 수 있을지 궁금해했다.

서구 직장인들은 일본인들과는 완전히 다른 사고방식을 갖고 있었다. 서구인들의 자존감에 영향을 미친 것은 자신의 정체성을 회사나 국가에서 찾는 방식이 아니라 로크와 데카르트, 그리고 계몽운동이었다. 순종적인 집단주의가 일본인들의 마음속에 깊이 뿌리내리고 있는 것처럼 서구인들의 마음속에는 개인주의가 깊이 뿌리내리고 있다. 하지만 피터스와 워터먼은 서구에서 통할 만한 계획을 세웠다. 두 사람은 일본인들의 직장 숭배 정신을 강조하는 대신 그들이 일에 헌신하는 태도가 '창의적'이며 '성취감을 준다'라고 홍보할 생각이었다. 직원들이 업무를 통해 성취감을 느끼면 회사가 강조하는 정신을 그대로 받아들일 가능성이 컸다. 상의하달 방식의 지시 없이도 이런 문화가 자연스럽게 발전해나갈 것이 틀림없었다.

가장 먼저 해야 할 일은 회사 업무가 9시부터 5시까지 이어지는 힘들고 고된 일이라는 인식을 바꾸는 것이었다. 일은 '보람 있는' 것이라는 생각을 심어줄 필요가 있었다. 더이상 5시에 퇴근하기만을 기다리는 것이 일의 목표가 되어서는 안 되고 주어진 과제를 완수하는 것 자체가 일의 목표가 돼야 했다. 직원들은 더이상 자신을 단순한 피고용인으로 여기지 않고 자기 자신에게 스스로 동기를 부여하는 자율적인 중간 사장처럼 굴어야 했다. 뿐만 아니라 직원들은 스스로를 프리랜서처럼 생각하면서도 조직 문화를 여전히 따라야만 했다.

피터스와 워터먼이 제안한 새로운 경영 접근 방법의 목표는 사무실에 제2의 가정 같은 '즐거운' 환경을 조성하는 일이었다. 줄지어 늘어선 딱딱한 책상이 사라지고 개방적인 구조와 안락한 공용 공간이 생겨났다. 가정과 직장의 경계를 무너뜨리고 업무 환경을 더욱 쾌적하게 만들자 직원들은 회사에서 좀더 오랫동안 일하고 싶어했다.

요즘은 대부분의 유명 브랜드에서 직원들의 높은 충성심을 엿볼 수 있다. 최근 세계에서 가장 빠른 속도로 성장중인 한 음료 회사를 방문한 적이 있다. 사무실 바닥에 깔린 선명한 인조 잔디와 하얀색 가짜 울타리, 중역 회의실을 가리키는 시골풍의 표지판을 보고 있으려니 일부러 유별나게 꾸며놓은 듯한 느낌이 들었다. 매주 월요일 아침에는 앞으로 한 주 동안 직원들이 열심히 일하도록 동기를 부여할 수 있는 팀워크 계발 행사를 진행하며 말도 안 되는 게임을 하고 상품을 나눠준다. 이 회사는 영리하게도 직원들의 충성심을 높이는 데 도움이 되는 요소를 업무 환경의 일부로 만들었다. 벽에 붙여둔 커다란 붉은 스위치를 이용해 직원들에게 '컴퓨터를 끌 때가 됐다'라는 사실을 상기시키고, '가정'을 가리키는 화살표를 이용해 일과 삶의 균형을 깨뜨리지 말라고 장려하는 식이었다. 하지만 모든 회사가 이런 균형을 제대로 조절하지는 못한다.

최근, 런던에서 영화관에 들어가려고 기다리는데 기업들이 빌려서 사용하는 근처의 대규모 회의장에서 행복감에 들뜬 비명과 큰 소리가 들려왔다. 문틈 사이로 슬쩍 안을 들여다보았더니 유명한 커피 브랜드가 올해의 직원을 뽑는 연례행사를 진행하고 있었다. 영국 전역에서 활동하는 바리스타들이 하루의 시간을 투자해 런던에 모여 바리스타라는 직업이 자신에게 어떤 의미가 있는지 동료들과 대화를 나누고 있었다.

똑같은 보라색 유니폼을 입은 남자와 여자들이 신이 나서 무대로 달려가 마이크 앞에 서는 모습을 감탄하며 바라봤다. "안녕하세요. 저는 이탈리아에서 온 마리오입니다." (박수) "저는 그냥 우리 팀과 이제 2년째 함께 일하고 있으며 여러분이 곧 제 인생이라는 말을 하고 싶습니다!" (함성과 고함) 마리오의 머리 위에는 의기양양하게 부풀어오른 거품이 가득한 거대한 커피 컵 로고가 매달려 있었다.

브랜드가 클수록 충성심도 커지고 비밀도 커진다. 어느 식품업계 분석가는 식품업계 컨벤션에 참여할 때마다 한 무리의 사람들이 마치 남들이 알지 못하는 무언가를 알고 있기라도 한 듯 다른 사람들과 떨어져 초연하게 서 있다며, 맥도날드 직원들이 바로 그들이라고 했다.

샌프란시스코 현지 주민들은 구글이 직원들에게 멋진 저녁 시간을 선물하기 위해 운영하는 '구글 버스'를 종종 본다. 마운틴 뷰 캠퍼스에서 일하는 구글 직원들은 버스를 타고 시내로 이동해 레스토랑에서 식사하거나 단체로 영화를 관람한다(행사 며칠 전에 직원들에게 이메일을 돌려 미리 정해진 의견에 따라 행사를 진행한다). 구글 직원들은 구글을 그냥 하나의 회사로 여기는 것이 아니라 이 세상에서 유일하게 중요한 회사라고 생각한다.

이런 회사에서 승진을 위해 노력하는 사람을 붙들고 그들이 회사에 대해 얼마나 비판적인지 물어보면 움찔하고 놀랄 것이다. 회사를 무시하거나 지시를 따르지 않는 것은 금지된 행동이다. 하지만 비판은 자기 홍보를 위한 유용한 도구가 될 수 있다. 숭배받는 기업들은 추종자들의 비판을 '환영'한다. 끊임없는 '목표와 목적의 재평가'가 오늘날 기업들이 공통적으로 사용하는 표현 중 일부이기 때문이다. 물론 비판이 '건설적'이어야 한다는 전제 조건이 있기는 하다.

이제 기술 덕에 회사 내에서 예전에는 상상하기 힘들었을 정도의 화합 환경을 조성할 수 있게 되었다.

보스턴에서 세계 최고의 업무 감시 시스템을 갖춘 사무실 밖에서 들어와도 좋다는 신호를 기다리며 서 있었던 적이 있다. 로비에서 그렉과 토니를 만났다. 나는 이미 그들에게 무언가 이상한 점이 있다는 사실을 알아챘다. 그들은 둘 다 간간이 불빛을 뿜어내는 작은 하얀 상자를 목에 걸고 있었다. 그렉은 그 상자가 '사회성 측정 배지'라고 설명했다. 모든 직원은 회사에 도착하는 순간부터 퇴근할 때까지 하얀 상자를 하나씩 메고 다녀야 한다.

여기는 지구상에서 가장 발전된 형태의 직장 감시 시스템을 보유한 휴머나이즈 사무실이다. 휴머나이즈는 하루종일 직원들의 일거수일투족에 대한 데이터를 수집하고 분석해 직원들에 대한 마이크로 추적 시스템을 한 단계 높은 수준으로 끌어올렸다. 근로자를 완벽하게 감시해 효율성을 끌어올려야 한다는 테일러의 꿈이, 그가 이런 제안을 한 지 한 세기가 지난 후에 마침내 실현되었다.

휴머나이즈가 데이터 수집을 위해 개발한 기기, 그렉과 토니의 목에 걸려 있는 조그마한 하얀색 상자는 그들이 사내에 있는 매 순간 벌어지는 모든 일을 기록한다. 누구에게 말을 거는지, 얼마나 오래 이야기를 나누는지, 이런 만남이 공식적인 '충돌'인지 비공식적인 '충돌'인지, 앉아있지 않고 돌아다니는 시간이 얼마나 되는지, 전화를 얼마나 오래 사용하는지, 인터넷을 얼마나 사용하는지, 회의를 하며 동료들과 협력하는 시간이 얼마나 되는지, 혼자 유리 상자 안에 앉아 있는 시간이 얼마나 되는지 모두 기록한다. 직원들의 목에 걸려 있는 배지는 동료들 간의 미묘한 역학 관계도 감지할 수 있다. 말투를 감지해 대화에 참여한 사람들이 얼마나 지배적인지 혹은 수동적인지, 그중 누가 안건을 통제하는지 평가한다. 다시 말해서, 직원들의 생산성을 한눈에 보여주는 완전한 디지털 데이터 지도를 만들어낸다.

그렉과 토니는 딜로이트, 바클레이즈와 계약을 체결했다고 알려진 휴머나이즈가 직원들에 대한 이 모든 데이터를 수집하면 어떤 일이 벌어지는지 알려주었다. 나는 두 사람과 함께 사방이 유리로 된 방에 앉아 있었다. 그 방에 있는 거대한 스크린에 다양한 분자구조가 나타나더니 모양이 바뀌기 시작했다.

"이것들은 팀의 그룹 역학을 고속으로 처리하는 알고리즘입니다. 지금 페레티 씨가 보고 계신 건 그룹 간 상호작용과 의사소통 경로입니다. 그리고 그런 것들이 얼마나 잘 돌아가고 있는지도 보여줍니다." 3월에는 팀의 움직임이 매우 활발했다. 샌프란시스코에서 일하는 동료들이 보스턴에 와 있었기 때문이다. 그 덕에 휴머나이즈의 두 사무소 사이에 엄청난 양의 '공생' 에너지가 생성되었다. 그러다 4월이 되자 무언가가 잘못됐다. 분자구조가 갑자기 멀어지는 모습을 확인할 수 있었다. 그렉과 토니는 다소 쓸쓸해 보이는 2개의 분자 집단을 연결하는 하나의 오렌지색 점을 노려보았다. 그렉은 "저건 병목 구간"이라고 이야기했고, 토니는 "저 사람이 누구인지 우리는 안다"라고 덧붙였다. 개인 정보 보호 문제 때문에 데이터는 익명으로 수집된다. 각 데이터가 누구와 관련된 것인지 경영진에게 알려주지 않지만 대개 패턴을 보면 각 데이터가 누구의 것인지 알 수 있다.

그렉은 이런 데이터가 생산성에 관한 예기치 못한 패턴을 보여준다고 이야기한다. 가령, 누가 제 몫을 하고 누가 제 몫을 하지 못하는지, 누가 주어진 일을 제대로 하고 누가 그렇지 못한지 보여준다는 뜻이다. 데이터가 차별당한다고 느끼는 직원들에게 권한을 부여할 수도 있다. 적어도 이론적으로는 데이터가 곧 공평한 경쟁의 장을 의미하기 때문이다. 과거에는 사내에서 권력을 쥐고 있는 경영진이 평가 시스템을 조작해 자신의 단점을 감추고 부하 직원에게 잘못을 떠넘길 수 있었지만 이제 그들 역시 다른 사람들과 마찬가지로 철저하게 감시받는다. 숨을 곳이 사라져버렸다.

휴머나이즈에서 일하는 직원들이 맞닥뜨리는 기본 인터페이스는 '개인 대시보드'이다. 직원들은 개인 대시보드를 통해 자신의 데이터에 접근해 어떻게 생산성을 개선해나갈 수 있는지 확인할 수 있다. 결국, 직원들이 개인 데이터 '대시보드'를 통해 자신의 생산성을 직접 감독하고 효율성을 개선하기 위해 애쓰게 만들었다는 점에서 휴머나이즈는 노골적인 팬옵티콘 형태의 기업 모델을 실현했다기보다 자발적으로 동기를 찾는 직원들을 기대했던 피터스와 워터먼의 꿈을 실현했다고 볼 수 있다.

"내가 고백하고 싶은 건 그게 충분치 않았다는 거다"

테일러가 한 세기 전에 미드베일 제철소에서 처음으로 효율성 표를 만들었을 당시에는 이런 기술을 상상하지 못했을 것이다. 역설적이게도 1970년대 말에 테일러가 제안한 효율성의 개념을 한 단계 높은 수준으로 끌어올렸던 두 남자, 피터스와 워터먼은 자신들이 새롭게 선보인 업무 효율성이라는 개념을 지나치게 만연한 테일러리즘(테일러가 고안한 과학적 관리법을 다르게 부르는 말-옮긴이)을 해소하는 방안으로 여겼다.

1979년 11월, 피터스와 워터먼은 대형 기술업체 지멘스를 상대로 7S 모델을 소개하기 위해 독일 뮌헨으로 날아갔다. 그들은 무려 슬라이드 700장짜리 프레젠테이션을 준비했다. 독일인들은 깊이 감명받았고 피터스와 워터먼이 고안한 새로운 노동 이론에 대한 소문이 빠르게 퍼져나 갔다. 7S 모델이 펩시코 제국도 바꿔놓을 수 있을지 궁금했던 펩시코의 CEO 앤디 피어슨과 뉴욕 퍼처스에 위치한 펩시코 글로벌 본사의 중역들은 두 사람에게 만남을 청했다.

지멘스와 펩시코는 피터스와 워터먼이 제안한 7S 모델의 비전에 커다란 감명을 받았다. 두 회사 모두 맥킨지의 시스템을 채택하기로 딜을 했다. 단순히 맥킨지의 경영 아이디어를 활용하고 회사의 장기적인 전략계획을 수립하기 위해 협력하는 차원을 넘어서서 7S 철학을 마음에 새기겠다는 뜻이었다. 지금까지도 지멘스와 펩시코는 7S 모델을 조직 구조 및 비즈니스 전략의 원형으로 삼고 있다. 스타벅스에서부터 삼성, 인디아스테이트뱅크에 이르기까지 세계 곳곳의 다양한 업계에서 활동하는 수백 개 기업이 맥킨지의 7S 모델을 채택하고 있다. 그 이유를 헤아리기는 그리 어렵지 않다.

피터스와 워터먼은 간단하게 대기업의 조직 구조는 너무 경직돼 있어서 혁신을 감당하지 못한다고 이야기한다. "구조는 조직이 아닙니다." 1980년 6월, 피터스는 월스트리트 저널에 「기획 페티시」라는 제목의 논평을 기고했다. 그는 논평에서 '전략'이라는 개념 전체를 본질적으로 결함이 있는 것으로 치부했다. 기업이 전략을 제시하고 이 계획이 조직이라는 톱니바퀴를 힘겹게 통과할 무렵이 되면 이미 시대에 뒤떨어진 것이 되어버린다. 7S 모델은 개인에게 좀더 커다란 자율성을 부여한다. 개개인은 하나의 조타실에서 배 전체의 방향을 돌리는 기업보다 훨씬 빠른 속도로 기업의 항로를 조정할 수 있다.

알려진 바에 의하면, 맥킨지 내부에서도 피터스와 워터먼이 제안한 혁신적인 접근 방법을 못마땅하게 여긴 사람들이 있었다. 맥킨지 뉴욕 사무소 소장 마이크 벌킨은 피터스의 월스트리트 저널 논평을 맥킨지에 대한 '가차없는 공격'이라고 받아들인 것으로 알려졌다. 논평이 지지하는 7S 모델과 달리 맥킨지는 직접 고안한 '기획'을 대기업에 판매하는 방식을 토대로 비즈니스 모델을 구축해왔기 때문이다. 피터스와 워터먼은 사실상 맥킨지의 눈앞에서 맥킨지의 규칙이 가득 담긴 책을 찢어버리고 있었다. 물론 그런 일을 하는 두 사람에게 월급을 주는 곳도 맥킨지였다.

하지만 기업들은 7S 모델을 덥석 받아들였다. 비즈니스에 대한 사고방식이 철학적으로 대거 달라진 것처럼 보였기 때문이다. 피터스는 이렇게 말했다. "어떤 물건의 사진은 진짜 그 물건이 아니며, 조직 구조가 곧 조직은 아니다." 마찬가지로, 사람들이 생각하는 회사가 돌아가는 방식이 곧 회사가 실제로 돌아가는 방식은 아니다.

피터스와 워터먼은 지멘스와 펩시코를 위해 준비한 7개의 논점으로 구성된 프레젠테이션을 『초우량 기업의 조건』이라는 책에 담아냈다. 책은 비즈니스 분야 역대 최고의 베스트셀러가 되었고, 피터스와 워터먼은 맥킨지를 떠나는 데 합의했다. 피터스와 워터먼, 그리고 맥킨지는 책을 통해서 벌어들인 수익을 50대 50으로 나누고, 7S 모델의 소유권은 맥킨지가 갖는 데 합의했다. 가히 혁명적이라 할 만한 두 사람의 아이디어는 맥킨지의 정통적인 신념이 되어버렸다.

두 사람이 집필한 책에 등장하는 개념들이 시류와 완벽하게 맞아떨어진 이유는 명확했다. 당시 세계경제가 불황에 허덕이는 상황이었던 만큼 『초우량 기업의 조건』은 기업들에게 그들이 과거에 직원들에게 제공해주었던 약속과 안정성에 대해 다시 생각해볼 기회를 제공해주었다. 좀더 창의적인 자율성을 허락한다는 명분으로 직원들이 '사내 시장'에서 일자리를 지키기 위해 서로 맞서 싸우게 만들 수도 있었다. 직원들은 경쟁력을 키우는 방법을 배우고, 결국 자신을 위해서 일하는 방법을 배우게 됐다. 이렇게 해서 '프리랜서' 사고방식이 탄생했다. 대기업에서 일하더라도 생존을 위해서는 독립적으로 활동하는 자영업자처럼 사고해야만 하는 환경이 조성됐다.

1988년에는 피터스와 워터먼의 철학이 극장으로 옮겨갔다. 영화 〈워킹 걸〉에서 멜라니 그리피스는 시고니 위버가 열연한 교활한 상사 캐서린 파커에게 뛰어난 비즈니스 아이디어를 빼앗기는 비서 테스 맥길을 연기했다. 테스는 출근 첫날, 자신이 가장 아끼는 소지품들을 상자에서 꺼내 책상 위에 올려두는데, 그 소지품 더미 맨 위에는 『초우량 기업의 조건』이 있었다. 테스에게는 생존을 위한 바이블과 같았던 이 책은 청중들에게 그 무엇도 그녀를 막을 수 없을 것이라는 신호를 보냈다. 테스는 승자였다.

영화는 피터스가 맥킨지에서 실제로 겪었던 일을 풍자한 것이기도 했다. 혹은 진정으로 혁신적이고 새로운 아이디어를 가진 탓에 그 아이디어로 인해 기존의 질서에 위협을 느낀 거대 조직과 맞서는 상황에 처한 사람이라면 누구나 맞닥뜨리게 될 일, 즉 불가피한 갈등과 극적인 사건을 그린 영화라고 볼 수도 있다.

나는 보스턴에 위치한 고급 호텔에서 피터스를 만났다. 그는 움직이고 싶어서 안달난 강아지처럼 호텔방으로 껑충껑충 달려들어갔다. 그는 수십 개의 질문을 속사포처럼 쏟아내며 내가 무슨 말을 하건 과장된 반응을 보였다. 내 말에 동의하는가 그렇지 않은가에 따라 좌절감을 분출하며 하늘로 팔을 뻗어올리기도 하고 즐겁게 발을 구르기도 했다. 맥킨지에서 피터스와 함께 일했던 동료의 말처럼 그는 '정말 굉장한 사람'이었다.

피터스는 '모든 성공적인 기업의 핵심 필요조건'을 이해하기 쉽게 표현하기 위해 7S 모델을 만들었다고 이야기했다. 피터스가 이야기하는 핵심적인 필요조건은 전략(기업의 비전과 방향), 구조(경영진과 직원 간의 상호 관계), 시스템(절차와 관례, 정보가 기업을 거쳐가는 방식), 구성원(직원들의 재능, 역할, 주어진 일을 해내는 능력), 스타일(핵심 관리자가 목표를 정하고 행동하는 방식), 스킬(조직의 독특한 역량), 공유 가치(회사의 기틀과 존재의 기반이 되는 핵심 신념)를 아우른다. "7S 모델은 일반적으로 말하는 그런 계획이 아닙니다."

피터스는 7S 모델이 기업의 전반적인 문화를 분석한 것이라고 매우 분명하게 짚고 넘어갔다. 뿐만 아니라, 7S 모델 지지자들은 경영 통찰력을 구성하는 하드hard 요소와 소프트soft 요소를 종합적인 개념으로 통합했다는 데 이 분석 방식의 우수성이 있다고 주장했다. 피터스는 "기업이 7S 모델의 필요조건들을 잘해내건 엉망으로 해내건 어떤 조직도 이것들을 무시할 수는 없다"라고 설명했다.

하지만 세상이 받아들인 메시지는 달랐다. 『초우량 기업의 조건』을 읽

은 사람들은 'S'로 시작하는 각 핵심 필요조건이 아니라 '초우량'이라는
단어를 중요하게 여겼다. 7S 모델을 역사상 가장 성공적인 경영서로 탈
바꿈시킨 것은 '초우량'이라는 브랜드였다. 1980년대 초에 등장한 무자
비한 새로운 비즈니스 문화의 맥락에서 해석해보면, 초우량이라는 말은
곧 개인의 욕구를 강조하고 경쟁을 죽이는 것이었다.

피터스와 워터먼은 서부 연안 지역에서 활동하는 아웃사이더 지식인
이었다. 무정부주의자에 가장 가까운 경영컨설턴트였던 그들은 기존의
경영컨설팅 회사들을 경멸했다. 경영컨설턴트가 대개 '시스템'에 집착했
던 것과 달리 두 사람은 관습을 무너뜨리고 기존의 방식이나 시스템에서
벗어나 '새로운 방식으로 사고하도록' 관리자들을 교육해 프레더릭 윈즐
로 테일러와 피터 드러커로 상징되는 과거의 편협한 경영 사고방식을 깨
부수려고 했다. 하지만 세상은 두 사람의 책을 이런 식으로 받아들이지
않았다. 사람들은 두 사람의 책을 무자비한 생산성 기계를 만들어내기
위한 설명서로 여겼다.

기업들이 『초우량 기업의 조건』을 어떻게 해석했는지 의견을 나누는
자리에서 피터스는 이렇게 이야기했다. "제가 기업의 직원 처우 방식에
관한 법률을 제정할 수는 없습니다. 기업들은 그 책이 있건 없건 노동력
을 합리화하고 좀더 효율성을 높이고 싶어했습니다." 하지만 두 사람의
책은 기업에게 경영의 바이블이나 다름없었다.

그러다가 『초우량 기업의 조건』 출판 20주년이었던 2002년에 피터스
는 미국의 비즈니스 잡지 『패스트 컴퍼니』와의 인터뷰에서 다소 특이하
고 특유의 성격이 고스란히 묻어나는 솔직한 발언을 하며 "그래요. 고백
할게요. 우리가 데이터를 조작했습니다"라고 이야기했다.[11]

『초우량 기업의 조건』은 나중에 생각한 거였습니다. (…) 나는 내가 뭘 하는지도 몰랐습니다. (…) 면밀하게 설계된 업무 계획 같은 건 없었습니다. 내가 증명해야 할 이론 같은 것도 없었습니다. 그냥 돌아다니면서 진짜 똑똑한 사람들과 대화를 나눴습니다. 무제한 출장 경비가 제공됐기 때문에 일등석을 타고 어디로든 날아가 최고급 호텔에 묵을 수 있었습니다. 맥킨지는 내게 미국에서건 전 세계 어느 곳에서건 원하는 대로 무수히 많은 멋진 사람들을 만날 수 있는 권한을 주었습니다.

뭐 어떻습니까? 『초우량 기업의 조건』에서는 (…) 이 무렵부터 세상이 변한다고 (…) 이제는 결코 예전 같은 방식이 통하지 않는다고 이야기합니다. 새롭게 변화하는 세상의 일부가 되려면 반드시 이 책을 읽어야 한다고도 했죠.

우리가 일을 진행한 과정이 완전히 정상적이었을까요? 당연합니다! 상식을 활용하고, 자신의 본능을 믿고, '이상한'(그러니까 통상적이지 않은) 사람들의 관점을 이해하는 데서부터 출발했습니다. 언제나 사실을 증명하는 데 대한 걱정은 나중에 해도 되는 거니까요. 하지만 제가 고백하고 싶은 건 이게 아닙니다. 제가 고백하고 싶은 건 그게 충분치 않았다는 겁니다.

피터스가 지난 40년 동안 노동환경에서 나타난 최고의 개혁이라고 알려진 7S 시스템을 허구라고 이야기하는 까닭은 무엇일까? "모든 것은 훌륭한 포장을 필요로 합니다. 그렇지 않습니까? 7S 모델이 바로 그런 겁니다. 포장을 잘한 거죠. 사람들은 다른 이들로부터 자신이 무엇을 하고 있는지 제대로 안다는 이야기를 듣고 싶어합니다. 하지만 기본 원칙은

옳았습니다. 사람들은 모두 자신의 운명을 지배해야 하거든요. 행간의
의미를 읽어야 합니다. 그게 바로 그 책이 말하려는 겁니다."

"그 회사"

모든 혁명가가 그렇듯 피터스와 워터먼은 스스로를 믿었다. 두 사람은
앞으로 어떤 일이 벌어질지 판단하고 "새롭게 변화하는 세상의 일부가
되려면 반드시 이 책을 읽어야 한다"라는 단순한 주장을 펼쳐 역사에 남
을 만큼 중요한 일을 했다. 그들은 새로운 세상에서 성공하려면 어떻게
행동해야 하는지 보여주는 살아 있는 화신이었다.

석유파동이 휩쓸고 간 후 거대한 불확실성이 세계경제를 뒤덮었던
1970년대에는 과거의 규칙이 더이상 어떤 것에도 적용되지 않는 것처럼
보였다. 과거의 규칙이 적용되지 않는 자리에 등장해 빈자리를 메운 이
들이 경영컨설턴트들이었다. 이들이 그런 역할을 할 수 있었던 것은 피
터스가 이야기했듯이 사람들은 다른 이들로부터 자신이 무엇을 하고 있
는지 제대로 안다는 이야기를 듣고 싶어하기 때문이다. 정부와 경제학자
들은 더이상 자신들의 전문성만으로 경제를 관리하거나 경제가 나아갈
방향을 결정할 수 있다고 확신하지 못하는 듯했다. 이런 공백 속에서 엄
청난 비즈니스 기회가 생겨났다. 점점 피터스와 워터먼이 몸담고 있었던
맥킨지 같은 기업이 막강한 권한을 가진 새로운 세력으로 떠올랐다.

맥킨지는 세상에서 가장 영향력 있는 경영컨설팅 회사였다. 맥킨지는
7S 연구를 추진했고 1990년대 말에는 성공에 관한 대담하고 새로운 통
찰력으로 노동 세상을 또다시 변화시켰다.

구글이 곧 검색 엔진이듯 맥킨지는 곧 '컨설팅' 그 자체다. 구글의 실질적인 권력이 모든 데이터를 통제하고 실제 세계에 적용하는 데서 나오듯 맥킨지의 진정한 권력은 기업에 끼치는 무형의 영향력으로부터 나온다. 맥킨지는 규모를 기준으로 삼는다면 보스턴 컨설팅 그룹, 베인, 프라이스워터하우스쿠퍼스, 딜로이트 등 다른 세계적인 경쟁업체들보다 뒤떨어지는 7위 업체에 불과하지만, 영향력에 있어서는 다른 기업들을 모두 더한 것보다 더 중요한 곳이다.

1960~1970년대에 정치인들을 괴롭혔던 배짱 부족 문제를 해결한 일이 맥킨지가 권세를 잡는 데 어느 정도 도움이 되었다. 1960년대 초, 젊고 야심 있는 정치인들은 '변화'를 향한 열망에 사로잡혀 있었다. '변화'는 케네디를 백악관으로 이끈 단어이기도 했다. 새로운 정치 시대가 열리자 관료체제와 툭하면 훼방을 놓는 공무원으로 이뤄진 정부 조직이 변화에 걸림돌이 되는 것처럼 보이곤 했다. 하지만 맥킨지가 있었다. 기술 중심의 혁명, 즉 '기술의 백열' 덕에 맥킨지 같은 회사에서 컨설턴트로 일하며 번드르르하게 말하고 자신감이 넘치는 새로운 부류의 전문가들이 등장했다. 그들은 전통적인 공무원들보다 훨씬 역동적으로 보였다.

그들은 오랫동안 점심을 먹으며 대화를 나누기보다는 숨이 가쁘게 플립 차트, 그래프 같은 현대적인 경영에 대해 이야기했다. 그들은 흔히 공무원들에게서 관찰되는 관료주의적인 타성에 젖어 있지 않은 효율적이고 독립적인 외부인이었다. 1970년대에는 제럴드 포드 같은 정치인들이 컨설턴트들과 좀더 광범위하게 협력하기 시작했다. 포드의 고문 역할을 했던 딕 체니와 도널드 럼스펠드는 창의적인 컨설턴트가 내놓는 새로운 아이디어가 정치에 새 생명을 불어넣어주기를 바라는 갈망이 사그라지지 않았다고 이야기했다. 결국 외부인들이 내부인이 되는 순간이 찾아왔다.

경쟁 기업들과 직원들이 "그 회사"라고 부르는 맥킨지는 백악관의 전체적인 직원 채용 및 운영에 중요한 역할을 했다.[12] 맥킨지는 정치인들에게 상상할 수 없는 것을 생각해낼 것을 요구했다. 철저하게 개혁할 수 없는 것은 아무것도 없었다. 그 무엇도 신성하게 여겨지지 않았다. 맥킨지는 현재 『포천』 500대 기업에 올라와 있는 100대 기업 중 90곳과 전 세계 수십 개 정부에 '컨설팅'을 제공한다. 과거에 영국과 미국의 첩보 기관인 MI5와 CIA가 스파이를 고용할 때 그랬듯 맥킨지도 옥스퍼드 로즈 장학생과 하버드 베이커 장학생 중에서 신입 사원을 선발한다.

파이낸셜 타임스가 2011년에 이렇게 보도했다. "테이블 포 투의 공동 설립자이자 트위터 일본 법인 전 CEO인 제임스 콘도가 맥킨지에 입사했을 때, 내부자들은 그 회사가 어떤 곳인지 콘도가 이해할 수 있도록 두 가지에 비유했다. 첫번째는 예수회 사람이었고 두번째는 '유명 의상실이나 디자이너들과 달리 항상 전면에 나서지 않는 새빌 거리(런던의 고급 양복점 거리-옮긴이)의 재단사'였다." 다른 경영컨설팅 회사들은 맥킨지를 이름으로 부르지조차 않았다. 그들은 맥킨지를 간단하게 '그 회사'라고 불렀다.[13, 14]

피터스와 워터먼이 7S 시스템을 이용해 업무 현장에 대변혁을 일으킨 지 15년이 흐른 1997년, 맥킨지는 인재 전쟁이라는 새로운 아이디어로 업무 현장을 다시 대거 변화시키기로 마음먹었다.

맥킨지의 에드 마이클스, 헬렌 핸드필드-존스, 베스 액슬로드는 다양한 산업에서 77개의 성공적인 미국 기업을 관찰한 끝에 인재 공급이 충분하지 않다는 놀라운 사실을 알아냈다. 맥킨지의 설문 조사에 응한 경영진 중 자사가 최고의 직원을 확보했다고 생각하는 사람은 23퍼센트에 불과했다.

마이클스와 핸드필드-존스, 액슬로드는 인재가 필수라고 이야기했다. 기업은 최고의 인재를 고용해 최고의 급여를 지급하지 못하면 살아남을 수가 없다.[15] 경제 상황이 좋을 때는 실력이 뛰어나지 않더라도 한동안 그 같은 사실을 숨길 수 있을지 모른다. 하지만 언젠가는 결국 상황이 나빠질 수밖에 없고 이런 순간이 되면 기업은 최고의 인재를 필요로 한다. 마이클스와 핸드필드-존스, 액슬로드는 이런 인재들에게는 무제한의 자유가 허용돼야 한다고 이야기했다.

엔론과의 관계

2002년에 월스트리트 저널에 실린 기사에 의하면, 미국의 천연가스 기업 엔론은 무슨 수를 써서라도 이기겠다는 사명을 띤 매우 호전적이고 공격적인 기업을 위한 훌륭한 본보기였다. 월스트리트 저널은 같은 해 8월에 공개한 엔론의 조직 문화에 관한 후속 기사에서 이렇게 적었다. "CFO 앤드루 패스토우는 엔론의 기업 이념이 적힌 아크릴 정육면체를 책상에 올려두었다. 그중 하나는 의사소통이었고 정육면체에는 그 의미도 적혀 있었다. 엔론이 '당신 얼굴을 뜯어버릴 것'이라고 이야기할 때는 있는 그대로 '당신 얼굴을 뜯어버릴 것'이라고 이야기했다."

숫자만 보면 엔론의 전략은 옳은 것처럼 보였다. 2000년에 공개한 연례보고서에서 엔론은 '믿기 힘든 성공'을 자랑하며 이렇게 적었다. "실제 에너지 배송이 무려 59퍼센트나 증가했다. (…) 우리 회사 에너지 소매 사업 부문은 그 어떤 해보다 큰 금액의 총 계약을 따냈다." 엔론은 "2000년에는 13억 달러의 순수익을 기록했다"라고 이야기했다.[16]

엔론과 맥킨지의 관계를 파헤쳐 가디언에 글을 기고한 제이미 다워드는 엔론에서는 『초우량 기업의 조건』과 『인재 전쟁』이 바이블로 여겨졌다고 지적했다. 엔론이 에너지 소매 사업 부문에서 괄목할 만한 성장을 거둘 수 있었던 이유는 상당 부분 맥킨지에서 21년 동안 컨설턴트로 일했던 제프리 스킬링 덕분이었다.

1980년대 중반, 맥킨지와 스킬링은 선물 계약을 이용하면 가스 가격을 진정시킬 수 있다고 조언했다.[17] 스킬링이 CEO로 재직했던 1990년대 중반, 엔론은 20건이 넘는 맥킨지 보고서를 비롯해 자문을 받는 대가로 맥킨지에 매년 1000만 달러를 지급했다. 두 회사는 공생 관계를 갖고 있었다. 맥킨지의 파트너 리처드 포스터는 엔론의 고위급 중역과 인터뷰한 내용을 세라 캐플런과 공동 집필한 『창조적 파괴』에 소개해 엔론이 베푼 은혜를 갚았다. 인터뷰에서 엔론의 고위급 중역은 자랑스레 이야기했다. "저희는 매우 똑똑한 사람들을 고용합니다. 그리고 그들에게 스스로 받을 만하다고 생각하는 금액보다 많은 돈을 줍니다."

2001년 10월, 엔론은 파괴적인 몰락을 맞이했다. 미국 비즈니스 역사상 단일 기업이 가장 극적으로 무너져내린 사건이었다.[18]

엔론은 맥킨지가 제안한 '인재 전쟁'이라는 개념을 가슴 깊이 새겼었다. 전문지식은 거의, 혹은 아예 갖추지 못했지만 현란하고 빠르게 떠들어대는 중역들이 단숨에 승진 가도를 달렸고, 이들은 엄청난 규모의 수입 결정을 내리곤 했다. 엔론이 이들에게 커다란 권한을 주었던 이유는 이들이 자신이 무엇을 하고 있는지 제대로 알고 있는 것처럼 보였기 때

문이다. 런던경영대학원 줄리안 버킨쇼 전략·기업가 정신 교수는 이들
이 제아무리 맥킨지나 하버드 경영대학원을 갓 졸업했다 하더라도 수백
만 달러 규모의 의사결정을 내리는 데 필요한 현장 비즈니스 경험을 반
드시 갖췄다고 볼 수는 없다고 이야기한다. "이처럼 경험은 부족하지만
제멋대로인 신입 사원들에게 엔론은 마음대로 주무를 수 있는 모래놀이
상자나 다름없었다." 엔론은 책임감 있는 기업의 탈을 쓴 완전한 혼란의
도가니였다. 하지만 이 같은 혼란의 중심에 있었던 것은 인재를 중시해
야 한다는 원칙이었다. 맥킨지의 리처드 포스터는 이를 '창조적인 파괴'
라고 불렀다. 맹목적으로 '창조성'을 좇던 엔론은 자사의 '파괴'를 초래하
고 말았다.

맥킨지에도 어느 정도 엔론과 함께 프랑켄슈타인의 괴물을 자유롭게
풀어준 책임이 있다. 전 엔론 직원 존 알라리오는 맥킨지가 엔론의 비현
실적인 야망의 고삐를 죄려고 노력했지만 거의 성공하지 못했다고 이야
기한다. "통신망 사업 부서를 처음 설립하는 데 맥킨지가 커다란 기여를
했다는 이야기를 들었습니다. 하지만 일단 사업이 활기를 찾자 엔론 경
영진의 지시대로 사업이 흘러갔을 뿐 맥킨지의 아이디어는 대부분 무시
당했습니다. 어쩌면 엔론은 맥킨지가 듣고 싶은 말을 했을 때만 귀를 기
울인 건지도 모릅니다."

엔론에서 벌어졌던 '인재 전쟁'이 우리에게 주는 교훈은 특출나게 '뛰
어난 인재'들이 주장하는 바를 대폭 에누리해서 들어야 한다는 것이다.
보상을 받아야 할 사람은 '인재'가 아니라 자신의 직책에 호들갑스러운
문구를 붙이지 않고 조용히 맡은 일을 매우 잘해내는 사람이다. 하지만
2000년대 초에는 비단 엔론에서뿐 아니라 재계 전반에서 '인재'가 신비

한 효능을 가진 묘약처럼 떠올랐다. 인재를 중시하는 분위기가 가장 두드러졌던 곳은 기업들에 어떻게 비즈니스를 꾸려가야 할지 알려주는 독특한 위치에 서 있었던 경영컨설팅업계 그 자체였다. 하지만 기업을 꾸려나가는 사람들은 어쩌면 자신들이 무엇을 하고 있는지 이미 잘 알고 있는지도 모른다.

죽음의 계곡

존 베넷은 2010년대에 딜로이트, KPMG, 프라이스워터하우스쿠퍼스, 맥킨지를 통틀어 소위 빅4라고 불리는 경영컨설팅 회사 중 한 곳에서 일했던 경영컨설턴트였다. 베넷의 전문 분야는 의료 서비스 분야였다.

"클라이언트를 만날 때마다 새로운 문제를 찾아내서 일을 확장합니다. 자동차 보닛을 열어 들여다본 후에 이를 쑤시며 생각보다 상태가 심각하다고 이야기하는 자동차 정비공과 같습니다. 우리는 이 전략을 '착륙 후 확장'이라고 부릅니다." 베넷은 이 경영전략의 핵심은 '템플릿template'이라는 진단 보고서를 제시하는 것이라고 이야기한다. 이 템플릿은 일종의 첫발을 들여놓기 위한 것으로 공짜로 제공되는 경우가 많다. 일단 발을 들여놓은 다음 일을 따내는 '착륙 후 확장' 전략에 성공하면 돈을 벌게 된다.[19]

데이비드 크레이그는 뿔테 안경을 쓰고 파워포인트 프레젠테이션을 할 때 대문자로 쓰인 커다란 글씨를 가리키기 위한 막대기를 손에 들고 다니는 열정적인 사람이다. 천장에 달린 프로젝터에서 나오는 불빛 외에는 아무런 빛도 없는 커다랗고 컴컴한 런던의 어느 중역 회의실에서 그를 만났다. 화이트보드에 처음 등장한 문구는 '죽음의 계곡VALLEY OF DEATH'이었다.

크레이그는 30년 동안 경영컨설턴트로 일하며 민간 및 공공 부문에서 수백만 달러어치의 계약을 따냈다. 그는 착륙 후 확장이 어떻게 이뤄지는지 설명해주었다. "일단 클라이언트에게 커다란 충격을 줘야 합니다. '이거 심각합니다. 생각하시는 것보다 훨씬 심각합니다' 같은 말을 던져야 합니다. 우리가 죽음의 계곡이라고 부르는 곳으로 그들을 던져넣어야 합니다. 그런 다음 '지금 당장 이걸 고쳐야만 상황을 바로잡을 수 있는 희망이 있습니다'라고 얘기하는 거죠."

죽음의 계곡 다음에는 어떤 일이 벌어질까? "클라이언트가 죽음의 계곡에 빠지고 나면 햇살이 내리쬐는 구원의 땅을 보여줍니다." 제약업계가 질병을 완벽하게 치료하는 것이 아니라 위독한 상황에 부닥친 환자에게 계속 약을 팔아야 큰돈을 버는 것과 마찬가지이다. 베넷은 이를 '파트너십 육성'이라고 부른다. "장기적으로 경영컨설팅 회사에 의존하게 만드는 방법을 찾는 일입니다." 정부나 기업이 경영컨설팅 회사 없이는 아무것도 할 수 없는 영구적인 위기 상태에 빠지도록 만든다.

경영컨설팅업계에서 일하는 모든 사람이 경영컨설팅에 대한 이같이 매우 냉소적인 접근 방법에 동의하는 것은 아니다. 사실 앞에서 언급한 빅4에 해당하는 회사에서 일하거나 이런 회사들과 협력하는 사람 중 상당수는 그들의 일이 망해가는 기업이나 조직을 올바른 방향으로 이끌어주는 매우 중요한 일이라고 주장할 것이다. 최고의 경영컨설턴트들은 자신의 역할을 극대화하기보다 최소화하려 애쓴다. 그래야만 조직 내부자들이 경영컨설턴트들의 조언을 받아들여 직접 일을 해낼 수 있기 때문이다.

프라이스워터하우스쿠퍼스는 웨일스에서 현지 정부와 기발하고 새로운 '파트너십'을 맺었다. '위험 및 보상 계약'이라고 불리는 이 계약은 노약자 및 취약 계층을 위한 기초 생활 지원 사업을 비롯해 정치적으로 민감한 서비스 감축을 목적으로 고안되었다. 경영컨설턴트들은 비용 감축을 원하는 기업들로부터 선불로 돈을 받는 것이 아니라 자신들의 제안을 토대로 감축된 비용 중 일정 비율을 수수료로 받는다. 위험 및 보상 계약을 비판하는 사람들은 공공서비스가 줄어들수록 경영컨설턴트들이 더 많은 돈을 벌게 된다고 이야기한다. 하지만 프라이스워터하우스쿠퍼스는 자신들은 최선의 결정을 내리기 위해 노력할 뿐이며 선불로 돈을 받지 않는다고 항변한다.

경영컨설턴트들은 많은 분야에서 현지 공무원들과 건설적으로 협력하며 까다로운 예산 결정을 내리고 직원을 감축하거나 정리해고해야 하는 상황에서 귀중한 전문지식을 제공해왔다. 하지만 현실은 이제 고용주와 경영컨설턴트 모두가 빠르게 변하는 노동 세상, 특히 우버라는 새로운 존재로 인해 급변하는 세상에서 활동한다는 것이다.

우버 혁명

2008년 1월 몹시 추운 어느 밤, 두 미국인이 파리에 있는 샹젤리제 거리에 서서 택시를 부르고 있었다. 커다란 눈송이가 빠르게 떨어져내렸고 도로 위를 달리던 차들은 순식간에 차례로 멈춰 섰다. 두 사람이 타야 할 뉴욕행 비행기 이륙 시간까지는 1시간도 채 남지 않았다. 샹젤리제 거리가 혼잡해지자 운전자들은 마구 경적을 울려댔고 멀리서 노란 불빛 하나가 깜빡거렸다. 샹젤리제 거리 전체에서 손님을 태우지 않은 유일한 택시가 500야드도 넘게 떨어진 곳에서 교통 체증 때문에 오도 가도 못하고 있었다. 결코 그 택시를 잡을 수 없을 것이 뻔했다.

그런 가운데, 그 자리에 있던 두 사내 중 한 명이자 UCLA를 중퇴한 34세의 트래비스 칼라닉에게 깨달음의 순간이 찾아왔다. 그는 자신의 동료 가렛 캠프에게 눈에 보이는 모든 차가 택시가 되는 상상을 해보라고 이야기했다. 단 한 대의 택시가 아니라 수백 대의 택시가 노란 불빛을 깜빡이며 공항에 태워주겠다고 제안하는 순간 말이다.

칼라닉은 우버를 탄생시켰다. 그가 단지 새로운 택시 서비스를 만들어낸 것은 아니었다. 그는 '누가 누구를 위해 일하는가'라는 개념 자체를 재정의함으로써 노동을 완전히 바꿔놓았다. 2008년 1월 그날 밤, 세계는 2개의 지각판처럼 동시에 충돌하고 위로 솟았다. 서브프라임 모기지 사태로 세계경제가 전례 없는 빚의 나락으로 떨어졌을 무렵, 아이폰과 모바일 기기들은 전 세계를 자유롭게 만들어 완전히 새로운 방식으로 돌아가게 했다. 우버는 단순히 기존의 경제 질서를 무너뜨린 것이 아니라 새로운 미래를 만들어냈다. 그로부터 1년 이내에 우버는 구글 벤처스, 토요타, 중국 최대 검색 엔진 바이두와 계약을 체결했다. 이제 모바일 기기 하나만 있으면 누구나 사장이 될 수 있는 세상이 됐다.

우버 비즈니스 모델은 놀라울 정도로 단순하며 전혀 새롭지 않다. 예전에는 이런 모델을 프랜차이즈라고 불렀으며, 프랜차이즈의 제왕은 전체 매장 중 80퍼센트를 프랜차이즈 방식으로 운영하는 맥도날드였다.

맥도날드 가맹점주들은 매장을 빌리고 기기를 구매하기 위해 엄청난 돈을 낸 다음 9개월 동안 훈련을 받으며 서비스, 가치, 직원 채용, 메뉴 등 맥도날드의 업무 방식을 익힌다. 그러고 나서 매장을 운영하게 된다. 그렇다면 맥도날드는 어떻게 돈을 벌까?

물론 맥도날드가 돈을 버는 방식은 우버와는 다소 다르다. 맥도날드는 가맹점의 월별 총매출의 4퍼센트를 갖고 가며, 미리 정해놓은 일정한 금액, 혹은 총매출의 8.5퍼센트 이상을 임대료로 가져간다. 맥도날드 가맹점의 연평균 순매출액은 270만 달러, 총수익은 178만 2000달러다. 급여와 세금, 다른 통제가능원가를 감안하면 매장당 연평균 수익은 76만 1400달러가 된다. 하지만 맥도날드의 몫과 다른 통제불능원가까지 빼고 계산하면 연평균 수익이 15만 3900달러로 줄어든다.[20]

가맹점의 수익은 지역과 손님 수에 따라 매장마다 큰 차이가 있지만, 가맹점주가 위험 분산을 위해 평균적으로 6개 이상의 매장을 운영하는 것도 이런 이유 때문이다. 물론 규모의 경제는 가맹점주의 비즈니스 전반에 도움이 된다. 하지만 지나치게 높은 진입 비용은 맥도날드 가맹점을 운영하는 것과 우버 운전자가 되는 것이 매우 다를 수밖에 없는 이유가 되기도 한다. 가맹점주는 대개 매장을 시작할 자본자산을 가진 제법 성공한 사업가이다.

반면, 우버는 사람들에게 누구든 쉽게 자신만의 비즈니스를 시작할 수 있는 기회를 제공하며 자사를 매우 유연한 회사라고 홍보한다. 언제든 원할 때 우버를 시작할 수 있다. 맥도날드 가맹점과 마찬가지로 자신이 곧 사장이지만 비용을 지불하고 브랜드 이름을 빌려 비즈니스를 한다는 점에서 '일자리를 샀다'라고 볼 수 있다.

맥도날드 가맹점과 우버를 비교해보자. 맥도날드에 임대료를 내고 매장을 빌리듯 우버에서 차를 빌리지는 않는다. 사실 우버는 브랜드 외에 아무것도 가지고 있지 않다. 우버가 타이어와 차대를 임대하지는 않는다. 대신 우버 운전자는 우버가 승인한 여러 중개업체 중 한 곳을 골라 우버 서비스를 제공할 수 있도록 준비된 차량을 빌릴 수 있다. 위법 기록이 없는 운전면허증, 그리고 운전자와 고객을 연결해주는 우버 앱에 접속할 수 있는 아이폰만 있으면 된다(휴대전화가 없으면 우버가 일주일에 10달러를 받고 빌려준다). 물론 상업용 자동차 보험도 필요하다. 보험업체에 우버를 운전한다고 고지하면 개인용 보험과 상업용 보험이 더해져 보험료가 상당히 인상될 수도 있다.

미국 국세청은 우버 운전자를 자영업을 하는 독립적인 계약업자로 분류하고 총수입 보고용 1099-MISC 서류를 건넨다. 연방소득세와 주정부소득세를 모두 알아서 내야 하고 사회보장연금, 건강보험료 등 보통 고용주가 내는 비용도 알아서 부담해야 한다. 우버 운전자가 부담하는 간접 비용을 분석한 워싱턴 포스트의 어느 탐사 보도 기사는 우버 운전자는 자영업을 하는 계약업자의 의무는 모두 떠안되 피고용인으로서의 혜택은 어떤 것도 받지 못한다고 결론 내렸다. "부가 혜택은 받지 못한다. 유급 병가나 휴가, 건강보험 보조 같은 어떤 혜택도 누리지 못한다." 우버 본사에서 일하면 모든 것이 달라진다. "본사에서 일하면 퇴직연금, 헬스장 비용 상환, 총 9일의 유급휴가, 치과 진료와 안과 진료를 모두 포함하는 의료보험, 무제한 휴가 정책을 모두 누릴 수 있다. 우버 구내식당에서 간식을 먹게 될지도 모른다."

2017년, 우버 설립자 트래비스 칼라닉은 우버 택시에 탑승했다. 그날 그 택시에서 칼라닉은 우버 운전자가 우버의 비즈니스 모델을 어떻게 생각하는지 직접 들었다. 이번에는 샹젤리제 거리를 달리는 택시에 올라타지 않았다. 그는 샌프란시스코를 달리는 택시 뒷자리에서 두 여자 사이에 끼어 앉아 정신없이 휴대전화를 만지작거리며 자동차 라디오에서 흘러나오는 다프트 펑크의 노래에 맞춰 엉덩이를 들썩거렸다. 목적지에 도착한 운전자는 불현듯 칼라닉을 쳐다보며 말했다.[21] 우버 운전자 파우지 카멜은 칼라닉에게 이렇게 이야기했다. "난 당신 때문에 파산했어요." 그러자, 칼라닉은 "말도 안 되는 헛소리"라고 받아쳤다. 카멜은 계속 말을 이었다. "당신은 기준은 계속 올리면서 가격은 낮춰버립니다. 사람들은 더이상 당신을 신뢰하지 않아요. 당신이 계속해서 모든 것을 바꿔버리는 탓에 나는 9만 7000달러를 잃었어요."

고급 차량을 모는 운전자들이 '승차 경험을 한 단계 높은 수준으로 끌어올린' 데 카멜의 문제가 있었다. 우버 블랙 서비스를 제공하려면 엄선된 고급 차량의 최신 모델을 운전해야 하고, 그래야 좀더 높은 요금을 받을 수 있다. 하지만 그러면서도 좀더 저렴한 우버X와 경쟁을 해야 한다. 카멜은 비용을 충당하기 위해 예상 수입을 기준으로 차량을 구입하거나 임대했다. 하지만 이런 노력이 무색하게도 우버는 이용 요금은 깎고 수수료는 높였다. 우버 때문에 수익이 줄어들어버렸다.

카멜이 자신의 상황을 설명하는 동안 휴대전화를 만지작거리던 칼라닉은 이렇게 답했다. "어떤 사람들은 자기가 싸지른 일에 대해 책임지는 걸 싫어합니다. 그런 사람들은 자기 인생에서 벌어지는 모든 일을 다른 사람 탓으로 돌리죠." 그런 다음 그는 차에서 내려 카멜에게 "행운을 빌겠다!"라는 말을 남기고 떠났다.

그로부터 1년이 채 되지 않아 칼라닉은 우버의 CEO 자리에서 쫓겨났다. 칼라닉과 카멜의 대립은 칼라닉의 리더십을 집어삼킨 수많은 논란 중 마지막에 등장한 것이었다. 칼라닉은 더이상 우버를 경영할 수 없게 되었지만, 고용에 대한 그의 급진적이고 새로운 비전은 우리 삶의 일부가 됐다.

우버는 칼라닉이 '공유 경제' 진출을 위해 설립한 첫번째 회사가 아니었다. 샹젤리제 거리에서 택시를 잡으려고 했던 밤보다 10년 빨랐던 1998년, 칼라닉은 MP3 음악 사이트 냅스터 같은 P2P 파일 공유 서비스를 만들기 위해 UCLA를 자퇴했다.

칼라닉이 만든 서비스의 이름은 스카워였고, 냅스터와 마찬가지로 스카워 역시 음악 산업 때문에 사라지고 말았다. 메탈리카와 닥터 드레는 냅스터를 상대로 저작권 침해 소송을 걸어 시장에서 몰아냈다. 스카워는 미국 영화 산업, 미국 음반 산업 협회, 음악 출판 협회로부터 소송을 당했다.

P2P라는 아이디어는 이제 끝난 것처럼 보였다. 하지만 냅스터와 스카워는 그로부터 8년 후 칼라닉이 눈 내리는 파리의 거리에 서서 부활시켰던 아이디어, 음악 대신 직원을 공유하는 P2P 비즈니스 아이디어의 기원이 됐다.

P2P 시스템 내에서 개인은 공급자인 동시에 소비자다. 한쪽에서 일방적으로 제공하는 클라이언트 서버는 없다. P2P 시스템은 협력을 토대로 한다. 개개인이 시스템을 드나들며 시스템에 이바지하기 때문이다. 공유 경제에 찬성하는 낙관론자들은 자유 시장이 가진 이런 식의 평등성을

'닷공산주의dot-communism'라고 부른다. 이론상으로, 닷공산주의에서는 자신을 권위주의적인 상사로 자처하는 사람이 설 자리가 없다. 닷공산주의는 개개인에게 언제, 어떻게 일할지 선택할 수 있는 권한을 주기 때문이다. 각기 다른 다양한 서비스에 대한 수요가 무한하다는 말은 곧 노동이 한없이 다양하고 다채로워진다는 뜻이다. 고용주에게 불만을 토로할수도 있다. 어차피 고용주가 고용을 독점하지 못하기 때문이다. 또한 닷공산주의는 직장 내 사회 연결망의 평등주의를 복제해 계층구조를 파괴한다.

덜 낙관적인 견해도 있다. 우버 택시 운전사를 생각해보자. 이론적으로, 우버 운전자는 어디로든 가서 누구를 위해서든 일할 수 있다. 하지만 실제로 그 운전자는 우버에 묶인 신세다. 우버가 많은 도시에서 택시 시장을 사실상 독점하고 있기 때문이다. 항상 또다른 저임금 일자리를 찾을 수 있긴 하지만 이미 자동차에 투자를 했다. 그러니 결국 발목 잡힌 신세일 수밖에 없다.

운전자에게는 반드시 소비자가 받는 만큼 이익이 돌아가지 않을 수도 있다. 하지만 소비자에게 이익이 돌아갈 것이라는 생각 역시 망상일 수도 있다. 우버 택시를 부르는 소비자의 입장에서 생각해보자. 이론적으로는 바로 그의 눈앞의 앱에서 여러 택시가 일을 따내기 위해 경쟁을 벌이는 활발한 시장이 생겨난다. 가격은 점점 내려가고 좀더 저렴한 가격으로 이동 서비스를 이용할 수 있게 된다. 하지만 가격이 내려갈 수 있는 수준에는 한계가 있다. 경쟁업체가 시장에 등장하면 이론적으로는 우버 택시보다 싼값에 서비스를 제공해 서로 경쟁하는 택시 시장이 도시 내에서 활성화된다. 하지만 우버가 시장을 독점하고 있으면 그런 일은 벌어지지 않는다. 우버가 시장을 독점하게 되면, 여느 독점기업이 그렇듯 다시 가격을 인상할 수 있다.

에어비앤비와 가치의 재정의

칼라닉이 우버를 탄생시킨 바로 그 순간, 샌프란시스코에 거주하는 두 룸메이트가 고층 아파트 월세를 내기 위해 고군분투하고 있었다. 브라이언 체스키와 조 게비아가 머물렀던 아파트에는 두 사람이 잠을 잘 때 쓰는 침실 2개 외에 남는 방이 없었기 때문에 다른 방을 빌려줄 수는 없었다. 그러던 중 체스키가 한 가지 아이디어를 떠올렸다. "거실을 B&B bed and breakfast(아침식사를 제공하는 가정집 형태의 숙소−옮긴이)로 바꾸면 어떨까?" 두 사람은 샌프란시스코에서 열릴 디자인 콘퍼런스 웹 사이트에 에어 매트리스가 깔린 거실 공간과 아침식사를 제공하는 숙소 광고를 실었고, 세 고객을 확보했다. 그렇게 에어비앤비가 탄생했다.

우버와 마찬가지로 에어비앤비는 무엇이 가치를 구성하는가에 관한 개념 자체를 변화시켰다. 에어비앤비는 바퀴 대신 침대를 공유하는 P2P 비즈니스였다. 우버는 노동 가치를 재정의했고, 에어비앤비는 '물리적인 공간의 진정한 가치는 무엇인가?' '진정한 가치를 어떻게 찾아낼 수 있는가?' '집이 호텔이 되고 호텔이 집이 될 수 없는 이유가 무엇일까?'라는 심오한 질문을 던져 공간을 재평가했다.

체스키와 게비아가 거실에 에어 매트리스를 놓아두며 에어비앤비를 탄생시킨 지 8년이 채 되지 않은 2016년, 에어비앤비의 가치는 무려 300억 달러가 되었다. 같은 해, 우버의 가치는 700억 달러로 평가되었다. 하지만 두 회사의 잠재 가치는 그보다 훨씬 크다. 에어비앤비는 우버가 바퀴 네 개를 이용해서 해낸 일을 벽 네 개를 갖고 해냈다. 하지만 에어비앤비의 모델은 오히려 더욱더 급진적이고 그 범위가 훨씬 넓다. 에어비앤비는 도시를 새롭게 바꿔놓고 있으며 대담하게도 사람들에게 그들이 소유한 모든 것에서 뽑아낼 수 있는 모든 가치를 찾아낼 것을 권한다.

에어비앤비는 세계 각지의 도시에서 소비자들이 내는 숙박비를 낮추고 있을 뿐 아니라 그 과정에서 도시의 경제학을 바꿔놓고 있다. 이제 에어비앤비가 광고에서 이야기하듯 개성 없이 똑같은 모습을 하고 터무니없이 비싼 값을 받는 오래된 호텔은 잊어버리고, 현지인들이 살아가는 진정한 도시에 빠져들어 그들과 어울려 같은 경험을 하며 전 세계를 여행할 수 있게 됐다.

적어도 어느 정도는 그렇다. 스페인 이비사에서는 에어비앤비로 인해 주택 가격 위기가 사회문제로 대두됐으며 안 그래도 위태로웠던 상황이 더욱 나빠졌다. 여행객들의 숙소 수요로 인해 임대료가 현지 주민들이 감당하기 힘든 수준으로 치솟았으며 에어비앤비 숙소를 빌리는 사람들에게 서비스를 제공하는 관광 산업에 종사하기 위해 비행기를 타고 이비사로 날아오는 계절노동자들 역시 임대료를 감당하기 힘들어졌다. 2017년 8월, 현지 주민들이 감당해야 할 임대료가 치솟는 문제를 해결하기 위해 현지 정부가 에어비앤비 같은 사이트에서 광고하는 침대의 수를 제한하고 나섰다. 하지만 현지 주민들의 반응을 보니 임대료 안정을 위한 정책이 오히려 시장을 옥죄는 결과로 이어지는 진퇴양난의 상황이 되어버린 듯했다. 생계를 위해 관광객 유입에 의존하는 현지 업자들은 정부 정책이 관광객들을 공급이 많은 다른 리조트로 내몰아 이비사 경제에 오히

려 해롭다고 맹비난했다.[22]

2016년, 캘리포니아 샌타모니카의 살기 좋은 지역에 있는 여러 채의 집을 사들인 스콧 섄포드는 에어비앤비 호스트의 자격으로 집을 단기 임대했다는 이유로 기소된 첫번째 인물이 되었다. 섄포드는 로스엔젤레스 타임스와의 인터뷰에서 이렇게 이야기했다. "샌타모니카 시정부가 저를 뒤쫓았습니다. 저를 상징적인 인물로 둔갑시켜 자신들의 첫번째 승리를 알리려고 한 겁니다. (…) 참 바보 같은 짓이죠." 섄포드는 정부 당국이 좀더 관대한 덴버로 이주할 계획이라고 덧붙였다. 그는 지금 직접 임대 시장에 뛰어들고자 하는 사람들에게 에어비앤비에서 수집한 데이터를 기반으로 소중한 투자 정보를 제공하는 에어DNA라는 데이터 분석 회사를 운영하고 있다.[23]

에어비앤비는 소비자에게 자율권을 부여할 뿐 아니라 전 세계 수십 개 도시에서 임대주택 가격 위기를 부각시켰다. 에어비앤비는 시위도 유발한다. 합리적으로 따져봤을 때 에어비앤비가 문제라고 보기 힘든 상황인데도 에어비앤비를 비난하는 시위가 벌어지기도 했다. 2017년 여름 바르셀로나에서는 관광객 탓에 주택 위기가 발생했다고 생각하던 현지 활동가들이 카페 노천 테이블에 앉아 칵테일을 즐기던 관광객들에게 연막탄을 던지는 사건이 벌어지기도 했다. 관광 산업은 바르셀로나 경제 모델에서 중요한 역할을 하며 바르셀로나가 올림픽을 주최한 1992년부터 육성해온 산업이기도 하다. 하지만 이제 바르셀로나 주민들은 자신들이 그 대가를 치르고 있다며 에어비앤비는 비난받아 마땅하다고 이야기한다.

그러나 돈이 궁한 현지 주민들 역시 생존을 위해 에어비앤비 메커니즘을 이용한다. 연간 중위소득이 2만 8000달러인데 침실 1개짜리 아파트

월세 중간값은 2000달러에 달하는 로스앤젤레스에서는 자신의 수면 공간을 낯선 사람에게 빌려주고 받은 돈을 월세에 보태는 등 거의 영구적으로 에어비앤비를 이용하는 인구가 점점 늘어나고 있다. 그들에게 에어비앤비는 월세를 내는 데 걸림돌이 되는 존재가 아니라 계속 월세를 낼 수 있도록 도와주는 존재다.

잠재적인 이익은 차치하고, 상당수의 대도시가 현재 에어비앤비와 걱정스러운 관계를 갖고 있다. 나날이 급증하는 주민들의 월세도 시정부의 걱정을 유발하는 요인이며 호텔업계의 로비 역시 걱정스러운 부분이다. 2016년, 베를린은 에어비앤비 앱을 통해 집 전체를 빌려주는 행위를 금지했다. 런던, 샌프란시스코, 바르셀로나는 모두 현지 주민들이 다시 삶의 기반을 다질 수 있도록 단기 임대 가능한 집의 개수 및 단기 임대 기간을 제한할 방안을 마련하고 있다.

우버와 에어비앤비가 법적인 문제에 봉착한 것은 그들이 기득권에 도전하는 진정한 파괴자이기 때문일까, 이미 존재하는 문제(우버의 경우에는 불안정한 고용, 에어비앤비의 경우에는 비싼 월세)를 더욱 악화시키기 때문일까? 정답은 '둘 다'이다.

사람들이 돈을 벌 기회를 포착하고 나면 무언가를 제한하기가 힘들어진다. 런던에서는 2015년부터 2016년 사이에 에어비앤비에 광고가 올라온 집의 숫자가 126퍼센트나 증가했다. 기본적인 수요와 공급의 법칙이 적용되는 모든 대도시에서 같은 현상이 벌어졌다.[24]

이와 같은 법칙은 멋진 노동 신세계에도 적용된다. 공유 경제, 혹은 긱 경제라고도 불리는 이런 경제 방식은 산업혁명과 주 5일제가 등장한 이래로 우리의 노동생활을 가장 극적으로 바꿔놓고 있다.

소위 조건부라고 불리는 프리랜서, 혹은 고도로 유연한 노동 활동이 엄청난 속도로 증가하고 있다. 2017년에는 미국에서 이런 방식으로 일하는 인구가 34퍼센트 수준이었으나 2020년에는 그 수가 50퍼센트를 넘어선 것으로 추정된다. '조건부'라는 단어는 흥미롭다. 할일이 있는지 그렇지 않은지에 따라 고용이 '조건부'로 결정된다는 뜻이기 때문이다. 새롭게 등장한 공유 경제가 새로운 기회를 제공할지도 모른다. 하지만 이런 서비스를 제공하는 사람들의 숫자 역시 수요를 대거 넘어설 가능성이 있다.

페이팔 설립자이자 기술 억만장자인 일론 머스크는 해결 방안을 제안했다. 그가 제안한 방안이란 자동화로 인해 경제적인 번영이 가능해지면 '보편적 기본 소득'을 제공할 수 있다는 것이었다. 현재 인간에게 세금을 부과하듯 로봇에게 노동과 소득에 대한 세금을 부과할 수 있다. 이런 식으로 거둬들인 세금을 인간에게 제공해 물건을 구매하도록 만든다. 그리고 소비주의는 계속해서 성장의 밑거름이 된다.

앞으로 10년 후면 내 아버지가 했던 것 같은 풀타임 일자리는 보기 드물고 매우 귀한 것이 되어버릴 것이다. 앞으로 모든 사람은 자신의 비즈니스를 운영하는 CEO가 될 것이다. 다만, 워런 버핏이 되는 사람도 있을 테고, 그의 책상 밑에 놓인 쓰레기통을 비우는 사람도 있을 뿐이다.

싸구려 물건

저임금과 제로 성장의 글로벌 등식이 균형을 이루기 위해서는 제3의 요인이 필요하다. 그 요인은 다름 아닌 값싼 물건이다. 물건값이 싸면 낮은 임금 수준을 유지할 수 있다. 내 책상 위에 놓여 있는 택배 상자를 생각해보자. 그 속에는 스타벅스 커피 한 잔보다 저렴한 고작 2파운드라는 돈을 주고 온라인에서 구매한 펜과 잉크심이 들어 있다. 물건 자체의 값어치보다 인도에서 런던으로 물건을 보내는 운송비가 더 비싸다.

이처럼 새롭게 등장한 유연 근로 시대는 전 세계에서 거의 공짜나 다름없는 값에 만들어진 싼 물건이라는 기초석 위에 지어진 것이다. 컴퓨터에서 눈을 떼고 시선을 위로 들어올리니 오늘 아침 중국에서 도착한 택배가 보인다. 그 안에는 딱 하나의 물건, 99센트짜리 휴대전화 케이블이 들어 있다. 이케아에서 산 24달러짜리 책꽂이에는 책이 주르륵 꽂혀 있다. 책값을 모두 더한 금액은 책꽂이 가격의 2배 정도 된다. 내가 입고 있는 티셔츠는 놀랍게도 그 가격이 2달러에 불과하고, 커피를 담아 마시는 머그컵 가격은 4달러다. 커피를 만드는 데 쓰이는 커피콩이 머그컵보다 비싸다.

우리는 물건을 저렴하게 사는 데 너무 익숙해져서 다른 방식은 상상하지 못한다. 하지만 그래야만 한다. 가격이 상당히 높아지는 사태가 벌어지면 우리는 그런 상황을 받아들일 준비가 되어 있지 않거나 그만한 값을 감당하지 못할 테니 말이다.

값싼 수입품은 한 남자의 기업가적인 비전에서 출발했다. 1967년, 트럭 회사 사장에서 운송 회사 재벌로 변신한 미국 컨테이너 회사 시랜드 서비스 CEO 맬컴 맥린은 베트남전쟁 기간에 인도차이나반도로 신속하게 보급품이 배송되기를 바랐던 미군과 운송 계약을 체결했다. 시랜드는 거대한 직사각형 철제 상자에 수백만 톤의 음식과 담배, 의료용품을 싣고 수천 마일의 바다를 항해했다. 맥린은 순식간에 현대적인 컨테이너 수송 기법을 고안했고, 1971년에는 맥린과 미군의 계약 규모가 연간 1억 달러에 달했다.

맥린이 시작한 혁신을 엔지니어 키스 탠틀링어가 한 단계 발전시킨 결과 크레인을 이용해 빠르고 효율적으로 적재하고 하역할 수 있는 복합 컨테이너가 생겨났다. 그 덕에 인건비와 값비싼 항구 정박 시간을 줄일 수 있게 됐다.[25] 안전한 트위스트 잠금 방식을 이용해 복합 컨테이너가 서로 떨어지지 않게 고정해두면 크레인을 이용해 물건을 안전하게 운송하고 오랜 항해 기간 동안 컨테이너가 정해진 위치에서 이탈하지 않도록 할 수 있다. 컨테이너를 높이 쌓을 수도 있다는 점도 매우 중요하다. 이는 곧 유조선을 개조해서 만든 세계 최초의 현대적인 컨테이너선 SS 아이디얼 X 같은 선박에 이전과는 비교할 수 없을 만큼 많은 양의 화물을 적재할 수 있게 되었다는 뜻이다.

당시는 이런저런 종류의 컨테이너 수송이 시작된 지 거의 200년이 됐을 무렵이었다. 컨테이너 수송이 처음 시작된 시기는 1760년대로 영국의 기업가 제임스 브린들리가 목재 컨테이너에 석탄을 실어 대량 수송한 것이 시초였다. 하지만 맥린은 지금 우리가 알고 있는 매우 효율적이고 현대적인 대형 컨테이너선을 선보였다. 그는 일본에서 기회를 포착해 인도차이나반도에 있는 미군 부대에 보급품을 공급하기 위해 사용된 컨테이너에 다시 물건을 실어 수송했다. 1960년부터 1973년 사이에 일본의 산업 생산량은 4배나 증가했다. 미국 소비자들은 일본이 공급하는 많은 제품 가운데 특히 가전제품을 열망했다. 당시 일본은 갑자기 저렴하게 가전제품을 공급할 수 있었다.

컨테이너 수송 덕에 미국은 하룻밤 새 하이파이와 라디오, 텔레비전으로 넘쳐나게 됐다. 한때는 기술이 부자의 전유물이었지만 이제는 예전 가격의 일부에 불과한 수준으로 '메이드 인 재팬' 혹은 '메이드 인 차이나' 제품이 공급되기 시작했다. 이제 누구든 이런 하이테크 사치품을 쉽게 구매할 수 있다.

값싼 제품이 소비자들에게는 커다란 이익을 안겨주었지만 서구 산업에는 재앙이 되었다. 아시아에서 수입된 제품이 인기를 끌자 서구 제조 산업이 몰락했다. 컨테이너 수송이 결정타를 날렸다. 마크 레빈슨은 이제 매년 3억 개의 컨테이너가 전 세계의 바다를 오가며, 그중 26퍼센트가 중국발 컨테이너라고 계산했다.[26]

가격 하락 속도는 나날이 빨라질 뿐이다. 요즘 텔레비전 가격은 1980년대 가격의 3퍼센트에 불과하다. 스마트폰 덕에 카메라 가격은 2000년보다 75퍼센트나 저렴해졌으며, 휴대전화 가격 자체도 2005년의 절반 수준에 불과하다. 1983년에 출시된 세계 최초의 상업용 휴대전화 모토로라 다이나택 8000X는 가격이 4000달러에 달했다. 한때는 기술이 부자들의 전유물이었지만 이제는 임금 정체에 대한 물질적인 보상의 일환으로 우리 모두가 기술을 누릴 수 있게 됐다.

임금이 올라가지 않으면 재화의 가격이 많은 사람이 쉽게 구매할 수 있을 정도로 낮은 수준에 머무를까? 아마도 그렇지는 않을 것이다. 전 세계의 자원이 점점 부족해지고 있기 때문이다. 이케아에서 지속 가능성 전담 부서 책임자를 지냈던 스티브 하워드는 전 세계에서 재화 가격이 치솟을 가능성이 있다고 이야기한다.[27]

인터넷이 널리 사용되기 전이었던 1990년대에 이케아는 인터넷을 오프라인 매장처럼 펼쳐놓는다면 어떤 모습일지 보여주는 기묘한 템플릿을 제시했다. 이케아의 레이아웃은 고객들을 매료시킨다. 이케아 매장을 찾은 고객은 매장 내의 구불구불한 통로를 따라 걸어간다. 실제로 고객이 따라갈 수 있는 통로는 이미 정해져 있지만, 통로를 따라 걷는 고객은 침대나, 토스트 받침, 혹은 선반 등을 구경하기 위해 얼마든지 통로에서 벗어날 수 있다고 믿는다. 매장의 레이아웃 자체에 안내의 손길이 숨겨져 있다. 피터스와 워터먼의 7S 모델이 그랬듯 사람들에게 자유가 있다는 착각을 심어준다. 이케아 방문객 80퍼센트는 그날 바로 구매하거나 자세히 살펴볼 하나의 값비싼 품목을 염두에 두고 매장을 찾는다. 하지만 그들이 정작 집에 들고 가는 물건은 딸기 모양 스펀지, 고무 오리 와인 마개, 향초, 스웨덴 비스킷 등이다. 그들이 실제로 집에 들고 가는 물건들의 공통점은 무엇일까? 모두 값이 싸다는 점이다.

하워드는 "소비자들은 점점 더 싼값을 원하지만 우리가 얼마나 더 이윤을 낮출 수 있을까요?"라고 묻는다. 물가가 인상되면 저임금과 성장 침체를 토대로 하는 경제 모델은 더이상 지속 가능하지 않다. "어느 순간이 되면, 자원값이 인상돼 가격이 올라갈 수밖에 없을 겁니다. 전 세계에서 이런 식으로 가격이 폭등할 날이 다가오고 있습니다. 그 비용을 쇼핑객에게 넘기지 않는다면 누가 감당하게 될까요?" 스티브는 비용을 고객에게 전가하면 고객층에 타격이 가기 때문에 기업 입장에서 결코 풀 수 없는 난제가 생겨난다고 이야기한다.

지난 20년 동안 가격과 임금은 서로 떼어놓을 수 없는 관계가 되었다. 그동안 두 가지 모두 하락세를 보였다. 하지만 두 가지를 떼어놓아야만 한다면 어떤 방법이 있을까? 아마도 옛날 방식의 경제성장이 필요할 것이다.

6
RISK

6장

리스크

**월스트리트는 어떻게
혼돈을 이용해왔는가**

딜	사우디아라비아, 시리아, 이집트, 이란, 튀니지 등 OPEC 산유국들이 미국에 대한 석유 수출 금지 조치를 단행했다.
목적	제4차중동전쟁을 유가를 대폭 인상하기 위한 정치적 지렛대로 활용하는 것.
장소	오스트리아, 빈
때	1973년 10월 17일

센트럴파크가 내려다보이는 뉴욕의 어느 특색 없는 아파트 50층에서 간호사가 침실에 있던 로버트 달을 사라사 직물로 꾸며진 거실로 데리고 나온다. 달은 아파트를 돌아다닐 때 산소통을 사용한다. 하지만 그는 자신을 방문한 나를 환영하기 위해 내 등을 한 대 세게 후려쳤다.[1] 로버트 달은 1980년대에 위험을 받아들이라는 설교로 온 세상을 바꿔놓았으며, 그 과정에서 주식 공매도 방법을 고안해냈다. 작가 마이클 루이스는 저서 『라이어스 포커』에서 달이 앞으로 다가올 세상에 커다란 영향을 미쳤다며 "그는 한참 후를 미리 내다보며 생각하기 시작했다"고 설명했다.

달이 불현듯 생각해낸 것은 '금융증권화'였다. 금융증권화는 트레이딩의 개념 자체를 변화시킨 것이었다. 달은 물리적인 자산과 그 자산의 현재 가치를 이용해 트레이딩하는 방안 대신 미래 가치를 기준으로 트레이딩하되 모기지 보험같이 현존하는 무언가를 이용해 위험에 대비하는 방안을 생각해냈다.

달은 살로먼 브라더스에 다닐 때, 커다란 덩치에 가느다란 세로 줄무늬 정장을 입고 증권거래소에 모습을 드러내곤 했다. 당시 달은 자신이 "무척 열심히 일하고, 파티도 열심히 즐겼으며, 무엇이든 열심히 했다"라고 고백했다. 달은 자신이 "온갖 술수를 사용하는 부도덕한 싸움꾼"이었지만 "월스트리트에서 한동안 수월하게 일을 해냈다"라고 이야기했다. 그러다 변화가 찾아왔다. 피셔 블랙과 마이런 숄즈라는 두 경제학자의 연구가 그를 사로잡았다.

주식 부문에서 블랙과 숄즈는 천문학에서의 코페르니쿠스에 견줄 만한 위상을 가진 인물들이었다. 블랙과 숄즈는 1970년대 초에 경제에 관한 통념을 완전히 뒤집어놓았다. 두 사람은 시장의 작동 원리에 대해 우리가 알고 있는 모든 것이 틀렸다고 이야기했다. 위험에 주목한 블랙과 숄즈는 자신들이 생각한 바를 블랙-숄즈 방정식Black-Scholes formula이라 불리는 다음 방정식에 담아냈다.

$$C = SN(d_1) - N(d_2)Ke^{-rt}$$

C=콜옵션 가격   S=현재 주가   t=옵션 만기까지 남은 시간
K=옵션 행사 가격   r=무위험 이자율   N=누적 표준 정규 분포

e=지수항 s=표준편차 ln=자연로그

$$d_1 = \frac{\ln(s/k)+(r+s^2/2)t}{s \cdot \sqrt{t}} \qquad d_2 = d_1 - s \cdot \sqrt{t}$$

이 방정식은 옵션과 파생상품의 기반이 되었다. 오늘날 옵션과 파생상품의 가치를 모두 더하면 1000조 달러 정도 된다. 지구상에서 생산된 모든 재화의 가치를 더한 값의 10배에 달하는 금액이다. 블랙-숄즈 방정식은 여러 방면에서 매우 뛰어나다. 하지만 간단하게 설명하자면 블랙-숄즈 방정식은 트레이더들에게 그전까지는 그 누구도 정확한 가치를 매길 수 없었던 대상, 즉 주식 시장에서 거래되는 옵션에 가치를 부여할 방법을 소개했다.

블랙-숄즈 방정식의 원리를 살펴보자. 가령, 이 책 한 부의 가격이 현재 10달러라고 가정해보자. 1년 후에 이 책의 가격이 어떻게 될지는 누구도 예측할 수 없다. 1년 후에는 이 책의 가격이 12달러가 될 수도 있고, 16달러가 될 수도 있고, 8달러가 될 수도 있다. 블랙-숄즈 방정식의 천재성은 이 모호한 값의 예상 가치를 정확하게 계산하는 데 있었다.

블랙과 숄즈는 이 책에 대한 옵션의 1년간의 기대 주가(12달러)와 옵션이 만기가 됐을 때의 실제 가격(16달러) 간의 차이가 곧 이 책의 옵션 가격이 된다고 이야기했다. 아아! 이렇게 계산하면 이 책의 가치는 4달러에 불과하다.

블랙-숄즈 방정식에 대해 생각할수록 이 방정식이 얼마나 기발한지 깨닫는다. 이 책의 타고난 책다움에 이 책의 가치가 있는 것이 아니다. 가치는 환상일 뿐이다. 진정한 가치에 대한 사람들의 판단은 계속해서 갈릴 수밖에 없기 때문이다. 중요한 것은 시장의 꽁무니를 쫓아다니며 사람들이 특정한 순간에 어떤 상품의 가치가 얼마 정도 된다고 생각할지 예측하는 것이 아니라 알 수 없는 대상에 가치를 매기겠다는 전반적인 계획에 내재한 본질적인 변동성을 받아들이는 것이다. 그렇게 블랙-숄즈 방정식은 가치를 구체적으로 측정하는 근본적인 법칙이 됐다.

블랙과 숄즈는 알버트 아인슈타인, 장 바티스트 페랭, 마리안 스몰루호프스키의 분자 이론, 즉, 액체와 기체의 무작위적인 움직임을 연구해 입자들의 운동 원리를 설명하고 심지어 예측하는 통합적인 원리를 만들어내려고 시도한 이론에서 영감을 얻었다.

블랙과 숄즈는 혼란을 다스리는 질서를 마련하고 월스트리트에서 일대 혁신을 일으킨 것처럼 보였다. 노벨상 수상자인 MIT 슬론경영대학원 경제학 교수 로버트 머튼은 1970년대 초에 학생들에게 블랙-숄즈 방정식을 가르쳤으며, 그후 월스트리트에서 블랙-숄즈 방정식이 퍼져나갔다고 기억한다. 머튼은 "이십대였던 그들이 이후 40년 동안 금융 서비스업계를 통째로 바꿔놓은 방법을 만들어냈다"라며, "사람들이 적용할 수 있는 보편적인 방법이었기 때문에 시장에서 방대한 혁신이 일어났다"라고 이야기한다.

월스트리트에서 블랙-숄즈 방정식을 처음 도입한 곳은 미국 투자은행 뱅커스 트러스트였다. 당시, 뱅커스 트러스트의 회장 찰스 샌퍼드는 블랙-숄즈 방정식이 자사의 가격 결정 접근 방법을 역동적이고 위험한 방식으로 바꿔줄 수 있는지 매우 궁금해했다. 샌퍼드는 "성공하는 사람들은 위험을 제대로 이해하기만 하면 무조건 피하는 게 아니라 오히려 위험을 활용해 생산성을 높일 수 있다는 사실을 잘 알고 있다"라고 지적했다.

뱅커스 트러스트는 '위험조정자본수익률risk adjusted return on capital, RAROC'이라는 정확하게 수치화된 위험 측정 방법을 이용해 블랙-숄즈 방정식을 실전에서 활용했다. 위험조정자본수익률은 거래 위험, 수익에 미치는 영향, 일련의 거래 및 주식 보유에서 비롯된 위험에 대한 수익률을 최적화하는 방안에 구체적인 값을 부여했다.

캘리포니아에서 활동하는 경제학자 헤인 릴런드는 블랙-숄즈 방정식을 한 단계 더 발전시켜 월스트리트가 위험을 가격 결정 전략으로 받아들이면 옵션 산업이 근본적으로 바뀌고 대거 발전할 것이라는 정확한 예측을 내놓았다. 릴런드는 위험을 평가하면 "주가 하락에 대처하기 위한 일종의 보험을 만들어낼 수 있으며, 비단 개별적인 주식뿐 아니라 투자 포트폴리오 전체를 관리하기 위한 보험을 만들어낼 수 있다"고 생각했다.[2] 블랙-숄즈 방정식을 활용하면 위성 산업 하나를 새롭게 만들어낼 수 있을 터였다.

'공매도'의 초기 형태였다. 1970년대에는 가격 책정 기법이 매우 빠른 속도로 발전했고, 릴런드는 영리하게도 월스트리트를 위험으로부터 보호하는 서비스를 제공하면 위험한 거래를 할 때 못지않게 많은 돈을 벌 수 있다는 사실을 깨달았다. 블랙-숄즈 모델의 천재성은 위험을 비즈니스의 동력 장치로 권장하는 동시에 기업의 위험 감수 수준을 조정해 모험적인 거래에 수반되는 위험을 낮추는 도구를 제공했다는 데 있었다.

머튼 교수는 1970년대에는 경제 상황 예측이 쉽지 않았다는 점을 고려하면 블랙-숄즈 방정식이 극적일 정도로 훌륭한 타이밍에 등장한 셈이라고 주장한다. 블랙-숄즈 방정식이 진정한 역량을 발휘한 시기는 전 세계가 심각한 불확실성 속으로 내던져졌을 때다. 불확실성이 증대된 주요 원인 중 하나가 1973년에 발생한 석유파동이었다. 제1차 석유파동은 위험을 이용해 금전적인 우위를 차지할 방법을 알아낸 카르텔이 블랙-숄즈 방정식을 활용하면 실제로 어떤 일이 벌어지는지 생생하게 보여준 사건이기도 했다.

1973년 10월 3일, 이집트, 시리아, 이라크가 주도하는 아랍연합이 유대교 최대 명절인 욤 키푸르Yom Kipur('속죄의 날'이라는 뜻-옮긴이)에 이스라엘을 침공했다. 중동 산유국들로 구성된 OPEC은 전쟁이 초래한 불안정성을 이용해 하룻밤 새 유가를 대폭 인상했다. 갑작스러운 아랍 국가들의 이스라엘 침략 사태에 어떻게 대처해야 할지 고심중이었던 미국의 결정에 따라 문제의 향방이 갈릴 수밖에 없는 엄청난 도박이었다. 전 세계가 거침없이 사막 위를 굴러가는 아랍 탱크들을 주시하는 가운데 유가가 천정부지로 치솟았다. 그보다 더욱 중요한 사실은 한번 치솟은 유가가 다시 내려오지 않았다는 것이었다.

아주 성공적인 전략이었다. 1973년의 유가 폭등에 대해 OPEC이 표면적으로 내놓은 정치적 이유는 이스라엘이 반격을 가해오는 상황에서 아랍의 이웃 국가들끼리 연합해야 한다는 것이었다. 하지만 OPEC이 유가를 대폭 인상한 진짜 이유는 오로지 경제적인 기회주의에서 비롯되었다.

아랍연합의 이스라엘 침략 엿새 후 닉슨 행정부는 이스라엘의 시리아 공격을 돕기 위해 무기를 제공했다. OPEC 회원국 지도자들은 10월 17일에 빈에 있는 본부에서 회동을 갖고 유가 인상을 이스라엘과 서방 동맹국에 맞서기 위한 무기로 삼기로 결의했다.

맨 처음, OPEC은 유가를 70퍼센트 인상하기로 결정했다. 하지만 12월이 되어 테헤란에서 다시 만난 OPEC 회원국들은 유가 130퍼센트 인상을 단행했다. 뿐만 아니라, OPEC은 미국, 캐나다, 일본, 네덜란드, 영국 등 아랍 국가로부터 수입하는 석유에 대한 의존도가 매우 높은 선진 공업국들에 대한 석유 수출을 전면 금지했다. OPEC은 1967년 6일전쟁(제3차중동전쟁을 뜻한다─옮긴이) 직후에도 석유 수출 금지를 시도했지만 당시에는 이런 시도가 실패로 끝났다. 하지만 이번에는 금수조치가 기대한 효과로 이어질 것이라고 확신했다. 미국과 영국 등 이스라엘의 반격을 지지하는 국가들은 지구상에서 석유 소비량이 가장 많은 국가들이었다. OPEC의 석유 수출 금지 조치가 길어지면 이 국가들이 감당하기 힘든 일이 벌어질 수밖에 없을 터였고, OPEC은 이 같은 사실을 잘 알고 있었다.

OPEC의 계획은 두 가지로 해석될 수 있었다. 표면적으로 이스라엘과 동맹국들에 대한 석유 금수조치는 OPEC이 아랍 국가들과의 정치적인 동맹을 위해 결단을 내렸다는 근거가 됐다. 하지만 OPEC이 표면적으로 내세운 이유 이면에는 경제적인 기회주의가 감춰져 있었다. 다시 말해서 OPEC은 하늘 높이 치솟는 유가를 낮추기 위한 그 어떤 노력도 없이 가격을 급등시킨 다음 새롭게 등장한 천문학적으로 높은 수준의 가격을 유지할 기회를 포착했다. 당시 이란의 국왕은 뉴욕 타임스와의 인터뷰에서 이렇게 이야기했다. "물론 국제 유가는 올라갈 겁니다. 틀림없이요! 얼마나 올라갈까요? 지금보다 열 배쯤 높아질 거라고 해둡시다."

그런 다음 OPEC은 화해의 손길처럼 보이는 제안을 내놓았다. OPEC

은 아랍 국가들에 유리한 조건으로 협상을 마무리하면 석유 수출 금지 조치를 철회하겠다고 제안했다. 닉슨 대통령의 입장에서는 진퇴양난의 상황이었다. OPEC이 제안한 조건에 따라 평화 교섭을 하면 석유 금수 조치는 해제되겠지만 미국이 수입하는 석유 가격이 배럴당 3달러에서 12달러로 4배 증가하고 그 수준에 머물게 될 터였다. 가격 인하는 협상 조건에 포함돼 있지 않았고, 닉슨은 OPEC의 요구에 굴복한 인물로 여겨질 것이 뻔했다.

하지만 미국 정부가 택할 수 있는 다른 방안 역시 전혀 매력적이지 않았다. 닉슨이 협상안을 받아들이지 않으면 정치 위기가 더욱 심각해지고 유가 역시 폭등할 것이 뻔했다. 어느 쪽을 택하건, 유가는 올라갈 수밖에 없었다. 닉슨은 다자회담을 시작했고, 1974년 1월 18일에 헨리 키신저 미국 국무 장관은 분쟁의 불씨가 된 시나이반도에서 이스라엘 군대를 철수시키기로 협상했다. OPEC은 3월이 되어서야 석유 금수조치를 철회했다. 국제 유가는 이제 배럴당 12달러라는 전례 없는 수준으로 올라갔다.

OPEC의 유가 인상은 블랙-숄즈 방정식이 실제로 적용된 사례였다. 블랙-숄즈 방정식이 등장하기 이전의 통념은 위험 극대화가 아닌 위험 최소화에 도움이 되는 세심한 판단을 기반으로 비즈니스 결정을 내려야 한다는 것이었다. 블랙-숄즈 이전 세상이었다면, OPEC은 군사 행동을 대담한 유가 인상 기회로 삼지 않았을 것이다. 블랙-숄즈 이전 세상이었다면, 이스라엘의 반격이 아랍 이웃국들을 지원한다는 OPEC의 뻔한 지지 성명으로 이어졌을 가능성이 크다. 어쩌면 1966년에 그랬던 것처럼 금수조치를 감행했을 수도 있지만 군사적이고 정치적인 위기를 온전한 비즈니스 기회로 받아들이지는 않았을 것이다. OPEC은 블랙-숄즈가 월스트리트에 전파한 위험에 관한 교훈을 직감적으로 느끼고 이판사판의 도박을 시작해 결과적으로 성공을 거뒀다.

OPEC의 행동은 월스트리트와 서구 국가들의 경각심을 불러일으켰다. 석유파동은 앞으로 다가올 세상은 제어 가능하지 않고 변덕스러우며 기업들은 폭풍우를 이용하는 노련한 뱃사람처럼 이런 변동성을 활용할 줄 알아야 한다는 블랙과 숄즈의 생각이 옳다는 것을 완벽하게 증명해 보였다. 가격과 가치가 예측 불가능한 수준으로 널뛰는 이런 새로운 세상에서는 신중한 접근 방법이 설 자리가 없었다. 새롭고 불안정한 경제 상황을 반영해 위험을 감수하려 들지 않는 기업은 헤엄을 멈춘 상어나 다름없다.

블랙-숄즈 방정식은 순식간에 월스트리트 곳곳으로 퍼져나갔다. 블랙과 숄즈는 애덤 스미스와 데이비드 리카도의 뒤를 잇는 경제 분야의 선지자로 일컬어졌다. 하지만 그중에서 특히 한 남자가 그들의 공식을 적극적으로 받아들여 은행 부문에 실제로 적용했다. 그 사내가 바로 로버트 달이었다. 달이 주목한 단 하나의 목표는 모기지(담보대출)였다. 모기지 같은 안전 자산을 확보한 다음 일련의 복잡한 '금융 상품'을 이용해 위험성 높은 '유동자산'으로 바꿔버리면, 해당 주택을 '증권'으로 거래할 수 있게 된다.

월스트리트는 더이상 유형의 제품을 거래하지 않았다. 대신, '증권화'된 약속, 혹은 진짜 사람이 소유한 진짜 물건이 보증하는 약속을 거래했다. '증권화'는 달의 작품이었다. 하지만 본질을 파고들면 블랙-숄즈 방정식을 증권거래소에 적용한 것이 바로 증권화였다. 달은 모기지 시장이 증권화를 위한 완벽한 수단이라고 믿었다. 그는 뜻밖에도 은행이 아닌 정부가 증권화를 가능케 하는 동력을 제공했다고 이야기했다. 미국 정계가 미국 유권자들에게 내건 약속 때문이다. 달은 "당시 정계에서 '모든 미국인에게 집을A Home for Every American'이라는 슬로건을 내걸었다"라고 이야기한다. "현실적인 약속이 아니었습니다. 그런 약속을 해서는 안 되는 겁니다. 하지만 사람들의 마음이 술렁였고 대중은 모두가 집을 갖게 될 거라는 기대에 부풀었습니다."

그 결과, 담보대출을 증권화하고 싶어했던 달 같은 사람들에게 빠른 속도로 성장하는 모기지 시장은 일종의 보험과 같았다. 빠르게 확대되는 모기지 시장은 월스트리트에 계속해서 돈을 공급하는 거대한 파이프라인의 역할을 했고, 위험한 거래의 위험도를 낮추는 데 도움이 됐다. 다시 말해서, 모기지 시장의 팽창 덕에 돈을 빌린 사람들이 손쉽게 대출을 갚을 수 있었다. 달과 월스트리트는 나날이 커지는 모기지 시장이 금세 위축되지 않을 것이라는 사실을 잘 알고 있었다. 모기지는 그동안 꿈도 꾸지 못했던 수준으로 증권화를 진행하기 위한 윤활유가 됐다.

1980년대 초에는 달이 시내에 있는 레스토랑으로 걸어들어가면 브로커들이 다가와 악수를 청하거나 샴페인을 사주곤 했다. "제가 그들을 백만장자로 만들어줬으니까요. 당연히 고마웠겠죠!"

증권화는 폭탄처럼 금융 시장을 강타했다. 주택을 증권화할 수 있다면 은행을 증권화하지 못할 이유가 있을까? 슈퍼마켓 체인이나 다국적기업을 증권화하지 못할 이유가 있을까? 한 나라를 통째로 증권화하지 못할 이유가 있을까? 2000년, 유럽연합은 그리스의 국가 재무 상태를 나타내는 대차대조표에 그리스가 하나의 자산으로서 얼마나 위험한지 경고문이 적혀 있는 사실을 뻔히 알면서도 기꺼이 위험을 감수하며 그리스를 유로존에 가입시켰다. 그 과정에서 유럽 중앙은행은 유럽 전체의 안정성을 위태롭게 만들었다.

하지만 전 세계가 알지 못했던 사실이 하나 있다. 당시, 장부를 조작해 그리스가 유로존에 가입하기에 '적격'인 것처럼 보이도록 만든 곳은 다름 아닌 골드만삭스였다.[3] 언젠가 미래에 신용도가 나아질 것이라는 약속 아래 하나의 국가 전체가 유동화됐다. 골드만삭스는 이런 방식이 위험하다고 경고했다. 하지만 당시는 이미 블랙-숄즈 방정식이 인기를 얻은 이후라, 위험은 좋은 것으로 받아들여졌다.

2007년 10월 9일 아침에 잠에서 깨어나 자신이 고안한 위험 시스템 위에 세워진 서구의 은행 시스템 전체가 무너졌다는 소식을 듣고서 달이 어떤 생각을 했을지 궁금했다.

달을 돌보는 간호사가 그의 곁에서 소란스레 움직인다. 달은 자신의 펜트하우스 아파트에서 직접 몸을 움직여가며 산소마스크를 잠깐 떼어낸다. "너무 지나쳤다는 걸 항상 잘 알고 있었습니다. 사람들이 너무 지나치게 밀어붙인 겁니다." 달은 그 모든 상황에서 자신이 어떤 역할을 했는지 잠깐 생각하더니 이렇게 답한다. "저는 로버트 오펜하이머(미국의 이론물리학자로 '원자폭탄의 아버지'로 불린다-옮긴이) 같은 존재였습니다. 원자폭탄을 발명했을 뿐, 제가 직접 그 원자폭탄을 떨어뜨린 건 아닙니다."

서브프라임에 불을 지핀 놀라운 사건

2007년, 블랙-숄즈 위험 감수 모델을 토대로 서브프라임 모기지 상품들을 차곡차곡 쌓아올린 젠가 피라미드가 궁지에 몰렸다. 하지만 금융 시장에 이런 대재앙이 닥치기 몇 년 전, 월스트리트는 이미 위험한 대출을 한데 모으면 어떤 일이 벌어질 수 있는지 슬쩍 확인했다.

달의 증권화 혁명이 월스트리트를 사로잡았던 1982년, 주머니 사정이 좋지 않았던 어느 건강보험업자가 플로리다에 있는 자택 현관에 앉아 지역신문을 읽고 있었다. 신문에는 피터 롬바르디의 흥미를 자극하는 기사가 실려 있었다. 샌프란시스코에서 이상한 질병으로 죽어가는 게이 남성들에 관한 기사였다.

1982년, 롬바르디가 샌프란시스코에서 운영중이었던 MBC라는 소규모 보험회사는 재정난을 겪고 있었다. 하지만 게이 남성에 관한 신문 기사를 읽은 롬바르디에게 좋은 생각이 떠올랐다. 롬바르디는 에이즈로 죽어가는 게이 남성들이 살아 있는 동안에는 생명보험에 쏟아부은 돈을 사용할 수 없다는 사실을 알아챘다. 정작 그들이 돈을 필요로 할 때 말이다. 이 돈만 있으면 좀더 나은 의료 서비스를 받거나, 파트너를 위해 모기지를 갚거나, 근사한 휴가를 보낼 수도 있을 터였다. 세상을 떠나기 전에 훨씬 안락한 삶을 누리기 위해 사용할 돈이었다. 이런 사실을 깨달은 롬바르디는 딜을 제안했다. 그들이 가입한 생명보험을 담보로 선불로 돈을 빌려주는 대신 그들이 사망하는 즉시 보험금을 전액 수령하기로 했던 것이다. 롬바르디는 자신이 만들어낸 이상하고 새로운 대출에 '말기환금'이라는 이름을 붙였다. 죽음을 거래하는 선물 시장을 만들어낸 것이다.[4]

롬바르디가 애당초 이 돈을 모두 빌려줄 수 있었던 이유는 먼저 자신이 터무니없이 높은 금리로 돈을 빌렸기 때문이었다. 다소 비도덕적이긴 했지만 기발한 아이디어였던 것만은 틀림없었다. 에이즈로 죽어가는 몇

몇 사내의 보험을 모으더라도 그것만으로는 금액이 얼마 되지 않았다. 하지만 수천 건을 모아 하나의 말기환금 계약으로 바꾸면 갑작스레 그 규모가 수억 달러로 늘어나고, 그 돈을 이용하면 훨씬 많은 돈을 빌리고 훨씬 큰 규모의 거래를 할 수 있었다. 말기환금은 롬바르디를 머지않아 월스트리트의 주요 인사로 만들어줄 것처럼 보였다.

하지만 말기환금이 기대한 결과로 이어지려면 에이즈에 걸린 남성들이 빨리 세상을 떠나야 한다는 중요한 요건이 성립돼야 했다. 그들이 빨리 세상을 떠날수록 롬바르디는 좀더 빨리 대출을 회수해 자신에게 돈을 빌려준 사람에게 빨리 돈을 갚을 수 있었다. 서브프라임을 꼭 닮은 야바위 게임이었다. 롬바르디의 말기환금 피라미드는 엄청나게 위험했지만 롬바르디는 자신이 위험을 잘 관리할 수 있다고 확신했다.

1985년에는 에이즈 치료에 효과가 있는 치료제가 처음 개발됐다. 영국 제약 회사 버로스-웰컴에서 일하는 바이러스학자 마티 세인트클레어의 주도하에 듀크대학에서 아지도티미딘이라는 HIV 억제제에 대한 임상 시험이 시작됐다. 사하라사막 이남 아프리카에 거주하는 수백만 명의 HIV 양성 환자들에서부터 샌프란시스코에 거주하는 남성들과 그들의 가족에 이르기까지 전 세계 모든 사람에게는 기적과 같은 일이었다. 하지만 롬바르디와 MBC에서 롬바르디의 파트너로 일하고 있었던 조엘 스타인거, 스티븐 스타인거 형제에게는 엄청난 재앙이었다.

돈이 회수되는 속도가 느려졌고 두려움에 사로잡힌 롬바르디는 어쩔 줄을 몰랐다. MBC는 더이상 채권자들에게 제때 돈을 갚을 수 있을 만큼 빠른 속도로 사망자들의 생명보험금을 타낼 수가 없었다. 당시, MBC는 2만 8000명이 넘는 말기 에이즈 환자에게 1억 달러가 넘는 돈을 빌려준 상태였다. 하지만 아지도티미딘의 등장으로 MBC의 비즈니스 모델이 무너져내리는 가운데에도 MBC는 백혈병, 암 같은 다른 질병으로 고통받는 사람들을 찾아내며 기존 전략을 더욱 세게 밀어붙였다. 1990년대 초가 되자 MBC가 공략할 에이즈 환자는 씨가 말랐지만 MBC는 돈벌이가 될 만한 훌륭한 비즈니스를 찾아냈다. 1994년부터 2004년까지 MBC는 전 세계에서 3만 명이 넘는 신규 '투자자'로부터 10억 달러가 넘는 자금을 조달했다.

그러던 중, 오랫동안 MBC의 뒤를 쫓아왔던 미국 국세청이 결국 MBC의 문제점을 적발해냈다. 2003년, 미국 증권거래위원회는 MBC가 미국 역사상 가장 큰 규모의 의료 사기를 저질렀다고 고발했다.[5] 재판에서 롬바르디에게 "에이즈로 고통받는 환자, 만성질환을 앓고 있는 사람들, 노인들의 생명보험을 사들였다"는 혐의가 적용됐다. 당시 MBC는 "약 3만 명의 투자자들에게 '말기환금'이라고 알려진 사망보험금을 여러 개의 지분으로 쪼개어 판매했다"는 이유로 기소됐다.

검찰은 MBC가 투자자들에게 말기환금을 위험도가 낮은 고정 수익 지급 상품으로 소개했지만 피보험자의 추정 기대 수명을 정확하게 추산하지 않고 이들의 기대 수명을 판단하는 과정에서 의사들이 독립적인 역할을 할 것이라고 오해하게 만드는 등 '여러 가지 중요한 사실'을 잘못 전달했다는 혐의를 제기했다. MBC의 '사기성 짙은 수법'은 거기에서 끝이 아니었고 몇몇 보험과 관련된 위험성, 보험료 지급 액수 및 시기, 투자자들에게 돈을 지불하기 위해 사용되는 자금의 실제 출처 등을 정확하게 알리지 않았다.

롬바르디는 자신의 변론이 효과적일 것이라고 낙관했다. 긍정적으로 생각해보면, 그의 비즈니스는 다른 식으로는 돈을 마련할 수 없는 사람들을 위한 공익 서비스로 해석될 여지도 있었다. 현금이 오간다는 차이가 있긴 하지만 일종의 댈러스 바이어스 클럽(에이즈에 걸린 로널드 우드루프라는 남자가 자신과 다른 에이즈 환자들을 위해 미국에서 허용되지 않는 약물을 해외에서 반입해 유포하다 적발된 사건으로, 관련 내용은 〈달라스 바이어스 클럽〉이라는 제목의 영화로 제작됐다-옮긴이)이라고 볼 수도 있었다. 하지만 법원은 시각은 달랐다. 결국 그들은 각각 15년에서 20년에 이르는 형을 선고받았다.[6]

그다음에 벌어진 사건이 아니었더라면 롬바르디의 이야기와 MBC가 기이한 폰지 사기에 수천 명을 끌어들인 이야기는 단지 역사의 특이한 한 장면으로 남고 말았을 테다. 롬바르디가 감옥에 갔던 2004년, 리먼 브라더스, ACC 캐피털 홀딩스, 메릴린치, 웰스 파고, 컨트리와이드 파이낸셜, HSBC, 론스타, JP모건 체이스, 그 외 미국의 25개 대형 금융 기관들이 위험한 대출을 하나의 상품으로 묶는 새로운 모델에 관심을 가지면서 말기환금은 놀라운 부활을 맞았다.

달은 월스트리트의 정신에 위험을 깊숙이 새겨넣었다. 하지만 월스트리트는 롬바르디의 활약에 힘입어 위험을 한 단계 높은 수준으로 끌어올리려 했다. 주택 시장을 위한 말기환금 계약을 한데 모아 '서브프라임 모기지'라는 이름을 붙이려 했던 것이다.

2004년에 고요한 은행 복도를 걸어가는 조용하고 사려 깊은 은행가들에게 그들이 하려는 일이 죽어가는 사람들을 이용해 돈을 번 죄로 유죄를 선고받은 범죄자들이 저지른 보험 사기와 비슷한 데가 있다고 이야기했더라면 아마도 그들은 움찔하고 놀랐을 것이다. 하지만 메커니즘은 똑같다. 서브프라임 비즈니스가 성공하려면 고위험군에 속하는 고객들에게 대출해준 다음 수백만 건에 달하는 이런 대출을 하나로 모아 엄청난 규모의 부채로 만들어 그 상품을 거래해야 했다.

　2007년이 되자 주택 시장의 거품이 터지고 위험천만한 서브프라임 피라미드가 무너져내렸다. 리먼 브라더스는 도산했고 은행 시스템 전체가 완전히 붕괴하기 직전까지 내몰렸다. 전 세계가 불황에 빠졌고 세계경제는 아직 불황에서 완전히 벗어나지 못했다. 여기까지는 이미 잘 알려진 이야기다.

　하지만 달이 1980년대 초에 증권화의 기반이 되었다고 상기한 '모든 미국인에게 집을'이라는 미국 정부의 위험천만한 정치 슬로건이 기묘하게 되풀이됐다. 마이클 블룸버그는 2004년의 서브프라임 배후에 존재했던 똑같은 추진력에 관해 설명했다. 블룸버그는 2011년 11월 1일에 맨해튼 중심가에서 열린 비즈니스 오찬 모임에서 뉴욕 은행가들에게 "모기지 위기를 초래한 것은 은행이 아니었다"라며 다음과 같이 설명을 이어나갔다. "이건 아주 분명하고 간단했습니다. 가장자리까지 내몰린 사람들에게 모기지를 내주도록 모두에게 강요한 의회 말입니다. 그들이 바로 현명하지 못한 대출을 승인하도록 패니 메이와 프레디 맥을 압박한 사람들입니다. 의원들이 모두에게 돈을 빌려주도록 은행을 압박한 장본인입니다. 그래놓고 이제 우리는 은행을 비난하려 합니다. 은행이 하나의 표적이 돼버렸고 은행을 비난하는 것이 쉽기 때문입니다. 의원들은 절대로 스스로를 책망하지는 않을 겁니다."[7]

　그로부터 10년이 흐른 지금, 서브프라임이 다시 돌아왔다. 10년 전에 서브프라임 사태를 초래했던 추진력도 그대로다. 금융 기관들은 모든 사람에게 대출을 제공하기 위해 신용도가 안전한 대출자들을 넘어서서 고위험군에 속하는 대출자들에게 접근하고 있다. 정부가 이런 원칙을 승인했기 때문이다.

2016년이 되자 웰스 파고와 뱅크 오브 아메리카, 그 외 첫번째 서브프라임 모기지 사태에 대한 책임이 있는 바로 그 은행들이 또다시 3퍼센트도 채 되지 않는 계약금만 낸 사람들에게 모기지를 내주기 시작했다. 이번에는 몇몇 안전장치를 해뒀다는 차이가 있었을 뿐이다. 웰스 파고는 소비자들과 새로운 딜을 했다. 저축이 전혀 없으면 좀더 낮은 금리를 적용받을 수 있었다. 유일한 조건은 정부가 지원하는 '개인 재무관리 강좌'에 등록하는 것이었다. 뱅크 오브 아메리카는 소득이 전국 평균보다 낮다는 사실을 증명할 수 있는 사람에게는 특별히 낮은 금리로 대출을 해줬다.[8]

2017년 8월, 두번째 서브프라임 모기지 사태의 전조가 월스트리트에 모습을 드러냈고, 대출 기관들은 기시감을 느꼈다. 이번에는 자동차 대출이 문제였다. 프로비던트 파이낸셜은 집이 아닌 자동차를 담보로 대출을 내주는 서브프라임 기법에 '개인 계약 계획personal contract plan, PCP'이라는 이름을 붙여 대출을 해줬다. 프로비던트 파이낸셜의 고객 대출 상환률은 단 1년 만에 90퍼센트에서 57퍼센트로 내려갔다. 프로비던트 파이낸셜의 주가는 곤두박질쳤고 실적 공개 후 CEO는 사퇴했다.

세계경제를 뒤흔든 2007~2008년의 첫번째 금융 위기 이후, 자동차 판매는 경제 회복을 주도했다. 하지만 이제 자동차로 인해 또다른 위기가 발생하려 했다. 첫번째 금융 위기와 차이가 있다면 미국의 자동차 대출 시장 규모가 1조 1000억 달러에 불과하다는 점이었다. 주택 담보대출

시장의 규모는 무려 14조 달러에 달한다. 뿐만 아니라, 자동차를 담보로 대출을 해주는 기관들은 은행이 아니기 때문에 관련 위험이 시스템 전체에 영향을 미치는 것으로 여겨지지 않는다. 다시 말해서, 하나의 대출 기관이 망하더라도 반드시 시스템 전체가 망하는 것은 아니었다.

하지만 자동차 판매를 소비자 신뢰 지표로 삼는 방식을 토대로 하는 경기 회복은 서브프라임 모기지를 기반으로 이뤄낸 경제 호황 못지않게 위험할 수도 있다. 가디언 경제 전문 기자 필립 인먼은 "이와 같은 자동차 매출이 없으면, GDP 성장, 임금 성장, 그 외의 경제성장을 나타내는 모든 표준 지표들이 멈춰 서게 된다"라고 적었다.

공매도와 아랍의 봄

미국의 주택가뿐 아니라 세계 곳곳에서 위험이 모습을 드러냈다. 2010년 12월 16일, 튀니지에서 과일 노점상을 하는 스물여섯 살의 무함마드 부아지지는 다음날 시장에서 판매할 과일과 채소를 구입할 돈이 필요했다. 식료품 가격이 천정부지로 치솟은 탓에 북아프리카에서 살아가는 다른 모든 노점상들이 그랬듯 부아지지 역시 돈을 빌릴 수밖에 없는 처지가 되었다.

다음날 부아지지는 일찍 일어났다. 그는 오전 8시 무렵 시디 부지드 시장에 도착해 여느 때와 같은 곳에 자리를 잡았다. 하지만 목격자들의 증언에 따르면 오전 10시 30분 무렵 현지 경찰이 그에게 자리 이동을 요구하기 시작했다. 표면적인 이유는 그에게 판매 허가증이 없다는 것이었다.[9]

돈을 둘러싼 언쟁이 뒤따랐다. 경찰과 시청 단속반원들은 그동안 부아지지에게 뇌물을 갈취해왔었지만, 이번에는 뇌물 요구가 순순히 받아들여지지 않았다. 부아지지가 고집을 꺾지 않자 파이다 함디라는 마흔다섯 살의 시청 직원이 부아지지의 뺨을 때렸다. 함디는 그런 다음 부아지지에게 침을 뱉고 그의 전자저울을 몰수했다. 곧이어, 이름이 알려지지 않은 두 남자와 함디는 부아지지의 수레를 골목으로 내동댕이쳤고 수레는 그대로 엎어졌다. 부아지지는 모든 물건을 압수당했다. 그에게는 더이상 생계를 꾸려나갈 방법이 없었다. 다른 상인들을 위해 부기와 회계를 도와주는 조용한 사람이었던 부아지지는 격분했다. 부아지지는 함디의 상사인 시디 부지드 지사와의 면담을 요청했지만 묵살당했다.

부아지지는 관공서를 빠져나와 커다란 페인트 시너 한 통을 구입했다. 시디 부지드 지사 사무실 바깥쪽 보도 위에 선 부아지지는 자신의 몸에 페인트 시너를 쏟아부었다. 구경꾼들이 모여들어 휴대전화를 꺼내들었다. 당시 부아지지는 "도대체 어떻게 생계를 꾸려나가라는 겁니까?"라고 울부짖었다고 한다.[10] 그런 다음 그는 성냥을 꺼내 자신의 몸에 불을 붙였고 그렇게 혁명이 시작되었다.

부아지지가 목숨을 잃은 후 튀니지 정부는 그를 모방해 분신하는 사람이 나타날지도 모른다는 우려 때문에 천여 명의 인파가 모여든 장례 행렬이 분신 장소를 지나가지 못하도록 막았다. 하지만 아랍의 봄은 이미 시작되었다. 군중은 다 함께 외쳤다. "잘 가시오. 무함마드 부아지지. 우리가 당신의 원수를 갚겠습니다." 사람들이 소셜 미디어에서 집결하기 시작했다.

아랍의 봄은 흔히 '트위터 혁명'으로 불린다. 하지만 부아지지가 분신을 감행했던 날 튀니지에서 사용중이었던 트위터 계정은 200개에 불과했다. 하지만 페이스북 계정 수는 200만 개에 달했고 수백만 명의 페이스북 사용자들이 몇 안 되는 트위터 포스트를 북아프리카에서 공유한 결과 봉기가 시작되었다. 소셜 미디어에서 한 장의 사진이 특히 많은 사람들의 관심을 끌었다. 그 사진에 담긴 인물은 부아지지가 아니라 점점 늘어나는 군중을 촬영하기 위해 블랙베리 휴대전화를 높이 들어올린 히잡을 쓴 여자였다. 부아지지의 행동 못지않게 중요했던 것은 그의 행동이 많은 사람에게 알려졌다는 사실이다.

북아프리카 전역으로 확산한 아랍의 봄은 가장 먼저 벤 알리가 이끄는 튀니지 정부에서부터 시작해 이집트의 무바라크 정부, 리비아의 카다피 정부, 예멘의 셀레 정부까지 도미노처럼 북아프리카 각국 정부를 차례로 무너뜨렸다. 시리아에서는 민주주의를 지지하는 반대 세력이 아사드 정권에 맞서면서 복잡한 내전이 벌어졌고 결국 러시아, 미국, 유럽까지 시리아의 내전에 개입하게 되었다.

북아프리카의 정치 공백을 메운 세력은 이슬람 스테이트Islamic State, IS였다. IS는 이전에 등장한 과격 이슬람 단체 알카에다와 달리 체제가 무너져내린 지역에서의 영토 확보를 전 대륙을 아우르는 칼리프의 나라, 즉 검은색 깃발로 하나 되어 대서양에서 홍해에 이르는 국경 없는 이슬람 국가를 건설할 기회로 여겼다. 마을로 진군한 IS는 단순히 공포정치로 현지 주민들의 지지를 끌어내는 데서 그치지 않았다. IS는 밀 가격을 낮춰 주민들의 마음을 얻었다.

무함마드 부아지지의 죽음은 1916년에 체결된 사이크스-피코협정이 북아프리카를 프랑스와 영국, 제정 러시아의 '영향권'으로 쪼개놓은 이래로 중동에서 가장 극적인 변화를 초래했다. 사이크스-피코협정은 유대인과 아랍인 모두에게 제1차세계대전을 지원해주면 고국 땅에서 살 수 있게 해주겠다는 약속으로 종교 갈등의 씨앗을 뿌렸다. 그로부터 한 세기가 지난 후, 갑작스러운 식품 가격 폭등으로 인해 나락까지 떠밀려 치욕을 당한 노점상이 중동의 정세를 새롭게 바꿔나갔다. 사이크스-피코협정은 종교적 원리주의를 부채질했고, 2010년에는 밀 가격 급등이 IS와 네번째 지하드(이슬람교와 마찬가지로 같은 아브라함 계통의 기독교에서 말하는 영적전쟁과 유사한 개념이다. 좁은 의미로는 이교도의 이슬람 국가 침략에 대한 저항을 뜻한다-옮긴이)의 등장에 불을 지폈다.

서구에서는 아랍의 봄을 자유와 민주주의를 얻기 위해 자발적으로 분노를 표출한 사건으로 받아들였다. 하지만 아랍의 봄은 그렇게 시작된 것이 아니었다. 겉으로 드러난 상황 이면에 아랍의 봄을 촉발한 또다른 요인이 있었다. ABCD라는 수수께끼 같은 두문자어에 해당하는 몇몇 미국 기업들과 관련된, 거의 알려진 바 없는 금융 기법이 바로 그것이다.

ABCD

아처 대니얼스 미들랜드ADM과 벙기Bunge , 카길Cargill, 루이스 드레퓌스Louis Drefus는 세계 최대 곡물 기업들로, 앞 글자를 따 ABCD라고도 부른다. 이들은 전 세계 밀의 90퍼센트를 통제한다. 식품 전문 보도 기자 펠리시티 로런스는 가디언에 실린 기사에서 "당신이 세계 어디에 있든, 시리얼에 있는 옥수수건 빵에 있는 밀이건 주스에 있는 오렌지건 잼에 있는 설탕이건 비스킷 위에 바른 초콜릿이건 컵에 담긴 커피건, (…) 소고

기나 닭, 돼지고기 중 무언가를 먹었거나 소금이나 잔탄검, 녹말, 글루텐, 감미료, 지방이 들어간 무언가를 구매했거나, 금세 요리해서 먹을 수 있도록 준비된 간편식을 구매했다면 ABCD가 당신의 소비에 영향을 미치고 있다"라고 적었다.[11] 본질을 따져보면, ABCD가 지구 전체를 먹여 살리는 셈이다. 1970년대 초, 닉슨 대통령은 식품 부문 대기업들에게 소련에 판매하는 옥수수 가격을 인상해 굶주린 공산주의의 굴복을 끌어내는 방안을 제안했다. 하지만 식품 기업들은 닉슨의 제안을 거절했고 닉슨도 결국 뜻을 굽혔다.[12]

런던 소아스대학 제인 해리건 교수는 그동안 세계 4대 곡물 기업들이 식품 가격을 어떻게 통제하고 아랍의 봄에 얼마나 커다란 영향을 미쳤는지 파헤치는, 광범위한 연구를 진행해왔다.[13] 해리건은 메나MENA(중동을 뜻하는 Middle East와 북아프리카를 뜻하는 North Africa의 머리글자를 따서 만든 표현-옮긴이) 지역이 지구상에서 '식량 안보'가 가장 취약한 곳이라는 사실을 알아냈다. 전체 인구를 먹이기 위해 필요한 식량의 양과 수입되는 식량의 양 간의 격차가 지구상 그 어디보다 큰 곳이 바로 메나 지역이다. 전체 식량 중 50퍼센트가 수입되며 수입되는 식량의 35퍼센트가 밀이다. 한마디로, 이 지역 전체가 빵을 주식으로 삼고 있다.

하지만 2010년에는 거대 식품 기업 ABCD가 위기에 직면했다. 수확량이 얼마나 될지 예측할 수 없었던 탓에 곡물 가격 책정이 매우 힘들었고 2010년에는 결국 이윤이 감소했다. 사실 식량 가격 책정은 항상 무척 불확실한 일이었다. 미국 국립생물정부센터의 식품 전문가 C.L. 길버트와 C.W. 모건은 1960~1970년대에는 식량 가격의 변동성이 극심했다고 지적했다. 하지만 2010년을 맞이한 4대 곡물 기업들에게는 1960~1970년대에는 없었던 블랙-숄즈 방정식을 기반으로 곡물 가격을 효과적으로 통제하는 메커니즘이 있었다. 바로 공매도였다.

ABCD는 사실상 국제 곡물 시장에서 자신들의 상품인 곡물에 반대하는 쪽에 돈을 걸기 시작했다. 물론 이 기업들은 가격 책정의 안정성을 높이기 위해 이런 전략을 사용했다고 주장하곤 했다. 만약 특정 곡물의 수확이 좋지 않으면 해당 곡물에 대한 헤지 전략 덕에 문제없이 넘어갈 수 있고, 해당 곡물의 수확이 좋으면 어쨌건 돈을 벌 수 있으니 말이다. 윈-윈 전략이다. 예기치 못한 작황이 수익성에 영향을 미칠 위험을 상쇄시키면서 여전히 곡물 가격을 통제할 수 있기 때문이다.

국제구호기구 옥스팜같이 현장에서 활동하는 자선단체들을 비롯해 곡물 기업들을 비판하는 사람들은 이런 전략이 가격 변화의 영향을 받는 사람들의 목숨을 담보로 벌이는 룰렛 게임과 다르지 않다고 주장한다. 그들은 곡물 기업들이 주장하는 안정성이 결국 밀을 직접 소비하는 사람들이 아니라 월스트리트의 투자자들을 위한 것이라고 주장한다.

2008년 금융 위기는 많은 산업에 영향을 미쳤고, ABCD 역시 커다란 타격을 입었다. ABCD는 2010년에 단행한 전 세계 밀 가격 인상 정책이 2007~2008년의 금융 위기가 곡물 비즈니스에 타격을 입힌 데 따라 곡물 가격을 어느 정도의 평형 상태로 되돌리기 위한 가격 재정상화 전략의 일부였다고 항변했다.

베이루트아메리칸대학교 곡물 식품과학 교수 라미 주라이크는 다음과 같이 지적한다.[14] "이집트에서는 빵을 에이시aish라고 부릅니다. '생명'이라는 뜻입니다. (…) 예멘에는 스무 개가 넘는 종류의 빵이 있습니다. (…) 이집트 나일강에서부터 티그리스강과 유프라테스강 유역에 이르기까지 길게 뻗어 있는 비옥한 초승달 지역은 농경이 시작된 곳입니다. 밀과 렌즈콩, 병아리콩, 올리브를 처음으로 재배한 곳이고 양과 염소를 처음으로 길들여 가축으로 기른 곳입니다."

가장 비옥한 땅을 가졌는데도 메나 지역은 세상에서 가장 가난한 곳 중 하나다. 이집트와 예멘의 국민 중 40퍼센트가 빈곤층에 속한다. 왜 그럴까? 이론적으로 생각해보면 토양이 비옥하니 가장 자급자족이 잘되는 지역 중 한 곳이 돼야 마땅하다. IMF와 세계은행이 농업 보조금을 삭감하고 서구 국가로의 과일 수출을 장려했던 1980년대 이후, 이 지역은 현지 곡물 생산에 투자하는 대신 미국의 거대 곡물 기업 ABCD가 공급하는 밀의 수입에 점차 의존하게 됐다.[15]

2006~2007년처럼 작황이 좋을 때라 하더라도 소비자들이 반드시 가격 인하 효과를 직접 느낄 수 있는 것은 아니다. 이런 일이 벌어지는 원인은 석유업계와 마찬가지로 ABCD 역시 원자재 확보 가능성이나 가격에 변화가 생길 시 가격을 낮춰 소비자에게 즉각적으로 혜택을 제공하기보다 이런 변화를 통해 얻은 이익을 은행에 넣어둬야 한다고 생각하기 때문이다. 석유업계와 마찬가지로 대형 식품 기업들은 해가 바뀌어도 계속 유지되는 상대적인 가격 안정성이 소비자에게 제공되는 진정한 혜택이라고 주장한다. 가격이 하락하더라도 곡물 가격 인하를 기대하는 소비자를 위해 곡물 가격을 낮추지는 않지만, 마찬가지로 공급이 큰 폭으로 오르락내리락하더라도 변동성에서 비롯된 가격 부담을 소비자에게 전가하지 않는다는 뜻이다.

하지만 무함마드 부아지지가 튀니지에 있는 어느 시장에서 과일과 채소를 팔 준비를 하고 있었던 2010년에는 상당한 가격 인상이 있었다. 해리건 교수는 당시의 가격 인상을 다음과 같은 맥락에서 바라봤다. "어떤 나라가 얼마나 곤궁한지 알려주는 한 가지 척도가 식량 격차입니다. 즉, 필요한 식량에 비해 국내에서 생산되는 식량이 얼마나 부족한지가 하나의 척도가 됩니다. 이 척도를 기준으로 살펴보면, 메나 지역의 상태가 가장 심각합니다. 아랍 국가에서 소비되는 전체 열량 중 50퍼센트가 수입 식품을 통해 섭취됩니다. 그중에서 밀이라는 단 한 품목이 차지하는 비중이 무려 35퍼센트에 이릅니다."

ABCD가 메나를 비롯해 식량 안보가 위협받는 지역에서 가격 안정성을 높이는 데 자사가 기여하고 있다는 주장을 펼칠 수도 있다. 하지만 2010년에 ABCD가 식량 가격을 대상으로 '공매도'를 시작함에 따라 이 같은 가격 안정성이 사라져버렸다.

이런 지역에서 식량 가격이 소폭 인상됐을 때 나타나는 결과는 서구와는 다르다. 가처분소득이 적기 때문에 소비자들이 가격 인상을 받아들이기 힘들며, 이들의 생활 수준은 서구에서 '최저 생활 수준'이라고 불리는 것과 유사하다. 이런 지역에서는 가격 인상이 비극적인 결과로 이어질 수 있다. 2010년에 식량 가격이 급등하자 아프리카 대륙 전역에서 식량 위기가 벌어졌다.

메나 지역에서는 항상 '식량 폭동'이 있었지만, 이번에는 무언가 달랐다. 주라이크 교수는 이렇게 설명한다. "튀니지에서 발생한 첫번째 아랍의 봄 시위는 금세 또다른 식량 폭동쯤으로 치부됐습니다. 시위가 발생하자 아랍 정권들은 식량 가격을 조정하고 좀더 많은 보조금을 제공했습니다. 보조금을 약간 인상하면 대중의 압력이 조금 줄어들지만 동시에 수입업자들과 제조업체들의 이윤도 늘어납니다. 하지만 이번에는 밀가루를 트럭으로 쏟아부어도 기대했던 효과가 나타나지 않았습니다."

2010년, 부아지지가 분신하기 몇 주 전, 오바마 대통령은 ABCD와의 전쟁에 돌입했다. WHO와 유니세프, 고든 브라운 영국 총리, 니콜라스 사르코지 프랑스 대통령의 압력을 견딜 수 없었던 오바마는 세계에서 가장 가난한 지역에서 거대 식량 기업이 곡물 가격을 대상으로 공매도하는 것을 제한하는 법안을 통과시키려 했지만, 그의 시도는 실패로 끝나고 말았다. 당시 오바마 행정부는 식품업계에 맞서는 것을 주저했고, 정부의 이런 태도가 법안 통과 실패에 영향을 미쳤다. 그 무렵, 미국은 자국의 아동 비만 문제 해결을 위해 탄산음료에 설탕세를 부과하려던 참이었기 때문에 추가적인 제재로 식품업계를 자극하기는 힘든 상황이었다. 오바마 행정부가 결국 뜻을 굽히자 ABCD는 밀 가격 문제를 놓고 똑같은 싸움을 벌이면 어떤 결과가 나올지 쉽게 예측할 수 있었다.

정치적인 맥락 외에도 ABCD가 정말로 비난받아 마땅한가를 두고 경제학자들 사이에서도 의견이 분분하다. 식품업계 전문가 소피아 머피, 데이비드 버치 박사, 제니퍼 클랩 박사는 옥스팜이 2012년 8월에 공개한 밀 가격 변동성에 관한 보고서에서 이렇게 설명했다. "새로운 금융 파생상품이 도입된 농업 상품 선물 시장이 최근의 식량 불안정성을 초래한 핵심 원인인지를 놓고 경제학자들 사이에서 특히 열띤 논의가 벌어졌다."[16] 하지만 그들은 ABCD가 2007~2008년 금융 위기 이후 가격 재조정이 필요할 정도로 이윤에 타격을 입지 않았다고 지적했다. 세 저자는 대형 식품 기업들을 괴롭히는 진짜 문제는 몇 차례의 흉작이 아니라, 금융 위기 이후 ABCD의 공매도 역량을 제한하는 법안, 그중에서도 특히

2010년 7월에 상품 파생상품 시장 관리를 담당하는 규제 기관 설립을 요구하는 도드-프랭크법이 통과된 것이라고 설명한다.

벙기(ABCD 중 B)는 주주들에게 공개하는 2010년 연례보고서에서 다음과 같이 기술했다. "지금으로서는 도드-프랭크법 및 관련 규정들이 벙기에 구체적으로 어떤 영향을 미칠지 예측하기 힘들지만, 그로 인해 상당한 추가 비용이 발생하고 일부 파생상품 거래와 관련된 비용 및 조건뿐 아니라 이런 거래의 발생 가능성마저 실질적인 영향을 받게 될 수도 있습니다."

도드-프랭크법으로 인해 ABCD의 인위적인 가격 조작 역량이 제한되기 전에는 부아지지가 분신한 튀니지를 비롯한 아프리카 메나 지역 전역에서 밀 가격이 급등했다. 아랍의 봄이 시작되고 IS의 주도하에 네번째 지하드의 물결이 국경을 넘어 여러 나라로 퍼져나갔다. 고대 로마의 풍자 시인 유베날리스는 정치인들이 대중의 마음을 얻으려면 '판엠 엣 서커스panem et circenses('빵과 서커스'라는 뜻의 라틴어로 쾌락과 유흥을 제공하는 우민화 정책을 이용해 권력을 공고히 하는 방식-옮긴이) 전략'을 활용해야 한다고 했다. IS는 권력을 다져가는 과정에서 현지인들의 지지를 얻으려면 '빵과 서커스'가 매우 중요하다는 사실을 깨달았다.

ABCD는 위험한 게임을 벌이고 있었고, 패자는 자신이 게임에 참여하고 있는 줄도 몰랐던 사람들, 즉 북아프리카 사람들이었다. 북아프리카 사람들은 아프리카를 식민 지배했던 서구의 손아귀에서 마침내 '해방'될 수 있었다. 하지만 식량 가격 문제를 놓고 보면, 칼리프의 나라를 건설하겠다며 검은 깃발을 앞세워 영역을 확대해나가던 세력이 자신들이 '해방시켰던' 바로 그 사람들을 마음대로 주무르게 됐다.

북아프리카 국가들이 차례로 무너지자 난민들을 태운 배가 지중해를 건너기 시작했고 이런 변화는 유럽 본토에서 위기를 촉발했다. 이로 인해 유럽에서는 쇄도하는 이민자들에 대한 공포가 퍼져나갔고 반이민을 앞세운 정당들이 유럽 전역에서 등장했다. 이 모든 것이 몇몇 식품 기업들이 밀 가격을 놓고 공매도를 한 탓에 벌어진 일이었다. 2017년 6월 8일, 도드-프랭크법이 폐지되었고 2007~2008년 금융 위기 이후 ABCD가 식량을 금융화하지 못하도록 제재하는 역할을 해왔던 장애물이 사라져버렸다.

위험도가 커지는 중국

2016년, 세계 2위 경제 대국 중국이 위험에 봉착했다. 중국 은행들의 전략은 고위험 부채를 그들이 소위 '투자'라고 부르는 대상으로 전환하는 것이었다. 이런 부채를 대차대조표에서 털어내고 신탁 회사 및 증권 중개업체들과 '파트너 관계'를 체결하기 위해서는 '그림자 금융shadow banking(금융 당국의 규제를 받지 않는 일종의 비제도권 금융-옮긴이)' 전략이 필요했다. 실제로 벌어지고 있는 일의 심각성을 감추기 위한 전략이었다.[17]

2016년, 중국인민은행 총재 저우 샤오촨은 중국에서 생성되는 악성 부채 수준을 전 세계가 과소평가해서는 안 된다고 경고했다. 샤오촨은 중국이 전 세계 부채에 대해 보증을 서고 있는 만큼 중국의 악성 부채 문제가 매우 중요하다고 강조했다. 미국이 2008년에 위기에서 벗어나기 위해 7000억 달러의 채권을 발행했던 대상이 바로 중국이었다.[18] 중국이 사실상 엄청난 금액의 당좌차월(일정 한도까지는 예금 잔액을 초과하여 수표를 발행해도 은행이 지급할 수 있도록 허용해주는 것-옮긴이)을 허용했던 셈이다. 2016년, 댈러스에서 활동하는 헤이먼 캐피털 매니지먼트의 공매도 전문가 카일 배스는 중국의 부채가 10조 달러에 달하는 것으로 어림잡아 계산했다.[19] 서구 은행들이 관리하는 그 어떤 부채보다 큰 규모였다. 악성 부채 관리에 실패하면 누가 중국을 구제할 수 있을까?

파이낸셜 타임스의 위안 양과 개브리엘 와일도는 중국의 부채 현황을 제대로 파악하고 수치화하기가 얼마나 힘든지 조사했다. 대출 기관들은 '사실상 대출이지만 제3자가 발행한 투자 상품처럼 보이도록 만들어진 자산'을 활용한다. "은행들은 이와 같은 금융 연금술을 활용해 위험을 제한할 목적으로 고안된 규제를 피해 간다."

2016년 6월이 되자 은행의 위험을 억제하기 위해 생겨난 규제로 인해 오히려 은행들이 더욱 커다란 위험을 감수하게 되었다는 비난의 목소리가 높아졌다. 대출 기관들은 은행의 규제 회피를 어렵게 만드는 안전 규제 방안을 제안했다는 이유로 바젤 은행 감독 위원회를 비판하고 나섰다.[20] 새로운 규제 방안으로 인해 대출 기관들이 가장 취약한 대상에 돈을 덜 빌려주기는커녕 오히려 더 많이 빌려주게 될 가능성이 있었다.

이제 위험은 금융 시스템과 동의어로 여겨질 정도로 정상화돼버렸다. 블랙과 숄즈가 처음 방정식을 만들어냈던 1970년대에 깨달았듯이, OPEC이 유가를 걸고 전 세계를 인질로 삼았을 때 깨달았듯이, 위험은 매우 수익성이 높을 수도 있다. 그런 도박이 잘만 되면, 그 결과는 매우 좋다. 하지만 잘못되면 대부분의 사람이 생각조차 하고 싶어하지 않는 일이 벌어진다.

이런 식의 위험한 사고가 보편적이지 않았던 시기를 기억해내기는 쉽지 않다. 하지만 1929년에 월스트리트 주식 시장이 대폭락했던 원인은 당시 상황이 위험천만했기 때문이다. 다시 말해서, 월스트리트 전문가들의 전유물이었던 주식 시장의 투기 바람이 개미투자자들에게로 확대된 것이 문제였다. 2007년에 그랬듯 1929년에도 이미 손쓸 수 없는 지경이 된 후에야 사람들은 문제가 있다는 사실을 알아차렸다. 금융 시장이 붕괴하기 직전이었던 1929년 8월 당시, 브로커들이 미국 전역의 개미투자자들에게 빌려준 대출금의 규모는 그들이 신용거래로 사들인 전체 주식 액면가의 2/3에 달했다. 대출 규모가 미국 내에서 유통되는 화폐 총액을 뛰어넘을 정도였다.

뒤이어 상업은행과 투자은행의 업무를 분리하기 위해 글래스-스티걸법이라고도 불리는 1933년 은행법이 제정되었다. 금융 시스템 전체를 좀더 엄격하게 통제함으로써 투기로 인한 또다른 주식 시장 폭락을 막는 것이 목표였다. 그로부터 66년이 지난 1999년에는 은행들이 다시 한번 자유를 찾기 위해 몸부림을 친 탓에 글래스-스티걸법이 폐지되고 말았다(사실 은행들은 이미 오래전부터 글래스-스티걸법을 교묘하게 피하고 있었지만 글래스-스티걸법 폐지는 비즈니스 분야에서는 기업을 규제하기보다 기업에게 결정권을 주어야 한다는 메시지를 전달하는 매우 중요한 상징적인 사건이었다).

비즈니스 규제를 이런 식으로 조였다 풀었다 하는 것이 바로 자본주의의 역사다. 도드-프랭크법은 2007~2008년 같은 금융 위기가 또다시 발생하지 않도록 예방할 목적으로 도입된 법이었지만 글래스-스티걸법이 그랬듯 결국 폐지 수순을 밟게 된다. 1929년과 현재의 차이는 호황과 불황 주기가 빨라졌다는 사실이다. 어떤 측면에서 본다면, 블랙과 숄즈가 무책임한 비즈니스 관행을 위한 청사진을 제시했다기보다는 모든 비즈니스에 내재한 변동성이 일탈적인 현상이 아닌 시스템의 핵심이라는 사실을 기민하게 인정했다고 볼 수 있다. 다시 말해서, 위험이 아닌 안정성이야말로 우리가 가진 덧없는 환상이다.

7

TAX

7장

조세 회피

**모두가 케이맨제도를
꿈꾸는 이유**

딜	케이맨제도의 통화 관리국 금융 장관 바셀 존슨 경이 쿠퍼스 앤드 라이브랜드, 메이플스 앤드 콜더 등 케이맨제도에서 활약하는 선두 회계 기업들과 조세 전략을 수립하기 위해 FINCOCO라는 공식 기관을 설립했다.
목적	다국적기업들에게 케이맨제도가 합법적이고 조세 효율적인 비즈니스 장소라는 메시지를 보내는 것.
장소	바하마, 나소
때	1975년 11월

가장 최근에 미국 대통령을 지낸 두 인물인 오바마와 트럼프는 미국 납세자들을 대상으로 한 극악무도한 범죄가 만연하지만 범인들은 아직 처벌조차 받지 않는다고 성토했다. 두 사람 모두 깊은 분노를 표출한 범죄가 있었으니, 바로 조세 회피다.

하지만 조세 회피는 두 정부의 열렬한 지원을 받은 범죄이기도 하다. 20세기에는 전 세계가 가장 생산성이 높은 제조 경제가 되기 위해 열띤 경쟁을 벌였지만, 21세기가 되자 모두 지구상에서 가장 유리한 세금 우대 조치를 제공하는 나라가 되기 위해 경쟁했다.

조세 회피를 비난하는 정치인들을 보면 오래된 영화 〈카사블랑카〉가 떠오르곤 한다. 약삭빠른 경찰 서장 르노는 험프리 보가트가 열연한 주인공 릭 블레인이 운영하는 바에서 도박 문제를 들먹이며 발끈 성을 낸다. 르노는 "여기서 도박이 이뤄지다니 정말 충격이군!"이라며 소리를 지르지만 딜러가 다가와 르노가 도박판에서 딴 돈을 슬쩍 건네주자 "정말 고마워!"라고 답한다. 그런 다음 그는 다른 테이블을 향해 "모두 나가시오!"하고 소리를 지른다.

그동안 기업들이 얼마나 많은 돈을 해외로 빼돌렸는지 그 누구도 정확하게 알지 못한다. 하지만 IMF 데이터를 토대로 2012년에 발표된 연구 결과에 의하면 기업들이 해외에 숨겨둔 자금의 규모가 21조 달러에서 31조 달러에 이를 것으로 추산된다. 미국 상원 국토안보위원회는 HSBC 하나만 하더라도 수십억 달러의 돈이 역외로 빠져나가는 것을 '감시하지 못한' 책임이 있다고 주장했다. 르노 서장처럼 뻔히 알면서도 눈을 감아버린 것이다.

수익을 다른 곳에 숨겨두는 기업은 비단 구글, 페이스북, 아마존 같은 빅테크 기업과 은행뿐만이 아니다. 이들 외에도 버거킹에서부터 버스 회사에 이르기까지 확실히 신기술과는 거리가 먼 기업들 역시도 돈을 해외로 옮겨놓고 있다. 기업들이 벌어들인 이윤은 세계 각지에 있는 미로 같은 자회사 시스템을 따라 움직이다가 결국 스위스나 버뮤다, 룩셈부르크, 런던, 델라웨어('작지만 경이로운 곳'이라는 별명이 너무도 잘 어울리지 않는가!) 같은 곳으로 흘러들어간다. 키프로스 말리아와 모로코 해안에 위치한 스페인령 지역에서부터 프랑스 해변에서 조금 떨어진 영불해협에 자리를 잡고 있는 조그마한 사크섬에 이르기까지 사람들이 미처 생각 지 못한 세계 곳곳에 70개가 넘는 조세 피난처가 숨겨져 있다. 회계사이 자 조세 피난처 전문가인 마셜 랭어는 지구상에서 가장 중요한 조세 피 난처는 미국에 있는 맨해튼이라는 작은 섬이라고 단언한다.

기업이 조세 피난처를 활용하는 방식은 다음과 같다. 먼저, X라는 기 업이 미국에서 1년 동안 10억 달러를 번다. 하지만 10억 달러에 대한 세 금을 내기 싫은 X는 인도에 Y라는 이름의 페이퍼 컴퍼니를 설립한다. X 는 Y로부터 10억 달러어치 '서비스'를 구매한다. 그렇게 되면, 갑자기 미 국 내에서 과세할 수 있는 X의 수입이 사라져버린다. 하지만 인도에 설 립된 Y 역시 자사가 X에 제공한 서비스에 대한 세금 납부를 원치 않기 때문에 또다른 페이퍼 컴퍼니 Z를 설립한다. Z는 미국과 인도 조세 당국 의 영향력 밖에 있는 케이맨제도에 세워진다. 이번에는 Y가 벌어들인 수 익이 Z를 통해 케이맨제도로 들어간다. 결국 그 누구에게도 세금 고지서 가 날아가지 않는다. 페이퍼 컴퍼니 Y와 Z 뒤에 있는 진짜 회사 X는 해외 로 업무를 위탁했다. 변호사와 회계사들의 솜씨 덕에 원활하게 돌아가는 이 시스템은 점차 국경이 없어지고 마찰이 사라지는 세계경제에서 기존 규칙의 허점을 활용하는 데서 그치지 않고 이런 술책을 일단 합법으로 만들기 위해 규칙 자체를 다시 쓰고 있다.

이런 조세 피난처들이 누구에게 개방돼 있는가는 각 조세 피난처가 어 디에 있는가에 따라 달라진다. 미국은 다국적기업 유치를 위해 여러 주 에서 조세 피난처 메커니즘을 활용하지만 미국인들에게는 동일한 조세 혜택을 제공하지 않는다. 버뮤다의 세금 규정은 거주자와 비거주자에게 동일하게 적용된다.

다른 나라들에 조세 피난처 시스템이 어떻게 움직이는지 본보기를 보여주며 솔선수범하는 곳이 바로 케이맨제도였다. 케이맨제도는 틀림없이 스위스나 홍콩, 런던보다 더욱 개방적이고 투명하다. 하지만, 국제축구연맹, HSBC 같은 곳과 관련된 스캔들이나 파나마 페이퍼스Panama Papers(파나마 최대 로펌 모색 폰세카가 보유한 금융 및 고객에 관한 정보가 담긴 비밀문서-옮긴이)와 파라다이스 페이퍼스Paradise Papers(세계 각국 주요 인사들의 조세 회피 정황이 담긴 파일-옮긴이)에 담긴 내용 때문에 많은 사람들이 케이맨제도를 수상쩍은 거래와 동의어로 여겼다. 이런 평판이 만들어진 지는 오래됐다. 케이맨제도 금융업계는 이미지 개선을 위해 상당한 노력을 기울여왔지만 이런 이미지를 떨쳐내지는 못하고 있다. 케이맨제도는 세금뿐 아니라 해외 기업들과 미국을 잇는 중요한 교차 지점의 역할을 한다. 케이맨제도를 통해 해외 기업들이 은밀하게 미국 기업을 사들일 수 있기 때문이다. 이런 방식 덕에 케이맨제도가 지금과 같은 역할을 할 수 있게 됐다.

존 레논을 끌어들여 조세 회피 합법화를 꾀하다

1975년, 보수당에서 체신 장관을 지낸 영국의 부호 앨프리드 어니스트 마플스가 과세 연도가 끝나기 몇 시간 전에 야간 페리에 올라탔다. 당시 영국 조간신문 데일리 미러에 실린 기사에 의하면, "마플스는 소지품을 홍차 상자에 쑤셔넣어 배에 올라탔을 뿐 벨그레이비어에 있는 그의 집 바닥에는 버려진 옷과 소지품이 널브러져 있었다. 그는 30년 동안 연체된 세금을 납부하라는 요구를 받고 있었다. 재무부는 이후 10년 동안 영국에 있는 그의 재산을 동결시켰다. 하지만 그 무렵 마플스는 이미 대부분의 재산을 모나코와 리히텐슈타인으로 옮겨두었다."[1]

마플스가 야간 페리에 탑승할 무렵, 런던의 두 회계사가 조세 회피에 대한 사람들의 생각을 바꿔놓으려 하고 있었다. 그때까지만 하더라도 사람들은 조세 회피를 범죄로 여겼지만 두 회계사는 사람들이 조세 회피를 일종의 기발한 회계 방식으로 여기도록 만들 작정이었다. 그들의 이야기는 런던에서 시작됐다. 1969년, 존 레논은 메이페어에서 열린 칵테일파티에 참석했다. 그곳에서 레논은 양복을 입은 두 남자 로이 터커와 이안 플러머를 소개받았고 이 둘은 레논에게 매우 매력적인 제안을 들려주었다.

오랫동안 대형 회계업체 아서 앤더슨에서 일해왔던 터커와 플러머는 당시 회사를 나와 부자들을 위한 창의적인 회계라는 새로운 비즈니스 모델을 활용해보기로 마음먹었다. 해럴드 윌슨 총리가 이끄는 노동당이 부자들에게 무려 90퍼센트의 세금을 부과하자 터커와 플러머에게 새로운 기회가 찾아왔다.[2]

그들이 레논을 찾아낸 것은 우연이 아니었다. 세금이 인상되자 격노한 레논은 조지 해리슨과 함께 새로운 정책을 비난하는 〈택스맨Taxman〉이라는 노래를 만들었다.

레논과 대화를 시작했을 무렵, 터커와 플러머는 로스민스터라는 '은행'을 세웠다. 하지만 이들이 만들려던 은행은 일반적인 상업은행과는 매우 달랐다. 자그마한 금빛 명판이 달린 입구를 은밀하게 만들어놓고 엄청나게 부유한 고객들만 상대할 작정이었다. 레논을 고객으로 확보하면 로저 무어 같은 레논의 동료들도 고객으로 삼을 수 있을 터였다. 어쩌면 믹 재거나 브라이언 페리까지도 고객으로 삼을 수 있을지도 몰랐다. 그들은 레논에게 자신들의 고객이 되어주면 세금을 한푼도 내지 않도록 해주겠다고 약속했다. 그들은 심지어 영국 국세청이 오히려 레논에게 돈을 주도록 만들겠다고 이야기했다.

레논은 그들의 제안을 받아들였고 로스민스터는 첫번째 유명 고객을 확보했다. 두 사내는 세금에 대한 영국인의 태도를 바꿔놓으려 했다.[3] 터커와 플러머는 불우이웃들을 위한 자선 기부, 확실한 비즈니스나 이사회가 없는 페이퍼 컴퍼니 등 고객을 위해 거액의 돈을 빼돌릴 만한 온갖 교묘한 장소들을 찾아냈다. 비틀즈의 또다른 멤버 조지 해리슨은 저작권료로 받은 막대한 돈을 쇠퇴해가는 영국 영화 산업에 투자했고, 그 과정에서 〈인간 쓰레기〉, 〈회색빛 우정〉 같은 훌륭한 영화를 탄생시켰다. 터커와 플러머는 새로운 형태의 '분식 회계'를 만들어냈다. 노골적인 탈세로 법을 어기고 싶지 않았던 그들은 법의 허점을 찾아내고 불법을 가까스로 피해 갈 지경까지 규칙을 비트는 등 불법 직전까지 상황을 몰고 갔다.

노련한 세금 전문가 그레이엄 에런슨은 로스민스터가 "조세 회피 분야를 알아보기 힘들 정도로 바꿔놓았지만 도덕적 판단을 내리기에 앞서 당시 상황을 이해하는 것이 중요하다"라고 이야기한다. 1975년, 영국 정부는 소득 구간이 가장 높은 납세자들이 1파운드당 99펜스를 내놓을 때까지 세율을 인상했다. 영국 재무부 장관 데니스 힐리는 '비명을 질러댈 때까지' 부자들을 쥐어짜겠다고 말한 것으로 잘 알려져 있다. 에런슨은 "많은 고소득자들이 비통함에 사로잡혀 울부짖거나 비명이 터져나올 때까지 기다릴 바에야 터커와 플러머에게 도움을 요청하는 편이 낫겠다고 생각한 것도 그다지 놀랍지 않다"라고 이야기한다.

1970년대에 영국 정부는 IMF에 두 번이나 구제를 요청하는 등 재정 위기를 겪었다. 난국을 타개하기 위해 영국 정부는 가장 부유한 사람들에게 정부가 부과할 수 있는 최고세율을 적용했다. 하지만 미국에서는 세금을 많이 거둬야 한다는 전후 시대의 통설이 도전에 직면했다.『하버드 비즈니스 리뷰』가 2014년에 지적했듯이 1960년대 말이 되자 미국에서는 고소득자에 대한 징벌적인 과세가 성장을 방해하는 커다란 장애물처럼 여겨지기 시작했다. 제2차세계대전 기간에 세금이 대폭 인상돼 1944년에는 최고세율이 94퍼센트에 달했으며, 이후 20년 동안 높은 세율은 내려가지 않았다. "정부의 주장은 대다수의 부자들이 기본적으로 불로소득자, 즉 임대료를 받는 사람으로 그들이 소유 자산을 통해 벌어들이는 소득에 매우 높은 세율을 부과해야 한다는 것이었다. 뿐만 아니라, 이런 소득에 높은 세율을 적용하더라도 경제에 부정적인 영향은 없을 것이라고 생각했다. 제2차세계대전에 필요한 자금을 조달해야 하는 상황이 이토록 높은 세율을 적용하는 구실이 되었지만, 전쟁이 끝난 후에도 세율은 내려가기는커녕 오히려 계속 인상됐다."[4]

1963년에도 연간 100만 달러를 버는 사람은 번 돈의 89퍼센트를 세금으로 내야만 했다. 의회는 세율 인하를 위한 초당적인 노력을 기울였고 그 결과로 인하된 세율은 대개 가장 높은 세율을 적용받아왔던 고액 납세자들에게 도움이 됐다. 존 F. 케네디 대통령은 1963년 연두교서(미국 대통령이 매년 의회에 정기적으로 보내는 교서-옮긴이)에서 세금 인하를 골자로 하는 법안을 제안했다. 케네디는 소득수준이 가장 높은 납세자들에게 적용하는 세율을 65퍼센트로, 가장 소득수준이 낮은 납세자들의 세율을 20퍼센트에서 14퍼센트로, 법인세를 52퍼센트에서 47퍼센트로 인하하는 계획을 세웠다. 케네디가 암살당한 후, 린든 존슨 대통령은 감세법이라고도 불리는 1964년 세입법에 케네디의 바람을 담아 전반적인 세율을 20퍼센트 인하했다.

존슨의 지지를 받아 제정된 케네디의 계획은 세율을 인하해 개인 소득을 늘리고 소비를 진작시키며 자본 투자를 장려했고, 세금을 인하하자 케네디가 기대한 효과가 나타났다. 1964년에 5.2퍼센트에 달했던 실업률이 1966년에는 3.8퍼센트로 떨어졌다. 세금 감면으로 인해 정부의 세수가 줄어들 것이라는 두려움은 기우에 불과했다. 1964년과 1965년에는 오히려 세수가 늘어났다. 언뜻 납득하기 어려울 수도 있지만 세율을 인하하자 실제로 세수가 늘어났다.

10년 새 세금에 대한 통념이 바뀌었다. 이념적인 십자군전쟁이 아니라 세율을 낮추면 경제성장이 가능하다는 초당적인 합의가 있었기 때문이다. 케네디가 시작하고 존슨이 마무리한 세제혁명이 진행중이었던 시기에 학업에 정진하며 스탠퍼드대에서 박사 학위를 받은 젊은 경제학자 아서 래퍼는 세금을 인하했는데 세수가 오히려 증가하는 역설적인 상황에 커다란 관심을 갖고 저세율 경제 이론을 공부하기 시작했다. 1970년대 초, 래퍼는 다음 세제혁명에서 중요한 역할을 맡게 되었다. 그는 막후에서 정부에 세제혁명을 더욱 강하게 밀어붙여 저세율 정책을 모두에게 확대하는 방안을 권고했다.

냅킨에 적힌 낙서

세금에 관한 래퍼의 생각은 케네디 시대에 만들어진 것으로, 래퍼는 낮

은 세율(혹은 면세)이 '모든 배를 밀어올리는 밀물'을 만들어낸다는 전형
적인 케네디식 입장을 고수했다. 1974년, 래퍼는 워싱턴 D.C.에 있는 워
싱턴호텔의 투 컨티넌츠 레스토랑에서 새롭게 떠오르는 공화당의 두 유
명 인사, 도널드 럼스펠드 및 딕 체니와 첫번째 만남을 가졌고, 이후 이들
은 여러 차례 함께 점심식사를 갖는다. 래퍼는 럼스펠드 및 체니와 처음
만난 자리에 월스트리트 저널 기자 주드 와니스키도 초대했다.

럼스펠드와 체니는 닉슨 행정부에서 포드 행정부로의 정권 이양 과정
을 관리하는 인수위원회에서 활동했다. 럼스펠드가 생각하는 당시의 상
황은 이랬다. "미국은 얼마간 심각한 경제문제에 봉착하고 있었으며, 기
존의 시스템을 통해 나타나는 상황들은 제가 생각하는 이 나라가 나아가
야 할 방향과 달랐습니다." 당시 미국은 1973년 석유파동을 갓 겪은 후
세계경제의 축이 중동으로 옮겨갔다고 느끼고 있었다. 브레턴우즈체제
에서 합의된 고정환율 시대 역시 막을 내리고 있었다. 변동환율은 세계
화 시대의 막을 열고 비즈니스의 우선순위를 국내시장에서 국제무대로
바꿔놓고 있었다. 기업들은 더이상 장소에 구애받지 않고 어디에든 투자
할 수 있었다. 세계 각국 정부는 세금 감면 정책을 해외 기업 유치를 위한
당근으로 활용해야 한다고 믿었다. 경쟁이 시작됐다. 하지만 그 누구도
낮은 세율이 어떤 작용을 하는지, 얼마나 낮은 세율이 기업과 정부 양측
모두에 최적의 세율인지 알려주는 정확한 경제 모델을 제시하지 못했다.
다시 말해서, 세율을 얼마나 낮춰야 할지에 대해서는 그 누구도 답을 제
시하지 못했다.

럼스펠드는 1970년대 초에 정책을 결정한 사람은 "경제학자가 아니라
연설문 원고 작성자였다"고 이야기했다.[5]

포드는 세율 5퍼센트 인상을 제안했다. 하지만 래퍼는 투 컨티넌츠 점심 회동에서 두 사람에게 이렇게 설명했다. "그러니까 말입니다. 세율을 5퍼센트 인상한다고 세수가 5퍼센트 늘어나는 건 아닙니다."

래퍼는 샤피펜을 꺼내 냅킨에 그래프를 그리며 설명을 시작했다. 한쪽에는 과세 수준을, 다른 한쪽에는 그 과세 수준을 통해서 확보한 세수 수준을 표시했다. 래퍼는 세율이 0퍼센트면 세수가 0이 되지만, 세율이 100퍼센트가 되더라도 세수는 0이 된다며, 근로 동기가 사라지는 것이 그 이유라고 설명했다.

하지만 생산성을 높이고 그 결과로 세수도 늘릴 수 있는 최적의 저세율 구간이 있었다. 래퍼는 곡선을 그려가며 세율을 인상하면 기업을 힘들게 하는 악순환의 고리가 생겨나는 반면, 세율을 낮추면 반대의 효과가 나타난다고 주장했다. 다시 말해서, 성장과 점진적인 세율 인하가 동시에 이뤄져 정부와 기업, 대중 모두에게 도움이 된다는 것이다. 그는 이 곡선을 따라가다보면 최적의 과세 수준을 찾아낼 수 있다고 설명했다.

럼스펠드가 체니를 보며 이야기했다. "아서 래퍼는 정말 똑똑한 사람이군요." 럼스펠드는 이후 블룸버그 통신과의 인터뷰에서 이렇게 이야기했다. "정말 단순하고 설득력 있는데다 진보 진영의 관점과 보수 진영의 관점 모두를 반박했습니다." 완전히 새롭고 참신한 생각이었지만 래퍼의 주장은 밀턴 프리드먼을 필두로 하는 시카고 경제학파의 신자유주의적인 사고에 딱 들어맞았다. 래퍼는 럼스펠드와 체니에게 신자유주의적인 방안을 제안했고 두 사람은 래퍼의 생각을 만족스럽게 받아들였다. 같이 식사를 했던 기자 와니스키는 식사 자리가 파한 후 「세금, 세수, 그리고 래퍼 곡선」이라는 제목의 기사를 썼다. 그렇게 '래퍼 곡선'이 탄생했다.

　최적의 저세율 수준을 찾아내려는 래퍼의 본능은 또다른 충격으로 이
어졌다. 래퍼의 경제학은 신자유주의 사고와 맞아떨어졌지만, 래퍼는 케
네디 시대의 민주당원이었다. 래퍼는 저세율 혁명이 부자뿐 아니라 중산
층에도 도움이 돼야 한다고 생각했고, 중산층도 같은 생각이었다. 1978
년 6월 6일, 재산세 인하 및 재산세율 인상 제한을 골자로 하며, 추가로
세금을 거둘 경우 주민 2/3의 찬성을 얻어야 한다는 내용을 포함하는 주
민발의 13호가 캘리포니아 주민 2/3의 지지를 얻어 통과됐다. 1978년
8월 1일에는 뉴욕 타임스가 세금을 둘러싼 중산층의 반란이 미국 전역
에서 지지를 얻고 있다고 선언했다. 걷잡을 수 없는 인플레이션으로 고
통받던 중산층을 위해 세율을 낮춰주고 고소득자들과 동일한 혜택을 제
공하지 않으면 미국은 새로운 정치 위기에 봉착할 수밖에 없는 상황이
었다. 중산층이 세금 문제와 관련해 부자들과 같은 처우를 요구하고 나
섰다.

　1980년, 레이건은 중산층을 위한 급진적인 세금 감면 프로그램을 앞
세워 백악관에 입성했다. 1982년이 되자 레이건 행정부는 최고세율을
50퍼센트로 낮췄고, 10만 1000달러 이상의 연소득에만 최고세율이 적
용됐다. 1988년이 되자 최고세율은 28퍼센트로 낮아졌고, 연소득 2만
9000달러가 최고세율 적용 기준이 됐다.

　이제 세상은 저세율 문화를 받아들일 준비가 됐지만 대기업들은 여전
히 '조세 중립적인' 비즈니스 장소를 필요로 했다. 브레턴우즈협정이 막
을 내린 시대에 조세 부담에서 벗어나 국제무대에서 마음껏 거래하며 기

량을 펼치는 데 도움이 되는 곳을 원했다.

1조 달러짜리 섬으로 변신한 모기 천국 모래섬

1960년대 말, 대영제국이 마침내 해체됐고, 영국의 식민 지배하에 있었던 나라들은 선택을 해야만 했다. 자메이카 같은 몇몇 국가들은 완전한 독립국가가 됐다. 하지만 영국 정부는 과거 영국의 식민지였던 몇몇 지역과 관련해 또다른 계획을 세웠다.

1969년, 존 컴버라는 공무원이 외무부에 불려갔다. 그를 외무부로 부른 사람은 카리브해 지역 지도를 보여준 다음 케이맨제도라고 불리는 모기가 득실대는 작은 모래섬에 원을 그렸다. 그는 컴버에게 다음주에 그곳의 총독이 될 테니 떠날 채비를 하라고 이야기했다.

스위스, 모나코 등 소위 보물섬이라 불리는 일부 국가들이 이미 오래전부터 조세 피난처의 역할을 했었지만 영국 정부는 진짜 섬을 조세 피난처로 만들 작정이었다. 케이맨제도는 이전처럼 영국의 통치를 받으며 정치 안정성을 누리는 대신 독립적으로 행동하고 직접 세법을 제정할 수 있었다.

불문법common law('관습법'이라고도 한다-옮긴이) 관할권은 케이맨제도에 있었다. 경제학자 잰 피츠너는 「케이맨제도 역외 금융 센터의 구조」라는 글에서 다음과 같이 설명한다.[6]

　불문법과 성문법civil law의 가장 중요한 차이는 불문법은 무엇을 해서는 안 되는지 규정하는 반면 일본, 독일, 프랑스 등지에서 채택중인 성문법은 무엇을 해도 되는지 명시한다. 따라서 불문법을 채택하는 케이맨제도에서는 헤지펀드, 부채 담보부 증권 같은 새롭고 혁신적인 금융 상품들을 손쉽게 만들 수 있었다. 명백한 위법 행위가 있거나 막강한 해외 세력, 즉 다른 나라 정부의 강력한 압박이 있을 때만 엄격한 규칙이 적용되기 때문이다.

다시 말해서, 케이맨제도는 누군가 저지하고 나서기 전까지는 세금과 관련해서 무엇이든 할 수 있었다. 케이맨제도가 조세 피난처로 거듭나기 전에는 스위스나 모나코 같은 곳들이 세계 금융 시스템의 규제를 받지 않는 예외적인 존재였다. 하지만 한 남자가 케이맨제도를 잘 활용하면 이토록 커다란 성공을 거두고 있는 조세 피난처 비즈니스에 영국도 끼어들 수 있다는 사실을 깨달았다. 스위스나 모나코보다 고객에게 좀더 유익한 세금 우대 조치를 제공하고 미국이 좋아할 만한 장소를 찾는 것이 관건이었다.

1958년 2월 28일, 잉글랜드은행 은행장 조지 볼튼은 매우 이상한 점을 발견했다. 시내 중심가에 있는 미들랜드은행이 문 닫힌 증권거래소에서 80만 달러에 달하는 돈거래를 처리하고 있었다. 출처가 불분명한 거액의 돈을 일회성으로 처리하고 있었다. 그보다 더욱 중요한 사실은 그 돈이 달러가 아니라 유러달러라는 점이었다.

유러달러는 제2차세계대전이 끝난 후 미국 돈으로 유럽 재건을 추진하는 마셜 플랜에 필요한 재원을 마련하기 위해 처음 사용됐다. 그 결과 미국 내 은행 예금을 엄격하게 감시하는 연방준비제도의 간섭 없이 엄청난 액수의 달러를 해외에서 유통할 수 있었다. 수백만 달러의 돈이 일상적으로 오갔고 그 누구도 돈의 출처나 최종 종착지에 대해서 그다지 많은 의문을 품지 않았다.

유럽에서 진행되는 엄청난 규모의 재건 사업 자금이나 미국 은행들의 해외 자산 보호 수단으로 유러달러 거래가 이루어진다고 추정하는 것이 합리적이었다. 유러달러 거래는 대개 추적 가능하고, 투명했으며, 상대적으로 규모가 작았다. 하지만 미들랜드은행의 돈거래는 달랐다. 일단 그 액수가 엄청났다. 규모가 너무도 커서 돈세탁으로 보일 정도였다. 다만, 영국 최대 규모의 은행 중 한 곳에서 대낮에 돈세탁이 이뤄지는 것처럼 보인다는 차이가 있었을 뿐이다.[7] 바로 그 순간, 볼튼은 유러달러에 완전히 새로운 잠재력이 있다는 사실을 깨달았다. 다시 말해서, 단순히 일회성으로 돈을 예치하거나 자산을 보호하기 위한 수단으로 유러달러를 이용하는 수준을 넘어서서 유러달러 자체를 하나의 독립적인 병행 거래 제도로 만들 수 있다는 사실을 간파했다.

볼튼은 유러달러 시장에 비밀스럽게 진행되는 비즈니스를 위한 합법적인 통로 역할을 할 수 있는 잠재력이 있다고 판단했다. 유러달러를 이용하면 기업 거래를 은밀하게 조정해 엄청난 액수의 현금이 정부 규제와 통화 조절의 구애를 받지 않고 세계 곳곳으로 옮겨다니도록 만들 수 있었다. 물론 역외 금융이 존재하기도 전부터 유러달러가 어느 정도 역외 시장의 역할을 해오기는 했었지만, 이런 잠재력을 현실로 만들기 위해서는 엄격한 감시 감독이 문제되지 않을 만한 실제 장소, 혹은 '역외' 사법 관할 지역이 필요했다.

일종의 금융 세계를 뒤틀어버리는 수레바퀴를 통해 역외 금융 시장이 단순한 개념이 아닌 실존하는 장소가 되려던 참이었다.[8] 그 중심에 합법적인 거래가 이뤄지는 런던이 있었다. 하지만 수레바퀴의 바큇살은 런던에서는 회계장부에 남길 수 없는 거래 내역을 장부에 대신 기록할 수 있는, 당국의 감시가 훨씬 약한 수천 마일 떨어진 역외 조세 피난처로 뻗어나갔다.

컴버가 케이맨제도에 도착한 1969년에는 그곳의 인구가 얼마 되지 않았다. 그곳에는 오직 어부들과 그들의 가족, 케이맨제도에 케이맨이라는 이름을 안겨준 케이맨 악어 그리고 모기가 득실거리는 늪이 있었을 뿐이었다. 늪에 살충제를 뿌리고 새로운 목적에 걸맞게 섬을 단장하는 대규모 사업이 진행됐다.

영국 정부의 바람과는 달리 케이맨의 첫번째 고객은 대기업이 아니라 마이애미, 쿠바, 콜롬비아, 엘살바도르의 마약상들이었다. 코카인을 팔아서 번 돈이 넘쳐나지만, 그 돈을 넣어둘 안전한 장소를 찾는 데 어려움을 겪고 있었던 중앙아메리카의 신흥 마약 부호들이 보낸 경비행기들이 해변으로 날아와 현금이 가득 담긴 서류 가방을 던져놓고 가면 케이맨제도는 그 돈을 은행에 넣어 돈세탁을 해줬다. 이후, 케이맨제도의 가장 충실한 고객이 된 인물 중 하나가 콜롬비아 출신의 마약왕 파블로 에스코바르였다.

그러던 중 케이맨제도에 커다란 행운이 찾아왔다. 케이맨제도의 이웃 국가이자 역외 금융 비즈니스를 놓고 케이맨제도와 치열한 경쟁을 벌이던 바하마가 1973년 독립에 앞서 정치적인 혼란에 휩싸였다. 바하마의 회계사들이 대거 케이맨제도로 이주했고, 그들이 담당하고 있었던 역외 금융 비즈니스 역시 함께 옮겨왔다.

1971년의 브레턴우즈체제 붕괴는 바하마에 커다란 이익을 안겨줬다.

브레턴우즈체제는 27년 동안 환율과 자본의 이동을 엄격하게 통제했다. 하지만 이제 브레턴우즈체제가 무너졌기 때문에 갑작스레 통화가 아무런 제약 없이 세계 곳곳을 옮겨다니게 됐다. 1950년대에 잉글랜드은행 은행장 볼튼이 상상했던 그대로였다. 바하마의 회계사들이 대거 케이맨제도로 이주하자 이제 케이맨제도가 반사이익을 얻었다. 당시만 하더라도 조세 회피를 규제하는 정부 정책은커녕 조세 회피라는 개념이 대중에게 널리 알려지지도 않았다. 하지만 그 모든 것이 곧 변화를 맞게 될 참이었다.

범죄 수익이 모두 케이맨제도로 몰려들었다. 하지만 남미 마약왕들의 비즈니스는 대형 회계 법인들이 케이맨제도에 유치하고자 했던 비즈니스와는 거리가 멀었다. 케이맨제도의 대형 회계 법인들은 케이맨제도의 입지와 조세 피난처로서의 잠재력을 활용할 수 있는 대기업들과 장기적인 관계를 맺고 싶어했다.

케이맨제도가 이런 기업들의 신뢰를 얻기 위해 가장 먼저 한 일은 케이맨제도만의 통화, 미국 달러를 기준으로 고정환율로 움직이는 케이맨제도 달러를 만들어낸 것이었다.

그럼에도 불구하고 합법적인 비즈니스를 유치하는 것은 여전히 쉽지 않았다. 1970년대에 케이맨제도의 법무부 장관 대행을 지낸 트루먼 보든은 이렇게 이야기한다. "사람들이 카리브해에 있는 3개의 작은 섬을 신뢰하도록 만들기는 쉽지 않았습니다. 영국이 본국이라는 점 때문에 안정성이 있기는 했습니다만 사람들이 어딘가에 투자할 때는 그곳에 분쟁 해결을 위한 제대로 된 사법 체계가 있는지 궁금해하게 마련이었습니다."[9] 1972년 8월, 케이맨제도는 자체적인 추밀원Privy Council(군주제 국가에서 왕에게 자문을 제공하는 기관-옮긴이)과 함께 상당한 독립성을 갖게 됐다. 앨런 마코프는 이 같은 변화가 잠재 고객들에게 케이맨제도가 비즈니스를 하기에 합법적인 곳이라는 인식을 심어주는 데 결정적인 역할을 했다고 설명했다.

케이맨제도는 이제 전 세계에서 기업을 유치하기 위한 법률 인프라와 금융 인프라를 갖추게 됐다. 하지만 대기업들은 여전히 케이맨제도를 찾지 않았다. 케이맨제도가 나쁜 짓을 하는 것처럼 보이지 않으려고 애쓰던 기업들이 찾는 조세 피난처로 발돋움할 수 있었던 이유는 두 남자의 노력 덕이었다.

랭어는 케이맨제도가 미국 기업들 입장에서 어떤 잠재력이 있는지 가장 먼저 알아챈 세무 전문 변호사 중 하나였다. 케이맨제도에서 활동하는 회계사 폴 해리스는 "당시에 은행 비밀주의를 제대로 활성화한 사람이 랭어"라고 설명했다. 해리스도 직접 로스앤젤레스, 샌프란시스코, 애틀랜타, 마이애미 등을 돌아다니며 변호사와 회계사들을 상대로 케이맨제도가 제공하는 '금융 서비스'의 장점을 소개하는 세미나를 진행했다.[10] "세미나 참석자들에게 케이맨제도 사람들이 지푸라기로 지은 오두막에 살지 않는다고 설명하며 케이맨제도가 안전하다는 인식을 심어주기 위해 애썼습니다."

그 시절의 케이맨제도는 자국이 투자하기에 제법 괜찮은 곳이라는 점을 강조하며 미국의 합법적인 대기업들을 유인하기 위해 애쓰는 동시에 필요하다면 물밑에서 은밀히 허가를 내어주는 등 까다로운 마술 쇼를 성공시키기 위해 노력했다.

랭어가 소개하는 케이맨제도의 매력에 넘어간 최초의 은행가 중 한 사람은 몬트리올의 장 두세였다. 두세는 케이맨제도를 이루는 3개의 섬 중 가장 큰 그랜드 케이맨섬으로 이주해 케이맨제도 국제 기업을 설립했고, 두세가 세운 기업은 이후 국제은행이라는 단순한 이름으로 바뀌었다.

마코프는 케이맨에 도착한 두세가 머지않아 미국의 다른 사업가들에게 케이맨제도를 열성적으로 소개했다고 설명했다. "두세는 랭어와 W.S. 워커라는 이름의 변호사에게 케이맨제도의 세금 혜택을 극찬하는 소책자 집필을 의뢰했습니다. 그런 다음 잠재적인 투자자들에게 2만 부의 소책자를 발송했습니다. 소책자를 인쇄하고 발송하는 데 1973~1974년에만 약 25만 달러 정도가 들었습니다." 두세는 심지어 홍보 영상까지 자비로 제작해 미국 전역의 회계 법인과 기업들에게 직접 배포하고 나섰다.

1974년 7월, 두세는 현지의 유명 인사들과 그가 많은 공을 들여 케이맨제도로 데려온 고객 천여 명을 케이맨제도에 있는 홀리데이인호텔로 초빙해 그동안 자신이 기울여온 노력의 결실을 축하하는 성대한 파티를 열었다. 그가 마지막으로 설립한 케이맨제도 국립은행 출범을 알리는 자리이기도 했다. 하지만 그로부터 석 달도 채 지나지 않은 9월 16, 두세의 은행은 유동성 위기로 붕괴했고 그가 건립한 5000만 달러 규모의 제국은 하룻밤 새 무너져내렸다. 하지만 그 어디에서도 두세의 모습은 보이지 않았다. 그는 이미 사흘 전에 개인 비행기를 타고 아내와 함께 모나코로 달아난 후였다.

당시 케이맨제도는 합법적인 비즈니스 세계에서 갓 명성을 쌓아올리기 시작한 상황이었지만 케이맨제도에서 처음으로 발생한 유명 스캔들로 인해 피해 구제 대책을 세워야만 했다. 1974년 봄, 케이맨제도 총독

케네스 크룩은 대규모 콘퍼런스를 열고 구제 계획을 제시했다. "조세 피난처라는 이미지를 완전한 금융 중심지의 이미지로 바꿔야만 합니다. (…) 제대로 된 비즈니스를 유치하고 케이맨제도의 위상을 유지해나가려면 지속적인 검토 시스템, 즉 필요 불가견한 통제 시스템을 도입하고 운영해야 합니다."

딜

1975년 11월, 계획이 공개됐다. 케이맨제도에서 가장 존경받는 금융계 인사 중 한 사람인 바셀 존슨이 바하마 나소에서 열린 역외 금융 센터 콘퍼런스에서 사람들 앞에 섰다. 오늘날 존슨은 케이맨제도를 역외 금융의 중심지로 발돋움시킨 장본인으로 여겨진다. 그가 이런 명성을 얻은 이유는 대체로 그가 이 콘퍼런스에서 제안하고자 했던 방안 때문이었다.

존슨은 청중을 향해 이렇게 이야기했다. "케이맨제도는 그동안 세율이 높은 국가로부터 비즈니스를 유치하기 위한 법안을 마련하려고 노력하지 않았습니다. 그렇게 하면 타국의 조세 회피 문제를 이용해 현지 경제를 육성하게 되고, 우리는 이런 방식이 윤리적이지 않다고 생각하기 때문입니다."

그로부터 1년 전, 크룩 총독은 범죄로 얻은 재산을 은닉하기 좋은 장소가 아닌 평판이 좋은 기업들을 위한 곳으로 케이맨제도의 브랜드 이미지를 수정해야 한다고 이야기했었다. 존슨은 케이맨제도 정부와 금융 서비스 산업이 협력하면 이런 상상을 현실로 바꿔놓을 수 있다고 판단했다. 그는 FINCOCO라는 이름으로 알려진 금융 공동체 위원회Financial

Community Committee의 주최하에 정기적으로 전략 회의를 하는 방안을 제안했다.

FINCOCO는 정부와 기업이 긴밀한 협력을 통해 조세 전략에 대한 합의점을 찾아낼 장소를 제공했다. 정부와 기업은 격주로 만나 전략을 수립하고, 케이맨제도 정부는 특히 새로운 비즈니스 유치를 위해 노력했다. 이런 변화는 매우 중요했다. 케이맨제도가 세계 각지에 흩어져 있는 다른 조세 피난처들과 직접 치열한 경쟁을 벌일 수밖에 없는 상황이었고 경쟁 우위 확보에 있어서 무엇보다 중요한 요소가 바로 신뢰성이었기 때문이다.

케이맨제도의 운명을 바꾸는 데 있어서 존슨이 어떤 역할을 했는지는 아무리 강조해도 지나치지 않다. FINCOCO는 신의 한 수였다. 케이맨제도에서 벌어지는 갖은 활동이 투명하다는 인식을 심어주는 동시에 이후 세계 각지의 다른 조세 피난처들이 잇따라 도입한 정책을 발전시킨 메커니즘도 제공했다. 다른 조세 피난처들은 케이맨제도처럼 신속하게 관련 정책들을 도입하지 못했다. 케이맨제도는 최고의 조세 피난처가 되기 위한 경쟁에서 승리하려고 애썼고, 이런 노력은 효과가 있었다.[11]

래퍼가 서구 정부에 전파한 저세율주의도 케이맨제도에게 도움이 됐다. 머지않아 전 세계로 퍼져나간 저세율주의는 케이맨제도가 빠르게 비즈니스 중심지로 성장하는 밑거름이 됐다. 1979년이 되자, 자유 진영에서 가장 영향력 있는 두 리더인 마가렛 대처와 로널드 레이건이 이념 혁명을 주도했다. 두 사람 모두 정부의 덩치가 지나치게 커졌다고 생각했으며, 그보다 더욱 중요한 점은 두 사람 모두 큰 정부를 옴짝달싹 못하게 옭아매는 규제라는 족쇄를 없애고 싶어했다. 대처와 레이건은 정부가 아닌 시장이 경제에 가장 좋은 것이 무엇인지 결정해야 한다고 믿었으며, 저세율이 작은 정부로 나아가기 위한 혁명의 중심에 있다고 확신했다.

제2차세계대전 이후 40년 동안은 제대로 된 문명사회를 유지하기 위해서는 시민과 기업들로부터 세금을 많이 거둬들일 수밖에 없다는 생각이 팽배했다. 하지만 이제 기업이 조세 부담으로부터 자유로워져야 결국 모두에게 이익이 돌아간다는 목소리가 커졌다. 자본주의가 곧 변화의 길을 걸으려고 하고 있었다. 그보다 5년 앞서 래퍼가 럼스펠드와 체니와 함께 점심을 먹으며 냅킨에 적어내려갔던 생각들이 이제 정부 정책이 되려고 했다. 물론, 저세율 정책의 중심에는 케이맨제도 같은 조세 피난처가 있었다.

래퍼는 럼스펠드와 체니를 만나 점심식사를 하며 대화를 나눴듯이 투 컨티넌츠 레스토랑에서 레이건 대통령을 만나 점심을 먹으며 케네디 시대의 저세율 이론이 프리드먼과 시카고학파가 주장하는 공급주의 경제학과 얼마나 잘 맞아떨어지는지 설명했다. 1980년에 대통령으로 당선된 레이건은 래퍼를 백악관 경제 자문위원회에 앉혔다. 래퍼가 주장하는 저세율주의가 레이건 정부의 정책이 됐다.

하지만 저세율 정책은 조세 피난처에 난제를 안겼다. 자국 정부가 기꺼이 세금 우대 정책을 펼친다면 굳이 역외로 소득을 옮길 필요가 있을까? 케이맨제도는 이 같은 난제를 해결하기 위해 다국적기업에게 조세 회피와 무관한 여러 혜택도 제공한다.

물밑의 그림자

내가 방문한 그랜드 케이맨섬은 반세기 전에 컴버가 찾았던 섬과는 매우 달랐다. 지금은 플로리다의 부유한 교외 마을처럼 보인다. 낮은 빌딩이 그랜드 케이맨섬의 척추 역할을 하는 큰길을 따라 뻗어 있고, 길 양쪽에는 새하얀 모래사장과 청록색 바다가 펼쳐진다. 마이애미에서 출발한 거대한 크루즈가 매일 해안에 도착해 수천 명의 관광객을 섬에 내려놓으면, 관광객들은 '사랑해, 케이맨I Love Cayman'이라는 글귀가 적힌 티셔츠와 소라 껍데기를 구매한 후 칵테일을 마시러 다시 크루즈로 돌아간다.

케이맨제도의 경관을 바라보며 그곳이 세계 금융의 중심지라고 생각할 사람은 없을 것이다. 런던이나 월스트리트와 달리 케이맨제도에는 번쩍번쩍 빛을 내는 높은 유리 빌딩이 없다. 케이맨제도에서는 부가 감춰져 있다. 비록 화려함과는 거리가 멀지만 바다 한가운데 있는 이 5마일 길이 모래섬은 일본이나 캐나다, 이탈리아보다 많은 대외 자산을 보유하고 있다. 케이맨제도는 헤지펀드업계가 가장 선호하는 등록지로, 전 세계 헤지펀드 매니저 60퍼센트가 바로 이 섬에서 활동하고 있을 정도이다. 뿐만 아니라, 케이맨제도는 전 세계에서 거래되는 자산유동화증권 asset-backed securities, ABS과 부채담보부증권collateralized debt obligations, CDO이 가장 많이 흘러들어가는 곳이기도 하다.[12]

하지만 케이맨제도의 모든 수익과 부채는 버뮤다팬츠를 입고 슬리퍼를 신은 격식 없는 차림에 페라리가 아닌 토요타 프리우스를 몰고 다니는 회계사들이 일하는 특색 없는 저층 은행과 사무실에 감춰져 있다. 이케아부터 HSBC, 스타벅스, 보다폰, 펩시, 디즈니에 이르기까지 케이맨제도에 등록된 수천 개 기업의 흔적은 찾아보기 힘들다.

하지만 해변이 끝나는 지점에 2만 개가 넘는 기업이 등록돼 있는 어글랜드 하우스라는 빌딩이 있다. 2008년, 오바마 대통령은 이 빌딩을 지목하며 "세상에서 가장 큰 빌딩이거나 세계 최대 규모의 세금 사기"라고 묘사했다. 어글랜드 하우스에는 커다란 문도 보안 요원도 없다. 이런 것들은 모두 눈에 띄지 않는 곳에 감춰져 있다. 나는 유리문 쪽으로 다가가 안을 들여다봤다. 결국 느긋해 보이는 수위가 내가 누구인지 확인하려 어슬렁어슬렁 다가왔다. "내부를 좀 볼 수 있습니까?" 수위는 정중하게 건물에서 나가달라고 요청했다. 하지만 다행히도 어두컴컴한 창문 너머로 안을 들여다볼 시간은 충분했다. 책상은 많았지만 어글랜드 하우스에 등록된 2만 개에 달하는 회사에서 나온 사람은 단 한 명도 책상 앞에 앉아 있지 않았다.

애당초 건물 안에 들어가도록 나를 내버려둔 것 자체가 매우 이상했다. 언론인들이 비밀을 파헤치도록 내버려두기는커녕 질문조차 하지 못하도록 막는 법을 만드는 등 수십 년 동안 비밀 유지를 위해 노력했던 케이맨제도가 기존의 정책을 상당히 완화한 덕에 그런 일이 가능해졌다. 서구 정부들이 법인세를 최저로 낮추기 위한 경쟁을 벌인 탓에 케이맨제도는 열띤 경쟁에 돌입할 수밖에 없는 입장이 됐다. 기업들이 좀더 기발하고 복잡한 금융 '협정'을 요구하는 한편 투명성이라는 그럴듯한 겉모습까지 갈망하는 터라 케이맨제도는 그동안 감춰왔던 부분을 점차 밖으로 드러내고 자국이 합법적이라는 점을 전 세계에 증명해 보이려고 애쓰고 있다. 현재 케이맨은 가장 투명하지 않은 조세 피난처의 순위를 매기는 금융 비밀 지수에서 5위를 차지하고 있다.[13] 2009년, IMF는 조세 피난처로서의 케이맨제도의 미래를 가장 심각하게 위협하는 것은 정부의 간섭이나 외부 조사가 아니라 '평판 리스크', 즉 앞으로도 계속 추잡하다는 인상을 주는 것이 가장 큰 문제라고 지적했다.

하지만 케이맨제도 사람들에게 케이맨제도의 평판이 그토록 나쁜 이유가 무엇이라고 생각하는지 물어보면 조세 회피나 앞서 언급한 파블로 에스코바르가 아닌 톰 크루즈가 주연을 맡은 1993년 영화를 언급한다. 처음에는 사람들이 농담하는 줄로만 알았지만 얼마 되지 않아 똑같은 답을 몇 번이나 들었는지 셀 수도 없는 지경이 됐다.

영화 〈야망의 함정〉은 로펌에서 일하는 똑똑한 변호사가 자신의 상사들이 케이맨제도를 통해 마피아의 돈을 돈세탁해주고 있다는 사실을 깨닫는 내용을 담고 있다. 〈야망의 함정〉 때문에 케이맨제도 사람들이 부당하다고 여기는 평판이 한층 강화됐다. 이제 케이맨제도 사람들은 새 출발을 원한다. 내가 케이맨제도에 초청받은 것도 바로 이런 이유 때문이었다. 하지만 안타깝게도 내가 케이맨제도를 방문했던 그 주에 전 세계 조세 피난처들은 그다지 순조로운 출발을 맞지 못했다. 구글은 버뮤다에 있는 조세 피난처를 통해 전체 수익의 80퍼센트를 빼돌렸다는 비난을 받았고, 국세청은 아마존이 룩셈부르크에 은닉한 15억 달러에 달하는 체납 세금의 뒤를 쫓고 있다고 발표했다(아마존은 국세청을 상대로 소송을 제기해 결국 승소했다). 뿐만 아니라, 애플은 740억 달러를 아일랜드로 빼돌려 사실상 2퍼센트의 세금만 냈다는 사실을 인정했다.

커다란 식민지풍 주택에서 생활하며 분홍색 모자를 쓴 케이맨제도 총독을 만나 차를 한잔했다. 그 자리에서 투표를 통해 선출되었으며 예의는 바르지만 다소 퉁명스러운데다 나와 대화를 나누고 싶어하지 않는 것이 너무도 분명해 보이는 수상과 너무도 매력적인 컴버의 손자를 비롯한 저명한 사업가들을 여럿 소개받았다. 그들이 전달하는 메시지는 분명했다. 그들은 하나같이 케이맨제도는 투명하다고 입을 모았다.

그곳은 카리브해의 섬과 1950년대의 영국이 뒤섞여 있었다. 내게는 그곳에 수익을 신고한 기업들에 관한 것만 아니라면 누구에게든 원하는 질문을 할 수 있는 무제한의 자유가 주어졌다.

2000년대 초, 미국과 네덜란드, 영국 정부는 자국 기업들이 케이맨제도를 통해 직접투자를 추진할 수 있도록 허용했고 이 세 국가의 기업들은 케이맨제도를 적극 활용했다. 현재는 브라질과 중국도 케이맨제도를 통한 해외직접투자를 허용한다. 2000년, 세계적인 회계 감사 기업 프라이스워터하우스쿠퍼스는 중국 기업들이 해외 상장을 통해 해외 자본에 접근하고, 중국 정부의 해외 투자 규제를 우회할 수 있도록 법적인 '혁신 방안'을 마련했다. 지주회사를 변형시킨 변동지분실체variable interest entity, VIE(중국 기업들이 중국 당국의 외자 제한을 회피하기 위해 사용하는 기업 지배 구조 모델 중 하나-옮긴이)가 바로 그것이었다.

2014년, 중국의 대형 전자상거래업체 알리바바는 프라이스워터하우스쿠퍼스가 고안한 혁신적인 지주회사 설립 방식을 받아들여 미국 시장 상장을 결정했고 결국 250억 달러라는 기록적인 규모의 자금을 조달했다. 국제탐사보도언론인협회는 중국 공산당 간부의 친척들 역시 VIE 설립을 통해 당 규정을 우회하고 조세 피난처에 페이퍼 컴퍼니를 설립해 중국 밖으로 돈을 빼돌린다고 폭로했다.[14]

케이맨제도는 세상 사람들에게 조세 회피 수단으로 알려졌지만, 케이맨제도의 실제 역할은 기발한 회계보다 훨씬 깊숙한 곳에 감춰져 있다. 케이맨제도는 해외 기업들에게 '포트폴리오 투자'를 가장해 국외 자본이라는 사실을 숨긴 채 미국의 기업과 산업 인프라를 사들일 수 있는 메커니즘을 제공한다.

2015년, 케이맨제도가 IMF에 보고한 '포트폴리오 투자' 자산 규모는 610억 달러에 달했다. 암스테르담대학교의 잰 피츠너는 케이맨제도가 공개한 수치를 심층적으로 분석해 실제 자산이 보고된 자산보다 42배 많은 2조 5740억 달러라는 사실을 밝혀냈다. 케이맨제도가 IMF에 보고한 수치에는 헤지펀드의 포트폴리오 투자 금액이 포함돼 있지 않기 때문에 이런 일이 벌어졌다. 사람들의 눈에 띄지 않는 케이맨제도의 은밀한 금융 산업의 중심에 있는 것은 바로 헤지펀드다. 이런 이유 때문에 전 세계 헤지펀드의 60퍼센트가 케이맨제도에서 운영된다.

케이맨제도에서 비즈니스를 하는 많은 해외 기업들의 주된 역할은 미국 기업의 지분을 은밀하게 사들이는 것이었다. 표면적으로는 포트폴리오 투자의 진정한 '국적'을 찾아내기가 불가능하다. 투자 상품들이 여러 사법 관할 구역과 얽혀 있기 때문이다. 하나의 투자 상품이 수십 개의 나라와 연결돼 있는 경우도 있다. 피츠너는 실제로 투자 상품들이 어떻게 움직이는지 이해할 수 있는 유일한 방법은 두 개의 숫자를 살피는 것이라고 지적했다. 다시 말해서, 돈이 어디에서 들어오고 어디로 나가는지 봐야 한다.

이를 '외국인 대내 투자inward investment'와 '대외 투자outward investment'라고 부르며, 케이맨제도와 거래하는 국가 중 이 두 수치의 차이가 가장 큰 나라가 일본이다. 2015년, 5000억 달러가 넘는 일본의 포트폴리오 투자 중 일본으로 되돌아간 돈은 10퍼센트가 채 되지 않았다. 나머지 자금 중 상당 부분은 미국으로 유입됐다. 홍콩과 일본의 투자자들이 미국의 거대한 주식 시장에 포트폴리오 투자를 하기 위한 수단으로 케이맨제도를 활용하기 때문에 이런 일이 벌어진다.

케이맨제도는 국제무역을 위한 거대하고 중요한 교차 지점이기도 하다. 케이맨제도에서 항공 제국을 이끌어나가고 있는 컴버의 손자 마커스는 해변에 놓인 나뭇가지를 이용해 어떤 식으로 일이 진행되는지 설명해주었다. 마커스는 먼저 원을 하나 그렸다. "그러니까 이 원이 미국에서 철강을 구매하고자 하는 일본 회사라고 해봅시다." 그런 다음 원을 하나 더 그렸다. "이건 미국에서 철강을 파는 회사입니다. 이제 이 회사들은 어디에서 딜을 하게 될까요? 일본일까요? 아니면 미국일까요? 바로 케이맨제도 같은 곳에 지주회사를 차려서 딜을 하는 겁니다." 마커스는 세 번째 원을 그린 다음 원 안에 야자수를 한 그루 그려넣었다. "케이맨제도가 정답입니다."

역외 비즈니스를 막으려 드는 일은 넓고 푸른 바다를 가로막는 일과 다르지 않다. 이미 존재하며, 그 같은 사실은 바뀌지 않는다. 그 푸른 바다 아래에서 어두침침한 형체들이 움직이고 있다. 끼어들어야 할 때를 기다리는 기업들이다. 모래섬 위에서 시작된 상대적으로 단순한 조세 회피 메커니즘이 어처구니없을 정도로 복잡한데다 도덕적 복잡성까지 뒤엉킨 금융 메커니즘으로 탈바꿈했다.

역외 비즈니스는 이 세상이 어떻게 돌아가는지 잘 보여준다. 이와 같은 전면적인 글로벌 시스템은 어느 한 정부가 통제할 수 있는 수준을 넘어섰다.

총독 관저에서 차를 마시던 중 질문을 하나 던졌다. "케이맨제도가 폐쇄되는 일이 벌어질 수도 있을까요?” 총독은 어안이 벙벙한 얼굴을 했다. “무슨 뜻입니까?” 영국 정부가 케이맨제도를 폐쇄할 수도 있는지 재차 묻자 총독은 답했다. “이런, 그건 말도 안 됩니다. 케이맨제도는 독립국가입니다.”

수상에게 똑같은 질문을 던지자 그는 이렇게 답했다. “궁극적인 통치권은 결국 런던에 있습니다. 영국 정부 말입니다.”

결국, 그 누구도 책임을 지지 않는다. 케이맨제도는 매우 편리하게도 그 누구의 소관도 아닌 중간 지대로 운영되고 있다. 은행 시스템 전체가 역외 방식으로 운영되고 있으니 케이맨제도는 진정한 역외 금융지라고 봐야 한다. 수면 아래에서 어두침침한 형체들이 헤엄치는 대양 한가운데서 운영되는 역외 금융의 땅.

8

WEALTH

8장

빈부 격차

불평등이 곧 비즈니스의 기회

딜	씨티은행 수석 주식 전략가 토비아스 레브코비치가 최대 고객들에게 비즈니스 전략 수정을 제안하는 프레젠테이션을 진행했다.
목적	고객들에게 전 세계에서 불평등이 급격하게 확대되는 이유를 설명하고 이 불평등을 이용해 돈을 벌 방법을 알려주는 것.
장소	맨해튼 399 파크 애비뉴에 있는 씨티그룹 본사
때	2006년

자, 8인용 골프 카트를 상상해보자. 그런 다음 세계에서 가장 부유한 8명의 부호를 그 카트에 앉혀보자. 먼저, 멕시코의 통신 재벌 카를로스 슬림(750억 달러)이 제일 앞에 앉게 될 테다. 그 옆자리에 앉을 사람은 빌 게이츠(750억 달러)다. 중간 좌석 탑승자는 자라 설립자 아만시오 오르테가(670억 달러)와 워런 버핏(608억 달러), 그리고 아마존 설립자 제프 베이조스(452억 달러)다. 맨 뒷줄에 앉을 사람은 페이스북의 마크 저커버그(446억 달러)와 오라클의 래리 엘리슨(436억 달러)이고 카트 뒤편에 있는 일인용 간이 좌석에 따로 앉아서 갈 사람은 마이클 블룸버그(고작

400억 달러)다(2017년 기준).

이들이 가진 재산을 모두 더하면 총 4260억 달러. 단 8명의 거부가 전 세계에서 가장 가난한 50퍼센트가 가진 재산을 모두 더한 것만큼 많은 돈을 쥐고 있는 것이다.[1]

위기의 심각성에 대한 의견은 분분하다. 크리스틴 라가르드 IMF 총재는 이와 같은 세계적인 부의 양극화가 21세기에 접어든 전 세계가 직면한 최대의 위협이라며, 경제 부문의 지구온난화나 다름없다고 주장했다. 하지만 경제문제 연구소에서 활동하는 전문가들을 비롯한 다른 경제학자들은 세계의 전반적인 빈곤이 줄어들고 있으며 빈부 격차가 커지는 것은 전체가 부유해지는 과정에서 우리가 치를 수밖에 없는 필연적인 대가라고 주장한다.[2]

도덕적인 측면에서 불평등에 대해 어떤 생각을 갖고 있건 많은 경제학자들이 한 가지 요인이 불평등에 커다란 영향을 미친다는 데 동의한다. '지대 추구rent-seeking(생산성 증대를 위한 노력 없이 오직 부를 늘리기 위해 노력하는 현상–옮긴이)'가 바로 그것이다. 최부유층의 부와 최빈곤층의 부는 연결돼 있다. 따라서 빈곤층이 조금 덜 빈곤해지더라도 부유층은 그들을 희생시킨 대가로 좀더 부유해진다. 존 F. 케네디의 주장과 달리 나날이 번영하는 세계경제는 '모든 배를 밀어올리는 밀물'이 아니다. 초호화 요트들이 조류를 타고 떠다니는 동안 작은 배들은 가라앉는다. 폴 크루그먼, 조셉 스티글리츠 같은 경제학자들이 지적하듯 가장 부유한 계층의 부가 '추출식'이기 때문이다. 다시 말해서, 부유층이 빈곤층으로부터 부를 직접 뽑아낸다. 결국, 빈곤층과 부유층은 서로 연결돼 있다.

세계 최초로 불평등을 이해하기 위한 체계적인 시도를 했던 인물은 파시스트 정권이 집권한 이탈리아에서 무솔리니를 위해 일했던 이탈리아의 사회학자 겸 통계학자 코라도 지니였다. 지니는 박학다식한 지식인이었으며 통계학과 사회학, 인구 통계학, 생물학을 통합하면 인간의 행동을 과학적으로 이해할 수 있다고 믿었다.

1908년, 지니는 부부가 가진 특정한 유전 요인에 따라 남자아이나 여자아이가 태어날 가능성이 커진다는 내용을 담은 출생 성비에 관한 논문을 발표했다. 지니는 원래 무솔리니 정권을 지지하는 조력자였지만 파시스트 정권이 지니의 연구 결과를 파시즘의 타당성을 입증하기 위한 과학적인 근거로 활용하려 들면서 사이가 틀어졌다.

지니는 무엇보다도 자신의 길을 꿋꿋하게 걸어가는 사람이었다. 그는 우생학자였으며 1920~1930년대의 좌파와 우파 진영의 많은 지식인이 그랬듯 우생학을 활용해 인류를 '개량'해야 한다는 확고한 믿음을 갖고 있었다. 하지만 그는 끝없는 호기심을 가진 사람이기도 했다. 지니는 학자의 관점에서 타나크 유대교Tanakh Judaism(타나크는 유대교의 경전을 의미하는 것으로 기독교의 구약성서를 뜻한다-옮긴이)를 이해하고 싶다는 순수한 열망 하나로 폴란드에 거주하며, 구약성경만이 유대교 율법으로서 최고의 권위를 갖는다고 믿는 카라이트 유대교도를 연구하기 위해 탐험대를 꾸리기도 했다.

1912년, 지니는 전 세계의 불평등을 측정하기 위해 지니 계수를 만들어낸 다음 「변동성과 이변성」이라는 유명한 논문에 관련 내용을 기록했다. 지니 계수 0은 가장 평등한 사회, 즉 모든 구성원이 동일한 금액의 부를 보유한 사회를 의미하며, 지니 계수 1은 가장 불평등한 사회, 즉 한 사람이 모든 부를 가진 사회이다. 어느 한 국가 국민의 소득이 통계적으로 얼마나 분산돼 있는지 측정해 해당 국가가 0에서 1 사이의 척도에서 어디쯤 위치하는지 계산할 수 있다. 21세기에 접어들자 지니 계수는 불평등을 측정하는 기준이 됐다. 물론 지니 계수가 지나치게 불완전한 척도일 수도 있지만 상대적인 빈곤과 절대적인 빈곤을 측정하기 위한 합리적인 시도임에는 틀림없었다.

2017년, 옥스퍼드대학 교수들은 지니 계수를 활용해 21세기의 불평등 정도를 측정한 후, 지구 전역에서 빈곤층이 덜 빈곤해지는 등 전 세계의 불평등이 전반적으로 완화되고 있지만 절대적인 불평등은 급격하게 악화되고 있다고 결론 내렸다.

옥스퍼드대학 너필드 칼리지 인구학과 로런스 룹 박사는 「세계화되는 세상에서의 소득 불평등」이라는 제목의 논문에서 연구 결과를 다음과 같이 요약했다. "지난 40년 동안 전 세계에서 10억 명이 넘는 사람들이 빈곤에서 벗어났다. 그들 중 대부분은 중국과 인도 같은 국가에서 소득이 상당히 늘어난 덕에 빈곤에서 벗어날 수 있었다. 전반적인 소득이 증가하는 동안 절대적인 불평등도 놀라운 증가세를 보였지만, 그와 동시에 소득 증가는 많은 사람들의 삶을 바꿔놓았다."[3]

보고서의 공저자인 핀 타프는 다음과 같이 설명했다. "1986년에 베트남에 두 사람이 있었다고 가정해봅시다. 한 사람은 하루에 1달러를 벌고 다른 사람은 하루에 10달러를 법니다. 지난 30년 동안 베트남이 이뤄낸 경제성장을 고려해보면, 첫번째 사람은 이제 하루에 8달러, 두번째 사람은 이제 하루에 80달러를 법니다. 따라서 '절대적인' 차이에 초점을 맞추면 불평등이 심각해졌습니다. 하지만 '상대적인' 차이에 초점을 맞추면 두 사람의 불평등은 예나 지금이나 같습니다."

신문 사설란에 불평등에 관한 이야기가 등장하고 IMF와 세계은행이 불평등이라는 대재앙에 대해 논의하기 10년 앞선 2006년 3월, 한 무리의 선견지명 있는 비즈니스 분석가들이 앞으로 어떤 일이 벌어질지 꿰뚫어보았다. 그들은 불평등이 흔치 않은 비즈니스 기회를 제공한다는 사실을 깨달았다.

모래시계

토비아스 레브코비치는 매우 똑똑한 사람이다. 세계에서 네번째로 큰 은행이자 레브코비치가 글로벌 전략 사업부를 맡고 있는 씨티그룹 빌딩 49층에 위치한 그의 사무실에서 만남을 가졌다. 그곳에서는 허드슨강이 훤히 내려다보였다. 레브코비치는 토머스 홉스의 정치철학 서적 『리바이어던』을 애장서로 꼽았다. 이 책에 담긴 내용 중 가장 오랫동안 사람들의 입에 오르내리는 메시지는 엄격한 규율에 따라 통제되지 않는 한 인간은 무엇이 됐건 하고 싶은 대로 행동한다는 사실이다.

홉스가 17세기에 소개한 정치철학의 영향을 받은 레브코비치는 현대 사회에 대해서도 독특한 관점을 갖고 있다. 2006년, 그는 고객들에게 많은 돈을 안겨줄 만한 미래에 대한 청사진을 갖고 있었다. 그 청사진을 보여주기만 한다면 그의 고객들은 엄청난 금액의 돈을 벌 수 있을 터였다.

2006년, 레브코비치는 놀라운 사실을 깨달았다. 그 무렵, 씨티그룹에서 일하는 아제이 카푸르, 니올 맥로드, 나렌드라 싱이 「부유층 주도 경제를 바꿔놓으려면: 나날이 심해지는 부익부 현상」이라는 제목의 사내 자산 전략 보고서를 내놓았다.[4] 세 사람은 보고서를 통해 전 세계에서 부가 양극화되고 있으며, 단순히 약간, 혹은 많이 양극화되는 수준을 넘어서서 역사상 전례 없고 가늠하기 힘들 정도로 양극화가 진행되고 있다고 주장했다.

부의 피라미드 꼭대기에서 부를 손에 쥐는 사람의 숫자가 점점 줄어들고 있었다. 레브코비치는 내게 이렇게 이야기했다. "우리는 상위 1퍼센트에 대해서 이야기합니다. 하지만 우리가 실제로 이야기하는 건 최상위 0.1퍼센트입니다. 우리는 항상 가진 자와 가지지 못한 자에 대해서 이야기해왔습니다. 하지만 이제 가진 자와 가지지 못한 자뿐 아니라, 요트를 가진 자가 있습니다."

2006년에도 불평등은 이미 주목할 만한 추세였다. 하지만 레브코비치는 불평등을 이용할 전략을 생각해냈다. 그는 맨해튼에 위치한 씨티은행 본사에서 냉랭한 얼굴에 정장 차림을 한 남자와 여자들에게 자신의 청사진을 제시했다. 그 자리에 모인 사람들은 석유, 철강, 건설, 헤지펀드 부문의 거대 기업들, 다국적 식품 기업과 화학 기업, 슈퍼마켓, 항공기 제조업체, 제약 회사, 자동차 제조 회사, 모든 대륙에서 활동하는 통신 기업 및 인터넷 공급업체를 대표하는 사람들이었다.

레브코비치는 고객들에게 이렇게 이야기했다. "앞으로 다가올 10년은 양극화와 사회불안으로 점철될 겁니다. 경제적 불평등이 초래한 직접적인 결과지요." 고객들은 헛기침을 하며 메모지를 내려다봤다. "이런 문제 때문에 많은 사람들이 걱정하게 될 겁니다. 하지만 우리 은행 사람들은 걱정을 덜 합니다."

레브코비치는 그 자리에서 앞으로 국가 간의 불평등은 완화되겠지만 각 국가 내의 불평등은 심각해질 것이라고 예측했고, 그의 예측은 옳았다. 2016년, 제네바 국제 연구 대학원 리처드 볼드윈은 자유롭게 이동하는 IT 기술에 세계화된 값싼 노동력이 더해져 세계 여러 국가가 더욱 평등해지고, 가난한 국가는 더욱 부유해지고 부유한 국가는 침체돼 결국 모든 국가의 부가 같아진다는 내용을 담은 책『그레이트 컨버전스』를 발표했다. 1820년부터 1990년 사이에 전 세계에서 부유한 국가로 흘러들어가는 소득의 비중이 20퍼센트에서 약 70퍼센트로 급증했다. 하지만 지난 25년 동안 그 비중이 1900년 수준으로 급격하게 줄어들었다.[5] 전 세계 모든 나라들이 똑같이 불평등해지기 시작했다. 하지만 레브코비치는 2006년에 이미 이 같은 사실을 파악하고 씨티은행 고객들에게 이런 변화가 그들의 비즈니스에 어떤 의미가 있는지 알려주었다.

레브코비치는 자신의 생각을 전달하기 위해 모래시계라는 아주 단순한 비유를 사용했다.

모든 나라가 불평등이 심각해질수록 점차 모래시계의 형태를 띠게 된다. 가장 꼭대기에는 리어제트기와 벤틀리 자동차를 구매하는 슈퍼리치 글로벌 엘리트가 있다. 맨 아래에는 소액 단기 대출, 0시간 계약zero-hour contract(사전에 최소 근로 시간에 대한 합의 없이 임시 계약을 맺은 후 실제 근로 시간에 따라 임금을 지불하는 방식-옮긴이), 고금리 신용 대출 등 빈곤 상품을 판매할 새로운 기회를 제공하는 전 세계의 빈곤층이 있다. 빈곤층이 느끼는 스트레스가 커지면 도박과 술이 다시 호황을 누리게 된다. 필요한 만큼 돈을 벌 수 없기 때문에 전당포와 할인 판매점 역시 많은 돈을 벌게 된다.

깜짝 놀랄 만큼 훌륭한 예지력이었다. 하지만 나는 모래시계에 비유한 부분이 더 흥미롭게 느껴졌다. 모래시계 중간에 쏙 들어간 부분은 왜 그

런 모양을 하는지 물었다. 그는 그 부분이 '중산층'이라고 답했다. 소득이
줄어들고 더이상 이전 같은 구매력을 행사할 수 없기 때문에 압박을 받
게 되고, 결국 중산층은 무언가를 판매할 수 있는 시장으로서의 중요도
가 약해진다. 이런 이유로 중산층이 모래시계의 잘록한 부분에 위치한다.

레브코비치가 씨티그룹 고객들에게 이토록 멋진 신세계를 소개하는
동안 회의실은 쥐죽은듯 조용했다. 그는 "숨소리도 들릴 정도"였다고 이
야기했다. 그는 맨 처음에는 자신이 예언한 종말론적인 미래에 사람들이
충격을 받아서 그런 것 같다고 생각했다. "씨티그룹이 그런 이야기를 하
니 결국 그 말이 옳은 것 아니겠습니까?" 그러나 그는 곧 그게 아니라는
사실을 깨달았다. 그들 앞에 새로이 모습을 드러내기 시작한 기회가 얼
마나 엄청난 것인지 깨달은 그들의 얼굴에서 경외감이 배어나왔다고 레
브코비치는 이야기했다.

당시 회의에 참석했던 기업들은 씨티그룹이 프레젠테이션을 진행했
을 때부터 금융 위기가 닥친 2008년까지 2년 동안 씨티그룹의 조언에 따
라 부유층을 위한 고급 사치품과 빈곤층을 위한 빈곤 완화 제품 등 모래
시계의 양쪽 끝에 있는 비즈니스에 주목하며 포트폴리오를 다각화했다.

금융 위기가 벌어지자 씨티그룹 고객들은 그동안 기울여온 노력의 결
실을 보게 됐다. 레브코비치의 예측은 그 누구도 예상하지 못한 빠른 속
도로 현실이 됐다.

1986년에 연소득 8만 달러였던 가정의 연소득은 지금도 8만 달러
앞서 예로 들었던 8인용 골프 카트에 앉아 있는 부자들도 모두 불평등

이 끔찍하다고 생각한다. 그들은 항상 그렇게 이야기한다. IMF 총재, 세계은행 총재, 연준 의장 등 지난 20년 동안 불평등의 골이 점점 깊어지게 방치한 메커니즘을 만들어낸 사람들도 모두 같은 말을 한다.

2015년에 프랑스의 경제학자이자 『21세기 자본』의 저자인 토마 피케티를 인터뷰한 적이 있었다. 그는 모래시계를 구성하는 부유층과 빈곤층을 상대로 무언가를 판매하는 것은 불평등의 부산물일 뿐이며, 가장 부유한 계층이 최빈곤층이 가진 부를 뽑아내는 과정이 근본적으로 불평등을 지속시킨다고 믿는다.

피케티는 이런 현상이 사회의 존재 이유를 시험하기 때문에 사회 전체가 유례없는 위험에 빠지게 된다고 주장한다. 모든 구성원이 공통된 규칙을 따르겠다는 사회계약이 벼랑 끝까지 밀려나고, 그 계약이 무너지는 순간 사회가 붕괴하기 시작한다. 그렇다면 어떻게 해야 할까? 피케티는 어깨를 으쓱한다. "아마 다국적기업들이 법적 책임을 피하지 못하도록 IMF에 초국가적인 사법권을 주는 방식으로 IMF를 개편해야 하지 않을까요?" 마블 어벤저스 같은 국제 태스크포스를 구성해 전혀 이상한 낌새를 채지 못하고 있는 기업들을 덮치고 조세 회피에 대한 벌금을 매기면 도움이 될지도 모르겠다. 대담한 방안이지만 실제로 이런 해결 방안이 채택될 가능성은 낮다.

지난 30년 동안 미국에 거주하는 대다수 사람들의 부가 줄어들었다. 2014년, 경제학자 이매뉴얼 사에즈와 개브리엘 저크먼은 최상위 0.01퍼센트가 소유한 부의 비중이 7퍼센트에서 22퍼센트로 늘어났다고 발표했다. 부채 증가, 금융 위기로 인한 자산 가치 폭락, 실질임금 정체로 미국의 전체 가정 중 90퍼센트의 부가 감소했다. 최상위 10퍼센트를 제외한 미국 가정, 즉 미국 성인 90퍼센트의 가계소득은 8만 달러다. 물가상 승률을 고려하면 1986년과 같은 수준이다. 반면, 상위 1퍼센트의 평균적 인 부는 1980년부터 2012년 사이에 3배 이상 증가했다.[6]

모든 국가가 점차 비슷해지듯, 다시 말해서 모두가 똑같이 불평등해 지듯, 대도시의 모습 또한 서로 닮아가고 있다. 멕시코시티, 케이프타운, 상파울루, 상하이, 라고스, 로스앤젤레스, 런던 같은 대도시들은 하나같 이 비슷한 모습을 하고 있다. 최상위 계층은 자신들만의 성역에서 거주 하며, 조명이 어두운 전용 레스토랑에서 밥을 먹고, 주말이면 모나코에 서 슈퍼요트를 타고, 스위스에 있는 작은 마을 크슈타트에서 스키를 즐 기고, 두바이에서 10만 달러짜리 핸드백을 구매하며, 항상 전용 비행기 를 타고 다니는 부유한 삶을 누린다. 최상위 부자들은 폭신한 샴페인 거 품처럼 일반 대중과는 동떨어진 삶을 살아간다. 하지만 지구 어디에서건 그들은 같은 브랜드를 사용하고 같은 일정에 따라 움직이는 등 모두가 똑같은 방식으로 살아간다. 같은 도시 내의 다른 지역에서 살아가는 빈 곤층은 가까스로 빈털터리 신세를 모면하며 위태롭게 살아간다. 그리고 이 위태로운 삶으로 인한 스트레스에 시달린 탓에 부자들보다 평균적으 로 10년 일찍 세상을 떠난다. 프리드리히 엥겔스가 『영국 노동계급의 상 황』에서 묘사한 나날이 불평등이 커지는 19세기 영국의 모습과 다를 게 있을까?

나는 런던 중심부에 거주한다. 내가 사는 동네에 있는 작은 슈퍼마켓 은 새롭게 부상하는 새로운 도시의 축소판이다. 슈퍼마켓을 찾는 고객의 75퍼센트는 유럽이나 미국 출신의 성공 가도를 달리는 이삼십대로 구글 같은 대기업이나 스타트업, 런던 중심부에 있는 은행 등에서 일한다. 그들은 조깅을 끝낸 후 모자가 달린 셔츠와 운동복 차림으로 슈퍼마켓에 들어와 우유나 퀴노아 샐러드를 구매한 후 나간다.

슈퍼마켓에는 8명의 직원이 있다. 그들은 0시간 계약을 맺고 하루 12시간씩 근무한다. 직원들 역시 나이는 고객들과 비슷하지만 슈퍼마켓을 찾는 고객들과는 완전히 다른 삶을 살아간다. 그들 중 셋은 가게에서 90분 이상 떨어진 곳에 거주하며, 한 사람은 30마일 떨어진 곳에 산다. 그들은 런던 중심부에서 집세를 감당할 만큼 돈을 벌지 못하지만 그렇다고 일자리를 포기할 형편도 안 된다.

2015년, 영국 신정책연구소의 해나 올드릿지와 톰 매킨스는 이들 두 그룹의 상호작용 정도를 파악하기 위해 최근 런던에서 나타난 인구 변화를 분석했다.[7] 그들은 부자와 가난한 사람들이 같은 공간에서 공존하지만 서로 교류하지 않는 도시를 찾아냈다. 공공장소에서건 우리 동네 슈퍼마켓 같은 곳에서 서로 마주칠 때건 가난한 사람들은 부자들을 불편하게 하지 않고 그들의 의견을 따른다.

그렇다면 가난한 사람들은 왜 다른 곳으로 떠나지 않을까? 이사를 하면 모든 것이 망가지기 때문이다. 매우 불안정한 일을 하면서 벌어들인 적은 소득으로 살아가려면 의지할 수 있는 친구와 가족으로 이뤄진 사회 연결망이 무엇보다 중요하다. 그래야만 안정성이 보장되지 않는 여러 가지 일을 동시에 해낼 수 있기 때문이다. 다른 곳으로 이사하면 똑같은 사회 연결망을 구축하기가 쉽지 않다. '워킹푸어'는 떠날 형편도 안 되지만 집세가 계속 올라가기 때문에 머물 수도 없다.

성장하는 도시는 사람들의 끊임없는 정비를 필요로 하는 만족할 줄 모르는 기계다. 하지만 그 기계를 정비하는 사람이 그곳에서 살아갈 수 없다면 그 기계에 어떤 일이 벌어질까? 뉴욕이나 상하이에서와 다름없이 런던에서도 빈곤층은 이 기계가 제대로 돌아가게 만들기 위해 삶의 경로를 수정한다. 만약 지니가 지금 살아 있다면, 그는 아마도 이 기계가 고장나 멈춰 설 지점을 알려주는 계수를 계산하려 들지도 모르겠다.

누가 낙하산을 쌌을까?

2008년, 은행이 줄줄이 무너졌다. 문제 해결을 위한 답은 양적완화 quantitative easing, QE였다. 벤 버냉키가 의장으로 있는 미국 연방준비제도 이사회는 직접 '찍어낸' 돈으로 3조 7000천억 달러어치의 채권을 사들였다. 물론 연준이 실제로 지폐를 찍어낸 것이 아니라 디지털 방식으로 돈을 만들어낸 것이었지만 '돈을 찍어낸다는' 말은 곧 양적완화를 지칭하는 쉽고 간단한 표현이 됐다.

원칙적으로 양적완화는 다음과 같은 방식으로 돌아간다. 위기 상황에서 돈을 찍어내면 금융 제도 내에서 사용 가능한 자금의 총액이 늘어나 유동성을 회복하는 데 도움을 준다. 유동성이 늘어나면 은행은 대출을, 기업은 투자를, 소비자는 지출을 할 수 있다. 양적완화는 경제 회복에 박차를 가하는 경제를 위한 심폐소생술이나 다름없다.

하지만 이런 원리는 그야말로 이론일 뿐이다. 일각에서는 지난 10년 동안 대개 그랬듯 금리가 0에 가까워지면 양적완화가 제한적으로 물가 인상 압력을 가해 성장을 촉진한다고 주장한다. 하지만 지나칠 정도의 물가 인상 압력은 해당되지 않는다. 인플레이션은 양적완화가 초래하는 위험 중 하나이다.

2014년 10월, 버냉키의 뒤를 이어 연준 의장이 된 재닛 옐런은 미국에서 양적완화를 끝내기로 했다. 양적완화가 제 역할을 모두 해낸 것처럼 보였기 때문이다. 저금리 기조하에서 양적완화 정책이 도입되자 시중에 유통되는 자본의 양이 늘어났고 투자자들의 위험 감수 성향이 꾸준히 증가해 2009년 이후 미국 증시는 회복세를 보였다.

하지만 성장이 멈췄고, 멈춰 선 성장률은 꿈쩍도 하지 않았다. 금리가 사상 최저 수준에 머물렀지만 옐런은 금리를 0 이하로 낮춰야 할지도 모른다고 생각하기 시작했다. 2016년, 옐런은 와이오밍에서 열린 잭슨홀 연례 경제 심포지엄에서 사실상 은행들의 대출을 강요하는 정책인 마이너스 금리 계획을 제안했다. 마이너스 금리 시대가 되면 은행은 돈을 금고에 가만히 놓아두기만 해도 추가로 돈을 내야 한다. 돈을 빌려주거나 쓰는 것 외에는 다른 대안이 없다.

2008년 금융 위기 같은 또다른 경제 위기가 닥칠 수도 있다는 우려 때문에 마이너스 금리에 대한 논의가 이뤄졌다. 하지만 경기 침체가 지속되면 더딘 속도로 위기가 진행된다. 사실, 스웨덴과 스위스, 대만은 이미 마이너스 금리 정책을 활용하고 있다.

그렇다면 저금리 정책과 양적완화를 함께 추진하자 기대한 효과가 나타났을까? 2008년 금융 위기 직후에는 양적완화가 심폐소생술의 역할을 하며 시스템이 무너지지 않도록 보호하고 좀더 심각한 불황을 막아주었다. 하지만 장기적으로는 양적완화가 사라져버렸다. 그렇다면 그 돈은 다 어디로 갔을까? 레브코비치의 답은 이랬다. "경제 전반을 구제한다는 미명하에 양적완화를 통해 시장으로 흘러간 돈의 95퍼센트는 모래시계의 윗부분에 앉아 있는 사람들에게로 흘러갔습니다."

2015년 9월, 파이낸셜 타임스는 양적완화의 진짜 수혜자가 누구인지 파헤쳤다. "중앙은행의 발표문을 보면, 양적완화의 목표를 의도적으로 공개하지 않았음을 알 수 있다. 엔화 가치 하락이 양적완화가 초래한 간접 효과라는 사실은 아주 명백하다. (…) 하지만 아베 신조 일본 총리는 그렇게 숨김없이 이야기하지 않을 것이다. 미국 중심부에서도 그런 짓은 정치적으로 치명적인 결과를 초래할 것이다. 마리오 드라기 유럽 중앙은행 총재 역시 부채에 허덕이는 유럽 주변국들이 계속해서 낮은 자본 비용을 누릴 수 있도록 (유로존이 직접 폰지 사기를 벌이고 있는 셈) 채권 시장을 인위적으로 왜곡하고 있다는 사실을 인정하지 않을 것이다. 하지만 드라기가 실제로 하고 있는 일이 바로 그런 것이다."[8]

양적완화라는 이름 뒤에는 무수히 많은 죄가 감춰져 있다. 하지만 최대 수혜자는 자기자본 대비 차입금의 비율이 20~30배 높은 대차대조표를 가진 은행들이다. 런던에서 헤지펀드를 운용하는 마셜 웨이스는 "자산관리사와 헤지펀드 역시 양적완화의 수혜자"라고 이야기한다.

양적완화는 상위 1퍼센트가 씨티은행이 소개한 모래시계에서 빈곤층에 해당하는 사람들을 공략하는 빈곤 상품에 투자할 수 있도록 도와주고, 이로 인해 불평등은 더욱 심각해진다. 2016년, 씨티그룹 대변인 스콧 헬프먼은 씨티은행과 고객의 관계에 대해 언급하지 않겠다고 했지만, 『블룸버그 비즈니스위크』는 씨티은행 자산 연구팀이 보관중이던 총애하는 '비밀 고객 목록' 사본을 입수했다. 목록 최상단에는 밀레니엄, 시타델, 서베이어 캐피털, 포인트 72, 칼슨 캐피털 등 몇몇 대형 헤지펀드의 이름이 적혀 있었다. 레브코비치가 제안한 모래시계 모델 같은 우수한 모델과 분석 정보를 확보한 최상위 계층 고객들이었다.

2006년이 되자 모래시계의 윗부분을 공략하는 고급 브랜드와 서비스를 다각화하라는 투자 조언에 모래시계의 아랫부분에 해당하는 사람들을 공략하는 가난 상품, 즉 자동차, 가구, 휴가, 부동산 구매를 위한 장기 대출과 난방비 및 식비 지원을 위한 단기 대출 등의 상품을 추가로 제공하라는 조언이 더해졌다. 이 시장이 성장하기 위해서는 부채가 빠른 속도로 늘어나야 했다.

런던정치경제대학 경제학자 데이비드 그레이버 교수는 2015년에 BBC와의 인터뷰에서 이렇게 이야기했다. "이 모든 것의 핵심이 바로 빚입니다. 금융 산업과 부채 산업은 정말로 같은 겁니다. '금융'이라는 말은 실제로는 '다른 사람'의 빚을 나타내는 또다른 표현일 뿐입니다. 한마디로 우리의 빚을 서로 거래하는 겁니다."[9]

하지만 또다른 방법도 있었다. 새로운 경제학적 사고를 위한 연구소에서 활동하는 경제학자 아나톨 칼레츠키는 양적완화가 갈림길과 같다며 우파와 좌파, 양쪽 모두로부터 호응을 얻은 급진적인 대안을 제시했다.[10] 양적완화를 통해 찍어낸 돈을 은행이 아니라 일회성 특별수당의 형태로 시민들에게 제공했더라면 미국의 모든 가정은 3만 600달러의 수표를 받았을 것이다. 그랬다면, 미국인들은 휴가를 즐기거나 냉장고나 자동차를 바꾸는 데 돈을 지출했을 테고, 그 결과 소비주의가 되살아나고 케인스주의가 다시 인기를 누렸을 것이다.

헬리콥터 머니(헬리콥터에서 지상으로 돈을 뿌리듯 중앙은행이 경기 부양을 위해 직접 시중에 현금을 공급하는 정책-옮긴이)를 처음 제안한 사람은 노벨경제학상 수상자이자 통화 공급을 통한 경기 부양을 주장한 선지자 밀턴 프리드먼으로, 그는 1969년에 발표한 논문 「최적의 통화량」에서 헬리콥터 머니에 관한 내용을 언급했다. "헬리콥터 한 대가 마을 위를 돌면서 하늘에서 1000달러짜리 지폐를 투하한다고 가정해보자. 물론, 마을 사람들은 서둘러 지폐를 챙겨갈 것이다. 한 걸음 더 나아가 이 상황이 다시는 반복되지 않을 특별한 일이라는 사실을 모두가 잘 알고 있다고 가정해보자." 뿐만 아니라, 프리드먼은 은행을 통하지 않고 기업에 직접 돈을 나눠주면 돈의 '효능'을 극대화할 수 있다고 믿었으며, 은행이 유동성 함정에 빠졌을 때는 기업에 직접 돈을 나눠주는 방법이 특히 도움이 된다고 주장했다.

2002년 11월, 버냉키는 일본의 디플레이션이 주는 교훈에 귀를 기울여야 한다는 내용의 연설을 하며 헬리콥터 머니라는 아이디어에 다시 활력을 불어넣었다. "케인스는 언젠가 디플레이션을 막는 데 도움이 될 거라며 정부가 돈을 가득 담은 병을 갱도에 묻어 시민들이 캐내게 하는 방안을 반쯤 진지하게 제안한 적이 있습니다. 널리 알려진 프리드먼의 제안, 즉 헬리콥터가 돈을 투하하는 방식과 본질적으로 같은 겁니다."

양적완화는 이뤄졌다. 하지만 사람들의 계좌에 직접 돈을 꽂아주는 급진적인 방식의 양적완화는 반대에 부딪혔다. 인도 중앙은행 라구람 라잔 총재는 사람들이 돈을 쓰지 않고 쥐고 있을 것이라고 지적했다. 국제결제은행 클라우디오 보리오 통화경제국장은 "공짜 점심 같은 건 없다"라며 헬리콥터 머니는 법적으로 문제가 있는 정책으로 재정 정책과 통화 정책 간의 경계를 모호하게 만든다고 지적했다. 독일 중앙은행 분데스방크 옌스 바이트만 총재는 이런 정책은 "중앙은행의 재무제표에 커다란 구멍을 만들어버릴 것"이라고 주장했다.

디어드리 맥클로스키 같은 신자유주의 사상가에서부터 칼레츠키, 에릭 로너건, 사이먼 렌-루이스 같은 케인스주의자에 이르기까지 정치적인 성향을 막론한 여러 경제학자들이 일반 가정에 직접 돈을 나눠주는 방안을 지지했다. 하지만 미국과 유럽의 통화 메커니즘을 쥐락펴락하는 유력 인사들은 이런 정책에 반대했다. 유럽 중앙은행은 일반 대중에 돈을 나눠주는 정책을 지지하는 사람들과 유럽의회 호세 페르난데스 의원에게 보내는 서신에서 "유럽 중앙은행이 헬리콥터 머니를 제3자가 아닌 공공 부문의 부채 자금을 지원하는 것이라고 해석하더라도 여전히 법적인 문제가 생길 수 있다"라며 "통화적 자금 조달monetary financing(중앙은행으로부터 돈을 빌려 공공 지출에 필요한 재원을 마련하는 방식-옮긴이) 금지 조항을 위반하기 때문"이라고 설명했다. 복지 수당 대신 사람들에게 직접 돈을 주는 방안도 반대에 부딪혔다. 하지만 정치적으로 편리한 방법이 있었다. 그것은 바로 더 많은 빚을 지게 만드는 것이었다. 데이비드 그레이버는 처음부터 그럴 작정이었다고 주장한다.[11]

"금융 위기 이후 우리가 빚을 지고 빚에 중독되고 허덕이게 되면서 런던과 뉴욕이 금융의 중심지로 우뚝 서게 됐습니다. 금융 회복의 중심에 놓여 있는 것이 바로 우리의 빚이었습니다. 우리의 빚이 바로 엔진이었던 겁니다. 그래서 금융 위기 이후에는 대다수의 사람들을 빚에 허덕이게 만들 작정으로 생겨난 상당히 의도적인 정부 정책이 등장했습니다."

씨티그룹의 2006년 보고서는 예언이 담긴 문서였다. 씨티그룹 59층 회의실 밖에 있었던 그 누구도 그런 일이 벌어질 것이라는 사실을 알지 못했다. 하지만 그 보고서로 인해 탄생한 수많은 딜이 빌딩 아래 거리를 걸어다니는 수백만 명의 삶을 바꿔놓았다.

중산층이 중요한 이유

씨티그룹 보고서 각주에 언급된 연구 논문 중 하나는 당시만 해도 무명이었던 런던정치경제대학 대학원생 토마 피케티가 작성한 불평등에 관한 글이었다. 당시 피케티가 집필한 논문은 그로부터 10년이 흐른 후 『21세기 자본』이라는 이름의 책으로 출판됐다.

이제 세상에서 가장 유명한 경제학자의 반열에 올라선 피케티에게 중산층의 중요성에 대해 물었다.

피케티는 "중산층은 경제에 매우 중요하다"라며 "그동안 중산층이 대중 소비를 가능케 하고 건설 부문의 대규모 투자를 가능케 하는 존재였기 때문"이라고 설명했다. 1950~1960년대에는 중산층이 될 기회가 있었기 때문에 사회 전반에서 부가 좀더 골고루 분배되고 좀더 평등한 사회가 될 수 있었다. 이런 추세가 최고조에 달한 것은 1976년으로 당시 영국 통계청은 사회가 대단히 평등하다고 선언했다. 1945년부터 1978년까지는 사회 전반에서 역사상 다른 그 어떤 시기보다 부가 균등하게 분배됐다. 불평등이 심각한 수준에 다다른 1930년대와 현재 사이에 끼어있는 30년은 정상적이지 않은 평등의 시대였다.

피케티는 "지난 20년 동안 중산층이 줄어들기 시작했다"라고 이야기한다. "앞으로 중산층이 계속 줄어든다면 민주주의에 중대한 위협이 될겁니다."

중산층은 역사적으로 사유재산을 소유할 수 있는 재력을 갖고 있었다. 내 집 마련을 향한 광범위한 열망은 1930년대에 본격적으로 등장했다. 제2차세계대전으로 인해 이런 열망이 사라지는가 싶더니 1950년대가 되자 엄청난 규모의 건축 프로그램 덕에 수백만 명의 사람들이 역사상 처음으로 집을 구매할 수 있었다. 다시 많은 사람들이 내 집 마련을 열망했다. 영국에 이민 온 내 할아버지 역시 이런 꿈을 좇아 켄티시 타운의 빈곤한 삶에서 벗어나 공기가 깨끗하고 산울타리가 깔끔하게 다듬어진 교외로 집을 옮겼다.

하지만 1996년부터 그 꿈이 사라져버렸다. 재정적으로 책임감 있는 방식으로 집을 소유하는 일이 상당수의 미국인에게 점차 이룰 수 없는 꿈이 돼버렸기 때문이다. 불평등 심화와 함께 임금이 정체됐고, 그로 인해 젊은이들은 더이상 부의 사다리property ladder에 접근할 수 없었다. 내 조부모가 오늘날 내 집 마련을 꿈꾸는 25세의 부부였다면, 맞벌이를 통해 간신히 월세를 내는 걸 다행으로 여기며 빈민가를 벗어나지 못했을 것이다.

피케티는 "우리 사회가 계속해서 중산층이 줄어드는 방향으로 나아가고 있는 걸까요?"라고 물었다. "이런 현상이 얼마나 오래 지속될지 알 수는 없습니다. 우리가 확실하게 아는 사실은 최근 몇 년 동안 영국과 다른 나라에서 최상위 부자들, 즉 억만장자들의 부가 평균적인 부와 경제 규모보다 훨씬 빠른 속도로 늘어났다는 겁니다. 이런 현상이 수십 년 동안 지속되면 중산층으로 흘러가는 몫이 줄어들 겁니다." 앞으로는 소유가 아닌 임차가 표준이 될 것이다. 2013년에는 임차료가 급여보다 상당히 빠른 속도로 증가했다.[12]

이런 현상이 지속되면 불평등을 역전시키기가 사실상 불가능해진다. 중산층과 중산층이 되고자 하는 사람들이 부를 축적할 수 있는 주된 수단이 사라지기 때문이다. 결국 상부와 하부는 크지만 중간 부분은 잘록한 모래시계 모양이 구조적으로 단단히 자리를 잡게 될 것이다.

피케티는 다시 "우리는 얼마나 불평등해질까요?"라고 질문했다. "이런 추세가 계속된다면 상당히 무서울 정도로 불평등해질 겁니다." 하지만 권리를 박탈당한 중산층은 쉽게 흥분하는 무서운 세력이 된다. 만족감을 느낀 중산층은 특별한 행동을 하지 않는다. 하지만 중산층이 미래의 안정성이 위협받고 있다는 두려움을 느끼거나 경제적인 흐름에 올라타야 한다는 욕망을 갖게 되면 혁명을 주도한다.

1917년, 러시아에서는 한층 대담해진데다 인내심을 잃어버린 부르주아 세력이 황제를 몰아내고 임시정부를 세웠으며, 볼셰비키가 다시 임시정부를 타도했다. 1968년, 프랑스에서는 중산층 지식인들과 노동조합이 연합해 샤를 드골 대통령을 실각시키기 직전까지 갔다(물론 잘 알려져 있듯이 그러지 못했다). 두 경우 모두, 다소 양면적인 것처럼 보일 수도 있지만, 불만을 품은 중산층은 사람들을 집결시키는 원동력이 됐다.

시애틀에 사는 닉 하나우어는 아마존의 초기 투자자였다. 현재 60억 달러의 자산을 보유한 하나우어는 우리 사회의 현주소를 보여주는 새로운 모래시계 모델에서 중산층이 공동화되는 현상이 자본주의를 위협한다고 생각한다. "지금껏 생겨난 가장 뛰어난 경제체제인 자본주의는 어느 정도 불평등을 필요로 합니다. 식물이 성장을 위해 물을 필요로 하는 것과 마찬가지입니다. 하지만 지나치게 물을 많이 주면 식물이 죽듯이 불평등이 지나치면 중산층이 그 물에 빠져 익사하게 되고 결국 자본주의가 죽게 됩니다."

하나우어는 퓨젓사운드의 멋진 풍광이 눈에 들어오는 소박한 사무실에 서서 바닷물을 가로지르는 돛단배를 바라보았다. "중세시대에는 불평등이 문제가 되지 않았습니다. 모두가 세상이 불평등할 거라고 생각하

면서 자라거든요. 저 사람은 소작농이고, 저 사람은 왕이라고 받아들이
면서 살아가는 겁니다. 그냥 세상이 그렇게 돌아가는 겁니다. 하지만 좀
더 가지도록, 좀더 가질 수 있다고 믿도록 모든 사람을 부추기는 현대자
본주의 문화 속에서는 평등이 훨씬 커다란 문제가 됩니다. 다른 사람이
가진 걸 가질 수 없게 되면 불만이 싹틉니다. 자본주의가 억울함을 낳았
고, 자본주의가 약속한 기회의 평등은 실현되지 않았습니다."13

하나우어에게는 개인적인 이해관계가 달린 문제이기도 하다. 그는 실
제로 이런 일이 벌어지면 모래시계 아래쪽에 집결한 사람들이 자신을 쫓
아올지도 모른다고 걱정한다. "사람들이 갈퀴를 들고 오고 있습니까? 아
마 내일은 아닐 수도 있습니다. 하지만 언젠가는 그들이 올 겁니다. 매우
불평등한 사회를 생각해보세요. 그곳에서는 혁명이 일어났을 겁니다. 그
게 아니면, 일당 독재국가겠죠."

9

GLOBALIZATION

9장

세계화

**아시아는 어떻게 규칙을
새로 썼는가**

딜	시진핑 중국 국가주석이 미국을 포함한 68개국과 일대일로협정을 체결했다.
목적	도로 및 항만부터 철도, 발전소 건설에 이르기까지 세계 각지의 대형 인프라 프로젝트에 약 1조 달러를 투자하는 것.
장소	중국, 베이징
때	2017년 5월 13일

어릴 적 핫휠 자동차를 갖고 놀던 나는 이상한 점을 깨닫고 깜짝 놀랐다.

　1970년대 말과 1980년대 초에는 핫휠이 어린아이들에게 멋진 미국 문화를 상징하는 존재였다. 핫휠 자동차에는 성조기가 그려진 로켓 오토바이를 타고 협곡을 건너는 에벨 크니벨의 이야기가 담겨 있었고, 머스탱과 닷지 같은 고출력 자동차에 붙어 있는 불꽃무늬는 1970~1980년대에 방영했던 미국 드라마 〈해저드 마을의 듀크 가족〉 그 자체였다. 하지만 핫휠 자동차를 뒤집어보면 '메이드 인 유에스에이Made in the USA'가 아니라 '메이드 인 차이나Made in China'라고 적혀 있었다.

그렇다면 중국은 어떻게 세계의 공장이 됐을까?

하버드대학 경제학자 조지프 나이의 설명처럼 답은 간단하다. "1800년에 이 세상이 어땠는지 돌아보면 전 세계 인구 중 절반 이상이 아시아에 거주하며, 그들이 전 세계에서 유통되는 물건 중 절반 이상을 만들어냈다는 사실을 발견할 겁니다. 이제 시간을 건너뛰어서 1900년으로 가봅시다. 전 세계 인구의 절반, 아니 절반 이상이 여전히 아시아에 살고 있습니다. 하지만 전 세계에서 유통되는 제품 중 아시아에서 생산되는 건 고작 20퍼센트에 불과합니다."

이제 아시아가 따라잡은 듯하다. 산업혁명 덕에 유럽과 미국은 세계 경제의 엔진이 됐다. 하지만 중국이 300년 전 청나라 때 그랬던 것처럼 다시 한번 세계를 지배하는 경제 강국이 되기로 작정하면서 유럽과 미국의 시대가 끝나가는 것처럼 보인다. 2017년 10월, 중국의 시진핑 국가주석은 공산주의의 새로운 모델을 제시했다. 아시아에 대한 미국의 이해 증진을 위해 설립된 아시아 소사이어티 미-중 관계 센터의 오빌 셸은 시진핑이 제안한 공산주의의 새로운 모델에는 "중국적인 특징이 가미된 사회주의가 서구의 자유민주주의와 자본주의의 신념에 대항할 수 있는 성공 가능한 모델이라는 의미가 담겨 있다"라며 "비단 문명과 가치관의 충돌뿐 아니라 정치체제와 경제체제의 충돌이 뒤따를 수 있다"고 설명한다.

내가 핫휠을 갖고 놀았던 1970년대 말과 1980년대 초는 아시아 경제의 부활이 갓 시작됐을 무렵이었다. 중국에서 생산되는 것이 비단 핫휠만은 아니었다. 서구에서 소비자들의 지출에 불을 붙인 온갖 값싼 소비재에도 '메이드 인 차이나'라는 표시가 있었다. 혹은 중국 대신 한국이나 일본, 싱가포르에서 만들어졌다는 표시가 붙기도 했다.

아시아가 전 세계의 자동차 시장 역시 장악하기 시작하면서 아주 작은 장난감 자동차가 커다란 진짜 자동차가 됐다. 한때 일본은 싸고 조잡한 라디오와 텔레비전을 만들어내는 나라라는 평을 받았지만 기술혁신을 통해 머지않아 믿을 만하고 가격이 적당하면서 성능이 뛰어난 물건을 만들어내는 나라라는 명성을 얻었다. 토요타와 닛산은 제너럴모터스와 크라이슬러의 시장점유율을 빼앗기 시작했다.

현재 중국은 인도와 러시아, 브라질을 모두 더한 것보다 경제 규모가 크다. 물론 2007~2008년 금융 위기가 세계경제를 뒤흔들기 전처럼 연간 10퍼센트에 달하는 기록적인 성장세를 보이지는 않지만 중국은 여전히 연간 6퍼센트의 성장률을 자랑한다(금융 위기 당시 중국은 국가 주도하에 지출 캠페인을 벌여 다른 나라의 금융 위기가 자국 경제에 미치는 영향을 완화했고, 이런 정책으로 인해 중국은 엄청난 빚을 지게 됐다). 중국의 중산층은 1억 명으로 늘어났고 빠른 속도로 진행되는 산업화로 인해 대기 오염이 19세기 세계 산업의 중심지였던 영국에 맞먹을 만큼 심각한 수준에 다다랐다. 그럼에도 불구하고 기대 수명은 76세로 높아졌다. 세계 평균보다 높을 뿐 아니라 다른 개도국에 비해서도 높은 수치다.[1]

그렇다면 중국의 부활을 환영해야 할까, 두려워해야 할까? 강경한 보호무역주의자인 피터 나바로는 중국의 경제력에 대한 다른 나라의 의존도가 높아지는 상황에 중국의 경제 팽창주의가 더해져 중국이 세계경제의 패권을 쥐는 상황을 피할 수 없을 것이라고 이야기했다. 그러면서 결국 서구가 필연적으로 '중국으로 인한 종말death by China(같은 제목의 피터 나바로의 책이 국내에서 『중국이 세상을 지배하는 그날』로 출판됐다-옮긴이)'

을 맞이하게 될 것이라는 두려운 마음을 전했다.

하지만 나바로의 의견에 동의하지 않는 사람들도 있다. 중국이 패권을 쥐게 되면 반드시 그 외의 다른 국가들에게 좋지 않은 일이 생길까? 전세계 인구 중 완전히 산업화된 곳에서 살아가는 인구는 10퍼센트가 채되지 않는다. 중국에서 산업화가 계속 진행되면 이 수치가 3배로 늘어날 수도 있다. 아시아와 중남미, 아프리카에서 경제성장에 박차를 가하고 심지어 오래전부터 산업화가 이뤄졌던 서구 경제에 새롭게 활력을 불어 넣어 전 세계 인구 중 또다른 20퍼센트를 산업화시킬 수 있기 때문이다. '중국으로 인한 종말'처럼 보였던 것이 정반대로 '중국의 구조 작전'으로 밝혀질 수도 있다.[2] 중국에 대한 이 같은 긍정적인 관점이 등장한 원인은 인류 역사상 최대 규모이자 미국 경제 회복을 위해 프랭클린 D. 루즈벨트가 추진한 뉴딜 정책의 세계경제 버전이라고 볼 수 있는 초대형 인프라 프로그램 때문이다. 이 프로그램은 특정한 국가가 아닌 전 세계 경제 성장에 박차를 가하겠다는 목표하에 중국 정부 주도로 엄청난 규모의 현금을 쏟아붓는다.

일대일로: 새로운 실크로드

2017년 5월 13일, 시진핑 중국 국가주석은 베이징에서 트럼프 대통령이 파견한 대표단을 비롯한 68개국과 협약을 체결했다. 시진핑 주석은 중국이 전 세계 인프라에 1조 달러에 육박하는 대규모 투자를 할 예정이라고 설명했다.

중국이 많은 나라들과 체결한 이 딜은 간단하게 일대일로—帶—路, One

Belt One Road, 하나의 띠, 하나의 길라고 불렸다. 중국의 일대일로가 실현되면 세계무대에서 패권을 차지하려는 중국의 야심이 현실이 돼버릴 수 있다. 일대일로는 숨이 막힐 정도로 엄청난 규모를 자랑한다. 일대일로에는 파키스탄 과다르에 건설 예정인 심해항과 스리랑카 콜롬보에 건설 예정인 '항구도시'를 비롯해 아시아에 9000억 달러를 투자하는 놀라운 규모의 초기 투자 전략이 담겨 있다. 뿐만 아니라 동아프리카 고속철도 건설 프로젝트, 중국 남서부와 싱가포르를 잇는 고속철도 건설 프로젝트, 중앙아시아 전역을 가로지르는 가스관 건설 프로젝트 등이 모두 포함돼 있다. 파이낸셜 타임스가 당시 보도했듯, 일대일로는 "단일 국가가 지금껏 추진한 역대 최대 규모의 해외투자 프로그램임이 거의 틀림없다."

일대일로는 중국에서부터 중앙아시아와 중동을 지나 유럽까지 이어지는 육로와 중국에서부터 동남아시아, 동아프리카를 잇는 해로를 모두 아우르는 실크로드를 의도적으로 재배치한다. 일대일로가 처음 등장한 시기는 2013년으로, 당시 점점 둔화하는 서구 경제의 성장세가 중국의 경제 상황에 어떤 영향을 미치는지 지켜보던 시진핑 주석이 새로운 전략을 시사했다. 이전 30년 동안, 중국의 성장은 대체로 핫휠 장난감 자동차 같은 제품 수출에 의존했었다. 이제 중국은 서구 소비자들이 계속 소비를 이어갈 수 있도록 전례 없을 정도로 엄청난 규모의 현금을 투입하기로 작정했다. 2015년, 중국은 일대일로를 추진하는 데 필요한 자금을 조달하겠다는 명확한 목표와 함께 아시아 인프라 투자은행을 설립했다. 같은 해, 중국은 일대일로 프로젝트를 위해 3개의 국유은행에 820억 달러를 송금했다.[3]

그런 다음, 중국 정부는 하나의 띠와 하나의 길이 지나가는 곳에 위치하며 일대일로로부터 이익을 얻을 수 있을 만한 65개국을 찾아냈다. 일대일로는 지리적으로 중국 근처에 위치한 이웃 국가들에 국한된 프로젝트가 아니다. 뉴질랜드와 영국뿐 아니라 심지어 북극까지 일대일로 목록에 포함돼 있다. 중국에서는 중국과 프랑스로 구성된 컨소시엄이 영국에서 진행하는 힝클리포인트 C 원자력발전소 건설 같은 프로젝트 역시 일대일로 프로젝트로 여겨진다.

파이낸셜 타임스 톰 행콕 기자는 일대일로가 세계 지배를 위해 중국이 설치해둔 트로이의 목마일 수도 있다고 지적했다. "중국의 외교 정책이 점점 적극적으로 변해가는 가운데 일대일로는 하나의 지정학적인 책략이다. (…) 군사전략가 에드워드 루트왁이 '지경학'이라 부르는 방식, 즉 '상업적인 방식'을 통해 '충돌의 논리'를 추구하는 방식에 견줄 만하다." 투자가 훨씬 효과적으로 맡은 역할을 해낸다면 굳이 탱크를 사용할 필요가 없다.[4]

하지만 시진핑 주석이 베이징에서 전 세계에 일대일로를 알리는 연설을 준비중이었던 5월 11일, 트럼프 대통령이 먼저 중국과의 무역협정을 공개했다. 이틀 후에 시진핑이 일대일로를 공개하는 자리에 대표단을 파견한 일 역시 중국과 진행한 딜에 포함된 합의 사항이었다. 비평가들은 트럼프가 중국에 대한 태도를 손바닥 뒤집듯 바꿔버렸다고 표현했다. 평론가들과 트럼프의 보호무역주의를 지지했던 세력은 이 같은 트럼프의 발표를 그의 재임 초반에 등장한 결정적인 순간이라고 여겼다. 트럼프가 중국과의 딜을 공개하며 세계주의자가 되어버린 날, 비즈니스 인사이더 리네트 로페즈 기자는 다음과 같은 내용의 기사를 내놓았다. "이 딜은 단순히 세계화를 향한 연가가 아니라, 트럼프가 그동안 떠들어왔던 '미국

제품을 구입하고, 미국인을 채용하라'는 이념에 위배된다. 결국 핵심은 중국이 다른 나라의 인프라 구축을 돕는 것이다. 우리가 2016년 대선 캠페인 기간에 보았던 중국에 강경한 태도를 보이는 트럼프는 이제 더이상 우리 곁에 없다."[5]

하지만 그로부터 한 달 앞서 플로리다에 있는 트럼프 대통령 소유의 호화 리조트 마라라고에서 시진핑 주석과 트럼프 대통령이 회담을 했던 4월 6일, '중국에 강경한 태도를 보이는 트럼프'의 숨통을 끊어놓은 딜이 이미 이뤄졌다.

미중 정상회담이 이뤄지기 전, 트럼프 대통령은 중국의 제국주의적인 야심에 강경한 태도를 보였다. 그는 "협상이 매우 힘들 것"이라며 중국을 인정사정없이 밀어붙이겠다고 호언장담했다. 하지만 회의가 끝난 후 시진핑 주석과 트럼프 대통령이 함께 걸어나올 무렵에는 트럼프의 어조가 매우 달라져 있었다. 트럼프는 태도를 바꿔 무역 협상을 위해 함께 노력하겠다고 발표했다.

트럼프는 "시진핑 주석은 매우 좋은 사람"이라고 이야기했다. "그는 중국을 사랑하며 중국 인민을 사랑합니다. (…) 나는 시진핑 주석을 매우 좋아합니다. 시진핑 주석도 나를 좋아한다고 생각합니다. 우리 두 사람 사이에는 엄청난 공감대가 있습니다. 결국에는 우리 두 사람이 매우 훌륭한 관계를 맺을 거라고 생각합니다."[6]

두 사람이 마라라고에서 함께 보낸 48시간 동안 무슨 일이 벌어졌을까? 일각에서는 트럼프가 그저 두 사람을 둘러싼 관계의 현실을 깨달은 것이라고 주장한다. 미중 정상회담이 열리기 6개월 전이었던 2016년 10월, 중국 공산당 고위 간부들은 비밀리에 회동을 갖고 시진핑 주석을 '핵심' 지도자로 선출하기로 만장일치로 가결했다. 다시 말해서, 시진핑 주석을 새로운 마오쩌둥의 위치로 격상시키는 데 동의한 것이다.

중국 정치 분석 전문가 장해빈 교수는 다음과 같이 설명한다. "반면 트럼프는 미국에서 의회의 상당한 반대와 시위에 직면하고 있습니다. 두 지도자가 자국에서 당면한 정치 상황이 같지 않습니다. 시진핑 주석은 '핵심' 지도자이고 중국은 매우 안정적입니다. 트럼프 대통령은 아직 미국에서 권력을 잡지 못했고 미국 사회는 분열돼 있습니다."[7]

마라라고에서 중국이 활용한 전략은 트럼프가 받아들일 수 있는 표현을 활용해 트럼프에게 의견을 전달하는 것, 다시 말해서 사업 이야기를 꺼내고 중국과 미국 간의 직접적인 상호 비즈니스 딜을 제안하는 것이었다. 트럼프가 그동안 두 나라 간의 상호협정이 세계 무역을 대신할 수 있다고 반복적으로 이야기해왔기 때문에 중국은 미국에 협상안을 제안할 때 트럼프가 미국에서 지지율을 잃지 않고 체면을 세우는 데 도움이 될 만한 상호협정도 함께 제안했다.

미국과 중국 간의 상호협정을 체결하는 차원을 넘어서서, 몇 달 후 일대일로 정책을 발표할 때도 트럼프식 표현을 빌려 중국과 68개에 달하는 각국과의 상호협정으로 정당화할 수 있었다.

뿐만 아니라, 중국과 미국 간의 딜은 트럼프 대통령이 무역 문제에 대해 어떤 태도를 갖고 있는지 분명하게 드러내며 이미 분열된 백악관 내에서 새로운 문제를 만들어냈다. 마라라고 정상회담이 진행됐을 당시, 대통령 후보 시절 트럼프의 측근이었던 스티브 배넌을 비롯한 반세계주의 고문들과 렉스 틸러만 국무 장관, 존 켈리 비서실장 등 실용성을 강조하며 새롭게 등장한 세계주의자들 간의 불협화음이 해결되지 않은 상태였다.

로페즈의 비즈니스 인사이더 기사에 의하면, 배넌은 중국과의 회담을 트럼프가 대선 캠페인 내내 지지해왔던 정책에 대한 '모욕'이라고 여겼다. 반면, 틸러만 같은 실용주의자들은 중국과의 대화가 시작될 무렵 "모든 방안을 고려할 수 있다"라고 이야기했다. 트럼프는 마라라고에서 실용주의자들 편에 서서 백악관 내에서 배넌을 주축으로 하는 반세계주의를 지향하는 세력과 대립했고, 배넌은 얼마 지나지 않아 8월에 결국 백악관을 떠나게 된다. 백악관 내에서 세계주의자와 실용주의자들 쪽으로 힘의 균형이 옮겨가는 것처럼 보였다. 우선은 그런 것처럼 보였다.

마라라고 정상회담 전이었다면 트럼프가 일대일로를 중국의 '지경학적인' 제국주의로 여겼을 수도 있다. 하지만 일대일로는 트럼프의 암묵적인 승인을 얻어냈다. 일대일로를 선언할 근거가 마련됐다.

미국은 마라라고 회담을 동등한 국가 간의 만남이라고 묘사했다. 하지만 중국은 자국이 좀더 유리한 위치에 서 있다고 믿었다. 익명을 요구한 EU의 어느 외교관은 중국의 계획은 정치 팽창주의를 추구하는 것이었다고 분명하게 이야기했다. 물론 지금도 마찬가지다. 그는 미국이나 중국이 어떻게 해석하건 "일대일로는 전략적이고 지정학적인 결과가 뒤따르는 국내 정책"이라고 설명했다. 인프라 사업은 중국이 가장 잘하는 일이고, 해외에서 효과적으로 인프라를 구축하면 중국 국내 경제에도 상당한 도움이 되며, 인프라가 계속 확장되면 원자재, 에너지, 수입, 자본 흐름에 대한 수요가 매우 커진다. 중국은 일대일로가 선순환의 고리를 만들어내 일대일로에 서명한 모든 국가에 이익을 안겨준다고 주장한다.

전 세계에서 중국을 최대 교역국으로 두고 있는 국가가 120개에 달한다. 2020년부터는 중국의 순수입 규모가 EU를 넘어선 것으로 추산된다. 골드만삭스 회장을 지낸 짐 오닐은 "중국은 인류 역사에서 경제성장과 빈곤 타파라는 목표를 가장 훌륭하게 달성한 나라"라고 간단명료하게 이야기한다.[8]

그러나 중국의 일대일로 발표로부터 두 달이 흐른 2017년 7월, 트럼프 대통령은 다시 태도를 바꿔 중국과의 무역 전쟁을 언급하기 시작했다. 마라라고 허니문은 끝이 났고 양국 관계에 북한의 군사 위협 재개라는 새로운 역학이 끼어들었다.

북한의 공세가 강화되고 있는 가운데 트럼프 대통령은 중국의 지원을 갈구했지만 중국은 미국이 기대하는 도움을 주지 않았고, 이로 인해 갓 싹트기 시작한 양국의 교역 관계가 완전히 망가져버렸다. 트럼프는 "미중 협력 문제는 이쯤 해두겠다"라는 간결한 트윗을 날렸다. 뉴욕에 위치한 아시아 소사이어티 미-중 관계 센터 오빌 셸 소장은 이 순간 미국과의 관계에서 중국이 우위를 갖고 있었다는 사실이 다시 한번 확인됐다고 믿었다. "시진핑 주석이 트럼프 대통령의 편에 서서 북한에 압박을 가했다면 시진핑 주석이 무언가를 얻었을지도 모릅니다. 하지만 시진핑 주석이 무역 측면에서 평화를 얻는 대가로 트럼프의 제안을 받아들이지 않은 것이 실수라고 말하고 싶진 않습니다. 딜을 할 수 있는 진정한 여지가 있었다고는 생각하지 않습니다."

요컨대, 중국이 좀더 강력한 카드를 갖고 있었다고 볼 수 있다. 일대일로를 진행하기 위한 준비가 모두 갖춰져 있었고 중국은 미국이 어떤 태도를 보이건 막강한 힘을 지닌 1조 달러 규모의 조직처럼 앞으로 나아갔다. 북한 문제를 둘러싼 불협화음 때문에 미국과 무역 전쟁을 벌이는 상황이 달갑지도 않았을 테고, 양국 모두 무역 전쟁을 원하지 않았을 테지만, 중국에게 가장 중요한 문제는 미중 관계가 아니었다. 중국에게 무엇보다 중요한 문제는 새로운 실크로드가 건설된 세상에서 가장 영향력 있는 중개국이 되는 것이었고, 중국의 계획은 차질 없이 진행되고 있었다.

금, 중국, 세계화

중국은 어떻게 세계 무역을 장악하는 걸출한 중개국이 될 수 있었을까? 이 모든 일의 뿌리는 70년 전, 녹음이 무성한 뉴햄프셔로 거슬러올라간다. 1944년 7월 1일, 뉴햄프셔주의 조용한 마을 브레턴우즈가 내려다보이는 마운트워싱턴호텔에서 열린 연합국통화금융회의에서 지구상에서 가장 막강한 힘을 가진 전후 경제 강국들, 즉 44개의 연합국이 딜을 맺었다. 브레턴우즈협정의 목표는 단순했다. 제2차세계대전으로 이어진 끔찍한 경제 상황이 되풀이되지 않도록 전후 자본주의를 위한 통화 통제 및 안정성을 위한 규칙을 만드는 것이 바로 브레턴우즈협정의 목표였다. 각국의 통화는 금과 미국 달러에 고정되었고, IMF가 최후의 은행 역할을 하며 지급 불균형 상태에 봉착한 국가에 단기 융자를 제공하게 됐다. 브레턴우즈협정은 국제무대에서 변하지 않는 변수 안에서 적절한 규제하에 자유무역이 이뤄질 수 있도록 규칙과 제도가 국제금융의 흐름을 지배하도록 만들었다. 참가국들은 관리를 받는 대신 공정한 무역을 가능케 하는 시스템을 활용할 수 있었다.

　브레턴우즈체제의 장기적인 효과에 대해서는 경제학자들의 의견이 분분하다. 케인스주의자들과 민주당 좌파 진영 인사들은 브레턴우즈체제가 유지됐던 1944년부터 1971년에 이르는 27년의 기간을 미국 달러가 기축이 돼 자본주의적인 안정성이 황금기를 누렸던 시기라고 여긴다. 브레턴우즈협정을 통해 미국 달러가 금에 고정됐기 때문에 미국 달러가 세계의 기축통화가 됐다.

이는 축복인 동시에 저주였다. 브레턴우즈체제에 긍정적이건 부정적이건 경제 전문가들은 원래 독일, 일본, 이탈리아 같은 패전국들의 '생산적인 목적을 위한 자본 투자를 촉진하고', 영국, 프랑스 등 전쟁으로 무너져내린 서구 유럽 동맹국들의 재건을 돕고, 남미, 아시아, 아프리카 등 개도국의 개발을 지원하기 위해 설립된 IMF와 세계은행의 자금을 대개 미국이 공급했기 때문에 미국은 무역수지 적자를 내면서도 달러 가치 하락을 걱정할 필요가 없었다는 데 동의한다. 이런 방식은 일시적으로는 도움이 됐지만 오랜 기간 지속될 수는 없었다.

브레턴우즈체제 옹호론자들은 브레턴우즈체제가 전후에 국제무역을 위한 확고한 규칙을 만들어냈기 때문에 전례 없는 안정성과 번영의 시기가 오래 지속됐다는 주장을 굽히지 않는다. 2014년, 카터 대통령과 레이건 대통령 시절에 연준 의장을 지낸 인물이자 세계에서 가장 영향력 있는 경제학자 중 한 사람인 폴 볼커가 워싱턴에 있는 세계은행 본부에서 브레턴우즈위원회의 21번째 5월 연례회의에서 연설을 했다. 볼커는 "신브레턴우즈체제는 어떨까요?"라고 물었다. 볼커는 신브레턴우즈체제가 단순한 '향수'가 아니라 "좀더 질서정연하고 규칙에 따라 움직이는 금융 안정성의 세상"으로 조심스레 회귀해야 할 필요성을 뜻한다며, "이제 규칙을 기반으로 함께 협력해 관리하는 공식적인 통화 시스템의 부재가 그다지 성공적이지 않았다는 데 우리 모두 동의할 수 있을 거라고 생각한

다"고 밝혔다.[9]

하지만 반대론자들은 브레턴우즈로 인한 안정성과 번영은 신기루였다고 이야기한다. 2015년, 세계 경제 포럼에서 경제 평론가로 활동했던 맷 존스턴[10]은 『포브스』에 다음과 같은 내용이 담긴 글을 썼다. "그 시기 내내 불안정의 조짐들이 나타났으며 아마도 시스템 유지를 위한 노력의 상대적인 어려움을 충분히 이해하지 못했던 것 같다." 그는 "브레턴우즈 체제를 안정성의 시기로 여기기보다는 새로운 통화 질서를 맞이하는 과도기로 보는 편이 더욱 정확하다"라고 결론 내렸다.

브레턴우즈체제는 어떻게 움직였고, 왜 끝나버렸을까? 미국 은행이 전후 자본주의의 회복을 주도하는 방식은 결국 유쾌하지 않은 결과로 이어졌다. 1950년대 말이 되자 제2차세계대전 패전국이었던 독일과 일본의 경제가 놀라울 정도로 회복됐고 두 나라는 미국의 만만찮은 무역 경쟁국으로 발돋움했다. 달러를 찍어서 재건을 도왔던 바로 그 나라들이 이제 무역을 통해 새롭게 미국을 위협했다. 패전국들의 재건을 돕기 위해 미국이 채택했던 팽창주의 통화 정책은 도미노 효과로 이어져 미국의 국제수지 적자를 초래했다.

미국 경제에 무리가 가고 있었다는 것은 곧 브레턴우즈체제가 더이상 견디지 못하고 삐걱대기 시작했다는 뜻이었다. 표면적으로는 세계경제가 번영하는 것처럼 보였지만 이면을 들여다보면 다른 일이 벌어지고 있었다. 존스턴은 1950년대 말이 되자 "달러의 금 청구권이 실제 금 공급량을 초과했고, 금 1온스당 35달러로 고정돼 있었던 금 가격으로 인해 달러가 과대평가되고 있다는 우려가 생겨났다"라고 이야기한다.

브레턴우즈체제를 극한에 가깝게 밀어붙이는 과정에서 영국, 프랑스,

독일 등 새롭게 힘을 갖게 된 무역 경쟁국들이 손쉽게 돈을 벌기 위해 재정 거래 기회를 활용하는 터무니없는 상황이 벌어지기 시작했다. 달러의 가치를 금에 고정하는 방식이 극도의 압박을 받게 됐다.

이후 10년 동안 쫓고 쫓기는 게임이 계속됐다. 미국은 유럽 국가들의 통화 평가 절상을 원했을 수도 있다. 하지만 값싼 수출품을 발판삼아 누려온 무역 우위를 잃고 싶지 않았던 유럽 국가들은 평가 절상을 원치 않았다. 서로 원하는 바는 달랐지만 유럽 국가들과 미국 모두 브레턴우즈 체제의 붕괴를 받아들일 수는 없는 처지였다. 자본주의가 가진 역량을 대체할 만한 것이 없는 것처럼 보였고, 금-달러 태환제도에 문제가 생기지 않도록 세계 각국이 공조했다.

1961년에 설립된 '금풀(미국을 비롯한 8개국의 중앙은행이 금가격을 1온스당 35달러로 유지함으로써 브레턴우즈체제를 유지하고 투기적인 변동과 혼란을 막기 위해 합의한 제도로, 참가국 중앙은행이 보유중인 금 일부를 갹출해 한데 모아둔 데서 금풀이라는 이름이 비롯됐다-옮긴이)' 역시 이런 노력에서 비롯된 것이었다. 당시, 달러 수요를 충족시키기 위한 필사적인 노력 탓에 흑인을 차별하는 아파르트헤이트 정책을 펼치던 남아프리카공화국과 공산국가인 소련에서 나온 금까지도 금 보유고에 포함시키게 됐다(1969년에 결국 해체됐다). 새로운 유형의 통화, 즉 IMF가 발행하는 특별 인출권Special Drawing Rights, SDR이라고 불리는 추가적인 준비자산 역시 제안됐으나 머지않아 논의가 중단됐다.

세계경제 전체가 거꾸로 뒤집힌 채 단 하나의 점을 짓누르는 거대한 피라미드처럼 위태롭게 휘청거렸다. 세계 각국 통화의 무게가 달러를 짓눌렀으며, 달러에 집중된 무게는 다시 금을 짓눌렀다. 미국이 엄청난 무역적자를 감당할 수밖에 없는 상황이었던데다 미국의 대외 채무가 미국의 금 보유고의 4배에 달했던 1970년대에는 한마디로 금고에 충분한 금이 남아 있지 않았다. 제 기능을 하지 못하는 글로벌 시스템, 즉 각국의 통화가 달러에 연동돼 있기 때문에 달러와 상관없이 가치를 조정할 방법이 없는 글로벌 시스템 속에 갇혀버린 통화들에 유연성을 공급하라는 압력이 커졌다.

미국의 금 보유고에서 금을 대거 인출하는 사태가 불가피해 보였다. 1971년 8월 15일, 닉슨 대통령은 일방적으로 달러화의 금 태환 정지를 선언했다. 1971년 12월, 선진 10개국이 워싱턴에 위치한 스미스소니언 박물관에 모여 금이나 은같이 통화의 가치를 뒷받침할 수 있는 자산 보유고를 따로 마련하지 않고 환율 변동 폭을 확대한다는 내용을 골자로 하는 스미스소니언협정에 서명했다. 닉슨은 고정환율 시대를 끝낸 스미스소니언협정을 "세계 역사상 가장 중요한 통화협정"이라고 표현했다.[11]

브레턴우즈체제가 공식적으로 무너졌고, 닉슨이 옳았다. 스미스소니언협정은 세상이 돌아가는 방식을 완전히 바꿔놓았다. 스미스소니언 협정이 체결되자 환율이 공식적으로 '변동'하게 됐고 더이상 정부가 통화 가격을 결정할 수 없게 됐다. 대신, 시장이 환율을 결정했다. 하지만 브레턴우즈체제 붕괴는 지금과 같은 규제 없는 비즈니스 문화가 탄생하는 데 더욱더 중요한 역할을 했다. 볼커라면 '규칙'의 종말이라고 불렀을지도 모르는 바로 그 비즈니스 문화 말이다. 브레턴우즈체제가 무너지자 세상에서 가장 규모가 크고 빠르게 움직이는 외환 거래 시장인 국제 외환 시장에서 각 통화의 가격을 결정하게 됐다.

일주일에 닷새, 하루 24시간 열려 있는 국제 외환 시장은 물리적인 공간이 아니라 뉴욕, 런던, 도쿄, 취리히, 프랑크푸르트, 싱가포르, 시드니, 파리가 모두 끊임없이 통화를 거래하고 가치를 재조정하는 세계적인 환전 시장이다.

1971년 12월에 서명된 스미스소니언협정으로 인해 자본주의가 오늘날 우리가 알고 있는 시스템으로 바뀌었다. 워싱턴과 제네바에서 클립보드를 들고 돌아다니며 약 30년 동안 세계 각국이 무엇을 할 수 있고 무엇을 할 수 없는지 규정하던 사내들에게서 하루 24시간 내내 시장을 세심히 살피는 전 세계 트레이더들에게 주도권이 넘어갔다.

전후에 전 세계가 경제적인 안정을 누릴 수 있었던 이유가 무엇이고 달러의 가치를 금에 고정하는 방식이 옳은가에 대한 의견은 사람마다 다르겠지만 브레턴우즈체제가 전후 세계 재건에 중요한 역할을 했다는 데는 거의 의심의 여지가 없다. 브레턴우즈체제 덕에 미국의 무역흑자는 차관, 투자 등의 형태로 무역적자국으로 되돌아갔고, 이로 인해 미국은 계속해서 독일, 일본, 한국 재건에 돈을 쏟아부을 수 있었다.[12] 하지만 1971년의 세상은 브레턴우즈체제가 처음 탄생했던 세상과 다소 달랐다.

그리스의 재무부 장관을 지낸 경제학자 야니스 바루파키스는 금 태환을 정지하겠다는 닉슨의 열망이 브레턴우즈체제의 몰락을 부른 주된 이유가 아니라고 생각한다. 바루파키스는 "브레턴우즈체제는 문제없이 돌아갔지만 미국이 더이상 무역흑자를 누릴 수 없게 되자 사정은 달라졌다"라고 이야기한다. 그가 언급한 시기는 바로 1960년대 말이다. 1971년이 되자 한마디로 브레턴우즈 시스템이 지속될 수 없었다. 미국의 무역수지가 흑자였던 1968~1969년을 제외하면 미국은 더이상 무역흑자를 누리지 못했고, 장기적으로 무역이 다시 흑자로 돌아설 것이라는 희망도 거의 없었다. "그러자, 미국은 다른 나라의 무역흑자를 다시 활용하기 시작했습니다. 문제 해결을 위해, 진공청소기처럼 순무역흑자와 순이익을 월스트리트로 빨아들이기 시작했습니다."

바루파키스와 같이 브레턴우즈체제를 지지하는 사람들은 국제적인 달러 수요가 시스템 전반에 지속적으로 부담을 주긴 했지만 브레턴우즈체제가 안정성을 유지하고 1930년대의 경제 위기가 되풀이되지 않도록 방지하는 역할을 잘해냈다고 주장한다. 하지만 브레턴우즈체제는 무역과 환율을 제한하는 장벽을 그대로 남겨두어 자유로운 자본의 흐름을 방해했고, 이는 세계화에 걸림돌이 됐다. 1971년이 되자 정부가 아닌 기업이 미래의 번영을 주도하는 엔진으로 여겨졌고, 이를 위해서는 정부의 통제가 아니라 자유무역이 필요했다.

1980~1990년대에는 월스트리트에서 규제 완화 바람이 불어 은행의 거래가 좀더 자유로워졌으며, 당시의 분위기를 대표하는 사건으로 1999년의 글래스-스티걸법 폐지를 들 수 있다. 이런 변화 덕에 기업들은 변동환율을 적극 활용하고 세계화에 동참할 수 있었다. 경제학자 대니 로드릭은 1990년대 말이 되자 "세계은행과 세계무역기구World Trade Organization, WTO가 만들어낸 지적인 틀, 즉 세계화를 국가 경제성장을 위한 길이라고 여기는 방식이 자리를 잡았다"라고 설명한다. 세계 각국에서 매력적인 고용법과 낮은 법인세율 등을 활용해 대기업들에게 자국의 문호를 열면 일자리, 투자, 좀더 많은 기업을 유치할 기회 등의 보상을 얻게 된다는 생각이 퍼져나갔다.

사실, 공급주의 경제학 논리가 이런 관점을 뒷받침했다는 가정은 전혀 이상하지 않았다. 하지만 로드릭은 한 가지 문제가 있다고 지적했다.

"그런 관점으로 상황을 바라보면 세계화를 잘 활용한 국가들은 국내에서도 잘해냈다는 사실을 직시할 수 없게 됩니다. 이런 국가들은 세계화를 잘 활용하는 한편 국내에서도 인프라를 탄탄하게 발전시키고 지속적인 투자를 추진했습니다. 우리가 알고 있는 건 이야기의 절반에 불과합니다."[13]

로드릭은 미국이나 영국같이 경제 규모가 큰 나라들이 감세 방안과 가장 매력적인 인건비 절감 조건을 제안하는 등 세계적인 기업을 유치하려고 혈안이 된 개발도상국처럼 굴었지만 남미와 동남아로 인해 이런 나라들의 경쟁력은 약화될 수밖에 없었던 반면, 독일, 스웨덴 같은 나라들은 계속해서 인프라에 투자하고, 높은 법인세율을 고수했으며, 정부 차원에서 의료와 재교육, 자녀가 있는 근로자들을 위한 지원에 많은 지출을 했다고 주장한다. 언뜻 보기에 이런 정책들이 반기업적인 것처럼 보일 수도 있지만 고임금 숙련 노동자를 원하는 다국적기업들은 이런 나라들을 선호했다. 결과적으로 국내 인프라 확장과 인재 육성에 힘쓴 나라들은 꽤 괜찮은 성장률을 유지할 수 있었다.

하지만 로드릭은 세계화의 물결과 마주한 중국이 한 단계 더 나아가 매우 비밀이 많은 거대 기업처럼 굴었다고 설명한다. 중국은 자국의 이익 보호를 위해 애쓰는 한편 세계무대에서는 여느 다국적기업 못지않게 무자비하고 강경한 태도를 보였다. 로드릭은 중국이 어떤 전략을 활용했는지 다음과 같이 설명했다. "중국이 어떻게 이런 위업을 이뤄냈는지 살펴본다면, 중국은 자본의 흐름을 통제했고, 여러 산업에 보조금을 지급했으며, 투자자들에게 현지 콘텐츠 사용을 요구하고, 무역협정을 위반하고, 재산권을 침해했습니다. 중국은 여러 부문에서 국유제를 고집했습니다. 대체로 고용을 보호하기 위한 전략이었습니다. 중국은 초세계화의 규칙을 준수하는 다른 모든 나라의 덕을 본 겁니다."[14]

서구 국가들은 세계화와 함께 진정한 자유 시장의 가치를 추구했지만 중국은 교묘하게 모든 것을 독차지하려 했다. 다시 말해서, 산업이 고도로 발달한 미국과 유럽을 뒤흔든 힘겨운 경제적인 현실로부터 자국민들을 보호하려 애쓰는 한편 국경 밖에서는 마치 중국이 세상에서 가장 가차없을 정도로 경쟁력 있는 기업인 것처럼 굴었다. 중국은 인프라 투자 및 보조금 지급 문제에 관해서는 브레턴우즈체제 이전의 가정을 고집하면서도 브레턴우즈체제 이후에 등장한 모두가 무한 경쟁을 벌이는 자유 시장에 뛰어들었다. 김용 전 세계은행 총재는 이런 상황을 깔끔하게 요약했다. "세계화는 한국과 중국을 비롯한 대부분의 동아시아 국가에 놀라울 정도로 도움이 됐습니다. 하지만 트럼프에게 표를 던진 사람들이 사는 곳인 아이오와주에는 도움이 되지 않았습니다."

민주주의는 성장의 걸림돌일까?

최근 중국은 미국 기업 인수에 특히 열을 올렸다. 지난 20년 동안 외국인 투자가 꾸준히 늘어났으며 중국의 미국 기업 인수 열망은 당황스러울 정도로 다양한 업계에서 계속 커지고 있다.

2013년, 중국의 육류 가공업체 슈앙후이 인터내셔널은 71억 달러에 미국의 대형 가공육 기업 스미스필드 푸즈를 인수했다. 클레어몬트 맥케나 칼리지의 민신 페이 교수는 슈앙후이의 스미스필드 푸즈 인수가 "빠르게 성장하는 시장에 고급 브랜드 돼지고기를 비싼 가격에 공급하는 능력을 확장할 수 있는 절묘한 한 수"였다고 표현하며 "뿐만 아니라 슈앙후이가 스미스필드를 자사 제품을 미국에 판매하기 위한 통로로 활용할 수 있을지도 모른다"라고 덧붙였다.

『포천』이 보도한 자료에 의하면 2016년 단 한 해 동안 중국 투자자들은 다음과 같은 기업들을 사들였다.

- 중국의 안방보험이 143억 달러 규모의 딜을 통해 W호텔 체인을 보유한 스타우드호텔 인수를 시도했다. (안방보험과 메리어트가 입찰 경쟁을 벌였으나 결국 안방보험이 입찰을 철회해 메리어트가 스타우드를 인수하게 됐다-옮긴이)
- 텐진 텐하이 투자(HNA 테크놀로지의 전신-옮긴이)가 63억 달러에 『포천』 선정 세계 500대 기업 순위에서 62위를 차지한 IT 유통업체 잉그램 마이크로를 인수했다.
- 중국 가전업체 칭다오 하이얼이 54억 달러에 토스터와 식기세척기를 판매하는 GE 어플라이언스를 인수했다.[15]

중국의 완다그룹은 〈쥬라기 공원〉, 〈퍼시픽 림〉 등을 만든 영화제작사 레전더리 엔터테인먼트 그룹을 35억 달러에 인수했다(이미 2012년에 26억 달러를 주고 사들인 미국 최대 영화관 체인 AMC와 함께 활용할 목적으로 레전더리를 인수했다).

이 목록은 단 한 해 동안 중국이 미국에 투자한 내용을 대략적으로 보여주는 것에 불과하다. 중국은 이제 미국 부동산 시장 최대 투자자 중 하나다. 미국 정부가 아마존이나 구글의 미국 내 투자를 권장하기 위해 이런 기업에 세제 혜택이나 무상 토지를 제공할 것이라고 예상하는 사람도 있겠지만, 2014년 앨라배마주에 위치한 도시 토마스빌은 당시 진행중이던 '경제 개발 프로젝트'의 일환으로 중국의 동관 제조업체 골든 드래곤을 미국 남부에 유치하기 위해 토지를 무상으로 제공했다.

2013년, 슈앙후이가 스미스필드 푸즈를 인수한 이후 켐차이나(중국화공그룹공사)는 대형 농약 회사 신젠타를 430억 달러에 인수하겠다고 제안했다. 이런 딜에는 곧 중국이 미국의 농업 부문을 잠식해들어가겠다는 의도가 담겨 있었다. 슈앙후이가 스미스필드를 인수할 당시, 네브래스카주 주지사 피트 리키츠는 정육업자들이 도축 전 5일 이상 가축을 보유하지 못하도록 하는 1999년 법을 파기했다. 수직적 통합을 꿈꾸는 중국의 농기업들에게 미국 기업 인수 딜의 매력도를 높이고 미국 소재 중국 기업이 소유한 육류를 중국에 수출하는 방식으로 미국산 돼지고기를 엄청난 규모의 계약농업 비즈니스로 발전시키려는 의도였다.

하지만 네브래스카주의 언론인 토브 다노비치는[16] 관련 법안 폐지를 중국의 노골적인 인수라기보다 중국 기업을 유치하고 지역경제를 되살리기 위한 현지 정치인들의 노력으로 풀이했다. "중서부에 위치한 대다수의 주는 오래전에 정육업체들의 가축 보유 기간을 제한하는 법을 폐지했습니다. 그 덕에 그런 주들의 돼지고기 생산량은 증가했지만 네브래스카주의 돼지고기 생산량은 감소했습니다. 네브래스카주가 가장 마지막까지 버텼습니다. (…) 네브래스카주의 의원들은 중국을 중요한 교역국으로 만들고자 노력했습니다. 중국은 식량과 농장을 절실하게 필요로 합니다. 중국의 기존 경작지 중 40퍼센트 이상은 오염 때문에 훼손된 상태입니다. 그 결과, 중국은 자국민에게 원활하게 식량을 공급하기 위해 최고의 농업 기술에 투자하고 있으며, 어디에 있는 땅이건 최고의 농지를 확보하기 위해 투자를 아끼지 않습니다. 일인당 경작지 면적이 중국보다 6배 넓은 미국은 계약농업을 추진하기에 완벽한 곳입니다."

어떤 나라에서 누가 실제로 무엇을 소유하고 있으며 관계가 얼마나 복잡한지 이해하기 시작하면 무역 전쟁 이야기가 약간 어리석게 들리기 시작할 것이다. 도대체 누구와 무역 전쟁을 벌인다는 뜻일까? 자기 자신과 무역 전쟁을 벌인다는 것일까?

브레턴우즈체제하에 존재했던 세계의 '안정성'을 갈망하는 사람이 있을 수도 있다. 하지만 그런 사람들이 생각하는 것과 달리 세상이 진정으로 안정적이었던 적은 없고, 교역의 세계화가 이뤄진 새로운 세상 역시 매우 불안하다는 사실에는 거의 의심의 여지가 없다. 자칭 '좌파'인 바루파키스조차 다시 안정성을 공고히 하는 방향으로 시스템을 설계하는 데 대해 현실적인 태도를 보인다. "1970년대 중반과 2008년 사이에 우리가 했던 일들은 지금 우리에게 필요하지 않습니다. 월스트리트 은행가들이 금융화를 꾀할 수 있도록 허용하고 자본 흐름에 잔뜩 거품이 끼게 했던 그런 일 말입니다. 우리에게 필요한 건 신브레턴우즈체제입니다. 1944년부터 1970년 사이에 존재했던 것과 꼭 닮은 새로운 관리 자본주의가 필요합니다."[17]

바루파키스는 계속 말을 이어나간다. "물론 이것은 새로운 패러다임입니다. 고정환율도 없을 테고 미국같이 지배적인 힘을 가진 나라도 없을 겁니다. 그러니 민족주의의 등장을 저지할 수 있는 경제적인 균형 상태를 만들기 위해 정치적인 차원에서 모두가 협력하는 방법을 배우는 게 좋을 겁니다."

민족주의가 확산하는 주요인 중 하나는 해외에서 유입된 값싼 노동력으로 인한 고용 불안이다. 어쩌면 이 점에 있어서는 서구가 정리해고 사태를 마주하는 중국의 전략에서 교훈을 얻을 수 있을지도 모른다. 2016년, 철강 공급과잉 문제로 인해 200만 명에 달하는 중국의 철강 노동자들이 정리해고를 당하자 인웨이민 중국 인력자원·사회보장부 장관은 '적절한 조치'를 취할 것이라고 공표했다. 중국 정부는 해고당한 철강 노동자들을 기업가로 재교육했다. 해고 이후 노동자들의 소득이 줄어들기보다 올라갈 수 있도록 지원하고, 임금 상승이 지속되고, 이주 노동자들의 상황을 개선할 수 있는 방향으로 정책이 결정됐다. 이 같은 초대형 프로그램을 진행하면서 중국 정부가 내건 '단 한 명의 인민도 낙오하게 내버려둬서는 안 된다'라는 슬로건은 노동자와 경제 전반에 대한 중국 정부의 재투자 접근 방법이 어떤 것인지 잘 보여준다.[18]

경제학자 야성 후앙이 저서 『중국식 자본주의』에서 지적하듯이 중국에서 이런 식의 전면적인 변화가 일어날 수 있었던 것은 중국은 권위주의국가이지 민주주의국가가 아니기 때문이다. 후앙은 1980년대에는 기업가 정신이 넘쳐났던 중국의 시골 지역들이 중국 경제의 자본주의적인 성장을 가능케 하는 엔진 역할을 했다고 주장한다. 하지만 1990년대가 되자 공산당을 중심으로 뭉친 도시 엘리트들이 시골 지역에서 자본주의 방식으로 진행된 수많은 실험을 뒤집어버렸다. 미국이었다면 오랫동안 막강한 영농 로비 세력과 워싱턴 정계 기득권층 간의 교착 상태가 지속되다가 결국 절충안이 탄생했을지도 모른다. 하지만 중국은 계획경제였기 때문에 공산당이 당의 방침에 따라 일을 진행해버렸다.

중국 공산당은 중국 전역에서 반민주주의적인 계획을 강화하고 민주주의 확대를 향한 열망을 억누르기 위해 나날이 늘어나는 도시 부유층에게 자본주의적인 기회를 제공하겠다는 약속을 하기도 했다. 공산당은 점점 늘어나는 중산층에게 경제적인 번영을 안겨준 대가로 정치적 양보 없이 성장을 이뤄낼 수 있었다.

후앙은 중국이 1980~1990년대에 경제적으로 엄청난 변화를 겪기는 했지만 중국 외에도 같은 시기에 비슷한 변화를 경험한 인구가 많은 국가가 있다고 지적한다. 후앙이 언급한 나라는 바로 인도로, 인도는 가파른 경제성장을 구가하면서도 세속적인 민주주의를 지켜내기 위한 노력을 멈추지 않았다. 후앙은 "민주주의가 급속한 산업화를 방해한다"라는 명제가 모든 국가에 들어맞는 것은 아니라고 설명한다.

중국의 계획경제에서 비롯된 하나의 결과는 일대일로 같은 역동적이고 조직화된 정책을 실행하는 것이다. 김용 전 세계은행 총재는 중국의 대량 정리해고 방식을 서구와 비교한다. "나프타(1994년에 발효된 북미자유무역협정North American Free Trade Agreement, NAFTA)와 또다른 중요한 무역협정들이 체결됐을 때는 항상 일자리를 잃은 사람들을 재교육시킬 계획이 있었습니다." 이런 프로그램들은 무역조정지원제도Trade Adjustment Assistance, TAA라고 알려져 있었으며 1974년 이후 이런저런 형태로 존재해왔다. 이런 프로그램들은 직업훈련을 위한 비용을 지원하고, 일자리가 해외로 빠져나감에 따라 일자리를 잃은 노동자들에게 보상을 제공해 세계화의 부작용을 최소화할 목적으로 연방정부가 고안한 것들이었다. TAA의 효과에 대해서는 많은 논란이 있었다. 아메리카대학교의 카라 레이놀즈와 존 팔라투치는 2006년에 발표한 논문에서 "TAA 프로그램이 일자리를 잃은 노동자에게 어떤 가치가 있는지는 불분명하다"라고 결론

내렸다.

　노동부는 대외무역으로 인해 480만 명이 일자리를 잃은 것으로 추산하며, 그중 220만 명이 TAA를 통해 재교육을 받았지만 교육을 받은 후 임금은 약 30퍼센트 줄어들었다. 재교육을 받지 않은 노동자들의 임금 역시 하락했지만, 이런 노동자들의 임금은 불과 9퍼센트 하락했을 뿐이다. 빌 클린턴 대통령 시절 경제 고문을 지냈던 로버트 Z. 로런스는 TAA의 효과는 측정 방식에 따라 달라진다고 인정한다. "TAA를 하나의 보상 계획으로 생각하면 상당한 효과가 있습니다."[19] 하지만, 재교육을 위한 수단으로서는 그다지 효과적이지 않다.

　아니나다를까, TAA에 쏟아진 비난을 생각하면 연평균 5억~7억 5000달러의 비용 부담을 초래하는 제도의 예산을 삭감하는 것은 불가피한 일이었다. 1997년, 경제정책연구소는 1994년 나프타 발효 후 공장이 멕시코로 이전된 탓에 일자리를 잃은 미국 노동자 중 재교육 지원을 받은 사람은 10퍼센트에 불과하다는 추산을 담은 보고서를 발표했다. 클린턴 대통령이 8억 달러를 투입해 TAA를 확대하려 했지만 경제 상황이 점점 나빠지는 가운데 TAA를 비판하는 내용의 학계 보고서가 쏟아져나왔고 경제 분야 싱크탱크들이 TAA에 대한 비판을 멈추지 않자 결국 TAA에 들어가는 예산을 대폭 삭감할 수밖에 없었다.

　2017년 2월, 노동부에서 보관중이던 기록을 확보한 로이터는 "미국 제조업 부문의 일자리가 해외로 사라지는 일을 좌시하지 않겠다고 다짐한 트럼프 대통령이 생산 활동을 해외로 옮기는 과정에서 수천 명의 근로자를 해고한 6개 이상의 기업으로부터 일자리 창출에 대한 조언을 구하고 있다"고 폭로했다.[20] 캐터필러, 유나이티드 테크놀로지스, 다나, 쓰리엠, 팀켄, GE는 한편으로는 미국 내 일자리를 멕시코, 중국, 인도 등 세계 각지로 옮기면서 다른 한편으로는 백악관의 제조업 일자리 창출 계획 자문위원회에서 활동했다.

이 기업들이 불가능한 일을 시도하고 있다고 표현하는 것이 아주 적절할 듯하다. 이들이 만들어내고자 하는 상황은 한마디로 미국 내에서 새로운 일자리를 만들어내는 동시에 다른 일자리를 해외로 옮기는 터무니없이 복잡한 상황이기 때문이다. 2016년에 미국 노동자들이 이런 주장을 얼마나 신뢰하는지 확인할 기회가 있었다. 당시 공화당 대선 후보였던 도널드 트럼프가 '미국을 다시 위대하게' 만들겠다는 약속을 앞세워 보호주의를 공약으로 내걸었고 결국 대선에서 승리했다.

김용 전 세계은행 총재는 미국이 공장 해외 이전보다 TAA 같은 잘못된 재교육 프로그램에 더 많은 돈을 쏟아부어왔다고 이야기한다. 사실, 이런 프로그램들은 미래형 일자리를 만들어내기보다 얼마든지 대체 가능한 일자리를 더 많이 만들어내는 데 주력한다. "실리콘밸리는 숙련된 노동자가 충분하지 않다고 불평합니다. 반면, 아이오와주에는 일자리를 원하지만 재교육을 받지 못한 탓에 제대로 된 기술을 갖지 못한 사람들이 많습니다."

아시아에서는 재교육이 비즈니스 전략의 부수적인 요소가 아닌 핵심적인 요소로 여겨진다. "중국과 한국은 다음 물결에 대비하기 위해 애씁니다. 두 나라는 반도체 비즈니스를 완벽하게 손보면서 발전 속도를 높여왔습니다. 하지만 지금은 '그다음은 무얼까?'라는 고민을 합니다. 그리고 부모들은 앞으로 다가올 상황에 자녀들을 대비시켜야 한다는 마음 때문에 불안해합니다. 아이오와주에서는 그런 일이 일어나지 않습니다."[21]

2만 명의 일론 머스크

GWC는 실리콘밸리 빅테크의 아성을 무너뜨리겠다는 포부를 가진 중국과 일본의 합작 기술 기업이다. GWC는 근본적으로 베이징, 도쿄, 그리고 구글 본사가 있는 캘리포니아 마운틴뷰에 사무실을 두고 있는 거대한 기업가 양성 기업이다. GWC는 2만 명의 일론 머스크를 배출하겠다는 목표를 갖고 기업가 정신을 산업화하고 있다.[22]

2013년, GWC는 베이징에서 열린 연례 세계 모바일 인터넷 콘퍼런스Global Mobile Internet Conference, GMIC에서 갓 발돋움하기 시작한 모바일 업계 중역, 개발자, 투자자, 기업가를 위해 회사 소개 시간을 마련했다. GWC는 목표를 달성했고, 2만 명의 희망자들이 열정적으로 아이디어를 소개하고 나섰다.[23]

'G-정상회담G-Summit(GMIC를 줄여서 부르는 말)'은 100만 달러의 지원금을 걸고 혁신 방안을 모색하는 세계적인 경쟁의 장이다. GWC는 초대형 벤처 캐피털 회사처럼 움직인다. 2016년, 방갈로르와 상파울루, 타이베이에서 참가한 우승팀들은 전 세계 여러 플랫폼에 적용할 수 있는 아이디어를 개발할 기회를 얻었다.

실리콘밸리는 이런 위협에 촉각을 곤두세우고 있다. 본 스미스 페이스북 부사장은 "실리콘밸리는 좀더 세계적인 관점에서 생각할 필요가 있다"라며 "아시아에 중점을 두는 GMIC는 미국 밖에서 발생하는 중요한 추세에 주목하는 몇몇 기술 콘퍼런스 중 하나"라고 설명한다.

2015년, 애플 CEO 팀 쿡은 중국판 트위터라고 불리는 중국의 대표 소셜 미디어 웨이보에 가입했다. 쿡이 껴안고 싶을 정도로 귀여운 판다 사진을 올리려고 웨이보에 가입한 것은 아니었다. 중국에서는 트위터와 페이스북 사용이 금지돼 있기 때문에 쿡의 웨이보 가입은 인증된 쿡의 계정을 통해 애플이 수백만 명의 중국인에게 직접 접근할 수 있는 절호의 기회였다.

애플은 중국 시장에서 확고하게 자리를 잡은 서구의 몇 안 되는 빅테크 기업 중 하나다. 중국에는 중국판 구글과 중국판 페이스북, 중국판 우버, 중국판 아마존이 있다.

바이두는 구글과 비슷한 중국 기업으로 지도와 클라우드 저장 공간에서부터 결제 시스템, 식품 배달, 의료 사업, 자율주행 자동차, 인공지능 연구에 이르기까지 다양한 서비스를 제공한다. 알리바바는 중국 최고의 디지털 결제 플랫폼이자 세계 최대 규모의 인터넷 소매업체다. 텐센트는 중국판 페이스북으로 왓츠앱과 페이스북, 애플페이, 구글 뉴스를 모두 더해놓은 것 같은 기발한 서비스 위챗을 전면에 내세워 7억 명이 넘는 가입자를 확보하고 있다.

중국의 전자상거래업체 징둥닷컴은 중국판 아마존이다. 하지만 IT 전문 온라인 미디어 지디넷의 제이슨 하이너가 지적하듯 "징둥닷컴이 실제로 아마존을 앞서고 있다." 징둥닷컴은 세계적인 유명 브랜드 상품을 판매할 때 진품 여부를 증명해 대량생산되는 모조품에 대한 소비자들의 우려를 불식시킨다. 또한, 현재 6억 명에 달하는 고객들에게 당일 배송 서비스를 제공하며 중국 전역에 익일 배송 서비스를 제공하는 한편 외딴 지역 배송을 위한 드론 개발을 진행중이다.

디디는 중국판 우버로 애플이 10억 달러를 투자한 기업이기도 하다. 디디는 술을 많이 마신 고객과 자동차 모두를 목적지로 옮겨주는 대리운전 서비스 '디디 버스'를 비롯해 우버보다 좀더 다양한 서비스를 제공한다. 디디는 수집한 데이터를 분석해 차량 통행량이 많은 시간대에 자사 차량을 도로 밖으로 이동시키는 등 빅데이터와 머신러닝을 이용해 중국의 극심한 교통 체증 문제와 대기오염 문제를 해결하기 위해 노력중이다.[24]

실리콘밸리를 주름잡는 5대 빅테크 기업과 마찬가지로 이들 기업 역시 맹렬한 야망을 갖고 있다. 하지만 중국 기업들은 미국을 비롯한 서구 기업들에 비해 조직적인 비즈니스라는 부분에서 우위를 갖고 있다. 정부와 거의 탯줄이 연결돼 있다고 표현할 수 있을 정도로 불가분의 관계를 맺고 있기 때문이다. 한국에서 이런 관계의 완벽한 본보기가 되는 존재가 바로 '재벌'이다. 현대, 삼성 등 가족이나 친척 등을 주축으로 하는 거대한 재벌 기업들은 정계에 직접 진출하기도 하고 정부에 커다란 영향력을 행사한다. 1988년에는 정몽준 현대중공업 회장이 국회의원에 당선되기도 했다. '기업 지배 구조'로 인해 이런 관계가 형성되는 경우도 있다. 재벌 기업의 기업 지배 구조 내에서는 브랜드와 국가의 정체성, 브랜드의 이해관계와 국가의 이해관계가 동일한 것으로 여겨진다.

하지만 최근 재벌 제도는 일상화된 부패의 한 형태라는 비난에 직면했다. 2017년 8월, 문재인 대통령은 뇌물을 공여한 혐의로 기소된 재벌 일가를 사면하는 관행과 작별하고 이재용 삼성전자 부회장이 유죄를 인정받아 징역을 살도록 내버려뒀다. 과거에는 재벌가 수장들이 자선단체 기부를 통해 실형을 면하곤 했다. 일례로 2007년에 횡령 혐의로 유죄판결을 받은 정몽구 현대자동차 회장은 1조 원을 사회환원하는 대가로 이명박 전 대통령으로부터 특별사면을 받았다.

재벌의 부패를 단속한다는 것은 정부와 대규모 가족 기업 간의 지나치게 밀접한 밀월 관계가 끝나간다는 신호다. 하지만 그와 동시에 이런 기업들은 아시아를 넘어 구글, 아마존, 페이스북에 필적하는 세계적인 경쟁 상대가 되기 위해 노력하고 있다.

2016년, 샌프란시스코에서 활동하는 알리안츠 글로벌 인베스터즈 펀드매니저 월터 프라이스는 실리콘밸리와 맞서려는 아시아 기술 경쟁 기업들이 티핑 포인트에 다가가고 있다고 지적했다. 서구 투자자들은 그중에서도 특히 휴대전화와 전자제품을 생산하는 삼성, 인터넷 회사 텐센트, 온라인 소매업체 알리바바, 반도체 회사 TSMC가 향후 10년 동안 미국 경쟁 기업들보다 빠르게 성장할 것으로 내다봤다. 10년이 채 되지 않는 기간 동안 텐센트의 주가는 무려 5000퍼센트나 증가했다. 2016년, 텐센트는 아시아에서 가장 가치 있는 기업으로 발돋움했다. 프라이스는 "중국 기업들은 근본적으로 미국 중심의 인터넷 기업들에 필적하는 세계적인 경쟁 상대가 되어가고 있다"고 이야기했다."[25]

그렇다면 '스탯STAT(삼성, 텐센트, 알리바바, TSMC의 영문명 앞 글자를 따서 만든 표현)'은 어떻게 '팡FANG(페이스북, 아마존, 넷플릭스, 구글의 영문명 앞 글자를 따서 만든 표현)'에 필적할 만한 기업으로 거듭날 수 있을까? 비교 투자 전문 기업 첼시 파이낸셜 서비스의 수석 연구 분석가 제임스 야들리는 스탯이 서구 경쟁 기업들에 비해 우위를 갖고 있다고 믿는다. 그는 "이들 중 일부는 정말 뛰어난 기술을 갖고 있다"라고 이야기한다. 아시아에서 활동하는 스탯의 경쟁 기업들조차도 이들의 행보에 놀라움을 감추지 못한다.

휴대용 기기를 생산하는 화웨이와 샤오미는 삼성과 애플이 지배해온 시장에 파고들기 위해 애쓰고 있다. 샤오미는 아시아를 넘어 전 세계에서 포부를 실현하기 위해 구글에서 안드로이드 부문 부사장을 지낸 휴고 바라를 영입했다.

하지만 야들리는 스탯이 서구 기업보다 우위를 갖는 가장 중요한 요인은 스탯의 출발점에 있다고 강조한다. "투자자들은 스탯 기업들이 좀더 커다란 성장 잠재력을 갖고 있다는 사실을 잘 알고 있습니다. 아시아에서는 무언가를 팔 수 있는 중산층이 성장하고 있는 반면 서구 시장은 좀더 성숙한 편입니다." 뿐만 아니라 스탯 기업들은 서구 시장보다 큰 시장 잠재력을 좀더 공격적으로 활용할 수 있다. "서구 국가에 비해 아시아에서는 기술을 도입하는 속도가 훨씬 빠른 편입니다. 따라서 성장 잠재력도 뛰어납니다." 시장 규모 자체가 크기 때문에 성장 잠재력이 더욱 클 뿐 아니라 기술을 받아들이는 속도가 빨라서 더 많은 사람들에게 2배 빠른 속도로 판매할 수 있다.

두 시장이 구분돼 나뉘어 있다면 이런 현상이 서구의 팡 기업들에게 전혀 문제가 되지 않겠지만 실상은 그렇지 않다.

한때, 실리콘밸리는 혁신이 이뤄진 곳은 바로 실리콘밸리이며 아시아 기업들은 그저 모방하고 있을 뿐이라는 생각으로 스스로를 다독였다. 하지만 스탯 기업들의 장기적인 성장 궤적이 좀더 뛰어나다는 말은 곧 그들이 비단 규모뿐 아니라 혁신의 측면에서도 서구 경쟁 기업들을 뛰어넘겠다는 야심을 갖고 있다는 뜻이다. 혁신에 굶주린 소비자들의 갈망 때문에 그럴 수밖에 없는 입장이 될 것이다. "애플과 페이스북이 한때 그랬던 것처럼 스탯 기업들이 효과적으로 혁신을 이뤄낼 수 있을까?"라는 질문의 가치는 무려 3조 달러에 달한다. 시간이 지나면 질문에 대한 답을 알게 될 것이다.

서구 기술 기업들은 구찌나 벤틀리 같은 고급 브랜드들이 중국에서 그 랬던 것처럼 사람들이 자사 브랜드를 갈망하게 만들어 앞으로 다가올 경쟁의 폭풍을 견뎌내고 쇠퇴의 길을 피해 갈 수 있을까? 문제는 핸드백이 나 고급 자동차와는 달리 기술은 인간의 욕구와 갈망을 눈에 띄는 방식으로 소비할 수 있는 대상이 아니라는 것이다. 2016년, 비즈니스 인사이더는 중국 내 스마트폰 판매 현황을 분석한 결과, 애플의 아이폰 판매는 9퍼센트 줄어든 반면 중국 브랜드인 화웨이, 오포, BBK의 스마트폰 판매는 가파르게 늘어났다는 흥미로운 사실을 발견했다. 중국의 슈퍼리치 소비자가 구찌 핸드백을 들고 다닐지는 모르지만 그 핸드백에서 화웨이 스마트폰을 꺼내들면서 더할 나위 없이 행복해할 수도 있다.

아시아가 다시 우세해지는 이유가 단순히 경제와 규모 때문일까? 아시아에서 발군의 성과를 뽐내는 기업들은 미국에서 위대하다는 평가를 받는 여느 기업 못지않게 원대하고 야심 찬 포부를 갖고 있지만, 단지 경쟁에서 이기고 주주에게 보답하겠다는 목표 때문이라기보다는 그들의 근본적인 철학적 성향 때문이기도 하다.

논과 사냥꾼

1999년, 버클리대 심리학자 카이핑 펑과 미시건대 심리학자 리처드 니스벳은 서양과 동양의 문제 해결 접근 방법 차이점에 대해 매우 흥미로운 실험을 진행했다.[26]

펑과 니스벳은 중국과 미국 대학생들에게 사람 간의 다양한 갈등 시나리오를 제시한 다음 최고의 해결 방법에 대한 조언을 구했다. 중국 학생의 72퍼센트는 양측의 주장을 모두 감안해 타협 중심적인 방안을 내놓았다. 반면, 미국 학생의 74퍼센트는 둘 중 한쪽의 잘못을 찾아낸 다음 '옳은' 쪽의 관점을 채택하도록 권고했다.[27]

평과 니스벳은 '모순' 실험을 통해 2000년 동안 계속돼온 철학적 분열을 확인했다. 서구에서 통용되는 진실과 관련 있는 많은 개념들은 아리스토텔레스가 『윤리학』에서 정의한 '배중률principium tertii exclusi(중간이 배제된다는 법칙)'까지 거슬러올라간다. "모순되는 것들 사이에는 중간이 없다. 하지만 어떤 것이 됐건 하나의 대상을 긍정하거나 부인해야 한다."[28]

서구에서는 두 사람이 토론을 통해 문제에 대한 해법을 찾는 경우가 많다. 하나의 답은 전적으로 옳고 나머지 답은 전적으로 틀리며, 전적으로 옳은 '답'이 이긴다. 반면, 중국 사람들은 '중용의 법칙'을 따른다. 토론이 벌어지면 양쪽의 주장 모두 어느 정도는 옳고 어느 정도는 그르다. 진리는 중간쯤에 놓이게 된다.[29] 유교학자 리준 지, 앨버트 리, 티에위안 구오는 '중용의 법칙'은 공자의 직접적인 가르침이기 때문에 유교에서 가장 높은 신념으로 여겨진다고 주장한다.

"중국인들은 양측의 입장에 모두 찬성하는 방식으로 토론하거나 양측이 똑같은 책임을 나눠 갖는 방식으로 논쟁할 것을 권장한다. 서로 충돌하는 주장 중 단 하나만 선택해 모호성이나 모순을 제거해야 한다고 가르치는 배중률과는 흥미로운 차이를 보인다. 중국 전통과는 달리, 배중률은 절충안에는 아무런 장점이 없다고 가정한다."[30] 하지만 절충안은 미적지근한 의견 일치가 아닌 공동의 이익을 위한 지식 통합이다.

중국의 이런 태도가 비즈니스에 접목되면 서구 기업들은 불리해진다.

서구 기업들과 경쟁하는 중국 기업들은 좀더 잠재력이 뛰어난 고객층, 즉 좀더 빠른 속도로 기술을 받아들이는 고객층을 확보하고 있을 뿐 아니라 기업의 공동 이익을 위해 노력해야 한다는 철학을 갖고 있을 가능성이 큰 직원들을 거느리고 있다. 그들은 동료들보다 빠른 승진이나 연봉 인상 때문이 아니라 공동의 이익을 위하는 성향이 국민성에 깊이 뿌리박혀 있다.

니스벳은 동양과 서양이 이와 같은 근본적인 차이를 보이는 까닭은 주변 환경 탓이라고 설명한다.[31] "주로 상대적으로 비옥한 평야, 낮은 산, 배가 다닐 수 있는 강으로 이뤄진 중국의 생태계는 농사에 유리했다. (…) 농사를 짓기 위해서는 다른 사람들과 사이좋게 지내야 했다. 중국 남부와 일본에서 발달한 쌀농사를 지을 때는 특히 그렇다. 쌀농사를 지으려면 사람들이 서로 힘을 모아 땅을 경작해야 하기 때문이다."

논은 협력의 장소인 동시에 중국이라는 나라를 상징한다. 국민은 쌀알과 같아서 지극히 중요한 동시에 하찮다. 기업에서는 우편물 담당자부터 CEO에 이르는 모든 직원이 참되고 진실한 마음으로 헌신한다. 농사를 짓던 사람들이 전체 수확량을 높이기 위해 노력했듯이 직원들은 회사의 연간 소득에 기여한다.

반면, 서구의 개인주의는 개개인의 투쟁에서 비롯되었다. 기원전 2000년 무렵에는 혼자 돌아다니는 사냥감보다 한 수 앞을 내다보는 사냥꾼이 돼야만 척박한 그리스섬에서 살아남을 수 있었다. 이런 특징이 플라톤과 아리스토텔레스가 살았던 그리스의 도시 국가에 접목되자, 칼로 베고 찌르는 사냥 기술이 상대방의 허점을 찔러가며 활발하게 의견을 교환하는 토론 방식으로 거듭났다. 다시 말해서, 좋건 나쁘건 향후 2000년 동안 우리를 깨달음, 개인주의, 재산권, 민주적 권리의 길로 나아가게 만든 개인 숭배 정신과 서구 철학의 근간이 된 변증법이 발달했다. 비즈니스에서는 이런 정신이 무자비하게 승자를 가려내고 어떤 대가를 치르더라도 반드시 이기고야 마는 태도로 이어졌다.

미국에서는 압도적인 규모의 대자연을 정복하는 과정에서 자연이 던져주는 엄청난 시련을 견뎌내야만 했고 결국 개인주의와 개척 정신이 발달했다. 버거운 도전 과제가 넘쳐나는 거대한 나라에서 살아남기 위해서는 야심 찬 생각과 개척적인 정신이 필요하며, 『포천』 표지에 멋진 포즈를 잡고 서 있는 성공한 CEO의 모습에도 이런 정신이 깃들어 있다.

서구와 아시아의 비즈니스 접근 방법 중 어떤 것이 더 나은 선택일지 골라야 한다고 생각해보자. 실제로 이런 양자택일의 상황이 찾아오기나 할까? 지난 40년 동안 서구에서는 기업들로 인해 정부의 영향력이 점진적으로 줄어들었다. 인공지능, 교통 시스템 혁명, 우주식민지 등 미래를 위한 야심 찬 비즈니스 아이디어들은 미국 정부나 영국 정부, 프랑스 정부가 아닌 구글, 아마존, 스페이스X가 내놓은 것들이다.

서구의 현실을 아시아와 비교해보자. 일대일로가 발표됐을 때 전 세계에 역사상 최대 규모의 인프라 프로그램을 공개한 사람은 중국의 스티브 잡스라 할 만한 텐센트 마화텅 회장이나 알리바바 창립자 마윈이 아니었다. 온 세상을 향해 일대일로를 공표한 사람은 바로 정치인인 시진핑 주석이었다. 마카오대학교 정부행정학 교수 뉴먼 M.K. 램은 아시아에서의 비즈니스 성장은 정부의 지휘에 달려 있다며 안정적이고 통제 가능한 속도로 빠른 성장을 이뤄내려면 정부와 기업 간의 전면적인 협력이 무엇보다 중요하다고 설명한다.

램 교수는 중국 같은 공산주의식 계획경제와 싱가포르나 대만같이 상대적으로 규모가 작은 자본주의경제 사이에는 표면적인 차이가 있긴 하지만 양쪽 모두 '기업 지배 구조'를 통해 성장을 관리하는 데 주력한다는 공통점이 있다고 설명한다. 자본주의건 공산주의건 기업이건 정부건 모두가 똑같이 국가를 적절하게 관리해야 할 거대한 기업으로 여긴다. '직원'(또는 시민)들이 주주로서 투표를 하건 그렇지 않건 그들이 국가, 혹은 기업의 이익을 위해서 일한다는 사실에는 변함이 없다.

중국과 이웃 자본주의국가들은 단기간 내에 가파른 경제성장을 해내야 한다는 공통된 도전 과제와 마주하고 있으며 이와 같은 급격한 성장 덕에 민간 부문은 엄청난 기회를 가질 뿐 아니라 어쩔 수 없이 정부와 갈등을 빚기도 한다. 램은 기업과 정부, 양측 모두가 정부가 성장을 확실하게 관리해야 한다는 계약에 동의한다고 설명한다.

램은 아시아 전역에서 어떤 일이 벌어지고 있는지 설명하기 위해 2010년대에 마카오에서 일어난 일을 언급했다. "마카오에서는 급속한 경제성장으로 인해 부동산 가격이 폭등했습니다. 소극적인 정부 정책으로는 해결할 수 없는 문제였죠." 마카오 정부는 빠른 속도로 도시화가 진행되는 지역에서 부동산 가격이 폭등하는 문제를 똑같이 경험한 한국, 대만, 인도네시아 정부가 이전에 사용했던 전략을 채택했다. 아시아의 다른 정부들은 부동산 가격이 폭등하자 부동산을 임대하는 개발업자들과 보상협정을 맺거나 정부가 직접 나서서 부동산 가격 인상을 저지하는 등 노골적으로 부동산 가격을 관리했다. 램은 "오직 정부만이 개발 속도를 조절할 수 있는 메커니즘을 갖고 있었다"라며 모두가 이런 사실을 잘 알고 있었다고 설명한다.

　이런 식의 정부 간섭이 서구에서는 자유 시장에 대한 개입으로 받아들여지지만, 아시아에서는 일반적인 관행으로 여겨진다. 램은 홍콩과 대만이 세계에서 정부 간섭이 가장 심한 자유 시장 경제이며, 간섭의 목적은 관리되지 않은 급속한 성장 끝에 경제가 고꾸라지는 일을 막고 정부 관리 하에 경제가 안정적으로 성장할 수 있도록 돕는 것이라고 설명한다.

　일대일로의 본질은 기업 지배 구조를 최대한 적극적으로 활용하는 것으로 유사 이래 최대 규모의 정부 주도 관리 계획이다. 일대일로가 성공하려면 중국이 스스로 엄청난 규모의 프로젝트를 감당할 수 있어야 할 뿐 아니라 "기업은 마음껏 기업가 정신을 뽐낼 최고의 기회를 얻는 대신 독재적인 정치인들이 결정하는 조건을 따라야 한다"라는 중국철학을 서구 국가들이 받아들여야 한다. 축복과 저주를 동시에 받아들이는 것이다.

10
ROBOTS

(10장)

로봇

인간을 대체하는 존재

딜	일본의 후코쿠생명이 지구상에서 처음으로 인공지능 소프트웨어 왓슨을 업무에 활용하기 위해 IBM과 계약했다.
목적	인공지능을 이용해 수백만 보험 가입자들을 위한 건강보험 결정을 내리고, 보험금 청구 속도를 높이고, 후코쿠생명 직원 127명을 정리해고하는 것. 후코쿠생명에서 해고당한 직원들은 지구상에서 처음으로 인공지능에 일자리를 빼앗긴 사람이 됐다.
장소	일본, 도쿄
때	2017년 3월

"다음 질문에 대해 생각해보기 바란다. 기계는 생각할 수 있을까?"

1950년에 쓰인 앨런 튜링의 가장 유명한 논문 「계산 기계와 지능」은 이렇게 시작한다.[1] 튜링은 독일 잠수함의 에니그마 암호를 해독해 연합군의 제2차세계대전 승리에 중요한 역할을 한 인물이다. 전쟁이 끝난 후, 튜링은 인류가 직면한 최대 난제로 여겨지는 일에 암호를 해독하며 얻은 지식을 접목했다.

튜링은 에니그마 암호 해독을 위해 상상하기 힘들 정도로 복잡한 수열을 활용했다. 튜링은 복잡한 수열을 활용하면 미래에 기계가 어떤 의식을 갖게 될지 들여다볼 수 있다고 생각했다. 기계가 인간을 제대로 모방하는 수준까지 발달할 수 있을까? 튜링은 "'모방 게임'을 잘해낼 수 있을 정도로 상상력이 뛰어난 디지털 컴퓨터가 있을까?"라는 호기심을 느꼈다.[2]

튜링은 한 사람이 가림막 뒤에 서 있는 여러 명의 다른 사람에게 말을 건네는 테스트를 고안했다. 하지만 가림막 뒤에 서 있는 여러 사람 중 하나는 사람이 아니라 사람인 척하는 컴퓨터다. 컴퓨터가 사람인 척하는 데 성공해 질문자가 응답자 중 누가 컴퓨터인지 찾아내지 못하면 '튜링 테스트'를 통과하게 된다. 튜링은 '약 50년쯤' 후면 컴퓨터가 자신이 고안한 테스트를 통과할 것으로 추측했다.

하지만 실제로 튜링 테스트를 통과하는 컴퓨터가 나오기까지는 62년이 걸렸다. 2012년, 영국 레딩대학교의 블라디미르 베셀로프는 13세의 우크라이나 소년을 완벽하게 모방하는 '유진 구스트만'이라는 소프트웨어 프로그램을 만들어냈다.[3] 베셀로프는 다음과 같은 그럴듯한 이유로 13세의 우크라이나 소년을 모방하도록 만들었다고 설명했다. "유진은 자신이 무엇이든 알고 있다고 주장할 수 있지만 13세라는 나이를 고려하면 모든 것을 알지 못해도 전혀 문제되지 않는다는 것이 요점이었습니다."

이전에 튜링 테스트 통과를 시도했던 컴퓨터들은 인간이 던지는 질문조차 제대로 이해하지 못한 채 첫번째 관문에서 탈락했다. 하지만 2010년 이후 기계는 나날이 좀더 복잡한 존재로 발전해나갔고, 이런 변화 덕에 인간을 속이는 전략까지 만들어낼 수 있었다. 가령, 대화의 주제를 바꾸거나, 심사위원에 대해 질문하거나, 문자를 주고받을 때 인간의 기분을 흉내내거나 일부러 글자를 틀리게 적는 등 좀더 인간처럼 보이기 위한 갖은 전략을 구사했다.

그 결과, 맨 처음 튜링이 제안한 것보다 튜링 테스트의 기준이 높아졌다. 튜링이 처음 제안한 방식에 의하면 한 대의 컴퓨터가 한 명의 인간을 딱 한 번만 속이면 튜링 테스트를 통과할 수 있지만, 지금은 한 대의 컴퓨터가 세 명의 인간 심사위원 중 한 명 이상을 속여야 하며 이 과정에서 각 심사위원과 최대 두 시간에 이르는 대화를 몇 차례 나눠야 한다.

2012년에 유진과 인간이 나눈 대화 일부를 발췌하면 다음과 같다.

심사위원: 넌 어떤 음악을 좋아하니?

유진: 전 에미넴을 좋아해요. 에미넴은 항상 예의를 지켜야 한다는 식의 고리타분한 태도와는 거리가 먼 사람이라서요.

심사위원: 그렇구나. 나도 에미넴을 좋아해. 에미넴은 내가 제일 좋아하는 가수야!

유진: 에미넴의 별명이 무슨 뜻인지 궁금해요. 제가 에미넴의 별명과 연결지어 생각할 수 있는 단어는 '관장enema' 뿐이에요. 하지만 에미넴은 정말 멋진 사람이에요. 저는 에미넴의 노래 중 〈더 리얼 슬림 셰이디〉를 좋아해요.

심사위원: 나는 에미넴이라는 별명이 무슨 뜻인지 알아. 에미넴의 본명은 마셜 매더스Marshall Mathers야. 이름에서 머리글자를 따서 만든 엠앤엠M&M과 비슷한 소리가 나게 지은 이름이 에미넴이지.

유진: 에미넴은 유명한 크래퍼예요. 아니, 래퍼요... 아니면, 리퍼인가요? 아무튼 저는 에미넴의 〈스탠〉과 〈더 리얼 슬림 셰이디〉를 좋아해요.

심사위원: 나는 〈헤일리스 송〉을 좋아해."

유진: 참 재미있는 취향을 갖고 계시네요. 그건 그렇고 저는 공상과학 소설을 좋아해요.

어떻게 사람이 유진에게 진짜로 속아넘어갈 수 있을지 상상하기 힘들다. 하지만 기이한 대답을 내놓긴 했어도 유진은 한 명의 심사위원을 속이는 데 성공했다.[4] 유진이 튜링 테스트를 통과한 덕에 튜링 테스트 자체가 로봇에 대한 중요한 부분을 간과하고 있다는 사실이 명백하게 드러났다.

인공지능은 단순히 여러모로 설득력 있는 수준까지 인간을 모방하는 것이 아니다. 인공지능은 그보다 훨씬 커다란 영향을 미친다. 인간의 삶을 '증강해' 완전히 새로운 경험으로 바꿔놓을 잠재력이 있을 정도다. 2017년에 증강현실이 어떤 모습일지 궁금했던 나는 샌프란시스코에 있는 우버 본사를 방문해 우버의 수석 디자이너 디디에 힐호스트를 만났다.

디디에는 우버가 디지털 방식으로 도시를 표현하는 데 주력할 계획을 갖고 있다고 이야기한다. 지금은 우버가 주로 택시 서비스만 제공하며, 내비게이션 화면에는 운전자에게 경로를 알려주는 작은 자동차가 등장할 뿐이다. 하지만 우버가 수집중인 데이터를 활용하면 알고리즘이 사용자의 욕구를 예측하고 새로운 제안을 할 수 있다. 가령, 좋아하는 식당에 갈 것인지, 아이를 어린이집에 데려다줄지, 여자친구 집에 갈 건지 물어볼 수도 있고, 지금껏 해본 적 없는 일을 시도하도록 제안할 수도 있다. 다음 단계는 가상 환경 속에서 사용자의 모습, 즉 도시를 걸어가는 인물의 모습을 좀더 정교하게 표현하는 것이다. 커피를 마시고 싶은가? 그렇다면 커피숍을 향해 가는 동안 커피숍에 커피를 주문해둘 수도 있다. 디디에의 이야기를 들어보자. "우버 경험을 숨쉬는 것만큼이나 매끄럽게 만들려고 하는 겁니다. 현실을 증강해 우버만의 특이점을 만들어낼 수 있다는 것은 매우 신나는 일입니다."

우버가 이런 식의 전면적인 경험을 제공하면 우리의 아바타는 진짜 우리보다 세 단계 앞서나간다. 다시 말해서 현실의 우리가 해야만 하는 일을 직접 하기 전에 미리 우리의 아바타가 쇼핑하고, 영화표를 사고, 교통 체증 같은 문제를 해결하는 식이다. 휴대전화로 무엇을 하건 '게임화'돼 게임 같은 경험으로 바뀌게 될 것이다.

이런 변화는 인간과 로봇의 대결이 아니라 로봇의 역할이 어디에서 끝나고 인간의 역할이 어디에서 시작하는지 경계가 모호해지는, 서로가 얽혀 있는 미래다. 디디에는 로봇이 등장하는 미래는 애니메이션 〈우주가족 젯슨〉에서처럼 깡통 로봇들이 인간을 위해서 일을 하는 세상이 아니라 디지털 기술과 인간의 삶이 빈틈없이 연결된 하나의 완전한 세상, 즉 특이점이라고 여긴다.

우리 몸속에 혈액을 청소하는 초소형 컴퓨터, 심박동수 조절 장치, 혈압 측정 장치, 스트레스 수치 측정 장치 등을 삽입하면 우리 눈에 보이는 이 같은 증강현실을 보완할 수 있다. 증강현실은 거대한 로봇이 성큼성큼 걸어다니는 세상이 아니라 인간의 삶을 파고든 조그마한 기술 프로그램들의 세상이다.

우버는 아마존과 애플이 일반 대중을 상대로 서비스하는 인공지능 비서 알렉사와 시리를 각각 개발하는 모습을 지켜봐왔다. 마음을 진정시키는 부드러운 목소리가 이제 식당을 예약할 수도 있고, 불을 켤 수도 있고,

아침 운동을 코치해줄 수도 있으며 사용자가 좋아하는 노래를 틀어주기도 한다. 알렉사는 상거래를 대거 변화시킬 무한한 잠재력을 갖고 있으며, 시리는 우리가 가장 흔히 사용하는 기술 장치를 혁신할 수 있는 잠재력을 갖고 있다. 따라서 우버에 대해서 질문을 던져봐야 한다. 택시와 음식 배달로 유명한 회사인 우버는 이미 빠르게 변화하며 끝없이 발전해나가고 있는 디지털 비서 시장에서 어떤 성과를 낼 수 있을까?

우버, 그리고 애플 역시 알렉사나 시리에서 끝나지 않는 좀더 원대한 포부를 갖고 있다. 두 기업 모두 소비자들에게 증강현실을 선보이기 위해 경쟁을 벌인다. 우버와 애플이 증강현실 개발에 열을 올리는 것은 단순히 디지털 비서를 만들어내기 위해서가 아니다. 이들은 증강현실을 쇼핑, 지도, 게임, 뉴스, GPS 기반 정보 등의 평행현실로 구축해 신중하고 착용 가능한 기술을 기반으로 우리의 주변 시야를 보완하려는 목표를 갖고 있다. 우버와 애플의 계획은 단골 커피숍을 향해 이동하면서 미리 커피를 한 잔 주문하는 식의 예측 구매뿐 아니라 심지어 포켓몬 고 같은 게임과 소셜 미디어까지도 우리가 매일 생활하면서 경험하는 모든 일상과 결합시키는 것이다.

구글이건 우버건 구글 글라스의 실패를 되풀이하고 싶어하는 곳은 없다. 증강현실을 선보이려는 구글의 섣부른 시도였던 구글 글라스는 대중의 관심을 끌지 못했다. 요즘 실리콘밸리에서 많은 기업이 관심을 갖는 주제가 스마트폰 이후의 미래지만 설사 그런 기술이 가능해진다고 하더라도 우리 모두가 디지털 콘택트렌즈에서 수천 가지 일이 벌어지기를 희망할지는 미지수다. 우버의 디디에 힐호스트와 애플의 팀 쿡 모두 성급하게 덤벼들어 구글 글라스 같은 실수를 범하고 싶지 않다고 인정한다.

하지만 둘 다 증강현실의 엄청난 잠재력을 명확하게 이해하고 있는 것은 틀림없다. 그렇지 않다면 증강현실 시장을 지배하려고 애쓰지 않을 테니 말이다.

그렇다면 사람들이 이토록 오랫동안 기다려온 증강현실 세계와 그 너머에 있는 특이점이 실현되는 동안 어떤 일이 벌어질까? 디디에에게 자율주행 자동차를 완성하는 과정에서 가장 큰 문제가 무엇이었는지 질문하자 그는 내게 놀라운 답을 들려주었다.

우버는 이미 샌프란시스코, 피츠버그, 애리조나주 템피에서 실제로 비용을 받아 유료 승객들을 태우고 폭넓게 자율주행 테스트를 진행해왔다. 테스트를 통해 우버는 신기술 자체가 문제가 아니라 인간의 실수와 신기술이 충돌할 때 문제가 생긴다는 사실을 발견했다. 다시 말해서 인간이 오래전에 구축한, 뒤죽박죽 엉망으로 뒤엉켜 있는 도시 인프라가 자율주행 자동차라는 신기술과 충돌하면 모든 것이 엉망진창인 과도기가 생겨날 수밖에 없다.

기술이 인간의 삶을 진정으로 혁신하려면 인프라를 처음부터 완전히 새로 깔아야 한다. 다시 말해서 아무것도 없는 상태에서 처음부터 다시 시작해야 한다. 하지만 이런 기회는 좀처럼 찾아오지 않는다. 자연재해나 전쟁이 벌어진 후에나 이런 기회를 얻을 수 있다. 허리케인 카트리나가 뉴올리언스를 파괴한 후 그곳에서 학교 시스템이 완전히 새롭게 다시 만들어졌다. 하지만 대부분의 도시에서는 대개 오래된 인프라에 신기술을 맞춰야 한다. 디디에는 바로 이런 이유로 우리의 일상생활에서 신기술이 실현되기까지 예상보다 오랜 시간이 걸린다고 설명한다. 과도기가 길 수도 있다.

저는 컴퓨터라는 우리의 새로운 지배자를 환영합니다

레딩에서 13세의 '유진 구스트만'이 만들어지고 있을 무렵 전혀 다른 성질의 과제를 맡게 될 또다른 컴퓨터가 등장할 준비를 하고 있었다.

2011년 1월, 텔레비전 퀴즈 쇼 〈제퍼디!〉의 챔피언이었던 켄 제닝스와 브래드 러터가 2000만 명의 텔레비전 시청자 앞에 앉아 지금껏 만났던 그 누구보다 까다로운 적수와 마주했다. 그 상대는 바로 IBM 컴퓨터 왓슨이었다.[5]

1997년, IBM의 슈퍼컴퓨터 딥블루가 여섯 번의 치열한 게임 끝에 세계 체스 챔피언 가리 카스파로프를 무너뜨렸다. 딥블루의 확실한 승리는 일종의 튜링 테스트 통과로 여겨졌다. 하지만 딥블루의 승리를 튜링 테스트 통과로 볼 순 없었다. 체스는 각 수에 관한 명확한 규칙과 유한한 (여러 수를 선택할 수 있는 상황이라면) 선택이 있는 게임이다. 딥블루는 진정한 인공지능이 아니라 단순히 연산력과 복잡성을 테스트하는 것일 뿐이다. 하지만 〈제퍼디!〉는 완전히 다른 문제다.

2004년, 뉴욕 포킵시 근처 스테이크 가게에서 저녁식사를 하던 IBM 중역 찰스 리켈은 이상한 광경을 보았다. 저녁 8시도 안 됐는데 사람들이 썰물 빠지듯 자리를 떠났다. 저녁을 먹던 사람들은 텔레비전을 보려고 서둘러 바로 향했다. 텔레비전에는 미국 최장수 퀴즈 프로그램 〈제퍼디!〉가 방영되고 있었다. 식당 손님들은 당시 미국인들의 관심을 끌고 있었던 현상에 마음을 빼앗겼다. 〈제퍼디!〉에서 최종적으로 무려 74연승을 거둔 켄 제닝스라는 도전자가 나오는 퀴즈 쇼를 보려고 사람들이 텔레비전 앞으로 모여들었다.[6]

그 모습을 지켜보던 리켈은 한 가지 생각을 떠올렸다. 며칠 후 열린 아이디어 회의에서 중역들은 IBM이 다음으로 채택해야 할 '원대한 도전 과제'를 생각해보라는 요구를 받았고, 리켈은 제닝스를 초청해 〈제퍼디!〉 마지막 결전을 벌이는 방안을 제안했다. 바로 인간과 로봇의 대결을 제안한 것이다.

외부인들은 IBM처럼 거대한 회사가 사실상 돈키호테식의 막무가내같은 프로젝트에 자원을 쏟아붓는 이유가 무엇인지 쉽게 이해하지 못했다. 하지만 IBM 직원들이 보기에는 당연한 일이었다. 그들은 이런 식의 프로젝트가 비즈니스의 핵심이라고 여겼다. 1914년부터 1952년까지 IBM을 이끌었던 토머스 J. 왓슨은 지속적인 혁신을 위한 IBM의 비즈니스 전략을 단 한 단어로 이뤄진 모토로 요약했다. '생각하라THINK'. IBM은 이런 식의 혁신을 위해 보드게임을 활용하곤 했다. 이런 전략은 IBM의 기술적인 역량을 발전시키는 동시에 IBM의 비즈니스 중 좀더 수익성이 높은 부분을 홍보하는 데 도움이 됐다. 1956년, IBM 프로그래머 아서 L. 새뮤얼은 상사들의 권유와 토머스 왓슨의 아들이자 후계자인 왓슨 주니어의 지휘하에 인공지능 프로젝트에 착수했고, 이 프로젝트 덕에 IBM은 세계 최초의 인공지능 모델을 개발하기 위한 경쟁에서 선봉에 섰다. 새뮤얼은 IBM의 포킵시 실험실에서 세계 최초의 양산 컴퓨터인 IBM 650의 후속작인 IBM 7070이 단순히 체스 게임을 하는 수준에서 그치지 않고 경험을 통해 '학습'하도록 프로그램했다. IBM 7070은 뛰어난 연산력을 바탕으로 게임을 하는 동안 무수히 많은 순열을 분석한 후 최적의 게임 전략을 세우도록 프로그램됐다. 결국, 리켈이 2004년에 IBM 프로그래머들에게 새롭고 좀더 까다로운 도전 과제를 제시한 일은 IBM의 오랜 전통을 따른 결정이자 성공적인 비즈니스를 위한 증명된 공식을 따른 결정이기도 하다.

무서울 정도로 똑똑한 프로그래머 데이브 페루치가 〈제퍼디!〉 프로젝트를 맡았다. 지금은 뉴욕에 있는 세계 최대 규모의 헤지펀드 브리지워터와 함께 인공지능을 이용해 1600억 달러 규모의 자산을 관리하는 직원을 고용하고 해고하는 인재 관리 프로젝트를 진행중인 그를 뉴욕에서 만났다.

페루치는 "복잡성의 측면에서 본다면, 〈제퍼디!〉는 세계 체스 챔피언과 겨루는 단계에서 대거 발전했다"고 지적했다.

잘 알려지지 않은 1980년대 대중문화에서부터 17세기 철학, 기발하고 반직관적이며 인간 특유의 허점이 드러나는 표현에 이르기까지 무자위로 온갖 질문이 나오는 탓에 〈제퍼디!〉는 컴퓨터가 받아들이기에는 훨씬 까다로운 도전 과제였다. 〈제퍼디!〉에 비하면 체스 게임은 식은 죽 먹기였다.[7] 〈제퍼디!〉는 컴퓨터에게는 익숙하지 않은 영역이었다.

IBM은 자사가 맞닥뜨린 상황을 제대로 파악하지 못했다. 먼저, 왓슨에 온라인 백과사전 위키피디아와 맞먹는 양의 정보를 업로드했다. 하지만 질문에 대한 답을 찾기 위해 알고리즘을 이용해 이 데이터베이스를 검색하는 데 몇 초가 아니라 몇 시간이 걸렸다.

"처음에는 매우 빠른 속도로 진행되다가 점차 속도가 느려졌고, 좌절감을 느꼈습니다. 초반에 게임을 진행해본 결과는 참혹했습니다. 왓슨은 엉망이었고 우리는 그냥 불가능한 일이라고 생각하게 됐습니다."

독일어로 '아니오'가 무엇이냐는 질문에 왓슨은 "성교"라고 답했다(진짜 정답은 '나인nein'이었다).[8] 왓슨이 정답을 말한 경우에도 정답을 찾아내기까지 몇 시간이 걸리기도 했다.

"IBM의 상사들이 저를 불러서 '데이브, 이 일을 제대로 해내야 해. 이 모든 게 자네한테 달렸어'라고 이야기하더군요."

그래서 페루치는 오직 '컴퓨터에게 질문이란 무엇인가'라는 개념을 파헤치는 데 전념할 프로그래머 팀을 완전히 새로 꾸리고 정보처리 속도 문제를 해결할 팀을 따로 꾸렸다. 왓슨에게 돌파구가 찾아온 것은 2007년이었다. 당시는 빅데이터를 수집하고 머신러닝의 복잡한 알고리즘을 활용하는 기계의 역량이 눈부시게 발전했던 시기였다. 왓슨은 이전과 달리 이런 역량을 활용할 수 있게 됐다. 페루치는 이런 발전 덕에 왓슨이 더 이상 질문의 의미나 단서에 담긴 표현을 걱정할 필요가 없어졌다고 설명했다. 왓슨이 해야 할 일이라고는 페루치와 왓슨 개발팀이 단서를 여러 방향으로 면밀히 검토해 가능한 답변을 제시하도록 설계해둔 수백 개의 봇, 혹은 프로그램을 사용하는 것뿐이었다.

페루치와 왓슨 개발팀의 천재성은 왓슨이 모든 질문을 전쟁에서의 공격 표적, 일련의 좌표를 자동 추적하는 미사일로 여기게 했다는 데 있었다. 봇의 역할은 질문의 좌표를 찾아낸 다음 정답을 내보내는 것이었다. 봇은 백과사전, 웹 사이트, 참고 도서, 이전에 내놓았던 수백만 개의 답으로 이뤄진 왓슨의 자체적인 데이터베이스 등을 모두 뒤진 후 답을 구성하는 각 변수를 평가했다. 왓슨은 알고리즘을 배정해 의미적인 맥락, 이전에 했던 질문과의 근접성 및 차이점 등을 토대로 정답 후보들을 평가하고 질문을 표현하는 방식에 감춰져 있을지도 모르는 속임수를 찾아내기도 했다.

속도는 더뎠지만 왓슨은 계속 발전했다. 처음에는 페루치와 팀원들이 왓슨에게 과제를 내어준 후 점심식사를 끝내고 돌아와도 왓슨은 여전히 답을 내놓지 못한 채 불빛만 깜빡거렸다. 하지만 2009년이 되자 이제 준비가 됐다는 확신이 들었다.

프로젝트에 돌입한 지 5년이 지난 후, IBM은 마침내 켄 제닝스와의 결전을 앞둔 상태에서 다른 〈제퍼디!〉 우승자들을 상대로 왓슨의 실력을 확인하기 시작했다. 왓슨에는 여전히 결함이 있었다. 왓슨은 예측할 수 없는 행동을 하기도 했고, 터무니없이 틀린 답을 내놓기도 했다. 찰스 디킨스의 소설 『올리버 트위스트』에 등장하는 주인공 이름을 묻는 질문에 왓슨은 "펫 숍 보이스(영국의 신스 팝 듀오-옮긴이)"라고 답하기도 했다.

하지만 페루치와 다른 왓슨 프로그래머들로서는 다행스럽게도 기계는 인간과 달리 일단 문제 해결을 위한 정확한 도구만 있으면 다소 놀라운 속도로 발전을 거듭한다. 왓슨과의 승부를 앞두고 있었던 〈제퍼디!〉 전 우승자들도 머지않아 값비싼 교훈을 얻게 될 테지만 왓슨은 직접 퀴즈를 풀며 나날이 실력을 키워갔다.

2011년 2월 14일, 왓슨은 텔레비전에서 중요한 날을 맞이할 준비를 했다. 방송국 스튜디오에 앉은 두 참가자 사이에 커다란 컴퓨터 한 대가 놓였다. 페루치는 당시 왓슨이 "식당용 냉장고 크기 정도 됐다"고 이야기한다. 인류 역사상 가장 복잡한 프로그램을 가진 기계였다.

왓슨 양옆에 자리를 잡은 두 사람이 각자 단상에서 꼼지락거리는 동안 아무것도 없는 텅 빈 화면 한가운데서 푸른빛을 내는 볼록한 로봇 눈은 영화에 나오는 인공지능 할(스탠리 큐브릭의 영화 〈2001 스페이스 오디세이〉에 등장하는 인공지능 컴퓨터-옮긴이)처럼 아무 표정 없이 앞을 응시했다. 왓슨은 〈제퍼디!〉 최장기간 우승 기록 보유자인 켄 제닝스와 〈제퍼디!〉가 낳은 또다른 엄청난 두뇌의 소유자이자 챔피언 중의 챔피언인 브래드 러터와의 대결을 앞두고 있었다.

페루치는 IBM 상사들과 함께 청중석에 앉았다. 신경이 잔뜩 곤두선 페루치의 손톱이 다리를 파고들었다. "하지만 우리가 이길 거라는 걸 알고 있었습니다." 어째서일까? "정말 열심히 준비했었거든요. 그래서 우리가 이길 거라는 걸 알았죠. 왓슨은 이길 준비가 돼 있었습니다. 낙승을 거둘 수밖에 없는 상황이었죠."

하지만 그렇지 않았다. 적어도 처음에는 그랬다. 처음에는 제법 비슷한 수준으로 게임이 진행됐다. 하지만 그러다가 왓슨이 갑자기 실력을 발휘하기 시작했다. 왓슨은 질문이 주어질 때마다 제닝스와 러터보다 앞서나가기 시작했다. 왓슨은 단 한 번도 눈을 깜빡이지 않은 채 근엄하게 관중석을 응시하며 질문이 주어질 때마다 차례차례 정답을 내놓았다.

왓슨의 결함은 모두 사라졌다. 제닝스와 러터는 어리둥절해하며 서로를 바라봤다. 경쟁중인 인간을 뛰어넘는 왓슨의 우수성은 숨이 막힐 정도였다. "하지만 여전히 인간 참가자에게 유리한 순간들이 있었습니다. 〈제퍼디!〉 퀴즈 쇼를 할 때는 항상 되살아날 기회가 있기 때문입니다. 갑자기 그런 생각이 머리에 떠오르더군요."

러터와 제닝스가 각각 2만 1600달러와 2만 4000달러의 상금을 획득하고 왓슨이 7만 7147달러의 상금을 확보했을 때 마지막 질문이 주어졌다. "왈라키아공국과 몰다비아공국에 대한 윌리엄 윌킨슨의 설명이 이 작가가 남긴 가장 유명한 소설의 영감을 불어넣었다"라는 문제가 주어지자 셋 모두 "브램 스토커"라는 옳은 답을 내놓았다. 하지만 셋 모두 정답을 맞혔다는 것은 그리 중요하지 않았다. 마지막 문제가 되기도 전에 왓슨은 이미 경쟁 상대들을 모두 꺾어버렸다.

왓슨이 승리하자 청중석에서 부자연스러운 박수갈채가 터져나왔다. 인간이 자신들의 패배에 갈채를 보내고 있었다. 제닝스는 씁쓸하게 웃으며 자신의 정답 판에 메시지를 적어 집에서 텔레비전을 보고 있는 수천만 명의 시청자들에게 보여주었다. "저는 컴퓨터라는 우리의 새로운 지배자를 환영합니다."

로봇의 약점: 침대 정리

2014년 4월 5일, 세계에서 가장 유명한 MIT의 두 인공지능 전문가이자 『제2의 기계시대』 저자인 에릭 브리뇰프슨과 앤드루 맥아피가 세계 최고의 프로그래머들로 가득한 뉴욕의 어느 사무실에서 회의를 진행했다. 그들은 왓슨의 승리에 어떤 의미가 있는지 논의했다.[9]

브리뇰프슨과 맥아피는 푸른색 점을 이어서 그린 두 선이 표시된 그래프를 소개했다. 두 선 중 하나는 〈제퍼디!〉에 출연한 인간 참가자들의 인지능력 개선 속도를 나타냈으며 나머지 하나는 IBM이 프로젝트를 시작한 2004년부터 왓슨이 제닝스와 러터를 이긴 2011년까지 어떻게 발전해왔는지 나타냈다.

인간의 발달 상황을 보여주는 점은 적당한 기울기로 우상향했다. 일정한 기울기로 꾸준한 개선이 이루어지는 형세였다. 하지만 왓슨의 발달 현황을 나타내는 푸른 점으로 이뤄진 그래프의 모양새는 놀라웠다. 처음에는 더디게 올라가던 그래프가 적당한 기울기로 우상향하는가 싶더니 갑자기 가파르게 상승했다. 그래프를 보면 마치 스키장 슬로프 같은 경사였다. 2008년부터는 점들이 마치 고층 건물처럼 기하급수적으로 우상향했다. 왓슨은 단 7년 새 형편없는 수준에서 천재적인 수준으로 뛰어올랐고, 〈제퍼디!〉 출연 직전 12개월 동안 왓슨의 학습 속도는 전례 없는 수준으로 가파르게 상승했다.

브리뇰프슨과 맥아피는 이 그래프가 곧 로봇이 일단 학습의 기준점에 도달하면 우리 인간이 해내는 일들을 매우 빠른 속도로 학습할 수 있다는 사실을 뜻한다고 설명했다. 로봇은 먼저 단순한 육체노동 업무를 정복한 후 좀더 복잡한 관리 기술로 옮겨간다. 이는 곧 로봇에게 인간의 일을 감독할 수 있는 잠재력이 있다는 뜻이다.

브리뇰프슨은 "노동의 세계를 '동력 시스템'과 '제어 시스템'으로 나누어 생각해야 한다"라고 이야기한다. 동력 시스템은 사람, 지게차, 비행기, 트럭같이 무언가를 옮기는 역할을 하며, 제어 시스템은 공장 관리자, 비즈니스 계획, 엔지니어링 도면같이 무언가를 어디로 옮겨야 할지 결정하는 역할을 한다.

19세기에는 1차산업혁명으로 인해 엔진과 공장이 자동화되었으며 인간의 전반적인 유용성을 위협할 수도 있는 기계시대가 도래했다. 동력 시스템이 파괴되고 새로운 모습으로 바뀌었다. 하지만 혼란기를 거쳐 새로운 상황에 적응한 우리 인간은 엔지니어와 관리자가 돼 제어 시스템을 맡게 됐다. 그러나 두번째 기계시대는 예전과 상당히 다를 수도 있다. 이제 기계가 단순히 동력 시스템을 바꿔놓는 데서 그치지 않고 제어 시스템까지 바꿔놓을지도 모른다.

두 사람은 『제2의 기계시대』에서 이렇게 기술한다. "우리는 훨씬 더 많은 인지 과제들을 자동화하기 시작했으며 그 힘을 어떻게 활용할지 결정하는 제어 시스템의 좀더 많은 부분을 자동화하기 시작했다. 요즘은 인공지능 기계가 인간보다 좀더 나은 결정을 내리는 경우가 많다."[10]

딜

2017년 3월, 도쿄에 있는 후코쿠생명에서 일하던 직원 34명은 세계 최초로 왓슨에게 일자리를 빼앗긴 사람이 됐다. 세계 어느 곳을 보더라도 이들보다 앞서 공개적으로 인공지능에 일자리를 빼앗긴 사람들은 없었다.[11] 후코쿠생명은 일본 전역에서 건강보험 업무를 자동화하기 위해 왓슨 소프트웨어를 사들였다. 〈제퍼디!〉에서 우승을 거둔 IBM 컴퓨터 왓슨이 인구가 1억 2700만 명에 달하는 일본에서 중요한 의료 결정을 내리게 된 것이다.

페루치가 미묘하고 복잡한 질문에 답하도록 개발한 소프트웨어는 다양한 상업 환경에서 비즈니스에 적용될 수 있다. IBM은 잠재 고객에게 왓슨을 소개할 때 아주 간단하게 표현한다. "왓슨은 모든 종류의 데이터를 이해하고, 사람과 자연스럽게 상호작용하고, 필요한 수준에 맞춰 빠르게 학습하고 추론합니다." IBM의 왓슨은 45개국에서 디자인 솔루션, 경영컨설팅에서부터 건강 및 의료 관리에 이르기까지 20개가 넘는 다양한 산업에서 사용된다.

후코쿠생명은 34명의 직원을 해고하면 연간 1억 4000만 엔(110만 달러)의 인건비를 줄일 수 있을 것으로 추산한다. 하지만 이들과 마찬가지로 많은 보수를 받는 중간급 관리자 수천 명을 해고하면 더 많은 돈을 절약할 수 있다.

IBM은 왓슨이 "인간처럼 생각할 수 있는 인지 기술을 갖고 있어서 구조화되지 않은 문자, 이미지, 음성 파일, 영상 파일을 포함한 모든 데이터를 분석하고 해석할 수 있다"라고 설명한다. 후코쿠생명은 수만 장의 진단서를 확인하기 위해 왓슨을 활용한다. 왓슨은 입원 기간과 적절한 수술 과정을 계산한 다음 지급할 보험료를 계산한다.

모든 직원이 로봇인 헨나호텔이 일본 남서부에서 문을 열었다. 호텔 리셉션에는 여러 언어를 구사하는 공룡이 있고 머리카락은 없지만 눈을 깜빡이며 상냥하게 웃는 로봇 컨시어지가 아침식사에 관한 모든 질문에 답을 해준다. 로봇 카트가 투숙객의 가방을 객실로 옮겨주고 투숙객의 얼굴이 곧 방 열쇠가 된다. 룸서비스를 방으로 갖다주는 것 역시 로봇의 몫이다. 일본 호텔은 대개 제법 비싼 편이지만 헨나호텔 가격은 일박당 9000엔(80달러)에 불과하다.

하지만 침구를 정돈하는 일만큼은 인간이 직접 해야 한다. 로봇은 그런 일을 하지 못한다. 헨나호텔 소유주 히데오 사와다가 많은 노력을 기울였지만 로봇 메이드에게 호텔 투숙객들이 원하는 만큼 팽팽하게 이불을 접어 침대 시트 아래 끼워넣도록 가르칠 수는 없었다.

인공지능의 관점에서 보면 침대는 놀라울 정도로 복잡하다. 크기와 모양이 다양한데다 호텔에 따라 침대 배치도 다르고 침대 주위에 있는 가구 때문에 침대까지 접근하기도 쉽지 않다. 계속해서 움직이고 위치도 바꿔야 한다. 침구를 깔고 정리하는 것은 다양한 분야가 모두 더해진 복합적인 일로 섬세한 기술과 공간 인식능력뿐 아니라 손아귀의 힘도 필요하다. 침구 정리 과제가 주어지면 로봇은 쩔쩔맨다. 사와다 외에 헨나호텔에서 일하는 인간 직원은 오직 인간만이 가진 필수 기술이자 로봇은 습득할 수 없는, 적어도 아직까지는 습득하지 못한 기술인 침대 정리 기술을 가진 메이드뿐이다.

일본에서는 요양원에서도 로봇이 널리 사용된다. 인간을 돌보는 '케어봇'을 활용하면 인간 직원을 채용하는 것보다 비용을 줄일 수 있다. 또한, 돌봄 로봇은 점점 가까워지고 있는 세계적인 돌봄 위기에서 벗어날 방법을 제시하는 듯하다.

머지않아 세 가지 모델이 요양원에서 생활하는 사람들의 기본적인 욕구를 충족시키게 될 것이다. 먼저, '리쇼네'는 침대에서 휠체어로 변신하며 휴머노이드의 특징을 갖고 있지 않은 하이브리드 로봇이다. '로보베어'는 휴머노이드의 특징이 잘 드러나는 외관을 갖고 있으며 몸이 불편한 사람들을 들어올려 이동시키는 일을 한다. 개발자들은 인간과 비슷한 모습을 한 리프트 장치가 거대한 로봇 손처럼 보살피는 듯한 느낌을 주기 때문에 고객의 마음을 편안하게 해준다고 믿는다. 일본 이화학연구소 리켄은 완전히 인간의 모습을 하고 있으며, 침대 옆에서 복잡한 간호 업무를 하는 동시에 공장에서 사용되는 로봇처럼 '여러 사람'을 옮길 수 있을 정도의 힘을 가진 간호 로봇을 개발하기 위해 노력중이다. 어쩌면 이화학연구소가 언젠가 침대에 이불을 깔고 정리하는 능력을 지닌 로봇을 만들 날이 올지도 모른다.

2011년, 일본에서 체르노빌 이후 최악이라 불리는 원전 폭발 사고가 발생했다. 현재 일본은 멜트다운이 진행된 후쿠시마에서 3개의 원자로를 해체하기 위해서도 로봇을 사용하고 있다. 일본은 로봇과 함께 살아가야 할 운명을 온전히 받아들이고 있다.

전 세계 기업들은 완벽하게 작동하는 최초의 섹스 로봇을 만들어내기 위한 경쟁도 벌이고 있다. 섹스 산업은 항상 발 빠르게 신기술을 받아들여왔다. 음란물은 1980년대에 영상 기술이 필름에서 비디오테이프로 전환되는 데 앞장섰으며 2000년대에는 인터넷 스트리밍에 앞장섰다. 현재, 미국의 리얼보틱스와 보드AI, 중국의 Z-원돌과 돌 스위트, 총 4개 기업이 '완벽하게 반응하는' 인공지능을 가진 인조 섹스 로봇을 출시하기 위해 노력중이다.

가상현실을 통합하고 발열 패드를 이용해 피부와 생식기에 온기를 더해서 생산하는 실리콘 로봇 중 가장 비싼 모델의 소비자 가격은 수만 달러에 달한다.

누가 밀려나는가?

옥스퍼드대학교의 칼 프레이와 마이클 오스본이 2013년에 발표한 연구 논문에는 왓슨이 머지않아 인류를 어디로 데리고 갈지 냉혹하게 예견한 내용이 담겨 있다. 두 사람은 2030년이 되면 모든 일자리 중 절반이 자동화될 수 있다고 설명했다.[12]

업무 자동화의 미래가 어떻게 될지 점치려던 과거의 예측들이 부적절해 보이기 시작했다. 의사, 변호사, 회계사에서부터 슈퍼마켓 직원, 택시 운전사, 간병인, 언론인, 심지어 로봇의 미래를 평가하는 기술 분석 전문가에 이르기까지 모든 직업이 자동화의 영향을 받게 될 것이 금세 자명해졌다. 2017년 5월, 일리노이공대가 개발한 인공지능 알고리즘이 고등법원 판사들보다 고등법원 판결 결과를 더욱 정확하게 예측했다. 인공지능 알고리즘의 평결 예측 정확도는 72퍼센트였던 반면 인간 판사의 평결 예측 정확도는 66퍼센트에 그쳤다.

브리뇰프슨과 맥아피는 동료 대런 애쓰모글루, 데이비드 오토와 함께 로봇 혁명이 몰고 올 결과를 단순하지만 냉혹한 방식으로 요약했다. 그들은 인간의 일자리를 크게 4개의 범주, 즉 반복적 육체노동, 비반복적 육체노동, 반복적 인지노동, 비반복적 인지노동(창의적 노동)으로 나눌 수 있다고 설명했다.

가장 급여가 높은 일자리는 헤지펀드 관리, 파산 소송, 예술 활동 등 비반복적 인지노동, 혹은 창의적 노동 범주에 몰려 있다. 반복적 육체노동 일자리는 휴대용 변기 처리, 식당 서빙, 호텔방 청소 등 가장 임금수준이 낮은 일자리인 경우가 많다. 공장 현장 일자리나 경리, 회계 일자리는 대개 그 중간쯤에 속한다. 인간의 일자리를 분류하는 4개의 범주 중 로봇이 처리할 수 있는 것은 3.5개쯤 될 듯하다. 사무, 행정, 회계를 비롯해 수치 분석과 관련된 모든 직종 등 전통적으로 중산층이 담당해왔던 일자리 상당수가 인공지능과의 경쟁에서 가장 취약하다.

자동화가 얼마나 빠른 속도로 얼마나 광범위하게 진행될지에 대해 인공지능 전문가들은 저마다 매우 다른 예측을 내놓는다. 인공지능 전문가 마틴 포드는 이런 식으로 인공지능의 미래를 예측할 때 발생하는 커다란 문제는 로봇을 예측하는 데 있는 것이 아니라 로봇에 관한 예측을 하기에 앞서 인간이 하는 일을 제대로 분석하지 못하는 데 있다고 이야기한다. 우리 인간은 우리가 하는 일은 '복잡하기' 때문에 안전하다고 가정한다. 하지만 그렇지 않은 경우가 많다. 사람들은 인간이 가진 복잡성과 우리가 하는 일의 특수성을 뒤섞는 경향이 있지만, 우리가 맡은 일을 해내기 위해서 반드시 인간 특유의 복잡성이 필요하지는 않다. 이런 문제에 대해 포드는 이렇게 설명한다. "컴퓨터가 인간의 지적 능력 스펙트럼을 완전히 모방하진 못하더라도 얼마든지 인간이 하는 일을 대신 할 수 있다. 인간이 돈을 받고 하는 특정한 과제를 대신 해내기만 하면 된다."[13]

옥스퍼드와 MIT 출신인 포드, 브리뇰프슨, 맥아피 같은 전문가들이 내놓은 보고서를 읽어본 각국 정부는 화들짝 놀랐다. 충격에 빠진 오바마 대통령은 백악관 자체 보고서를 작성하도록 지시했고, 해당 보고서는 2016년에 「인공지능, 자동화, 그리고 경제」라는 이름으로 공개됐다. 백악관에서 발표한 보고서는 다음과 같은 결론에 도달했다. "최근 몇 년 동안 지능과 관련된 특정 업무를 수행하는 데 있어서 기계가 인간을 넘어섰다. 앞으로도 계속해서 기계가 인간과 같거나 인간을 뛰어넘는 성과를 내는 일이 점점 늘어날 것으로 보이며, 이런 변화가 빠른 속도로 진행될 것으로 예상된다. (…) 이런 변화로 인해 어려움을 겪게 될 미국인들을 돕기 위한 공격적인 정책 행보가 필요하다."[14]

세계 각국 정부는 보고서를 만들어내기 시작했고 모두가 당장 조치를 취해야 한다는 똑같은 결론에 도달했다. 기계로 인해 모든 인간이 불필요해진다면 인간은 어떻게 생계를 꾸리고 종일 무엇을 해야 할까? 이런 미래를 예언한 것은 튜링뿐만이 아니었다. 1930년대에 존 메이너드 케인스는 자동화로 인해 우리가 맞이하게 될 유토피아적인 미래와 디스토피아적인 미래를 묘사했다. 자동화시대가 도래하면 우리 인간은 온종일 들판에 누워 일광욕을 즐기게 될까, 로봇의 노예가 될까?

최근 몇 년 동안, 기술업계의 많은 유명 인사들이 여러 해결 방안을 제시했다. 일론 머스크는 사람들에게 일정한 금액의 소득을 지급하는 '보편적 기본 소득' 개념에 다시 불을 지폈다. 우리가 해야 할 일은 인간답게 살아가면서 돈을 쓰는 일(로봇은 아직 할 수 없는 일)뿐이다. 지출을 통해 소비주의의 불씨를 살려야 자본주의를 유지할 수 있기 때문에 쇼핑 역시 만만치 않은 중요한 일이 될 수밖에 없다.

　로봇의 노동에 세금을 부과하는 방안을 주장해온 빌 게이츠는 머스크가 지지하는 보편적 기본 소득에 추가적인 제안을 덧붙였다. 게이츠는 인간 근로자를 감원해 절감한 비용을 기업에 청구하면 보편적 기본 소득 지급에 필요한 재원을 마련할 수 있을 뿐 아니라 도로, 병원, 군대, 사회 안전망 등 국가 운영에 필요한 돈도 계속 조달할 수 있다고 주장한다.

　미국 정부가 많은 관심을 보이는 보고서를 작성한 MIT의 애쓰모글루와 레스트레포는 인간과 로봇의 공생을 필연적이고 우려스러운 기정사실이라기보다 미리 필요한 것들을 갖추고 가장 똑똑한 존재가 되기 위한 군비 확장 경쟁으로 바라보기 시작했다. 인간이 반드시 승리해야 하는 경쟁.[15]

로봇 학교

에드테크EdTech, 혹은 에듀테크라고도 불리는 '교육 기술educational technology'은 전 세계 교육 시장을 장악하고 교육 분야에서 돈을 벌 방법을 찾기 위해 노력한다. 이 같은 중대한 딜의 기저에는 '지금 우리가 알고 있는 방식의 교육은 인간이 제공하는 예측 불가능할 수밖에 없는 활동으로, 가르치는 사람의 기이한 버릇과 모순이 모두 교육 현장에 반영될 수밖에 없다'라는 하나의 특별한 명제가 자리잡고 있다. 반면, 컴퓨터는 편견을 갖고 있지 않다. 에듀테크 옹호론자들은 컴퓨터를 이용하면 어린이들이 자신에게 꼭 맞는 맞춤형 소프트웨어 수업 프로그램을 활용해 관심 있는 분야를 공부할 수 있다고 주장한다.

에듀테크혁명에 영감을 불어넣은 것은 영국 뉴캐슬대학교의 교육 전문가 수가타 미트라가 진행한 실험이었다. 1999년 뉴델리에서 ATM이 있어야 할 공간에 하룻밤 새 컴퓨터가 등장한 일이 있었다. 컴퓨터가 어떻게 그곳에 놓이게 됐는지 아는 사람은 아무도 없었다. 부랑아들이 모여들기 시작했고, 몇 분이 지난 후 아이들은 컴퓨터를 켜는 방법을 알아냈다. 학교에 다니지 않는 아이와 문맹인 아이가 뒤섞여 있는 이 부랑아 무리는 단 하루 만에 인터넷 사용법을 직접 알아낸 다음 인터넷을 이용해 복잡한 수학 문제를 풀어냈다.

미트라는 실험 결과를 숨기지 않았다. 미트라는 BBC 라디오 4에서 아이들이 이뤄낸 성과를 소개했다. 그는 아이들이 윤리학 문제와 물리학 문제를 풀어냈다고 밝힌 후 아이들이 별다른 어려움 없이 답을 찾아낼 수 있었던 요인은 교사가 아이들의 사기를 꺾는 일이 없었고 아이들에게 주어진 질문이 풀기 어려운 것이라고 이야기한 사람이 없었기 때문이라고 설명했다.[16] 아이들은 자신들이 실험에 참여하고 있다는 사실을 알지 못했다. 미트라는 교사가 없는 상황에서 아이들이 기술을 어떻게 활용하는지 확인해보고자 했고, 결과적으로 기술은 아이들이 아무런 구애 없이 무언가를 빨리 배우는 데 도움이 된다는 사실을 발견했다. 미트라는 손가락을 한 번 움직이는 것만으로 전 세계의 지식을 얻을 수 있다면 교사는 단순히 불필요한 존재가 되는 수준을 넘어서서 적극적으로 아이들의 학습을 저해한다고 주장했다.

미트라가 진행한 실험에 관한 소식이 실리콘밸리 구석구석으로 퍼져나갔고, 미트라는 교육과 학교 시스템 자체가 서구 국가들이 식민지 시대에 만들어낸 산물이라는 주장을 펼치며 실리콘밸리에서 영향력 있는 인물로 부상했다. 영국의 식민 지배 기구를 위해 일하는 말 잘 듣는 노동자를 양산하기 위해 만들어진 인도의 학교 시스템은 불평등을 더욱 공고하게 만들었다. 미트라는 기술이 전 세계의 빈곤층에게 기회를 제공한다고 주장했다. 하지만 미트라의 주장을 비난하는 사람들도 있다. 교육 전문가 닐 셀윈은 "미트라가 진정한 학습과는 정반대될 뿐 아니라 서서히 확산하는 초개인주의적인 실리콘밸리식 사고를 감추는 매혹적인 이야기"를 만들어냈다며 "아동 해방이라는 연막을 치고 세계적인 표준화"를 추구하는 것이라고 주장했다.

교육 분야의 자유 시장 혁명을 제안하는 두 도서, 『정치, 시장, 그리고 미국 학교』[17]와 『학습 해방: 기술, 정치, 그리고 미국 교육의 미래』[18]의 저자인 스탠퍼드대학의 존 첩과 테리 모는 미트라의 주장을 지지한다. 첩과 모는 "학생이 공부하는 방식, 교사가 가르치는 방식, 학교와 학교 시스템을 조직하는 방식이 역사적인 변화의 초기 단계에 접어들었다"라고 이야기한다. 첩과 모의 관점에서 보면, 교사는 학생들의 욕구를 희생시켜 자신들의 일자리를 보호한다. 즉, 변화나 발전을 막는 '기득권'이다. 두 사람은 교육 기술을 활용하면 이런 기득권 세력으로부터 학생들을 해방시킬 수 있다고 주장한다.

기술이라는 트로이의 목마

스탠퍼드대학의 거대한 원형 강당에서는 200년이 넘는 세월 동안 대통령과 자선가 들이 교수들과 졸업생들을 앉혀놓고 원대한 미래 계획에 대해서 강연을 하곤 했으며, 지금은 기술 분야의 억만장자들까지도 연사로 등장하곤 한다. 나무 바닥이 깔린 강당에서 테리 모를 만났다.

모는 내가 생각했던 것과는 다른 모습이었다. 그는 회의적인 생각으로 눈을 반짝이는 강단 있는 사내였다. 그는 허리케인 카트리나가 강타한 후 뉴올리언스가 어떻게 바뀌었는지 소개하는 책을 쓰고 있다며 신이 나서 얘기했다. 도시의 인프라 전체가 파괴됐기 때문에 교원 단체의 '기득권' 역시 사라졌고, 그 덕에 교육 시스템을 맨땅에서부터 다시 세울 수 있게 됐다. 모는 그 결과가 "놀라웠다"라고 이야기했다.

교사들이 교육에 도움이 되기보다 해가 된다고 느끼는 이유가 무엇인지 모에게 물었다.

"사람들은 제가 이런 신자유주의 시장을 지지하는 사람이라고 생각합니다. 하지만 사실은 그렇지 않습니다. 교사가 해야 할 역할도 있습니다. 교사가 필요 없다는 말이 아닙니다. 하지만 교원 단체의 기득권은 아이들에게 도움이 되지 않습니다."

모는 좋든 싫든 이미 변화가 진행되고 있다며, 따라서 교사들은 새로운 도구와 맞서 싸우기보다 신기술을 교수법에 접목해야 한다고 주장한다.

『학습 해방』에서 첩과 모는 기술이 조금씩 교실 속으로 '스며들게' 만들 계획을 제안한다. 그들은 먼저 아이들을 아이패드에 익숙해지게 만든 다음 개개인에게 맞춤형 학습을 제공하는 방안을 제안했다. 기술을 트로이의 목마로 활용해 교원 단체를 무너뜨리려는 첩과 모의 전략은 교육 부문뿐 아니라 의료, 사회복지, 모든 형태의 공공서비스 등 공공 부문에서 폭넓게 활용할 수 있다.

테리 모가 제안하는 미래의 학교가 어떤 모습일지 확인하기 위해 세계에서 가장 선진적인 블렌디드 러닝(온라인과 오프라인이 융합된 학습 방법 - 옮긴이) 사례 중 하나로 꼽히는 샌디에이고의 플렉스테크 실험실을 방문했다. 플렉스테크는 꽤 놀라웠다. 플렉스테크 교장 션은 약 70명의 학생이 있는 개방형 교실을 구경시켜주었다. 학생들은 모두 노트북이나 데스크톱 컴퓨터를 갖고 공부하고 있었다. 교실에는 딱 1명의 교사가 있었고 학생들은 문제가 있을 때만 교사에게 도움을 청했다.

내가 만나본 학생들은 모두 자신의 관심사를 좇았으며, 각 학생의 관심사가 곧 그들의 맞춤형 학습 계획이 됐다. 열여섯 살의 스테파니는 해양생물학자가 되고 싶어했다. 브렌던은 천체물리학에 관심이 있었으며 온라인으로 고급 천문학 강좌를 들었다. 화면 양쪽에 메모를 남기고 다시 보고 싶은 부분이 있으면 강의 시청을 중단했다.

션은 플렉스테크에 대한 열렬한 믿음을 갖고 있다. 하지만 모가 마음속에 그린 것과 똑같은 모습은 아니었다. 션은 플렉스테크가 "기술을 활용하는 과정에서 여러 번의 수정을 거쳤다"고 이야기했다. "처음에는 훨씬 기술 중심적인 모델에서 시작했지만 지나치게 기술의 비중이 크다는 사실을 발견했습니다. 그 모델은 기대한 효과를 내지 못했습니다. 결국 교사가 교실로 돌아와 아이들의 학습을 지도해야 했습니다. 이런 과정을 통해 지금 우리가 '블렌디드 러닝'이라고 부르는 방식이 탄생한 겁니다."

플렉스테크 교사 스티브에게 70명의 학생을 돌보는 일이 어떤지 물었다. "가끔은 슈퍼마켓 카운터를 감독하며 바코드에 문제가 생기기를 기다리는 사람이 된 것처럼 느껴질 때도 있습니다. 하지만 학생들에게는 엄청난 발전입니다. 학생들은 앞에 있는 선생님이 시키는 대로 공부하는 것이 아니라 진정으로 자율적으로 학습하며 각자 자신의 속도에 맞게 공부합니다."

플렉스테크 대기 명단에는 1000명이 넘는 학생의 이름이 올라가 있다. 플렉스테크는 의심의 여지 없이 매우 성공적인 학교임이 틀림없다. 플렉스테크는 현재 '학습용 구글 지도' 개발을 위해 구글 맵스 디자이너들과 의견을 교환하고 있다.

하지만 플렉스테크가 샌디에이고의 부유한 동네에 자리잡고 있다는 사실에도 주목할 필요가 있다. 디트로이트에 있는 가난한 동네에서도 이런 방식이 통할까? 테리 모는 기술에는 불평등을 바로잡는 힘이 있기 때문에 오히려 기술이 본질적으로 가난한 학생들에게 좀더 민주적이고 개방적이라고 이야기한다. 좀더 적극적인 태도로 교실 분위기를 좌지우지하는 부유한 학생과 가난한 학생들로 나뉘는 교실은 더이상 문제가 되지 않는다. 각 학생은 자신이 원하는 방식으로 학습을 주도하기 때문이다.

션은 플렉스테크가 일궈낸 성공의 중심에 역설이 있다는 사실도 잘 알고 있다. "우리는 학생들이 원하는 분야에 집중할 수 있도록 혼합된 학습 환경에서 기술을 활용합니다. 하지만 기술은 휴대전화와 비디오 게임을 통해 학생들의 집중력을 흐트러트리기도 합니다. 요즘보다 학생들의 집중력과 의욕이 떨어진 적이 없었습니다. 그런 상황을 뒤집는 것이 우리의 역할입니다."

션은 플렉스테크 교실에 들어오기 이전의 아이들은 로봇과 다르지 않지만 플렉스테크를 경험한 아이들은 더이상 로봇과 같지 않다고 생각한다. 아이들은 이미 소셜 미디어와 게임 같은 반복적인 과제 수행 패턴을 통해 반복적인 일을 하도록 훈련돼 있다. 그는 기술을 활용해 아이들을 재교육하고 관심 분야에 집중하도록 만들 수 있다고 확신한다. 다시 말해서 기술을 부정적인 결과가 아닌 긍정적인 결과를 얻기 위한 트로이의 목마로 활용할 수 있는 것이다.

세차 역설

자동화 혁명은 인간의 고용에는 온전히 부정적인 영향만 미친다는 인식이 팽배하다. 하지만 정말 그럴까?

폴 메이슨 같은 경제 예측 전문가들이 '세차 역설'이라고 부르는 현상에서 교훈을 얻을 수 있을지도 모른다. 1959년, 디트로이트에 사는 댄 한나라는 사업가가 세계 최초로 자동 세차기를 만들었다. 자동차가 컨베이어 벨트를 타고 이동하면 물과 세제를 뿌린 다음 거대한 가열 장치로 물기를 말리고 세차 공정을 따라 계속 움직이면 자동차를 감싸는 커다랗고 폭신폭신한 브러시가 자동차를 훑고 지나간다.

2000년대가 되자 한나 세차 시스템스 인터내셔널은 전 세계 90개국에 위치한 3만 개의 세차장에서 연간 6억 5000만 대를 세차하는 세계 최대 자동 세차 기업이 됐다. 하지만 2010년부터 예기치 못한 일이 벌어졌다. 런던, 뉴욕 같은 대도시의 자동 세차기들이 사라지고 인간이 그 자리를 메우기 시작했다.

많은 곳에서 얼마 안 되는 급여를 받고 '반복적 육체노동'을 하는 노동자들이 등장해 스펀지와 수건을 들고 열심히 세차했다. 자동 세차가 종말을 맞이한 이유는 명확했다. 자동 세차장이 터를 잡은 부동산 중 상당수는 세차장으로 사용하는 것보다 임대 가능한 고급 부동산으로 재개발했을 때 더욱 큰 가치를 얻을 수 있는 곳이었다. 결국, 기계는 쓸모없는 존재가 됐고 인간이 기계를 대신했다.

사람이 직접 세차 서비스를 제공하는 새로운 부류의 세차장은 금싸라기 땅에 터를 잡고 있지 않으며 도시 외곽에 있는 사용되지 않는 주차장이나 오래된 주유소에 위치한 경우가 많다. 세차 수요는 댄 한나가 세차 사업에 뛰어들었던 1950년대 말 못지않다. 하지만 기계보다는 인간이 좀더 경제적으로 서비스를 제공할 수 있다는 사실이 증명됐다.

인간 노동자가 서비스를 제공하는 이런 식의 임시 손 세차장은 며칠 새 나타났다가 사라질 수도 있다. 인간은 이런 식의 끊임없는 장소 이전에도 얼마든지 적응할 수 있다. 뿐만 아니라, 이사를 할 필요도, 값비싼 유지 비용을 낼 필요도, 끊임없이 점검할 필요도 없다. 인간은 기계와 달리 고장나지 않는데다 훨씬 빨리 세차를 끝낼 수 있고 일자리를 잃을지도 모른다는 두려움 때문에 꾸준히 성과를 개선할 수도 있다. 그리고 가장 중요한 점은 인간 노동자를 고용하면 기계를 사용하는 것보다 비용이 덜 든다는 것이다.

1950년대에는 로봇이 결국 인간을 대체할 것으로 예견됐지만 세차 분야에서는 로봇이 필연적으로 인간을 대체하는 일은 벌어지지 않았다. 지금도 마찬가지다. 자동 세차는 인간의 노동이 아예 불필요한 새로운 세상이 아니라 인간이 온전히 노동을 하긴 하지만 낮은 임금을 받고 여기저기 옮겨다니며 일을 하고 왓슨은 중앙 통제소에서 깜빡임조차 없이 파란 눈을 가만히 뜬 채 사람이 직접 세차하는 손 세차장 중 가장 효율적인 곳이 어디인지 감시하는 그런 세상을 알리는 서곡이 됐다.

Epilogue

NOW

지금

딜	페이스북과 경제협력개발기구Organization for Economic Cooperation and Development, OECD, 세계은행이 2016년에 '비즈니스의 미래 연구 계획'을 공동 제안했다.
목적	다국적기업이 아닌 중소기업이 21세기의 번영을 이끌어가는 주체가 될 것이라고 규정하고 중소기업의 성장을 돕는 것.
장소	전 세계
때	지금 현재

뉴저지에 있는 캠던은 언뜻 보면 한때 미국이 누렸던 산업 호황기로 인해 피해를 본 지역 같기도 하다. 한때는 기계로 만들어내는 온갖 제품과 직물을 생산하며 위용을 떨쳤던 공장들이 이제는 버려져 있다. 부자들이 살았던 주택 대문은 판자와 쇠사슬로 막혀 있고 마약상들에게 그곳이 '감시 구역'임을 알려주는 캠던 시청의 직인이 찍혀 있다. 정원에는 냉장고, 텔레비전, 재봉틀, 타이어가 높이 쌓여 있다. 길 한가운데 자랑스레 놓여 있는 소파를 피하려면 차를 급격하게 꺾어야만 한다. 한때는 사업가들이 몰고 다녔던 뷰익과 캐딜락은 이제 타이어도 없이 좁은 골목길에

놓인 벽돌 위에 간신히 올라앉아 있고, 전면 유리가 커튼으로 가려진 이런 자동차들은 부랑자들의 임시 숙소의 역할을 한다.

나를 비롯해 캠던을 처음 방문한 외부인에게는 캠던이 종말 이후를 그린 영화 속 도시처럼 보일 수도 있다. 하지만 그곳에서 시간을 보낼수록 이런 시각은 진실과 거리가 멀다는 사실을 깨달았다. 겉으로 드러나는 폭력의 흔적과 퇴락한 도시의 모습 이면에 캠던이 미국 전체에 전달하는 긍정적인 메시지가 있다. 캠던의 중심에는 비즈니스가 있다는 메시지가 바로 그것이다. 사실 캠던은 미국에서 스타트업 기업이 가장 빠른 속도로 증가하는 곳이다.

애덤은 함박웃음을 지으며 엉뚱하고 냉소적인 태도를 보이는 텍사스 사람이다. 그는 2000년대에 수작업으로 진행하는 스크린 인쇄업을 시작하겠다는 계획을 품고 캠던으로 이주했다. 2014년, 그는 재정난에 처한 현지 기업 캠던 프린트웍스를 인수했다. 캠던 프린트웍스는 이제 미국에서 가장 성공적인 스크린 인쇄업체 중 한 곳이 됐으며, 전 세계 고객을 위해 세부적인 사항까지도 꼼꼼하게 챙겨 품질이 뛰어난 결과물을 만들어내는 곳으로 알려져 있다. 애덤은 캠던 프린트웍스를 인수해 새롭게 활력을 불어넣은 다음 사업 부지로 오래된 정비소를 사들였다. 지금은 2년 어치 일감이 쌓여 있는 상황이라 원활한 업무 처리를 위해 버려진 뒷마당까지 사업장을 확대할 계획이며 30명의 직원이 애덤과 함께 캠던 프린트웍스에서 일한다.

조라는 캠던 프린트웍스 직원은 캠던 출신이다. 문자 그대로 내 두 배쯤 되는 거대한 몸집을 가진 조는 셔츠에 상표를 붙이고 싶어하는 동네 피자 가게, 대학, 스케이트 의상 판매점, 전 세계의 부티크 의류 브랜드

등을 위해 매일 60~70개의 티셔츠를 만들어낸다. "사람들은 수작업으로 만들어낸 제품의 우수한 품질을 좋아합니다. 우리가 어떻게 작업하는지 구경하러 오는 사람도 있습니다. 우리는 시장에서 틈새를 발견했고 비즈니스가 호황을 누리고 있습니다."

조는 캠던에서 성장한 사람으로, 그가 자랄 때 캠던은 번영한 곳이었다. 그는 웃으며 이렇게 이야기했다. "일요일 오후가 되면 사람들이 해안가를 거닐었고, 옷을 차려입고 산책을 하곤 했습니다. 사람들이 이사오고 싶어하는 동네였어요."

캠벨 수프, 뉴욕 조선소, RCA 빅터 컴퍼니 등 캠던에 들어선 거대한 조선소와 무수히 많은 공장들이 수만 명의 근로자들에게 일자리를 제공했다. 그러다가 세계화가 시작됐다.

1950년, 캠던의 제조 부문 일자리는 4만 3267개에 달했다. 1982년이 되자 제조 부문 일자리가 1만 200개로 줄어들었다. 산업공동화로 인해 인구가 감소했고 사람들은 다리 건너 필라델피아와 다른 여러 지역으로 떠나갔다. 1950년에는 캠던의 인구가 12만 4555명이었다. 하지만 1980년이 되자 인구가 급격하게 줄어들어 8만 4910명이 됐다. 캠던을 떠난 사람들은 전문직 종사자들과 현지 중소기업 사장들이었다.

1980년대가 되자 캠던에서 기업들이 완전히 사라졌고 캠던의 랜디 프리마스 시장은 다시 캠던으로 돈을 끌어오기 위해 일반 기업 대신 다른 지역에서는 환영받지 못하는 시설들을 유치하는 캠페인을 벌이기 시작했다. 1985년에는 리버프런트 주립 교도소가 문을 열었고 1989년에는 정부의 승인을 받은 폐수처리 시설이 들어섰다.

하지만 예상치 못한 일이 벌어지고 있었다. 1984년, 캠던의 현지 기업가들은 캠던의 평판을 떨어뜨리고 캠던이 과거의 영광을 되찾을 가능성을 더욱 악화시키기만 하는 기업들의 손아귀에 캠던이 넘어갈 수도 있다는 걱정에 사로잡혔다. 그들은 이를 막기 위해 쿠퍼스 페리라는 민간 부동산 회사를 설립했다. 쿠퍼스 페리의 전략은 과거의 영광스러웠던 시기를 함께 보냈던 기업들을 활용하는 것이었다. 쿠퍼스 페리는 이런 기업들과 캠던에서 고군분투하는 다른 기업들의 협력을 장려해 전문지식과 자원을 한데 모았다. 이들은 '지역사회'를 '비즈니스 지역사회'로 해석하며, 비즈니스를 이용해 좀더 넓은 지역사회를 뭉치게 만들었다.

하지만 쿠퍼스 페리도 처음에는 캠던 경제에 활력을 불어넣기가 쉽지 않았다. 망해가는 도시라는 캠던의 평판이 점차 악화됐기 때문이다. 대기오염을 염려하는 환경운동가와 현지인들의 시위에도 불구하고 1991년에 쓰레기 소각장이 문을 열었고, 그 덕에 캠던이 절실하게 필요로 했던 고용이 창출됐다. 1992년, GE는 뉴저지 주정부와 기존 사업체를 철수시키지 않고 캠던에 그대로 남겨두기로 협정을 맺었다. 그에 대한 보답으로 주정부는 캠벨 수프 공장 부지에 첨단 시설을 짓기로 합의했다. 프로젝트는 난관에 봉착했고 결국 록히드 마틴의 손에 넘어갔다. 하지만 이 프로젝트는 캠던의 비즈니스를 되살리는 중요한 수단이 됐다.

2001년에는 캠던의 기업가들과 지역사회 지도자들이 한데 모여 캠던을 위한 전략적 개발 계획을 추진하는 그레이터 캠던 파트너십Greater Camden Partnership, GCP을 결성했다. GCP는 '정화clean-up' 캠페인을 벌여 캠던에서 가장 나쁜 영향을 받은 지역을 개선하는 작업에 돌입했다. 그런 다음 특별히 마련된 특수한 구역에서 새로운 기업가주의 문화를 육성하겠다는 목표하에 임대료를 낮추고 보조금을 지급해 도심의 정화 구역을 새로운 기업들이 선호하는 곳으로 만들었다.

2011년, 쿠퍼스 페리와 GCP는 공식적인 합병 과정을 거쳐 쿠퍼스 페리 파트너십으로 거듭났다. 2014년, 쿠퍼스 페리 파트너십은 애덤이 새롭게 수장을 맡은 캠던 프린트웍스를 투자 대상으로 선정했다.

2014년 이후 수백 명의 기업가가 비즈니스를 시작하기 위해 캠던으로 모여들었다. 저렴한 임대료와 강 건너 필라델피아를 비롯한 여러 대도시와 가깝다는 점도 기업가들이 캠던을 택하는 이유가 됐지만 캠던이 교육과 의료 기술의 중심지로 도시 이미지를 쇄신한 점 또한 그 이유가 됐다. 2000년대에 진행된 쿠퍼스 페리의 캠던 부흥 프로젝트에 힘입어 쿠퍼대학병원과 로완대학교 쿠퍼 의과대학은 뛰어난 교육 기술과 의료 기술을 보유한 기술 중심지로 떠올랐고, 이런 변화가 관련 스타트업을 유치하는 데 도움을 줄 것이라는 기대가 커졌다.

캠던에서 비즈니스가 발전하자 예상치 못한 이익이 찾아왔다. 2014년, 자동차 제조업체 스바루가 미국 생산 기지를 캠던으로 이전하겠다고 발표했다. 스바루는 1억 1800만 달러를 들여 25만 제곱피트 크기의 본사를 새로 짓고 500개의 일자리를 신규 창출해 현지인을 고용하겠다고 선언했다. 캠던을 몰락의 길로 이끌었던 하향 곡선이 1980년대에 자기충족적인 예언이 됐듯 스바루가 공장 이전을 발표한 2014년 이후에는 비즈니스 확산이 자기충족적인 예언이 돼 새로운 스타트업들을 캠던으로 끌어들였다.

애덤이 운영하는 인쇄소에서 길을 따라 아래로 내려가면 디지털 기술 스타트업, 신발 회사, 뉴욕에서 온 스물세 살의 두 젊은이가 운영하는 위스키 양조장이 있다. 캠던 프린트웍스와 마찬가지로 이런 기업들도 전 세계에서 주문을 받는다. 이들은 정기적으로 친목 모임을 하고 캠던 내에 끈끈한 공동체 의식을 불어넣어 서로를 응원한다. 캠던에 사는 청년들의 참여를 장려하고 직접 비즈니스를 시작할 수 있도록 도와주는 정기 행사를 진행하기도 하고 현지 레스토랑, 예술가, 신규 업체 등을 소개하는 먹거리의 밤이나 음악의 밤 행사를 열기도 한다. 캠던에서 열린 행사에 만족한 어느 고객은 페이스북에 이런 글을 남겼다. "사람들도 멋지고, 제품도 훌륭해요. 뛰어난 제품을 만들어내고 지역사회를 지원하기 위해 헌신적인 노력을 아끼지 않는 곳이죠. 정말로 인정 넘치고 배려심 가득한 곳이에요."

이런 기업가 정신이 캠던 경제의 다른 분야로도 퍼져나갔다. 2013년, 과거에 월스트리트에서 금융 분석가로 일했었던 페이먼 루하니파드가 캠던의 학교를 개선하는 역할을 맡았다. 2016년이 되자 출석률이 올라가기 시작했다. 루하니파드는 가난은 성공의 걸림돌이지만 예전보다 학교가 나아지고 있다는 징후가 나타나기 시작했으며 무엇보다 중요한 신호는 학생들이 아침에 등교를 하는 것이라고 이야기한다.

캠던의 범죄율 역시 낮아졌다. 캠던 프린트웍스에서 일하는 조는 캠던의 대표적인 비즈니스를 보면 길거리에서 벌어지는 일이 매우 중요하다는 사실을 알 수 있다고 이야기한다. "내가 여기에서 일하지 않았으면 약을 팔고 있었을 게 자명합니다. 한 몇 년 그렇게 살다가 아마 죽었겠죠."

"길에서 마약을 팔면 하루에 200달러씩 벌 수 있습니다. 반면 하루종일 일을 하고 최저임금을 받으면 얼마나 벌겠습니까? 50달러? 아니면, 60달러? 합법적으로 번 돈으로 가족을 먹여 살릴 수 없다면 어떤 선택을 하겠습니까? 마약을 파는 젊은이들은 자신의 목숨을 위험에 빠뜨리는 겁니다. 하지만 그들은 똑똑합니다. 그 사람들은 코카인을 좀더 강력한 크랙으로 바꾸는 방법을 잘 알고 있습니다. 그렇게 화학에 능통하게 되는 겁니다. 그런 기술을 합법적인 일에 활용할 필요가 있습니다. 그런 젊은이들은 이 거리에서 가장 똑똑한 사업가들이기도 합니다. 힘든 시기를 견뎌내고 비즈니스도 키워냈으니까요. 그런 기술을 적절한 곳에 활용할 수 있도록 만들어줘야 합니다."

캠던에 새롭게 등장한 특이한 기업들을 보니 톰 피터스가 떠올랐다. 1970년대 말에 자기 주도적인 업무에 대한 비전을 제시해 업무 현장을 쇄신한 피터스는 보스턴에서 내게 이런 말을 했었다. "당신이 누구건, 당신의 직업이 얼마나 안전하다고 생각하건, 당신의 미래가 얼마나 끄떡없다고 생각하건, 모두 잊어버리세요. 그런 시대는 끝났습니다."

거대하고 통제하기 힘든 대기업은 빠르게 변하는 새로운 비즈니스 세상에 적응하느라 고군분투중이다. 그리고 그런 대기업에서 일하는 근로자들의 일자리가 위태로워질 수도 있다. 하지만 중소기업이라는 구원의 손길이 우리를 기다리고 있다. 직원 수 250명 미만의 규모가 작은 기업들.

중소기업: 미래

2017년 4월, 페이스북 유럽 · 중동 · 아프리카 지역 책임자 키아란 퀼티는 "중소기업은 모두가 인정하는 경제성장 엔진이기 때문에 중소기업이 성공해야 우리 모두에게 도움이 된다"라고 선언했다.

2016년, 페이스북과 OECD, 세계은행은 중소기업의 미래를 진단하기 위해 특별한 연구 프로젝트에 돌입했다. 비즈니스의 미래 연구Future of Business Study, Fobs는 세계경제의 역학 관계를 떠받치는 여러 힘을 중소기업의 관점에서 이해하기 위해 33개국에서 활동하는 14만 개의 중소기업을 분석했다.

비즈니스의 미래 연구가 찾아낸 결과는 놀랍고 반직관적이었다. 2016년, IMF는 도널드 트럼프가 미국 대통령에 당선되고, 브렉시트 이후 유럽에서 비즈니스 불확실성이 증대되면서 세계경제가 둔화되고, 중국의 경제성장 속도가 줄어들고, 지정학적인 불안정성이 증대될 것이라고 발표했다. 하지만 중소기업들은 상황을 좋게 보았다. 전 세계 중소기업의 66퍼센트는 비단 자사의 실적뿐 아니라 경제 전체에 대해서 '낙관적인' 기분이 든다고 답했다.

하지만 중소기업은 자본주의의 부수적인 존재가 아니다. 전체 기업 중 95퍼센트 이상이 중소기업이며, 중소기업은 전체 고용의 최대 70퍼센트를 차지한다. 대기업들이 다운사이징과 아웃소싱을 추구하는 탓에 산업화된 서구 경제의 중소기업 의존도가 점차 높아지고 있다. OECD가 발표한 자료에 의하면, 신설된 중소기업 중 최대 60퍼센트가 지난 5년 동안 '혁신' 제품 관련 비즈니스를 진행하거나 역동적이고 특이한 비즈니스 구조를 채택했다. 이런 기업들이 '파괴적인' 길을 걷고 기꺼이 위험을 감수하는 것은 선택이 아니라 그럴 수밖에 없기 때문이다. 중소기업 절반 이상은 설립 후 5년 이내에 망하지만 그중 80퍼센트는 다시 새로운 중소기업을 시작한다.

이와 같은 비즈니스 접근 방법은 효과적이다. 지구상에서 성장 속도가 가장 빠른 상위 5퍼센트의 기업은 모두 기술 분야의 중소기업이다.

뿐만 아니라, 이들은 대기업을 능가하는 일자리 창출률을 자랑한다. 높은 성장률을 자랑하는 중소기업은 대기업에 비해 R&D에 투자를 덜하는 편이지만 R&D를 제외한 나머지 모든 부분을 혁신하고 있으며 대기업보다 훨씬 자주 혁신을 추진한다. 중소기업이 추구하는 비즈니스의 본질 자체가 혁신이기 때문이다. 중소기업은 자사의 활동과 혁신의 필요성을 구분하지 않는다. 비즈니스 부문에서 자주 사용되는 표현을 빌려보자면, 한마디로 중소기업의 DNA 속에 혁신이 있다. 흥미롭게도 대기업들은 이제 R&D를 부가적인 비용으로 여긴다. 애플 CEO 팀 쿡은 애플 같은 기업들은 하나의 아이디어에 오랜 시간을 쏟아붓기보다 많은 아이디어에 적은 시간을 투자하는 디지털 스타트업과 중소기업의 저비용 R&D 접근 방법에서 교훈을 얻을 수 있다고 이야기해왔다. 요즘은 아이디어가 금세 구식이 돼버린다는 점을 고려하면 중소기업의 접근 방법에서 특히 교훈을 얻을 만하다.

기술혁명의 효과 중 상대적으로 덜 언급되는 것으로 기술혁명이 중소기업의 확산에 미친 극적인 효과를 들 수 있다. 물론 기술은 기업과 전 세계 고객을 이어주며, 이는 곧 캠던의 임차료가 낮은 지역에서 비즈니스를 한다고 해서 브루클린에 있는 임차료가 비싼 곳에서 비즈니스를 하는 것보다 불리하지 않다는 뜻이다. 세계화는 디지털 중소기업들에 많은 도움을 주고 있다. 중소기업의 75퍼센트는 새로운 고객을 유치하기 위해 온라인 도구를 활용한다. 하지만 기술로 인해 광고비와 새로운 비즈니스를 시작하는 비용이 급격하게 감소했다. 아마도 이것이 중소기업 증가세에 가장 극적인 영향을 끼친 것으로 보인다. 전화기와 팔 물건만 있으면 누구든 비즈니스를 시작할 수 있다. 페이스북의 퀄티는 "요즘, 중소기업들은 휴대전화와 실험을 위한 몇 달러의 예산만 있으면 누구든 비즈니스에 뛰어들 수 있다는 사실을 깨닫고 있다"라고 설명했다.

비즈니스의 미래 연구는 소기업을 운영할 때 남성보다 여성이 디지털 도구를 더욱 열정적으로 활용한다는 사실을 발견했다. 뿐만 아니라, 세상에서 가장 가부장적이고 억압적인 일부 문화권에서 살아가는 여성들이 오히려 가장 빠른 속도로 성장중인 비즈니스를 운영하는 경우도 있다. 연구 보고서는 이것이 세계적인 추세이며, 이는 곧 빅테크 기업으로 성장한 실리콘밸리 스타트업들이 지난 20년 동안 그랬듯 앞으로 수십 년간은 중소기업이 비즈니스를 정의하게 될 수도 있다는 의미라고 결론내렸다.

세계 어디에서건 길을 걷다보면 아이디어를 가진 사람을 볼 수 있다. 이들은 커피숍이나 미용실을 운영하겠다거나, 청소 서비스를 제공하겠다거나, 스크린 인쇄 방식으로 제작한 의류를 판매하겠다는 어리석고 말도 안 되는 아이디어를 떠올린 다음 실행에 옮긴다. 그리고 5년이 흐르면, 그 비즈니스는 도산하거나 번성한다. 비즈니스를 시작한 사람들은 성공할 수도 있고 또다른 어리석고 말도 안 되는 아이디어로 갈아탈 수도 있다. 후자의 경우라면, 그 아이디어 역시 결국 성공할 수도 있고 망할 수도 있다.

시내 중심가를 바라보면 인간의 노력과 가장 순수한 형태의 자본주의를 확인할 수 있다. 시내 중심가는 끊임없이 노력하는 사람들, 각자 비즈니스를 통해 자신의 통찰력을 현실로 바꿔놓은 사람들이 올라탄 컨베이어 벨트다. 유일하게 인간의 통제 범위 밖에 남아 있는 것이기도 하다. 끝없이 아이디어를 쏟아내는 원초적이고 인간적인 정신의 엔진이라고 볼 수도 있다. 우리는 인간이기에 어쩔 수가 없다. 우리는 기회를 보면 그 기회를 붙들려고 애쓴다.

중소기업은 우리의 미래다. 중소기업이 이런 본능을 잘 활용할 뿐 아니라 가장 면밀하게 구현하기 때문이다. 중소기업은 자본주의를 다시 고쳐놓을 기회를 제공하기도 한다. 캠던 같은 곳은 가장 빨리 이런 변화를 활용할 수 있는 유리한 위치에 서 있다.

이것이 21세기의 운명의 장난이다. 1차산업혁명을 위한 깊고 복잡한 인프라를 구축한 다음 20세기 말에 캠던 같은 곳들이 세계화에 희생되도록 내버려두는 방식으로 좀더 많은 에너지와 자원을 뽑아낸 도시들이 이제 인과응보를 받게 됐다.

한때, 런던과 파리, 나이로비, 상하이, 뉴욕은 주위 시골 지역에서 생명력을 빨아들일 수 있었다. 하지만 그 대가를 치러야만 했다. 인간이 통제하기 힘든 복잡한 인프라가 자리를 잡아버린 것이다. 이런 도시들은 스스로가 없어서는 안 될 전능한 존재라고 믿었다. 하지만 곧 21세기가 됐다.

기술혁명은 새로운 패러다임을 제시한다. 말라위 시골 지역, 웨일스 시골 지역, 미국 중서부의 러스트 벨트, 호주의 오지 등 인프라가 파괴됐거나 아예 만들어진 적이 없는 곳들이 갑자기 우위를 갖게 됐다. 이런 곳들은 단 한 번의 기술 도약만으로도 복잡하고 느린 20세기의 인프라와 현실에 안주하는 20세기식 사고에 발목 잡힌 20세기의 거대도시들을 단숨에 뛰어넘을 수 있다.

하나의 기업이, 한 개인이, 한 도시가 앞으로 다가올 이런 변화를 견뎌낼 수 있도록 해주는 한 단어가 바로 적응력이다. 적응을 막는 장애물은 단순히 물리적인 것이 아니라 정신적인 것이다. 적응을 방해하는 적은 로봇이나 기술 기업, 이민자, 중국인이 아니라 현실에 안주하는 마음과 자신이 변화로부터 안전하기 때문에 변화할 필요가 없다는 생각 또는 어떻게 변해야 할지 모르기 때문에 변화할 수 없다는 생각이다.

이런 생각에서 벗어나지 못하는 모든 사람에게 캠던은 과거가 아니라 미래이며 우리 모두에게 교훈을 준다고 이야기하고 싶다. 지금까지는 거대한 다국적기업의 CEO들끼리 모여 기존의 시장을 바꿔놓거나 소비자들이 제품에 대해 이전과는 다르게 생각하도록 만들겠다는 의도를 갖고 딜을 맺었다. 하지만 캠던에서 이뤄지는 딜은 이런 20세기식 딜과는 다르다. 이와 같은 새로운 딜은 지금껏 그 누구도 들어본 적 없는 유명하지 않은 두 사람이 맺는 21세기형 딜이다. 혹은 한 명의 발명가와 수천 명의 소액 투자자들이 딜을 맺을 수도 있다. 이 책에 소개된 범주에 속하지 않는 새로운 비즈니스 아이디어를 나중에 떠올리는 기업가가 있을 수도 있다. 비즈니스를 시작하기에 적당한 곳이라고 아무도 생각하지 못한 곳에서 남들보다 앞서 비즈니스를 시작하고 20년 후에 그 시대의 스티브 잡스, 혹은 마크 저커버그로 환영받는 기업가가 말이다. 한마디로 이야기하면, 미래는 작은 것에서부터 출발한다.

감사의 말

시간을 내서 인터뷰에 응해준 모든 분께 감사의 말씀을 드리고 싶다. 닉과 하퍼의 모든 분들. 로버트, 케이트를 비롯한 UA의 모든 분. 호더의 루퍼트. 커티스 브라운 뉴욕의 조너선. 톰, 피오나, 마이크, 샬럿, 제니스, 킴, 패트릭, 애덤, 돈, 마틴, 지안, 클라이브를 비롯해 BBC에서 함께 영상을 제작했던 모든 분들. 윌, 스튜, 에드, 톰, 애너벨, 이지, 에마, 클레어, 마리사, 토머스 등 펄스의 모든 분. 요한, 앤디, 아리엘, 애덤, 제이, 브렌던, 팀, 페트라, 데이비드, 알렉스 등 여러 시리즈를 촬영하고 연구하고 편집한 모든 분. 말릭, 팀, 나의 오랜 친구 이안 등 가디언과 옵서버의 모든 분. 옥스팜의 멜라니와 레이첼. 조, 거드렌, 홀리, 그리고 프레시원에서 함께 일했던 모든 분. 내가 이 책을 쓰는 데 커다란 영향을 미쳤으며 언제나 변함없이 지지와 애정을 보내주는 친구 로이. 오랫동안 공감과 조언, 지지를 보내준 루시 C, 데이비드 클로버, 헬렌, 책을 쓰는 것이 얼마나 어려운 일인지 이해해준 빅. 스핀워치의 타마신. 제라드, 재닛, 펜턴. 나와 함께 채널 4에서 영화 작업을 했던 모든 분. 처음부터 끝까지 항상 곁에 있어주었던 한나. 그녀가 없었다면 어떤 일도 해내지 못했을 것 같다. 항상 사랑과 격려를 아끼지 않았던 나의 부모님 알리나와 피터, 형 안드레아스. 이 모든 분들께 무한한 감사의 말씀을 전한다.

주

1장. 업그레이드: 설계된 불만족

1. 2014년에 리버모어 소방서를 방문했다. 좀더 많은 이야기가 궁금하다면 홈페이지 Home of the World's Longest Burning Light Bulb: www.centennialbulb.org에서 확인하기 바란다.

2. *The Light Bulb Conspiracy*

3. *The Men Who Made Us Spend*, Episode 1, BBC2, September 2014.

4. Ibid.

5. Glenn Adamson, Industrial Strength Design: How Brook Stevens Shaped Your World (Boston: MIT Press, 2003).

6. Alfred P. Sloan Jr., *My Years with General Motors* (New York: Bantam Doubleday Dell, originally published 1964, reprinted 1998). 한국어판은 『나의 GM 시절』, 심재영 옮김, 북코리아, 2014.

7. *The Men Who Made us Spend*, Episode 1.

8. Ibid., Episode 3.

9. Dr. Susan Weinscheuk, "Shopping, Dopamine, and Anticipation", *Psychology Today*, October 22, 2015.

10. Steve Jobs—iPhone Introduction, January 9, 2007, YouTube.com

11. Mark Harris, "Documents Confirm Apple Is Building Self-Driving Car", *Guardian*, August 14, 2015.

12. Christina Rogers, Mike Ramsey, Daisuke Wakabayashi, "Apple Hires Auto Industry Veterans", *Wall Street Journal*, July 20, 2015.

2장. 식품: 비만의 역설

1. Greg Critser, *Fat Land: How Americans Became the Fattest People in the World* (Boston: Houghton Mifflin Harcourt, 2003). 한국어판은 『비만의 제국』, 노혜숙 옮김, 한스미디어, 2004.

2. John Yudkin, *Pure, White and Deadly* (New York: Viking, 1986). 한국어판은 『설탕의 독』, 조진경 옮김, 이지북, 2014.

3. Professor Philip James; http://www.iaso.org/about-iaso/iasomanagement/experts/wptjames/.

4. "Pharmaceutical Innovation: Revolutionizing Human Health" ed. by Ralph Landau, Basil Achilladelis, Alexander Scriabine. Chemical Heritage Foundation, December 1999.

5.   Gianluca Castelnuovo, Giada Pietrabissa and Enrico Molinari, *Cognitive Behavioural Therapy to Aid Weight Loss in Obese Patients: Current Perspectives*. Dove Medical Press Ltd., 2017.

3장. 제약: **약물의 노예**

1.   Centers for Disease Control and Prevention (CDC), Therapeutic Drug Use, US overview, January 19, 2017.

2.   "The Hispanic Paradox", *Lancet*, May 16, 2015.

3.   For a full account of Gadsden's interview and its ramifications: Ray Moynihan and Alan Cassels, *Selling Sickness: How the World's Biggest Pharmaceutical Companies Are Turning Us All into Patients* (Vancouver: Douglass & McIntyre, 2006). 한국어판은 『질병판매학』, 홍혜걸 옮김, 알마, 2006.

4.   Moynihan and Cassels, *Selling Sickness*.

5.   R. D. Laing, *The Divided Self: An Existential Study in Sanity and Madness* (London: Harmondsworth Penguin, 1960). 한국어판은 『분열된 자기』, 신장근 옮김, 문예출판사, 2018.

6.   Philip K. Dick, *A Scanner Darkly* (London: Granada, 1978). 한국어판은 『스캐너 다클리』, 조호근 옮김, 폴라북스, 2020.

7.   "Is the FDA Being Compromised by Pharma Payments?" John La Mattina, *Forbes*, August 7, 2013.

8.   Peter Rost, *The Whistle Blower: Confessions of a Healthcare Hitman* (Berkeley, CA: Soft Skull Press, 2006).

9.   John La Mattina, "Is the FDA Being Compromised by Pharma Payments?" *Forbes*, August 7, 2013.

10.   Ibid.

11.   "Direct-to-Consumer Advertising under Fire", *Bulletin of the World Health Organization*, vol. 87, no. 8, August 2009.

12.   WHO, "DTC under fire", August 2009.

13.   Ibid.

14.   Parry, "The Art of Branding a Condition".

15.   David T. Wong, Frank P. Bymaster, Eric A. Engleman, "Prozac (fluoxetine, lilly 110140), the First Selective Serotonin Uptake Inhibitor and an Antidepressant Drug: Twenty Years Since Its First Publication", *Life Sciences*, vol. 57, Issue 5, June 23, 1995.

16.   Ibid.

17.   David Rosenhan, "On Being Sane in Insane Places", *Science*, January 19, 1973.

18.   Robert Spitzer Obituary, *New York Times*, December 26, 2015.

19.   Allen Frances, *Saving Normal: An Insider's Revolt Against Out-of-Control Psychiatric Diagnosis,*

DSM 5, Big Pharma, and the Medicalization of Ordinary Life (New York: William Morrow, 2014). 한국어판은 『정신병을 만드는 사람들』, 김명남 옮김, 사이언스북스, 2014.

20. Ibid.

21. Moynihan, Cooke, Doust, Bero, Hill, Glasziou, "Expanding Disease Definitions in Guidelines and Expert Panel Ties to Industry: A Cross-sectional Study of Common Conditions in the US", *PLOS Medicine*, February 7, 2013.

22. Erin White, "Behind the Boomer Coalition: A Heart Message from Pfizer", *Wall Street Journal*, March 10, 2004.

23. Garth S. Jowett and Victoria J. O'Donnell, *Propaganda and Persuasion* (Sage, 2011).

4장. 화폐: 실물화폐 죽이기 대작전

1. "Brothers, Can You Spare a Contactless Payment? Homeless Go Hi-Tech", *IBTimes*, March 1, 2017.

2. Bill Maurer, *How Would You Like to Pay? How Technology Is Changing the Future of Money* (Durham, NC: Duke University Press, 2015).

3. "Paypal Co-Founders Met in Terman at a Seminar", Thiel and Levchin discussing their first meeting at https://ecorner.stanford.edu.

4. Ibid.

5. Ashlee Vance, *Elon Musk: Tesla, Space X and the Quest for a Fantastic Future*, (New York: Ecco, 2015). 한국어판은 『일론 머스크, 미래의 설계자』, 안기순 옮김, 김영사, 2015.

6. MIT *Spectrum*, Winter 1999.

7. "Credit Card Debt: Average US Household Owes $16,000", *Time*, December 20, 2016.

8. 부채가 어떻게 성장률이 그럴듯해 보이도록 만드는지 관련 내용을 자세히 알고 싶다면, 필자가 2015년에 진행한 BBC 프로그램 <슈퍼리치와 우리The Super-Rich and Us>에 나오는 맷 휘태커Matt Whittaker와의 인터뷰를 확인하기 바란다.

9. Interview with Benjamin Barber in *The Men Who Made Us Spend*, Episode 3, BBc, 2014.

10. "Customer Data: Designing for Transparency and Trust", *Harvard Business Review*, May 2015.

11. Steve jobs Introduces the App Store—iPhone Software Roadmap Event, 2008.

12. Nathaniel Popper, "Banks Did It Apple's Way in Payments by Mobile", *New York Times*, September 11, 2014

13. Maurer, *How Would You Like to Pay?*

14. "How Big Is the Black Market?" Freakanomics.com, June 25, 2012.

15. "The Defence Advanced Research Projects Agency (DARPA) Awards $1.8 Million Contract to Research Block Chain for Military Security", *Quartz*.

16. "Man Tries to Rob Cashless Swedish Bank", http://thelocal.se/20130422/47484, April 22,

2013.

5장. 인사: '내가 무슨 일을 하는가'에서 '나는 누구인가'로

1. "A Tech Free Bedroom for a Peaceful Sleep", May 3, 2015: https://www.silentnight.co.uk/sleep-matters/sleep-news/2015/march/a-tech-free-bedroom-for-a-peaceful-sleep/.

2. "Most Work Emails Are Opened within 6 seconds", *Business Insider*, Eames Yates, March 28, 2017.

3. Daniel Nelson, ed., *A Mental Revolution: Scientific Management since Taylor* (Columbus, OH: Ohio State University Press, 1992).

4. Matthew Stewart, *The Management Myth: Why the Experts Keep Getting It Wrong* (New York: W.W. Norton, 2009). 한국어판은 『위험한 경영학』, 이원재, 이현숙 옮김, 청림출판, 2010.

5. Frederick Winslow Taylor, *The Principles of Scientific Management* (New York: Harper and Brothers, 1911). 한국어판은 『프레드릭 테일러 과학적 관리법』, 오정석 해제, 방영호 옮김, 21세기북스, 2010.

6. "Guru: Frederick Winslow Taylor", *The Economist*, February 6, 2009.

7. Joseph Raynus, *Improving Business Process Performance*, Auerbach Publications, 2011.

8. Richard Sennett, *The Culture of the New Capitalism* (New Haven: Yale University Press, 2007). 이 책은 기업의 신념 체계를 떠받치는 아이디어가 어떻게 발전해왔는지 잘 보여준다. 한국어판은 『뉴캐피털리즘』, 유병선 옮김, 위즈덤하우스, 2009.

9. John Hayes, *The Theory and Practice of Change Management*, (New York: Palgrave MacMillan, 2014).

10. Tom Peters and Robert Waterman, *In Search of Excellence: Lesson from America's Best-Run Companies* (New York: Warner, 1984). 한국어판은 『초우량 기업의 조건』, 이동현 옮김, 더난출판사, 2005.

11. Tom Peters, "Tom Peters's True Confessions", *Fast Company*, November 30, 2001.

12. Ibid.

13. Duff McDonald, *The Firm: The Story of McKinsey and Its Secret Influence on American Business* (New York: Simon & Schuster, 2014).

14. "Inside McKinsey", *Financial Times*, November 25, 2011.

15. Ed Michaels, helen Handfield-Jones and Beth Axelrod, *The War for Talent* (Harvard Business Press, 2001). 한국어판은 『인재전쟁』, 최동석, 김성수 옮김, 세종서적, 2002.

16. Enron Annual Report 2000, http://picker.uchicago.edu/Enron/EnronAnnualReport2000.pdf.

17. "The Firm that Built the House of Enron", *The Observer*, March 23, 2002.

18. Ben Chu, "McKinsey: How Does It Always Get Away with It?", *Independent*, February 7, 2014.

19. My Interview with John Bennett in *Who's Spending Britain's Billions?* BBC2, October, 2016.

20. "Owning a McDonald's Franchise: Purchase Cost V Annual Profit", Jonathan Ping, October 19, 2015, MyMoneyBlog.com.

21. "Uber CEO Caught On Video Arguing with Driver About Fares", Bloomberg, March 2017.

22. Hannah Summers, "Balearic Islands caps number of beds available for tourists", *Guardian*, August 9, 2017.

23. Hailey Branson-Potts, "Santa Monica convicts its first Airbnb host under tough home-sharing laws", *Los Angeles Times*, July 13, 2016.

24. Nicholas Cecil, "MPs Demand Crackdown on Illegal Lets in London as Airbnb Trend Sparks 'free-for-all'", *Evening Standard*, March 21, 2017.

25. "The Box That Changed the World", BBC4, 2010.

26. Marc Levinson, *The Box: How the Shipping Container Made the World Smaller and the World Economy Bigger* (Princeton, NJ: Princeton University Press, 2008), tells the whole incredible story in forensic detail. 한국어판은 『THE BOX 더 박스』, 김동미 옮김, 21세기북스, 2008.

27. My interview with Steve Howard in *The Men Who Made Us Spend*, Episode 1, BBC2, September 2014.

6장. 리스크: 월스트리트는 어떻게 혼돈을 이용해왔는가

1. Interview with Robert Dall in *The Super-Rich and Us*, BBC, 2015.

2. John Lanchester, *Whoops!: Why Everyone Owes Everyone and No One Can Pay* (Penguin, 2010).

3. *Der Speigel*, February 8, 2010. "Greek Debt Crisis: How Goldman Sachs Helped Greece to Mask Its True Debt", *Independent*, July 10, 2010. 이 기사는 그리스의 재무 상태를 조작한 혐의로 골드만삭스를 상대로 소송을 벌일 준비를 하는 내용이 담겨 있다. BBC 뉴스는 2012년 2월 20일에 관련 내용을 보도했다.

4. Michael Sandel, *What Money Can't Buy: The Moral Limits of Markets* (New York: Macmillan, 2012). 말기환금과 '죽음 선물' 시장에 대해 좀더 알고 싶다면 참고하기 바란다. 한국어판은 『돈으로 살 수 없는 것들』, 안기순 옮김, 와이즈베리, 2012.

5. "Lest We Forget: Why We Had a Financial Crisis", *Forbes*, November 22, 2011.

6. US District Court notes: Southern District of Florida. Case no. 0460573—CIV—Moreno/Simonton.

7. Philip Inman, "Drive Carefully—I Can See a Credit Car Crash Up Ahead", *Guardian*, May 8, 2017.

8. Ibid.

9. 부아지지의 죽음을 다룬 기사는 많다. 하지만 가장 자세한 내용이 궁금하다면 1년 동안 벌어진 일을 한데 모아놓은 2011년 12월 16일자 <포린폴리시Foreign Policy> 「무함마드 부아지지의 진짜 이야기The Real Mohamed Bouazizi」를 참고하기 바란다. 부아지지의 죽음이 즉각적으로 어떤

영향을 미쳤는지 궁금하다면 2010년 12월 28일자 〈가디언〉에 실린 「분신을 택한 한 사내가 어떻게 튀니지에서 폭동을 촉발했는가?How a Man Setting Fire to Himself Sparked an Uprising in Tunisia」를 참고하기 바란다.

10. 부아지지가 남긴 이 말은 그의 죽음을 다룬 여러 기사에서 널리 인용됐다. 그의 자살이 촉발한 아랍의 봄에 관한 신화를 창조하는 과정에서 분신 직전 관공서를 찾아간 부아지지가 공무원들에게 분신하겠다고 협박했다는 이야기가 퍼져나갔다. 현장에 있었던 공무원들 외에는 그 누구도 진실을 알 수 없을 것이다.

11. *Guardian*, June 2, 2011.

12. 그렉 크리처Greg Critser가 쓴 「Fat Land: How Americans Became the Fatter People in the World」(Boston: Houghton Mifflin Harcourt, 2003)은 1970년대에 미국 정계에서 영농 로비 세력과 옥수수 생산업자들이 얼마나 막강한 힘을 갖고 있었는지 감춰진 이야기를 훌륭하게 설명한다. 한국어판은 『비만의 제국』, 노혜숙 옮김, 한스미디어, 2004.

13. 제인 해리건 교수는 2011년 4월 28일에 소아스 런던대학에서 「식량 가격이 아랍의 봄의 씨앗을 뿌렸는가?Did Food Prices Plant the Seeds of the Arab Spring?」라는 제목의 취임 연설을 하면서 밀 가격 인상을 북아프리카의 취약한 식량 시스템이라는 좀더 넓은 맥락에서 바라봤다.

14. Professor Rami Zurayk, "Use Your Loaf: Why Food Prices Were Crucial in the Arab Spring", *Guardian*, July 16, 2011.

15. William Pesek, "Why China's Bailout Could Reach $10 Trillion", Barrons.com, July 6, 2016.

16. Sophia Murphy, David Burch, Jennifer Clapp, "Cereal Secrets", Oxfam Research Reports, August 2012.

17. "Chinese Banks Disguise Risky Loans as 'Investments'", *Financial Times*, April 29, 2016.

18. "China: The Power Behind the $700 Billion Bailout", Wall Street Journal, December 10, 2008.

19. William Pesek, Barrons.com, July 6, 2016.

20. *Financial Times*, April 29, 2016.

7장. 조세 회피: 모두가 케이맨제도를 꿈꾸는 이유

1. Richard Scott, *Daily Mirror* archive.

2. 로스민스터은행에 관한 자세한 이야기가 궁금하다면 다음을 참고하기 바란다. Nigel Tutt, *The Tax Raiders: The Rossminster Affair*, Financial Training Publications, 1985.

3. The Super-Rich and Us, BBC, 2014: 전직 세무 조사관 리처드 브룩스Richard Brooks가 로스민스터은행의 비즈니스 관행에 대해 자세히 알려준다.

4. Roger L. Martin, "A Brief History of America's Attitude toward Taxes", *Harvard Business Review*, September 16, 2014.

5. "Laffer Curve: Napkin Doodle Launched Supply-Side Economics", Bloomberg, December 4, 2014.

6. Jan Fichtner, *The Anatomy of the Cayman Islands Offshore Financial Center: Anglo-America, Japan, and the Role of Hedge Funds* (Amsterdam Institute for Social Science Research, University of Amsterdam, 2016).

7. Nicholas Shaxson, *Treasure Islands: Tax Havens and the Men Who Stole the World* (London: Bodley Head, 2011). 이 책에는 역외 금융에서 유러달러가 담당한 중요한 역할과 조지 볼튼에 관한 이야기가 자세히 담겨 있다. 한국어판은 『보물섬』, 이유영 옮김, 부키, 2012.

8. Ibid.

9. Alan Markoff, "The Cayman Islands: From Obscurity to Offshore Giant", *Cayman Financial Review*, April, 17, 2009.

10. Ibid.

11. Ibid.

12. Ibid.

13. Financial Secrecy Index 2015: Cayman Islands No. 5, www.taxjustice.net.

14. Fichtner, *Anatomy of the Cayman Islands Offshore Financial Center*.

8장. 빈부 격차: 불평등이 곧 비즈니스의 기회

1. Melanie Kramers, "Eight People Own Same Wealth as Half the World", Oxafam pre-Davos report, January 16, 2017.

2. "Never Mind the Gap: Why We Shouldn't Worry About Inequality", Institute of Economic Affairs, May 23, 2016.

3. Miguel Niño-Zarazúa, Laurence Roope, Finn Tarp, "Income Inequality in a Globalizing World", VoxEU, September 20, 2016.

4. "Revisiting Plutonomy: The Rich Are Getting Richer", Citigroup Equity Strategy, March 5, 2006.

5. Richard Baldwin, *The Great Convergence* (Cambridge, MA: Harvard Press, 2016). 한국어판은 『그레이트 컨버전스』, 엄창호 옮김, 세종연구원, 2019.

6. Angela Monaghan, "US Wealth Inequality", *Guardian*, November 13, 2014.

7. "Monitoring Poverty and Social Exclusion", Joseph Rowntree Foundation and New Policy Institute, 2015.

8. Paul Marshall, "Central Banks Have Made the Rich Richer", *Financial Times*, September 22, 2015.

9. David Graeber interviewed in *The Super-Rich and Us*, BBC, 2015.

10. Simon Jenkins, "We Should Cash-Bomb the People Not Banks", *Guardian*, November 26, 2014.

11. 데이비드 그레이버David Graeber가 2015년에 방영된 BBC 프로그램 <The Super-Rich and

Us>에서 제안한 아이디어에 관한 역사적인 맥락이 궁금하다면 그의 저서 『Debt: The First 5,000 Years』(New York: Melville House Publishing, 2013)를 참고하기 바란다. 한국어판은 『부채, 첫 5,000년의 역사』, 정명진 옮김, 부글북스, 2021.

12. Zoe Williams, "Housing: Are We Reaching a Tipping Point?", *Guardian*, March 29, 2015.

13. Nick Hanauer interviewed in *The Super-Rich and Us*, BBC, 2015.

9장. 세계화: 아시아는 어떻게 규칙을 새로 썼는가

1. Jim O'Neill, "The New World: Fixing Globalisation", BBC Radio 4, January 6, 2017.

2. Peter Navarro, *Death by China: Confronting the Dragon—A Global Call to Action*, (Upper Saddle River, NJ: Pearson FT Press, 2011). 한국어판은 『중국이 세상을 지배하는 그날』, 서정아 옮김, 지식갤러리, 2012.

3. Charlie Campbell, "China Says It's Building the New Silk Road. Here Are Five Things to Know ahead of a Key Summit", *Time*, May 12, 2017.

4. Tom Hancock, "China Encircles the World with One Belt, One Road Strategy", *Financial Times*, May 3, 2017.

5. "Trump sends delegation to One Belt One Road forum", *Business Insider*, May 13, 2017.

6. "Donald Trump's Romance with China's Xi has Cooled, 'Ass-kicking' Could Lie Ahead", *Guardian*, July 6, 2017.

7. "Xi Jinping Holds All the Cards ahead of Mar-a-Largo Meeting with Trump", *Guardian*, April 5, 2017.

8. O'Neill, "The New World".

9. Ralph Benko, "The Global Importance of Paul Volcker's Call for a 'New Bretton Woods'", *Forbes*, June 16, 2014.

10. *Forbes*, Investopedia, December 22, 2015.

11. Ibid.

12. Paul Mason, *PostCapitalism: A Guide to Our Future* (London: Allen Lane, 2015). 한국어판은 『포스트 자본주의 새로운 시작』, 안진이 옮김, 더퀘스트, 2017.

13. Dani Rodrik interviewed for "The New World", January 6, 2017. 세계화의 뿌리에 대해서 좀더 자세한 내용이 궁금하다면, 대니 로드릭의 『The Globalization Paradox』(Oxford: Oxford University Press, 2012)를 참고하기 바란다.

14. Ibid.

15. Stephen Gandel, "The Biggest American Companies Now Owned by the Chinese", *Fortune*, March 25, 2016.

16. takepart.com, February 22, 2016.

17. O'Neill, "The New World".

18. Ibid.

19. "Sizing Up the Trade Adjustment Assistance Program", http://www.cnbc.com, June 26, 2015.

20. Andy Sullivan, "Trump to Seek Jobs Advice from Firms That Offshore U.S. Work", Reuters, February 22, 2017.

21. Ibid.

22. "History—GWC—to Be the World's Most Influential Mobile Innovation Platform", GWC's official website at en,gwc.net.

23. Ibid.

24. Jason Hiner, "Chinese Companies That Will Shape the Future of the Tech Industry: My Week in Beijing", ZDnet.com, May 22, 2016.

25. "Forget Google and Amazon, and Invest in these Tech-Giants", *Daily Telegraph*, October 30, 2016.

26. Kaiping Peng and Richard E. Nisbett, "Culture, Dialectics and Reasoning about Contradiction", *American Psychologist*, September 1999.

27. Drake Baer, "The Fascinating Cultural Reasons Why Westerners and East Asians Have Polar Opposite Understandings of Truth", *Business Insider*, May 21, 2015.

28. Aristotle, *Ethics* (Oxford: Oxford University Press, World Classics, 2009).

29. Baer, "The Fascinating Cultural Reasons Why Westerners and East Asians Have Polar Opposite Understandings of Truth".

30. Michael Harris Bond, ed., *The Oxford Handbook of Chinese Psychology* (Oxford: Oxford University Press, 2015).

31. Richard E. Nisbett, *The Geography of Thought: How Asians and Westerners Think Differently and Why* (New York: Free Press, 2004). 한국어판은 『생각의 지도』, 최인철 옮김, 김영사, 2004.

10장. 로봇: 인간을 대체하는 존재

1. Alan Turing, "Computer Machinery and Intelligence", University of Manchester, 1950; and Jack Copeland, *The Essential Turing: The Ideas That Gave Birth to the Computer Age* (Oxford: Oxford University Press, 2004).

2. Ibid.

3. "Computer AI Passes Turing Test in 'World First'", BBC News, June 9, 2014.

4. "Eugene the Turing Test-Beating 'Human Computer' in His Own Words", *Guardian*, June 9, 2014.

5. John Markoff, "Computer Wins on *Jeopardy!*: Trivial, It's Not", *New York Times*, February 16, 2011.

6. Stephen Baker, *Final Jeopardy: Man vs. Machine and the Quest to Know Everything* (Boston: Houghton Miffin, 2011).

7. Ibid.

8. Elizabeth Kolbert, "Our Automated Future", *New Yorker*, December 19, 2016.

9. Ibid.

10. Erik Brynjolfsson and Andrew McAfee, *The Second Machine Age: Work, Progress and Prosperity in a Time of Brilliant Technologies* (New York: WW Norton & Company, 2014). 한국어판은 『제2의 기계 시대』, 이한음 옮김, 청림출판, 2014.

11. "Japanese Insurance Firm Replaces 34 Staff with AI", BBC News, January 5, 2017.

12. Carl Benedikt Frey and Michael A. Osborne, "The Future of Employment: How Susceptible Are Jobs to Computerisation?" Oxford Martin School, University of Oxford, September 17, 2013.

13. Martin Ford, *The Rise of the Robots: Technology and the Threat of Mass Unemployment* (London: Oneworld Publications, 2016). 한국어판은 『로봇의 부상』, 이창희 옮김, 세종서적, 2016.

14. "Artificial Intelligence, Automation and the Economy", Executive Office of the President of the United States, Washington DC, December 20, 2016.

15. Daron Acemoglu and Pascual Restrepo, "The Race between Machine and Man: Implications of Technology for Growth, Factor Shares and Employment", MIT, 2016.

16. Sugata Mitra, "The Hole in the Wall Project and the Power of Self-Organized Learning", Edutopia, February 3, 2012.

17. John Chubb and Terry Moe, *Politics, Markts and America's Schools* (New York: Perseus, 1990).

18. John Chubb and Terry Moe, *Liberating Learning: Technology, Politics and the Future of American Education* (San Francisco: Jossey-Bass, 2009).

옮긴이 **김현정**

한양대학교 경영학과를 졸업한 후 삼성경제연구소에서 경제경영 전문 번역가로 일했다. 현재는 바른
번역에서 전문 번역가로 활동하고 있다. 옮긴 책으로는 『경제학 오디세이』『돈 비 이블, 사악해진 빅테
크 그 이후』『패턴 파괴』『오토노미 제2의 이동 혁명』『일의 99%는 피드백이다』『#i세대』『회복하는 힘』
『아웃사이드 인 전략』『경제 저격수의 고백』『뇌를 위한 다섯 가지 선물』『마피아 실전 경영학』『매크로
위키노믹스』『부자의 조건, 금융 IQ』『아주 단순한 성공 법칙』 등이 있다.

세상을 바꾼 10개의 딜

초판 인쇄 2022년 6월 15일 | 초판 발행 2022년 6월 27일

지은이 자크 페레티 | 옮긴이 김현정
책임편집 신기철 | 편집 이희연
디자인 강혜림 | 저작권 박지영 형소진 이영은 김하림
마케팅 정민호 이숙재 박치우 김혜연 박지영 안남영 김수현 정경주
브랜딩 함유지 함근아 김희숙 안나연 박민재 박진희 정승민
제작 강신은 김동욱 임현식 | 제작처 영신사

펴낸곳 (주)문학동네 | 펴낸이 김소영
출판등록 1993년 10월 22일 제2003-000045호
주소 10881 경기도 파주시 회동길 210
전자우편 editor@munhak.com | 대표전화 031)955-8888 | 팩스 031)955-8855
문의전화 031)955-3579(마케팅), 031)955-1925(편집)
문학동네카페 http://cafe.naver.com/mhdn | 인스타그램 @munhakdongne | 트위터 @munhakdongne
북클럽문학동네 http://bookclubmunhak.com

ISBN 978-89-546-9444-5 03320

www.munhak.com